Alexandra Kaufmann

Die Abrechnung

Im Visier der Drogenmafia

ROMAN

DELIUS KLASING VERLAG

Bibliografische Informationen Der Deutschen Nationalbibliothek
Die Deutsche Nationalbibliothek verzeichnet diese Publikation in der
Deutschen Nationalbibliografie; detaillierte bibliografische Daten
sind im Internet über http://dnb.d-nb.de abrufbar.

1. Auflage
ISBN 978-3-7688-1911-4
© by Delius, Klasing & Co. KG, Bielefeld

Umschlaggestaltung: Buchholz/Hinsch/Hensinger, Hamburg
Druck und Einband: GGP Media GmbH, Pößneck
Printed in Germany 2007

Alle Rechte vorbehalten! Ohne ausdrückliche Erlaubnis
des Verlages darf das Werk, auch nicht Teile daraus,
weder reproduziert, übertragen noch kopiert werden,
wie z. B. manuell oder mithilfe elektronischer und mechanischer
Systeme einschließlich Fotokopieren, Bandaufzeichnung
und Datenspeicherung.

Delius Klasing Verlag, Siekerwall 21, D-33602 Bielefeld
Tel.: 0521/559-0, Fax: 0521/559-115
E-Mail: info@delius-klasing.de
www.delius-klasing.de

Prolog

Der Mann saß am Rande des Hafenbeckens und beobachtete, wie eine kleine dunkle Ratte in großer Eile und leichten Fußes über einen Festmacher vom Kai auf eine weiße Motoryacht flitzte.
Mit einem Bier und der *El Pais*, einer einheimischen Zeitung, saß er an einem Plastiktisch vor der Kneipe, deren Fenster seit längerem nur mit Regen und Hafenschmutz in Berührung geraten waren. In seinen Drillichhosen, dem schweren Anorak und seinen grauen, ungepflegten Haaren passte er in die Umgebung. Der Mann hatte nicht die Motoryacht, sondern das dahinterliegende graue, stromlinienförmige Gebilde mit dem riesigen Mast im Auge, einen Katamaran, der wegen seiner Dimensionen nur kurzfristig zwischen den anderen Yachten an der Pier geduldet wurde.
Die Ratte hatte guten Grund, das Land zu verlassen und sich auf das Seil zu wagen. Sie wurde von einem struppigen, vielfarbigen Kater verfolgt, der sich vorsichtig und sehr entschlossen auf den gleichen Weg begeben hatte. Auch wenn das Ganze ungelenk aussah, war ersichtlich, dass der mächtige Hafenkater auf diesen schmalen Jagdpfaden Erfahrung hatte. Zur großen Erleichterung der Ratte trat jedoch eine Wende in Gestalt eines kühn drängenden Sportkreuzers ein, der ungestüm gegen die Fender der weißen Yacht auffuhr, um sich in eine schmale Lücke zum Kai zu zwängen. Für einen Moment wurde die Spannung aus dem Festmacher genommen, und das Seil hing locker zwischen dem Kai und der weißen Yacht. Die versierte Katze war durch derlei Erschwernisse nicht aus dem Gleichgewicht zu bringen und hielt sich mit stoischer Ruhe an dem Tau fest. Mit einem durchdringenden Blick zur Seite schien sie den Beobachter an Land zu fixieren. Auf Anhieb war klar, dass sich die beiden nicht besonders mochten, obwohl sie äußerlich und von Gemütsart vieles gemein hatten.
Als die große Yacht den Drängler unwillig zurückboxte, wurde der Festmacher wie eine Peitschenschnur stramm gezogen. Der schwere Kater wurde unvermittelt in die Luft geschleudert und landete auf allen vieren im öligen Wasser.
Während er in der Luft war, gab er einen unbeschreiblichen Laut von sich. Der Mann sollte den Laut, eine Mischung aus Arroganz und Anmaßung, der viel über den Charakter des Rattenjägers aussagte, noch öfter hören, da das gefleckte Katzentier drei Stunden später, als er sich bereits wieder in freiem Wasser befand, als mürrischer Passagier an Deck des grauen Katamarans auftauchte.

Erster Teil

1

Die Windverhältnisse auf dem Mittelmeer sind selten eine konstante Größe. Die augenblickliche Wetterlage bildete eine Ausnahme. Der stabile, aus Südost kommende Wind vereinfachte für den Katamaran die Verfolgung des Containerschiffs. Es war ein wunderbarer klarer Morgen, und es wäre ein ruhiger, schöner Tag für ihn geworden, wenn der Mann nicht durch sein Teleskop einen kurzen Vorgang gesehen hätte, der nicht für ihn oder irgendjemand anderen bestimmt war. Etwa vier Sekunden veränderten sein weiteres Leben.

Der große Frachter hielt sich nicht ganz an die übliche Fahrtroute, weil er etwas nach Süden, zur Nähe des afrikanischen Festlandes hin, abwich. Offensichtlich hatte er es nicht eilig. Mit stetigen dreizehn Knoten zog er dahin. Der Südostwind brachte den grauen Katamaran, dessen Name AQUA-DRAT kaum mehr leserlich auf beiden Rümpfen stand, auf Halbwindkurs. Wenn nötig, hätte er ihm eine erheblich höhere Geschwindigkeit verliehen.

Es war der zweite Tag, an dem er den Frachter im Auge behielt. Das Schiff hieß CONSUELA und hatte seinen Heimathafen in Genua. Der Mann auf dem Segelschiff kannte die Fakten über seine komplizierte vertragsrechtliche Vermaklung, soweit sie über das Internet in Erfahrung gebracht werden konnten. Der Frachter stand zum Zeitpunkt der Reise unter Charter der PRK-French-Cargo Ldt., war in Liberia registriert und im Besitz eines Liechtensteiner Konsortiums aus französischen, türkischen, amerikanischen und deutschen Investoren. Er wurde von einer liberianischen Reedereigesellschaft gemanagt. Der Kapitän wurde alle sechs Wochen gewechselt; zur Zeit sollte es ein Franzose sein.

Der Mann hatte mit dem riesigen Katamaran drei volle Tage am Ausgang des Hafens von Port Said vor Anker gelegen und auf das Eintreffen der CON-SUELA gewartet. Als sie endlich mit einer Verspätung von zwei Tagen eintraf, konnte er an den freiliegenden Ladelinien am Rumpf erkennen, dass sie nicht voll ausgeladen war. Er wusste warum. Die CONSUELA hatte die 100 Seemeilen des Suezkanals in circa 15 Stunden hinter sich gebracht und laut seinem Gewährsmann aus Kairo für die Durchfahrt 45 000 US-Dollar plus zusätzliche Lotsengebühren bezahlen müssen. Und da der Kanal zur Zeit nur einen Tiefgang von 11,70 Metern gestattete, hatte man den aus Indien kommenden Frachter nicht bis zum Limit auslasten können.

An diesem kühlen und wolkenlosen Märzmorgen zogen der Frachter und die Segelyacht fernab der normalen Schiffsrouten in Sichtweite nebeneinander her. Der Mann nutzte den Sonnenaufgang, um die CONSUELA genauer betrachten zu können. Der Kat war über Nacht näher zu dem Frachter aufgesegelt, als sein Skipper das beabsichtigt hatte. Der Beobachter wollte unerkannt bleiben. Wie der Radarschirm der AQUADRAT auswies, lag der Frachter weniger als vier Seemeilen backbord voraus. Wenn der Kat mit dieser Fahrt weitersegeln würde, wäre der Verfolger bald an der Spitze des Rennens.

Während der Dunkelheit hatte sich der Mann stündlich von seiner Koje erhoben und am Radarschirm den gemeinsamen Kurs und den Abstand der beiden Schiffe überprüft. In den drei ruhigen Nächten vor Anker in Port Said hatte er gut geschlafen. Doch was veranlasste ihn, ein Frachtschiff zu verfolgen, derartige Strapazen auf sich zu nehmen? Er war zweiundsechzig Jahre alt und damit an einem Lebensabschnitt angelangt, an dem andere ihre Pensionen genießen und Beschwerlichkeiten aus dem Weg gehen. Ihm stellte sich diese Frage nicht. Nur wenige wussten, dass er der Eigner des großen Doppelrumpfboots war. Einer Rennmaschine, die bei Starkwind schneller sein konnte als die meisten Motorboote des Mittelmeers. Wegen seiner Breite musste es außerhalb der üblichen Liegeplätze für Touristenyachten vor Anker oder an eine Boje gehen. So blieb den meisten ein näherer Blick auf die flachen, grauen Rümpfe und den mehr als 40 Meter hohen eigenartig geformten Flügelmast versagt.

Man kennt Katamarane als kleine Flitzer oder große Charterboote mit einer Vielzahl von Kojen und großem Komfort. Dieser Kat war weder das eine noch das andere. Er bestand aus zwei 33 Meter langen und zwei Meter zehn breiten Kevlar-Epoxy-Rümpfen. Sie waren durch vier 18 Meter lange Kohlefaserträger verbunden. Angetrieben wurde er durch ein Großsegel mit einer Fläche von 380 Quadratmetern, das an einem drehbaren Flügelprofilmast befestigt war, und durch ein 460 Quadratmeter großes Vorsegel. Das ovale Profil des Mastes hatte auch ohne Segel bereits eine Fläche von 65 Quadratmetern. Die Zwischenräume zwischen den Schwimmern waren mit einem trampolinartigen Netzwerk ausgefüllt. Nur im Bereich der beiden Niedergänge in die Rümpfe bewegte man sich auf festem Untergrund.

Wegen der unberechenbaren Geschwindigkeit, die in den beengten Verhältnissen eines Hafenbetriebs nicht beherrschbar ist, durfte der Kat nur unter Motor ein- und ausfahren. So hatte man im Hafen das gigantische farbige

Dacronsegel, das in den Mast getrimmt oder das Vorsegel, das um das Bugstag gerollt war, noch nicht gesehen.

Als er den Kat vor zwei Jahren übernahm, hatte er einige Dinge durch den Einbau der Schnellreffanlagen und einer elektronischen Navigationsanlage geändert, die dem neuesten technischen Stand entsprachen. Der Rest stammte noch aus einer Zeit vor mehreren Jahren, als die AQUADRAT einen anderen Namen hatte und als schnellste Rennmaschine der Welt galt. In den Häfen verließ der Mann das Schiff in einem kleinen Beiboot. Wenn er an der Pier anlegte, war er anonym. Niemand, der ihn mit dem grauen Ungeheuer in Verbindung brachte, wusste, dass er der Einzige an Bord war. An Land hielt er sich bewusst im Hintergrund. Das wurde ihm erleichtert durch seine reservierte Wesensart und die Kenntnis fast aller Mittelmeersprachen. Meistens wurde er als Einzelgänger eingestuft, einer aus der großen Gemeinschaft der Aussteiger, der seinen Schreibtisch verlassen und sich der See verschrieben hatte. Bis zu einem gewissen Punkt entsprach das auch den Tatsachen.

Auch wer den Skipper der AQUADRAT insoweit kannte, und das waren wenige, wusste eigentlich nichts über ihn. Zum Beispiel, warum er wie eine Spinne bestimmten Yachten, so auch diesem Frachter, auflauerte und was mit vielen dieser Schiffe passiert war. Nur drei Personen wussten, dass der seltsame Mann eine selbst gewählte Kampagne führte und sich als Jagdgebiet das Mittelmeer ausgewählt hatte. Nur einer von ihnen wusste, warum er das tat und wer er wirklich war. Alle kannten ihn unter dem Namen Martin Thiel. Der Name war falsch.

2

Die Sonne stand im Osten eine Handbreit über dem Horizont. Der Wind war stetig und das Wasser der Großen Sirte relativ ruhig. Die AQUADRAT schob ihre beiden Nasen ohne den üblichen, alles durchfeuchtenden Schaum- und Sprühnebel durch das Wasser. Die Sicht war exzellent, so gut, dass er einen Blick auf den südlichen Horizont richtete in der Erwartung, das 200 Seemeilen entfernte libysche Festland sehen zu können, natürlich ohne Erfolg. Der Mann, der sich Thiel nannte, holte aus einem Schapp ein schweres elektronisches Teleskop mit hundertundfünfzigfacher Vergrößerung; er hatte es vor längerer Zeit zusammen mit der kardanischen Aufhängung in einem Marseiller Geschäft gekauft. Seine Hände waren verhornt und trugen von der Arbeit mit dem Tauwerk Narben. Das Teleskop war nicht leicht zu handhaben. Auf dem Monitor des zierlichen Bildschirms war das angepeilte Ziel als Folge der Vergrößerung nur schwer aufzufinden. Hinzu kamen die Schwankungen des Boots, auch wenn sie relativ gering waren. Ein Kat von der Länge der AQUADRAT besitzt im Vergleich zu anderen Segelbooten eine extreme Laufruhe und Stabilität. Dennoch verwendete Thiel für das Teleskop die komplizierte Aufhängung, um selbst sanfteste Bewegungen des Katamarans durch den Seegang auszugleichen und das Betrachten entfernterer Objekte zu ermöglichen. Die frühe Morgensonne lag auf dem Frachter, die Sichtbedingungen waren ideal. Oder wären es gewesen, wäre nicht am anderen Ende des Niedergangs ein Hindernis aufgetaucht. Es hatte einen buschigen Schwanz, der sich exakt im Sichtfeld befand, und bedachte den Segler mit einem mürrischen Blick. Der blickte genau so ungehalten zurück und verscheuchte den Kater, der ungraziös und unter missgelauntem Fauchen vom Dach des Niedergangs auf das Achterdeck verschwand.

Thiel erledigte seine Aufgaben an Bord mit der Präzision eines Roboters. Er war groß gewachsen und trug einen ausgeblichenen, ehemals orangefarbenen Overall. Auffallend war allenfalls eine extravagante Sonnenbrille. Er bewegte sich mit der lässigen Anmut und Kraft eines viel jüngeren Mannes. Früher mochte er ein einnehmendes Gesicht gehabt haben. Jetzt war das Nasenbein gebrochen, an der Oberlippe und über einer Augenbraue hatte er eine deutlich sichtbare Narbe, die sich in dem von der Sonne tief gebräunten Gesicht hell abzeichnete. Beides war schlecht verheilt und gab ihm einen harten, verschlagenen Zug. Der Dreitagebart und die ungepflegten, zu einem Zopf gebundenen langen Haare taten ein Übriges.

Jeden Morgen betrachtete er den Frachter durch das Teleskop. Er überprüfte die Reihen der an Deck verstauten Container. Die CONSUELA war zwar eine ältere Dame, aber mit einer Länge von fast 260 Metern ein beachtlicher Klotz. Wie bei anderen Schiffen, die er verfolgt hatte, kannte er die technischen Details des Frachters und seiner Ladung. Innerhalb und hinter ihrem Wulstbug waren die Öltanks für die Maschinen untergebracht. Das Brückendeck befand sich auf dem Vorschiff, und zwischen den drei Ladebäumen waren fünfzehn Containerreihen gestapelt. Die CONSUELA transportierte Maschinen und Textilien aus Indien, die für die Europäische Union deklariert waren. Das alles war Thiel relativ egal. Es war der letzte Container an Steuerbord des Frachters, dem seine Aufmerksamkeit galt. Der zwölf Meter lange und 2,4 Meter breite Behälter sollte laut Angabe seines Gewährsmanns anstelle der Maschinenteile, die laut Aufkleber für den gemeinsamen Markt der EU bestimmt waren, 21 Tonnen Rohopium enthalten. Die ungeheuerliche Ladung war für die weitere Verarbeitung zu zwei Tonnen reinem Heroin bestimmt.

Die von Kalkutta kommende Consuela würde als einzigen Hafen Marseille anlaufen, aber für Thiel schien fast sicher zu sein, dass sie sich von ihrer Spezialfracht bereits vorher trennen würde.

Durch die Nähe zu dem verfolgten Schiff gelangte das Bild der Consuela in der Vergrößerung des Teleskops zu ungewohnten Details. So konnte Thiel sehen, dass die letzte Reihe der Container neuerdings mit einer grünen Persenning abgedeckt war.

Eine Gischtwolke vom Bug zeigte an, dass der Morgenwind etwas aufgefrischt hatte. Ein Blick auf das Speedlog zeigte, dass auch die Geschwindigkeit der Aquadrat gewachsen war. Er fierte Groß- und Vorschot und nahm so etwas Druck aus den Segeln. Der Kat ging auf zwölf Knoten zurück.

Über den kleinen Monitor warf er einen letzten Blick auf das Heck der Consuela. Was er sah, verschlug ihm den Atem. Es war so unglaublich, dass er sich weigerte, seinen Augen zu trauen. Durch eine leichte Schwankung des Kats verlor er die Consuela für Sekunden aus dem Sichtfeld und schüttelte den Kopf. Ein erneuter Blick auf den Bildschirm zeigte wieder das gewohnte Bild. Doch jetzt konnte er zwei Personen ausmachen, die bewegungslos am Heck standen und ins ablaufende Wasser blickten. Das Frachtschiff verfolgte seinen alten Kurs. Thiel war sicher, dass er in einer Spanne von drei bis vier Sekunden gesehen hatte, wie ein Mensch von der hohen Heckreling des Frachters ins Kielwasser stürzte. Sicherlich hatten die beiden an der Reling dem über Bord gegangenen einen Rettungsring zugeworfen und würden sofort ein Beiboot aussetzen. Doch nichts dergleichen geschah. Er wusste, ein so großer Frachter hatte bei dieser Fahrt einen Bremsweg von fast zwei Kilometern, aber für einen Rettungsversuch gab es nicht die geringsten Anzeichen. Anscheinend hatte von dem Unfall niemand etwas bemerkt.

Für einen Moment glaubte Thiel, sich geirrt zu haben. Dann schüttelte er seine Zweifel ab und traf eine Entscheidung. Selbst wenn ein Irrtum nicht ausgeschlossen werden konnte, musste ein Unfall oder etwas sehr Merkwürdiges passiert sein. Er eilte zum Kartentisch und drückte in rascher Folge Tasten des NV-C, seines Navigationscomputers, um den derzeitigen Standort zu markieren. Eine der vielen elektronischen Uhren der Navigationsanlage begann die Zeit des Suchmanövers festzuhalten.

Ohne den Text auf dem Papierstreifen abzuwarten, begab er sich zum Radarschirm und bestimmte Kurs und Distanz zur Consuela. Er übertrug die Distanz der beiden Boote aus dem Radarbild auf den Plotter und setzte einen Punkt mit dem Kreis eines windversetzten 500-Meter-Radius darum; sein Suchort. Dort müsste er nach dem Verunglückten Ausschau halten. Falls er sich nicht getäuscht hatte und der noch am Leben war, würde er ihn finden. Die digitale Anzeige für die Wassertemperatur zeigte 14,8 °C, eine

Temperatur, in der man je nach der körperlichen Verfassung noch eine ganze Zeit überleben oder nach dreißig Minuten tot sein konnte. Er legte den Katamaran auf den neuen Kurs und holte die Segel dicht. Am Wind wirkte die Welle rauer und steiler. Optisch sah die Fahrt schnell aus, aber das Außenlog zeigte nur noch neun Knoten. Er überließ den Katamaran der hydraulischen Steuerung. Mit seinem normalen Fernglas warf er einen raschen Blick auf die CONSUELA, um festzustellen, ob ihre Besatzung in der Zwischenzeit von dem fehlenden Passagier Notiz genommen hatte. Nichts.

Für ihn stellte sich die grundsätzliche Frage, ob er nach dem Schiffbrüchigen überhaupt suchen wollte. In seinem unbeirrbaren Selbstvertrauen hegte Thiel kaum Zweifel, dass er ihn da draußen finden würde. Die Suche im Kielwasser eines Schiffs, das sich gerade gewaltsam von einem Mannschaftsmitglied getrennt hatte, konnte auf der CONSUELA jedoch auffallen. Wollte er das? Wollte er für einen Rettungsversuch wirklich die Anonymität des Katamarans und damit seines Auftrags aufs Spiel setzen? Er war hart und rücksichtslos geworden und musste mit sich ringen, ob er die Rettung einleiten sollte. Doch schließlich entschied er sich dafür. Da draußen schwamm ein Mensch und kämpfte mit dem Tod.

Thiel wusste, wie schwierig es war, in bewegter See mit weißen Schaumkronen auf einer Fläche von einem Quadratkilometer einen einzelnen Schwimmer aufzuspüren. Der Betroffene besaß wahrscheinlich nicht einmal eine Schwimmweste. Nochmals ließ er die Szene vor seinem inneren Auge ablaufen. Hätte es nicht auch ein Abfallsack oder etwas anderes sein können? Der Katamaran näherte sich nun dem imaginären 1000-Meter-Kreis auf seiner Seekarte. Er fierte die Segel, um die Fahrt zu vermindern. Nach einem Blick auf die Uhr machte er sich daran, zwei Drittel des riesigen Masts zu erklimmen. Mit dem Fernglas am Gürtel quälte er sich über die Kletterbügel empor. Hier befand er sich 28 Meter über der Wasserfläche, vergleichbar mit der Aussicht von einem Balkon in der zehnten Etage eines Wohnblocks. Aus dieser Perspektive schien der Katamaran unter ihm klein zu sein. Über der Toppsaling befand sich ein Sicherheitsgurt, den er vor der Brust einschäkelte. In der Höhe seines Beobachtungspostens wurden die Bewegungen des Katamarans drastisch fortgepflanzt. Er schwankte auf der Saling und hörte, wie das gefierte Großsegel hinter ihm an dem eisenharten Material des Karbonmastes arbeitete. Um die Hände frei zu haben, ließ er den Mast los und vertraute sich dem Sicherheitsgurt an. Er blickte durch das Fernglas. Es war schwer, sich auf einen bestimmten Punkt zu konzentrieren. Den Rücken hielt er gegen den Mast gepresst. Der Wind war hier oben kühl und schneidend. Er konnte sich vorstellen, wie es im Wasser sein musste. Sein Rücken begann, unter der ungewohnten Anspannung zu schmerzen. Nichts zu sehen. Er war verunsichert. Vorsichtig schnallte er sich los. Klamm und schwerfällig kletterte er am Mast hinunter. Er startete den Motor und unterstützte eine rasche Wende nach Nordost, bis er erneut das Kielwasser der CONSUELA kreuzte. Der gerade noch erkennbare Frachter ermöglichte ihm eine genaue Peilung. In seiner sturen Unbeirrbarkeit war Thiel sich sicher, auf richtigem Kurs zu sein. Er machte eine Halse und nahm erneut den Kurs des Frachters auf. Insgeheim hatte er gehofft, dass die Suche rasch zu einem Ergebnis führen würde. Das Wasser war verdammt kalt. Er war sich im Klaren, dass er mit der Bergung eines Toten rechnen musste.

Die beiden Manöver hatten ihn aus seinem Kreis heraus nach Osten zurückgeworfen und relativ viel Zeit gekostet. Er würde jetzt noch einmal die Chance haben, in der genauen Spur der CONSUELA an der Unglücksstelle vorbeizufahren – wenn möglich, noch langsamer, das würde die Chance, das Objekt zu finden, erhöhen. Wieder kletterte er auf seinen Beobachtungspunkt, setzte sich seitlich auf die Toppsaling und legte den Sicherheitsgurt an. Dieses Mal hatte er eine Windjacke übergezogen.

Seit seiner Jugend war er völlig schwindelfrei. Die Höhe, selbst die harten Bewegungen des Masts hatten nichts Bedrohliches für ihn, obwohl aus dieser Höhe ein Sturz tödlich war. Die in der Ferne entschwindende CONSUELA konnte er gerade noch erkennen. Auf seinem Kurs jedoch war nichts zu finden. Erneut befielen ihn Zweifel, was er wirklich gesehen hatte. Ein Teil seines Hirns war jedoch nicht bereit zu kapitulieren. Es blieb eisern bei dem Bild der vier Sekunden.

Groß- und Vorsegel knallten mittlerweile bei jeder Bewegung des Kats und machten ihm klar, dass die AQUADRAT vor sich hin trödelte und durch den Mangel an Fahrt ihr gewohnt stabiles Verhalten verloren hatte. Die größeren der vom Ostufer der Großen Sirte anlaufenden Wellen trugen kleine Schaumkronen, waren aber kaum höher als eineinhalb Meter. Die Schleichfahrt des Katamarans bewirkte ein Schlingern, das den Beobachtungssitz auf der Toppsaling trotz Sicherheitsgurt zur Qual machte. Die Bauart des drehbaren Spezialmasts, der mehr einem Flugzeugflügel ähnelte, machte die Suche nicht leichter. Krampfhaft presste er seinen Rücken gegen das kühle Material. Der Wind frischte erneut auf. Trotz der Windjacke war ihm kalt. Die um das Fernglas gekrallten Finger wurden gelb.

Eine kleine Schule von Delfinen tauchte auf, um den trägen Kat zu einem Rennen aufzufordern. Sie hatten bewiesen, dass sie spielend mithalten konnten. Im Gegensatz zu sonst schenkte er ihnen diesmal keine Beachtung. Delfine aber sind gesellige Lebewesen und wollen bemerkt werden. So verschwanden sie wieder. Ein Blick auf die Uhr belehrte ihn, dass er den Kurs durch seinen Kreis in der Seekarte abgefahren hatte. Ächzend bereitete er sich vor, den Ausguck zu verlassen, um die Suche in der entgegengesetzten Richtung zu wiederholen. Behutsam hob er mit der linken Hand sein Knie an und schob seinen Fuß über die Niro-Spiere. Durch eine Bö, die den drehbaren Mast attackierte, geriet er aus dem Gleichgewicht und für einen Moment sah er sich in das tief unter ihm liegende Trapeznetz zwischen die Rümpfe fallen. Mit beiden Händen klammerte er sich an den Gurt. Ihm war kalt, gleichzeitig merkte er, dass sein Rücken schweißnass war. Er hob das Fernglas zu einer letzten Kontrolle. Die Delfine spielten jetzt mit etwas, das im Wasser trieb, 300 Meter Steuerbord voraus. Es konnte ein Tuch sein – oder ein menschliches Wesen.

Wie von selbst sprang der Sicherheitsgurt auf, und der Segler kletterte den Mast hinab. Er änderte den Kurs und überließ das Weitere der Selbststeueranlage. Von der Höhe des Decks aus konnte er erwartungsgemäß weder die Delfine noch den schwimmenden Körper sehen. Ruhig klarierte er den Rettungsring mit angehängtem Rettungslicht und warf ihn anschließend in einem weiten Bogen in die Wellen. Das mit einem Gewicht beschwerte Rettungslicht richtete sich im Wasser auf und begann, Signale zu senden, alle fünf Sekunden einen Blitz und alle zehn Sekunden ein Funksignal, das eine Reichweite von 40 Seemeilen hatte. Von der AQUADRAT konnte es jetzt angepeilt werden. Wenn der Schwimmer noch lebte, würde er durch den Anblick eines Schiffs neuen Mut fassen und seine Umgebung beobachten. Thiel hoffte, er würde Wimpel und Blinklicht des Rettungsrings entdecken und darauf zusteuern, um sich festzuhalten.

Für einen einhand gesegelten Katamaran dieser Größenordnung sind Suchmanöver auf hoher See fast unmöglich. Aber da Thiel auf seinen Streifzügen ganz andere Pakete im Wasser aufzuspüren pflegte, war er auf solche Situationen vorbereitet und wich auch jetzt in keinem Punkt von seinem Programm ab. So stellte er sein Schiff zunächst in den Wind und überließ es dem Motor und der Selbststeuerung, diese Position zu halten. Danach holte er über die elektrischen Winschen die gigantischen Flächen des Vor- und Großsegels ein – eine langwierige Prozedur. Jeder schnellere Weg jedoch barg die Gefahr, Segel oder die elektrische Rollreffanlage zu ruinieren. Insgesamt kostete ihn das Manöver eine halbe Stunde. Den Rettungsring konnte er ohne Schwierigkeiten orten. Unter Motor steuerte er das Funksignal an. Nach kurzer Zeit hatte er den Ring 60 Meter querab. Jetzt konnte die Suche nach dem Schwimmer ein zweites Mal beginnen.

Aber Thiel sah, dass das nicht mehr nötig war. An den Ring hatte sich ein Mensch angeklammert. Thiel winkte zum Zeichen, dass er den Schiffbrüchigen gesehen hatte. Dieser winkte matt zurück. Braunes Haar lag glänzend auf seiner Schulter. Thiel fuhr einen engen Kreis, der ihn direkt neben den Rettungsring und dessen Passagier brachte. Der Ring lag jetzt in Lee des

Katamarans, was die Bergung erleichterte. Besorgt, der Verunglückte könnte ihm in die Schrauben der zwei Maschinen geraten, drückte er den schweren Großbaum nach Steuerbord und laschte ihn an der Stahlwant fest. Dann löste er eine Schot und ließ eine weite Schlinge ins Wasser hinab. Sein Schiffbrüchiger war in der Zwischenzeit in den Ring geschlüpft und versuchte, ihm bei der Bergung zu helfen. Er gab ihm Zeichen, sich in die Schlinge der Großschot wie in eine Schaukel zu setzen. Die Bewegungen des Schwimmers zeigten, dass er zwar begriffen hatte, was von ihm erwartet wurde, aber auch am Ende seiner Kräfte war. Als sich Schwimmer und Rettungsring endlich in der Schlinge befanden, legte Thiel das Tau über die Winsch und holte es ein. Vorsichtig zog er den Verunglückten aus dem Wasser und setzte ihn auf dem Trampolin-Deck ab. Dann half er ihm, sich aus der Schot und dem Rettungsring zu lösen.

Zu seiner Verblüffung stellte er fest, dass es sich um eine Frau handelte. Ihr Alter war in dem total unterkühlten Zustand schwer zu bestimmen. Sie stand unter Schock und war weder in der Lage zu sprechen noch sich koordiniert zu bewegen. Mehrfach setzte sie an, um ihm etwas mitzuteilen, konnte aber nichts herausbringen. Er winkte ab. Sie müsste unter eine heiße Dusche, dachte er und wusste sehr gut, dass der Katamaran dergleichen Komfort nicht zu bieten hatte.

Er sah, dass sie zwar aus dem Wasser, aber noch nicht gerettet war. Ihr Gesicht war grau, die zitternden Lippen fast weiß angelaufen, der Blick ihrer Augen nach innen gerichtet. Er half ihr, sich sitzend an den Backbordschwimmer zu lehnen. Eine Minute später stellte er ein Wasserglas mit dem herben Insel-Gin der Balearen in ihre Reichweite und erhitzte Teewasser. Dann schaltete er den größeren seiner Windgeneratoren ein und schloss zwei Heizdecken, die er auf die dünne Segeltuchmatratze legte, an den Strom des Generators an. Daraufhin begab er sich mit einer Kanne heißem Tee, von dem er wusste, dass er lausig schmeckte, an Deck zu seinem Passagier. Die Frau hatte sich nicht bewegt, aber ihre Augen wirkten etwas lebhafter. Den Gin hatte sie nicht angerührt. Er hielt ihr den Becher mit dem Tee an die Lippen. Sie wollte abwehren, aber unerbittlich flößte er ihr das heiße Getränk ein. Erst als die leere Tasse abgesetzt war, betrachtete er sie etwas genauer.

Die Gesichtsfarbe war immer noch grau, ihre Augen blickten verstört, die Bluejeans glänzten dunkel vor Nässe. Ihr Sweatshirt hing wie eine aufgequollene Pferdedecke an ihr. Ihre Schuhe hatte sie beim Schwimmen offensichtlich abgestreift oder verloren. Ihre Zehennägel waren glänzend perlmuttfarben lackiert. Unwillkürlich blickte er auf ihre Hände. Sie zitterten, es waren kräftige Hände, die breiten Fingernägel hatten den gleichen Farbton.

Er vermutete, dass sie unter einem starken, fast lebensbedrohlichen Schock stand, was auf den fast dreistündigen Aufenthalt im kalten Wasser zurückzuführen war, aber auch auf den Schreck und die Tatsache, dass seitens der CONSUELA keine Notiz von ihrem Unglück genommen worden war. In einem medizinischen Buch der Bordapotheke überflog er eine halbe Seite über Maßnahmen nach Aufenthalt in kaltem Wasser und schüttelte ärgerlich mit dem Kopf. Im Imperativ stand dort: kein Alkohol!! Mit einem Schluck leerte er das Ginglas und füllte den restlichen Tee in eine Wärmflasche, die er ihr in den Nacken legte, gleichfalls eine Empfehlung des Buches. Er hatte weder Erfahrung mit einem solchen Fall, noch die nötigen Medikamente. Er las, dass er versuchen musste, sie zu beruhigen. Er wusste nicht recht, warum. Sie schien ihm nicht aufgeregt zu sein. Vorsichtig schob er ihr die wirren braunen Haare aus dem Gesicht. Fast unmerklich versuchte sie, sich abzuwenden. Er nahm seine Sonnenbrille ab und legte sie auf die Ablage neben dem Ruder.

»Willkommen an Bord«, brummte er, er hatte von Haus aus eine tiefe Stimme. Nun versuchte er, ihr Vertrauen zu gewinnen. »Sie sind auf einer deutschen Yacht und brauchen keine Angst mehr zu haben.«

Bei der Bezeichnung ›Yacht‹ für seine karge Rennmaschine musste er unwillkürlich lächeln. Sie blickte ihn an, gab keine Antwort und bewegte sich nicht. Trotzdem hatte er den Eindruck, sie habe ihn verstanden und er fügte hinzu: »Jetzt kann nichts mehr passieren, alles ist gut.«

Er wiederholte seine Worte in Englisch und nach einer Minute in Französisch. Bevor er in einer weiteren Sprache fortfahren konnte, öffneten sich ihre Lippen, und sie sagte leise: »Ich danke Ihnen.«

Den Akzent der drei deutsch gesprochenen Worte konnte er nicht einordnen, aber da eine Unterhaltung offensichtlich zu anstrengend für sie war, beschloss er, Fragen zu verschieben.

»Ich habe Ihnen eine Koje hergerichtet und werde Ihnen helfen, nach unten zu kommen.« Sie nickte schwach.

»Fühlen Sie sich in der Lage, das Deck zu verlassen?« Wieder nickte sie. »Dann werden wir das in ein paar Minuten tun.«

Er ließ die Rollfock auslaufen und legte den Kat mit dem Autopiloten auf den alten Kurs. Das schwerer zu setzende Großsegel musste warten. Der Katamaran nahm unter dem großen Vorsegel Fahrt auf und verlor das lästige Schlingern. Er wandte sich der Frau zu und half ihr vorsichtig auf die Füße. Ein ausgesprochenes Leichtgewicht war sie nicht, dennoch bugsierte er sie behutsam über den Niedergang in den Steuerbordschwimmer bis an die vorbereitete Koje. Sie schien sich kaum erholt zu haben und sagte nichts. Augenscheinlich waren die wenigen Schritte in aufrechter Haltung alles, dessen sie noch fähig war. Die beiden Heizdecken hatten ihre Betriebstemperatur. Er blickte die Frau an. »Sie sollten sich etwas ausruhen und aufwärmen. Sind Sie in der Lage, sich zu entkleiden?«

Sie nickte, und er wies auf einen Stapel Handtücher und Wolldecken. »Hier ist alles, was Sie im Moment brauchen. Sagen Sie mir, wenn ich noch etwas tun kann.«

Er verließ die Kajüte und machte sich an die mühsame Arbeit, das Großsegel zu setzen. Seine Gedanken waren bei dem neuen Passagier. Thiel war alles andere als sicher, ob sie bereits in der Lage war, sich alleine mit dem Komfort des spartanischen Katamarans zurechtzufinden. An Deck lief alles unerwartet glatt, das Segel verklemmte sich nicht, und die AQUADRAT hielt ihren Kurs. Ein Blick unter Deck des Steuerbordschwimmers zeigte ihm allerdings, dass sein Passagier lediglich mit dem Oberkörper auf der warmen Koje lehnte. Ihre Augen waren geschlossen. Auf den Heizdecken hatte sich der Kater ausgestreckt. Offensichtlich hatte sie nicht die Energie gefunden, sich von den nassen Kleidern zu trennen. Thiel seufzte, verjagte den Kater, zog ihr das nasse Sweatshirt sowie die Jeans aus, half ihr auf die harte, vorgewärmte Unterlage und deckte sie mit den Wolldecken zu.

Die Kojen der AQUADRAT stammten noch aus ihren Regattazeiten und waren schmal und von asketischer Härte. Einst hatten sie den Vorteil, wenig Gewicht auf den Renn-Kat zu bringen. Einziger Luxus war der schmale Tuchstreifen, das sogenannte Leesegel, das man als Schlechtwettersicherung gegen das Herausfallen anbringen konnte. Bei der derzeitigen Wetterlage war es überflüssig. Thiel brachte die Sicherung trotzdem an.

Besorgt blickte er in die Richtung des verschwundenen Containerschiffs. Sollten die begriffen haben, was sich in ihrem Kielwasser zugetragen hatte?

3

Am Steuer des Frachters CONSUELA standen drei Männer, zwei Matrosen und der Erste Offizier des Schiffes. Ansonsten war die Brücke leer. Jeder hatte einen Plastikbecher mit heißem Kaffee in der Hand. Die geräumige Kommandozentrale war von der auf dem Meer spiegelnden Sonne erhellt. Die grandiose Sicht aus fünfunddreißig Metern Höhe über das Schiff und die sich bis zum Horizont erstreckende See wurde von den Männern nicht beachtet. Das Containerschiff hing am Autopilot, keiner brauchte sich um den Kurs zu kümmern.

»Alles klar gegangen?«, fragte der Erste. Er war ein schlanker, ruhig wirkender Mann. Im Gegensatz zu den beiden anderen, die Overalls trugen, war er mit einer dunklen Hose und einem weißen Hemd bekleidet. Das Tragen der Uniform war auf dem Schiff eine Seltenheit, selbst beim Kapitän.

»Über Bord, sie hatte einen Unfall«, antwortete einer der Matrosen. Er war der Jüngere und hatte seine Haare bis auf die Kopfhaut geschoren.

»Hat die Crew etwas bemerkt?«

»Auf keinen Fall, hab ich vorher kontrolliert, da war niemand«, erwiderte derselbe Mann.

»Irgendein Schiff in der Nähe?«

»Keines, mit Ausnahme einer einzelnen Segelyacht steuerbord. Zu weit, etwa zehn Meilen. Keinerlei Gefahr.«

»Wann ist es passiert?«

»Vor einer knappen Stunde.«

Der Erste zog einen schweren schwarzen Vorhang beiseite, der das Radarscope gegen das Licht der hellen Brücke abschirmte. Mit einem silbernen Stift tippte er leicht gegen den Bildschirm. Der Punkt lag im Kielwasser des Frachtschiffs, zehn Seemeilen hinter der CONSUELA.

»Dann müsste sie irgendwo hier sein.«

Die Männer in den Overalls nickten. Der Erste runzelte die Stirn, denn er sah das Flackern eines winzigen Punktes. Konzentriert betrachtete er den Bildschirm. Dann setzte er einen Lichtpunkt auf die Anzeige und tippte ein Kommando in den Computer des Geräts.

»Wo, sagtest du, war die Segelyacht?«, fragte der Erste.

»Achtern steuerbord, zehn Meilen ab«, sagte der Kahlgeschorene.

»Mmh. An der Stelle fährt irgendwas mit sechs Knoten genau in unserem Kielwasser. Wirklich merkwürdig. Kann einer von euch die Yacht beschreiben?«

»Keine Details. War viel zu weit weg. Ziemlich groß, ein Mast. Irgendsoein Freizeitkapitän halt. Hat mit der Sache garantiert nichts zu tun.«

4

Mittlerweile war es Mittag geworden, und der Kater, für den Thiel noch keinen Namen gefunden hatte, fauchte ihn an. Der Mann gab ihm recht. Auch er verspürte Hunger. Gemeinsam machten sie sich an die zwei obligatorischen ägyptischen Fischdosen mit Makrelen in einer öligen Tomatensoße. Wie üblich öffnete er die Dosen und teilte dem Kater eine halbe Portion mit einigen Brocken Brot zu. Das Teilungsverhältnis entsprang seiner Auffassung, dass er entschieden größer sei, härter arbeite und zudem rechtmäßiger Besitzer des Katamarans sowie aller auf ihm befindlichen Fischdosen war. Ein Standpunkt, der von dem Kater, der mittlerweile auf ein mehrwöchiges Wohnrecht auf dem Schiff verweisen konnte, nicht geteilt wurde. Fauchend und merkwürdig drohende Laute ausstoßend, machte er ihm klar, dass er das Teilungsverhältnis allenfalls mit umgekehrten Vorzeichen anerkennen könne. Das Ritual wiederholte sich täglich. Kaum hatte der Kater seinen Anteil aus der Fischdose verputzt, versuchte er in dreister Manier an die größere Portion seines Partners zu gelangen. Blutige Kratzer an seinen Handrücken hatten Thiel gelehrt, dass es der Kater durchaus ernst meinte. Derbe Kopfnüsse belehrten das Tier, dass der Skipper, der Katzen sowieso nicht sonderlich mochte, in der Aufteilung der gemeinsamen Delikatessen keinen Spaß verstand.

Während er amüsiert beobachtete, wie der Kater eine akribische Reinigung der Fischdosen durchführte und sich dann den letzten Rest von Öl und Tomatensoße aus dem Bart putzte, fiel ihm ein, dass sie beide die Vorräte ab sofort mit einer Dritten teilen müssten. Für ihn selbst und den missgelaunten Kater hätten sie noch die Tage bis nach Marseille gereicht. Aber jetzt, mit einem Esser mehr an Bord, würde er erst mal Proviant fassen müssen. Das wiederum bedeutete, dass er den Frachter aus den Augen lassen musste. Möglicherweise träfe er nicht einmal mehr zeitgleich mit der CONSUELA in Marseille ein. Für den pedantischen Fanatiker Thiel eine fatale Situation. Er könnte allerdings Malta anlaufen, um Proviant und Getränke einzukaufen. Mit einer Portion Glück könnte er dort auch den neuen Passagier an Land setzen und alles Weitere der Dame selbst überlassen. Für diesen Zweck würde sich jeder Hafen, der mit einem internationalen Flugplatz verbunden war, anbieten. Er verwarf Tunis, weil das Anlaufen da zu zeitaufwendig wäre und beschloss Valletta, die Hauptstadt von Malta, anzusegeln. Sein Gesicht hellte sich etwas auf. Er begab sich an den Navigationsrechner und ermittelte über die Position der Insel Malta den neuen Kurs der AQUADRAT. Westnordwest sagte der Computer, 284 Grad. Ein günstiger Kurs, der die AQUADRAT unter den augenblicklichen Windverhältnissen gut vorantreiben würde. Er gab den neuen Kurs in die Selbststeueranlage ein und korrigierte die Segelstellung.

Ein Blick auf seinen schlafenden Passagier sagte ihm, dass alles in Ordnung war. Sie atmete gleichmäßig. Halb auf ihr ausgestreckt, am Rande der Koje, lag der Kater. Für einen Moment dachte er an seine Kratzer und erwog, das Tier zu verjagen, doch dann siegte sein Sinn für Humor. Sollten die zwei ruhig unter sich ausmachen, wer auf den wärmsten Stellen der Koje liegen durfte.

Mit der schnellen Fahrt des Katamarans wurde es nichts. Der Südostwind ließ nach. Obwohl sein Autopilot selbständige Kursänderungen in die

Windzonen durchführte, verriet ihm der Nav-C-Rechner, dass der Kat erst gegen zwölf Uhr in Valletta eintreffen würde. Seine Überlegungen gingen weiter. Eine bestimmte Person in Marseille musste über die neue Situation in Kenntnis gesetzt werden, Kommissar François Marchais, Dezernent des Rauschgiftdezernates der Kriminalpolizei. Der Einzige, der von der Überwachung der CONSUELA Kenntnis hatte.

Thiel wusste, wie kompromisslos der Kommissar die Drogenmafia bekämpfte, die dank unbeschränkter finanzieller Mittel in der Lage war, viele seiner Kollegen zu korrumpieren. Die Koalition zwischen dem desillusionierten, mit dem eigenen Apparat zutiefst unzufriedenen Beamten und Thiel bestand noch nicht allzu lange: Erst vor einem Jahr war der Polizist einer illegalen Kampagne des Seglers auf die Spur gekommen. Aber der französische Kommissar hatte die Besessenheit hinter der reservierten Fassade des Skippers gespürt und dass dieser, wenn auch aus anderen Gründen, die Drogenszene noch unnachsichtiger verfolgte als er selbst. Schließlich hatte er sich mit dem Segler verbündet.

Normalerweise verfolgte Thiel seine Ziele mit sturer Entschlossenheit. Daher ärgerte er sich zutiefst darüber, die Beobachtung der CONSUELA abzubrechen, was wiederum verhinderte, dass er sich über die erfolgreiche Rettungsaktion freuen konnte. Wieder seufzte er, als er durch den Niedergang in den Backbordschwimmer mit der beachtlichen Elektronik des Kats schlüpfte und sich an das Satellitentelefon begab. Er wählte eine Nummer in Marseille, landete aber lediglich in der Mailbox und zog es vor, ihm eine Mail zu senden. Der Text gab nichts preis. *Beobachtung abgebrochen. Bitte um Anruf.* Kein Gruß, kein Name.

Der weitere Nachmittag verging mit Routinearbeiten an Bord. Anhand einer Checkliste stellte er sicher, dass die Technik des Katamarans regelmäßig überprüft wurde. Die Beherrschung der elektronischen Navigationsgeräte hatte er sich hart erarbeiten müssen. So absolvierte er unter anderem ein tägliches Pensum von Manövern und Berechnungen, um das erworbene Wissen zu erweitern.

Dieses Mal hatte er Probleme, sich bei dem banalen Training zu konzentrieren. Die Frau und die Gefährlichkeit eines Kälteschocks spukten ihm durch den Kopf. Von Zeit zu Zeit sah er nach ihr, konnte aber keine Veränderung bemerken. Sie hatte sich so wenig bewegt wie der Kater. Während die Frau nicht einmal seine Visiten bemerkte, hob der Kater jedes Mal kurz den Kopf und warf ihm einen Blick zu, der klar sagte: Komm mir hier nicht in die Quere – das Terrain habe ich erobert.

Mittlerweile trödelte die AQUADRAT auf ihrem Vorwindkurs mit der gleichen Fahrt wie die nach Nordwest laufenden Wellen. Für den Geräuschpegel innerhalb der schlanken Bootskörper war das vorteilhaft. Wenn der Kat gegen die Welle bolzte, war der Aufenthalt, besonders das Schlafen in den Rümpfen, gewöhnungsbedürftig. Vermutlich konnte man im Inneren einer Bassgeige bei voller Aktion im Symphonieorchester mehr Ruhe finden. Er aktivierte den Radarreflektor und den Warnset, der durch einen Heulton die Annäherung jedes anderen Schiffes, das mit Radar ausgestattet war, anzeigen würde.

In der Kühlbox fand er ein hartes Stück Käse und zwei Dosen Bier. Zwei Brotscheiben, die noch nicht vom Schimmel befallen waren, rundeten sein Abendessen ab. Es war eine herrliche Stimmung in den letzten wärmenden Sonnenstrahlen des Tages. Beim Betrachten des kärglichen Menüs befiel ihn ein Gefühl der Verlegenheit. Er begann, an den eigenen Bord-Prioritäten zu zweifeln. Schließlich war er nicht zur Askese verpflichtet. Für das Schiff, seine Motoren, die Segel und die Elektronik nahm er penibel jede Belastung auf sich. Er selbst hatte keinen Platz in dieser Checkliste. Er hatte sich vernachlässigt. Er blickte an sich herab und stellte nicht zum ersten Mal fest, dass er Gewicht verloren hatte. Seine Hände, in seinen Berufsjahren nur an Schreibtischarbeit gewöhnt, waren durch die Arbeit an Bord hart und schwielig geworden. Seine Schultern und Arme waren sehnig und hatten, wie sein gesamter Körper, jedes überflüssige Gramm verloren. Sein Gesicht war hohlwangig. Er beschloss, sich zu rasieren. Aber dafür wäre morgen auch noch Zeit.

Bevor er sich in die Koje legte, nahm er die Kleidungsstücke, die er der Frau ausgezogen hatte, von der Heckreling und deponierte sie neben ihr. Er fand zwei frische Handtücher und legte eines seiner Hemden hinzu. Sein Wecker war für die stündliche Alarmierung zur Kurs- und Standortbestimmung der AQUADRAT vorprogrammiert. Er legte sich in eine der Backbordkojen und schlief sofort ein. In fast jeder Situation und von einer Sekunde zur anderen konnte er die Dinge des Tages beiseite schieben und auf Schlaf umschalten.

Am nächsten Morgen strahlte die Sonne wie in den Tagen zuvor. Zudem herrschte exzellente Fernsicht. Thiel brühte sich eine große Kanne Tee auf, entwarf den Einkaufszettel für einen Supermarkt in Valletta und begann zu überlegen, inwieweit er den neuen Passagier berücksichtigen könne. Als hätte sie seine Überlegungen gespürt, tauchte sie plötzlich aus ihrem Tiefschlaf auf.

5

Intuitiv spürte er, dass er nicht allein an Deck war, und wandte sich um. Zuerst erblickte er ihren Kopf, dann den Oberkörper, gekleidet in sein Flanellhemd. Ihr erster Blick aus dem Niedergang des Steuerbordschwimmers war vorsichtig, wie der eines Tieres, das gerade den Bau verlässt. Er sah, wie sie abwartend auf den Stufen stehen blieb und das imponierende Deck der AQUADRAT musterte. Die Fläche mit dem engmaschigen Trapeznetz zwischen den beiden Rümpfen hatte die Ausdehnung eines Tennisplatzes. Der Flügelmast mit seinem Großsegel entsprach der Höhe eines fünfzehnstöckigen Wohnhauses. Und da saß ein älterer Mann, dessen Gesicht hart und nicht gerade vertrauenerweckend aussah. In der Hand hielt er eine Tasse, sein Blick hing an der Radsteuerung, die wie durch Geisterhand mit knappen Bewegungen selbständig den Kurs korrigierte. Hätte sie sich beim Verlassen der Kajüte auf einem Raumschiff befunden, ihre Verblüffung wäre kaum kleiner gewesen.

»Guten Morgen«, sagte Thiel beiläufig. »Möchten Sie auch etwas Tee?« Ihr helles Gesicht zeigte noch Spuren ihres Kampfs ums Überleben.

»Vielen Dank für das Hemd«, sagte sie genau so unbetont. »Würde es Sie stören, wenn ich meine Jeans erst anziehe, wenn sie ganz trocken ist?«

Er schüttelte den Kopf. »Keineswegs. Die Sachen trocknen langsam auf diesem Schiff. Haben Sie sich von dem Schreck erholt?«

Sie kam an Deck, und er erhob sich, um ihr einen Klappstuhl zu öffnen, den er in der Sonne platzierte.

»Ich glaube schon. Ich habe wie ein Stein geschlafen«, und nach einem Moment fügte sie hinzu: »Zuerst möchte ich Ihnen danken für das, was Sie für mich getan haben.«

Sie stand vor ihm und reichte ihm die Hand. Aus der Sicht eines über Sechzigjährigen ordnete er sie einfach als junge Frau ein. Ihre langen, dichten Haare waren offensichtlich trocken, wenn auch strähnig und ungekämmt. Darunter sah er ein helles nordisches Gesicht mit hohen Backenknochen und Sommersprossen auf der Nase. Ihre Statur war weder klein noch mager. Unter seinem Hemd, das an ihr wie ein schlecht geschneidertes Minikleid hing, sah er kompakte, muskulöse Beine. Als er sie gestern in die Koje verfrachtet und von ihren nassen Hüllen befreit hatte, war ihm nicht entgangen, dass sie keine Barbiepuppe war.

»Gut, dass Sie wieder eine gesunde Gesichtsfarbe haben. Gestern habe ich mir Sorgen um Sie gemacht. Setzen Sie sich, ich hole Ihnen einen Tee.«

Der Segler schob ihr das gebrechlich aussehende, faltbare Sitzmöbel aus Leinen, Stahlfedern und Leichtmetall zurecht, auf dem sie vorsichtig Platz nahm. Er verschwand und kehrte mit einer Kanne Tee, einer weiteren Blechtasse und einem gleichartigen Klappstuhl zurück. Der Tee war heiß und stark, und der Mangel an Zucker schien sie nicht zu stören. Sie nahm einen Schluck und wärmte ihre Hände an der Tasse. Wieder fielen ihm ihre schönen perlmuttfarben lackierten Fingernägel auf. Es war ihr einziger Schmuck. Den leichten Akzent, mit dem sie deutsch sprach, hatte er erkannt. Sie war Skandinavierin, vermutlich kam sie aus Dänemark.

Wie sehr ihn die Umstände, die zu ihrem Überbordgehen von der CONSUELA geführt hatten, interessierten, zeigte er nicht. Ihr Gespräch würde ohnedies früher oder später diese Richtung nehmen. Im Moment gab es wichtigere Punkte.

»Ich nehme an, Sie sind hungrig«, sagte er, »außerdem sollten Sie sich wärmer anziehen.« Sie nickte.

»Stimmt beides. Ist vielleicht eine Frau mit an Bord, von der ich mir etwas ausleihen könnte?«

Er lehnte sich zurück. »Keine andere Frau und kein anderer Segler. Wir sind allein auf diesem Schiff. Den Kater werden Sie wohl bemerkt haben«, er lächelte, »er ist hier der Boss.«

Sie blickte ihn fassungslos an. »Dann haben Sie mich allein aus dem Meer geholt?«

Er nickte. »Ja, aber Sie haben an Ihrer Rettung großen Anteil gehabt.«

»Ich?«

»Ja, Sie. Sie können stolz auf sich sein.«

»Warum?«

»Sie haben nicht aufgegeben. Nach einer Stunde habe ich damit gerechnet, einen Toten zu bergen.« Seine Stimme klang kalt und unbeteiligt bei dem Kompliment, und sie wusste nicht, was sie davon halten sollte. War es ihm egal, dass sie noch gelebt hatte, als er sie aus dem Wasser zog? Sie lächelte trotzdem.

»Ich glaube, mir fehlen einige Dinge, die mir besser eine Frau leihen könnte.«

Sein Gesicht blieb ausdruckslos. »Der Katamaran ist auf alles eingerichtet. Solange Sie nicht einen Lippenstift brauchen, kann ich Ihnen mit einem Kamm und Seife und einer neuen Zahnbürste aushelfen.«

Thiel erhob sich aus dem niedrigen Sitzmöbel und betrachtete ihre nackten Beine. »Sie haben gestern zwei Stunden und vierunddreißig Minuten in dem kalten Wasser gelegen und sind dabei halb erfroren. Höchste Zeit, dass ich etwas Wärmeres für Sie finde.«

Dann verschwand er unter Deck. Sie warf einen interessierten Blick auf das Vorschiff und konnte kaum glauben, dass sie mit diesem Mann auf dem riesigen Schiff allein war. Durch die netzartige Bespannung zwischen den beiden Rümpfen konnte sie Konturen des aufgewühlten Meeres sehen. Für sie bewegte sich das Gebilde, auf dem sie sich befand, mit einer nicht erklärlichen Geschwindigkeit über das Wasser. Sie betrachtete die weißen Schaumstreifen, die hinter dem Heck der beiden Schwimmer entstanden. Nach einem Kilometer verschmolzen sie miteinander und erstreckten sich dann fast bis zum Horizont. Als der Mann mit einigen Sachen zurückkehrte, wies sie auf die Schaumspur und sagte:

»Ihr Schiff ist ungeheuer schnell und so groß. Ich kann nicht glauben, dass Sie hier alles allein erledigen können.«

Es war mehr eine Feststellung als eine Frage. Er nickte und reichte ihr wollene Unterwäsche in XXL-Maßen und einen ähnlich verwitterten, orangefarbenen Overall, wie er ihn selbst trug. Er wies auf den einteiligen Schutzanzug. »Er ist wind- und wasserdicht und wird Sie warm halten. Sie können froh sein, dass Sie sich durch Ihr gestriges Abenteuer keine schwere Erkältung zugezogen haben. Auf dem Kat sind wir ständig Wasser und Wind ausgesetzt. Passen Sie auf sich auf.«

Die Frau nahm den Overall, hielt ihn in die Höhe und blickte an seiner Statur von einsneunzig empor. »Der gehört wohl Ihnen?«

Er nickte. »Macht nichts. Sie können ihn aufkrempeln. Das Unterzeug ist wichtig. Lässt sich auch aufkrempeln.«

Sie lächelte. »Vielen Dank, das geht schon.«

Er betrachtete sie nachdenklich und reichte ihr ein Paar Wollsocken. »Sie haben keine Schuhe. Alles was ich an Bord habe, hat die Größe siebenundvierzig. Die können wir nicht kleiner machen.«

»Nein, Schuhe umkrempeln geht wohl nicht«, lächelte sie leise.

Sie machte Anstalten, lediglich in den Overall zu schlüpfen, aber er machte mit der Hand ein so unmissverständliches Zeichen, dass sie gehorsam zuerst die Unterwäsche griff und erst danach in den weiten Schutzanzug stieg. Hosenbeine und Ärmel krempelte sie hoch und blickte an sich hinab.

»Hätten Sie vielleicht einen Spiegel?«

Sein Gesicht war unbewegt. »Einen kleinen. Hängt neben dem Waschbecken.«

Sie verschwand in dem Schwimmer.

Thiel hatte eine Eintragung im Logbuch gemacht und saß wieder in dem Klappstuhl, als sie zurückkehrte.

»Könnte ich auf Ihr Angebot zurückkommen, mir einen Kamm auszuleihen?« Er nickte. »Und könnte ich auch einen Gürtel von Ihnen haben?«, fragte sie weiter. Wieder nickte er und begab sich unter Deck.

Als sie nach einigen Minuten wieder auftauchte, hatte er aus feuchtem Dosenbrot und Makrele in Tomatensoße ein frugales Frühstück für sie zusammengestellt. Er musste zugeben, dass der Kamm ihr volles braunes Haar und der Gürtel die Konturen ihrer Figur etwas verbessert hatten.

»Kommen wir mal zu einem wesentlichen Punkt. Sie brauchen etwas Vernünftiges zu essen. Die schlechte Nachricht dabei ist, ich konnte nur ein sehr trauriges Frühstück zustande bringen. Die gute Nachricht, im Laufe des Nachmittags werden wir Malta erreichen und können einkaufen.«

Überrascht blickte sie auf.

»Ihre gute Nachricht ist wirklich gut. Ich bräuchte noch einiges, das Sie mir nicht zur Verfügung stellen können«, lächelte sie und fügte hinzu: »Auch wenn wir es aufkrempeln.«

Sie betrachtete den Kater, wie er gierig über seinen Anteil herfiel und belegte sich ihr Brot mit Makrele. Der Wind hatte aufgefrischt und der Sog des abfließenden Wassers im Heck der Rümpfe wurde noch lauter.

»Ihr Schiff ist fantastisch schnell, wie heißt es eigentlich?«, fragte sie kauend. Er warf einen Blick auf das Speedlock.

»Sie heißt AQUADRAT. Im Moment ist sie kaum schneller als die CONSUELA, mit der sie gefahren sind.«

Die Frau blickte ihn zweifelnd an: »Sie kommt mir mindestens doppelt so schnell vor.«

»Das glauben Sie nur, weil wir uns so dicht über dem Wasser befinden.« Er machte eine Handbewegung. »So oder so, unter Seglern dürfte das hier die schnellste Maschine auf dem Mittelmeer sein.«

Er wirkte merkwürdig unbeteiligt bei dem, was er über sein Schiff sagte, fand sie. Auch seine präzise Zeitangabe über ihren Aufenthalt im kalten Wasser war ihr unerklärlich. Natürlich bezweifelte sie sie nicht, aber woher bezog er sein Wissen? Zunehmend kam er ihr wie Kapitän Nemo von der NAUTILUS vor. Hätte er plötzlich »klarmachen zum Tauchen« befohlen, hätte sie sich nicht gewundert. Wenn der Katamaran sein Spielzeug oder Hobby war, hatte sie aus seinem Tonfall wenig Stolz oder Begeisterung heraushören können.

Mit einer knappen Drehung seines Kopfes deutete er an, dass er zu einem anderen Thema wechseln wollte. Er schob die Sonnenbrille hoch, kniff die Augen über seiner gebrochenen Nase wegen der blendenden Sonne zu Schlitzen zusammen und blickte sie aufmerksam an.

»Könnten Sie mir erzählen, wie es geschehen konnte, dass Sie ins Wasser geraten sind?«

Sie blickte auf seine Hände und suchte nach den richtigen Worten.

»Darf ich offen sein?« Sie blickte ihn fragend an.

Er sagte nachdrücklich: »Alles andere wäre Zeitverschwendung.«

»Dann stelle ich mal eine Frage.«

»Nur zu.«
»Sind Sie irgendwie in die Angelegenheit verwickelt?«
Er sah sie erstaunt an. »In welche Angelegenheit?«
»In meinen Sturz ins Meer.«
»Wie kommen Sie denn darauf?«
»Wie sonst konnten Sie so genau wissen, wie lange ich im Wasser war?«
Sein Gesichtsausdruck blieb unverändert, aber sie sah, wie seine Augenbrauen kurz in die Höhe schnellten und er mit dem Kopf nickte. In seinen Augen bemerkte sie so etwas wie Respekt.
»Ich habe gesehen, wie Sie ins Wasser gefallen sind«, erklärte er ruhig.
»Mich gesehen? Warum haben Sie mich dann nicht gleich rausgezogen?« Und nach einer kleinen Pause, »ich meine, wenn Sie schon so nah dran waren, dass Sie mich sehen konnten.«
Wieder blickte er sie nachdenklich an. »Ich war nicht nah dran.« Er erhob sich. »Kommen Sie mit unter Deck.«
Sie folgte ihm in den Niedergang und er öffnete das große Etui mit dem Teleskop über dem Navigationstisch. Er zeigte auf das Fernrohr und den kleinen Monitor.
»Mit diesem Ding habe ich Sie aus einer Entfernung von circa vier Seemeilen auf der CONSUELA beobachtet, das sind mehr als sieben Kilometer. Ich hatte Sie nur Sekunden im Blickfeld dieses Monitors. Ich sah einen Menschen über Bord stürzen, das war alles.«
Sie blickte zu ihm auf. »Unglaublich – und dann haben Sie beschlossen, nach mir zu suchen.«
»Ja, allerdings erst, nachdem ich festgestellt hatte, dass die CONSUELA weiterlief, ohne sich um Sie zu kümmern.«
Sie wirkte sprachlos.
»Sieben Kilometer«, sagte sie tonlos, »und da haben Sie mich so einfach gefunden, mitten im Meer.«
»Es war nicht einfach. Es hat zwei Stunden und vierunddreißig Minuten gedauert.«
»Sie scheinen ein sehr präziser Mann zu sein.«
»Wenn man diesen Katamaran allein segeln will, geht es nicht anders.« Als er weitersprach, konnte man leise Ungeduld bemerken. »Ich kann Ihnen jetzt nicht alle Zusammenhänge erklären, aber glauben Sie mir, in die ›Angelegenheit‹, wie Sie Ihren Sturz über Bord genannt haben, bin ich nicht verwickelt.«
Sie machte eine beschwichtigende Geste. »Ich glaube Ihnen. Manchmal klingen meine Worte misstrauisch, obwohl ich es gar nicht möchte.«
Er winkte ab. »Ist schon okay. Hat mir gefallen.« Auf seinem narbigen Gesicht zeigte sich eine Spur von Grinsen. »Zeigt, dass Sie logisch denken

können. Die Frage war weiß Gott nicht abwegig.« Er ging zurück an den Steuerstand, und sie folgte ihm.

»Übrigens, ich habe mich noch nicht einmal vorgestellt, Thiel, Martin Thiel.« Er zögerte einen Moment und sagte dann: »Können Sie mir mal erzählen, wie es zu Ihrem Unfall gekommen ist?«

»Hätten Sie vielleicht eine Zigarette?« Er schüttelte den Kopf.

»Tja, ich glaube es wird Zeit«, sagte sie, »dass auch ich mich vorstelle. Ich heiße Wenke Jensen. Ich bin Fotografin, freie Journalistin und komme aus Kopenhagen. Ich arbeite dort für ein paar Zeitungen. Sie werden es kaum für möglich halten, aber wie mir das mit dem Sturz ins Wasser passieren konnte, weiß ich nicht.«

»Beginnen Sie mit dem Anfang, zum Beispiel, warum Sie überhaupt an Bord der CONSUELA waren. Wir haben Zeit. Vielleicht finden wir ein paar Dinge zusammen heraus.«

Sie sah ihn zweifelnd an. »Vielleicht. Also der Anfang. Vor ein paar Wochen hat sich mir die Möglichkeit geboten, nach Indien zu fliegen und eine Reportage über die Entstehung von indischen Produkten zu machen, Sachen, die nach Dänemark und in die EU eingeführt werden, im Wesentlichen Textilien und Maschinen, und natürlich über die Arbeitsbedingungen. Abgesehen von einem kurzen Fotoempfang mit einigen Politikern reine Routine.«

»Welchen Politikern?«, unterbrach er.

»Ich glaube, ein paar waren ganz bedeutend. Auf jeden Fall war der ehemalige Außenminister darunter, schwieriger Name, Vajpayee, oder so ähnlich.«

»Stimmt, Atal Bihari Vajpayee, der ist bedeutend. Bis vor kurzem war er Regierungschef. Als er an die Regierung kam, war er gleichzeitig Außenminister. Ging es ihm gut?«

»Ja, soweit ich das sehen konnte, schon. Wieso? Haben Sie ihn denn schon mal getroffen?«

»Das ist einige Zeit her, da war er noch in der Opposition. Damals hatte er eine unangenehme Magengeschichte.«

Sie schaute ihn verwirrt an. An was für einen merkwürdigen Segler war sie da geraten? Sie wollte eine Bemerkung machen, schluckte sie aber hinunter.

»Sind Sie bei Ihrer Arbeit jemand auf die Zehen gestiegen?«, setzte er nach. Sie blickte in die Gischt des ablaufenden Kielwassers. »Eigentlich nicht. Bestimmt keinem VIP.«

»Warum sind Sie nicht mit dem Flugzeug nach Dänemark zurückgekehrt?«

»Das hat sich so ergeben. Ich machte auf der CONSUELA Fotos beim Verladen. Der Auftrag war nicht dringlich. Die Reederei bot mir eine kostenlose Überfahrt an. Für mich sollten es zwei Wochen Urlaub werden.«

Er gab ihr mit einer Handbewegung zu verstehen, dass er eine kurze Denkpause einlegen wollte. Die junge Frau hatte bereits bewiesen, dass sie eine rasche Auffassungsgabe hatte. Nun war er besorgt, ihr durch die falschen Fragen etwas über sein eigenes Verhältnis zur CONSUELA zu verraten. Dennoch entschloss er sich, präziser zu werden.

»Hing Ihre Reportage auch mit anderen Punkten, zum Beispiel der Drogenproblematik, zusammen?«

»Nein«, sagte sie überrascht. »Auf meiner Rückreise hatte ich genau genommen gar nichts zu tun. Meistens habe ich im Schatten gelegen und gelesen. Gelegentlich habe ich ein paar malaiisch-indonesische Annäherungsversuche zurückgewiesen.«

»Könnte natürlich die Ursache sein. An Bord gibt es immer irrationale Typen. Bei solchen Kerlen kann das ein Grund sein, durchzudrehen.«

»Eigentlich nicht. Ich musste niemanden vor den Kopf stoßen.«

Sie machte eine Pause. »Erst als wir das Rote Meer verließen und Suez passierten, habe ich angefangen, ein paar Fotos von dem Schiff und der Umgebung zu machen. Im Kanal ließen sich zumindest bei Tageslicht gute Aufnahmen der Uferregion machen. Wenn man nach einer Woche zum ersten Mal wieder in einem Hafen ist, dann will man alles vor die Linse holen.«

Thiel hob die Hand. »Stopp! Sie waren in einem Hafen?«

»Na ja, nicht eigentlich in einem Hafen, aber vor dem Hafen von Suez lagen wir ein paar Tage fest. Leider konnte ich nicht an Land, da ich kein Visum hatte. Der Kapitän hat mir dringend abgeraten, das Schiff zu verlassen. Er sagte, ich würde große Probleme haben, wieder an Bord zurückkehren zu können. Es gab Schwierigkeiten, die Lotsen für die Kanaldurchfahrt zur Verfügung zu stellen.«

»Wurde in der Zeit Ihres Aufenthalts in Suez irgendetwas auf- oder abgeladen?«

Sie zögerte. »Das weiß ich nicht.« Und nach einem erneuten Zögern: »Das heißt, doch ja, am letzten Abend wurde ein Container verladen. Ich habe den Vorgang ja selbst fotografiert. Am nächsten Morgen ging es dann weiter.«

»Haben Sie gesehen, wo man ihn an Bord verstaute?«

»Nun, er stand erst mal an Deck, aber am nächsten Morgen war er verschwunden und stand dann wohl zwischen den anderen Containern. Wo, weiß ich nicht.«

Der Segler erhob sich, um die Position der AQUADRAT auf einem der Displays zu kontrollieren, die über beiden Außensteuerständen angebracht waren. »Wenn es Ihnen recht ist, möchte ich etwas mehr über den Verlauf des Unglücks hören. Auf welche Weise sind Sie eigentlich ins Wasser gefallen?«

Er sah, wie sich ihre rechte Hand zu einer lockeren Faust ballte und langsam entspannte. Sie vermied seinen Blick.

»Genau das frage ich mich seit 24 Stunden. Ich war allein und schaute ins Kielwasser. Lehnte gemütlich an der Reling.«

Sie stockte und schien nachzudenken. »Es war noch früh am Morgen. Die Sicht war toll. Da waren ein paar Delfine, und ich versuchte, sie im Wasser zu verfolgen. In unserer Familie sagt man, Delfine bringen Glück, wie Sternschnuppen.« Sie starrte abwesend auf den Kater. »Ich habe einfach geschaut, und plötzlich hatte ich keinen Halt mehr und flog durch die Luft. Und dann klatschte ich ins Wasser. Es war ein fürchterlicher Schlag. Fast wäre ich ertrunken.« Sie schwieg, und beide Hände, die in ihrem Schoß lagen, verkrampften sich zu Fäusten. »Kein Seegang, kein Sturm, ich war nicht müde. Einfach so über Bord fallen. Ich weiß nicht, was mit mir los war. Das muss sich kindisch anhören.«

Er ging nicht weiter auf ihren Bericht ein, sondern fragte: »Wollen Sie uns nicht noch eine Kanne Tee machen?«

Während sie in der Kajüte verschwand, korrigierte er die Segelstellung.

Thiel war ein Mann mit eisernen Prinzipien. An sich selbst stellte er bezüglich Fleiß und Disziplin höchste Ansprüche. Eigentlich war er ein Gentleman. Da er mit Frauen kaum zusammengearbeitet hatte, galten seine ausgezeichneten Manieren vorwiegend den männlichen Mitarbeitern. Hier pflegte er, da er seinen eigenen Standard selten antraf, über Schwachstellen bis zu einem gewissen Maß hinwegzusehen. Seiner tiefsten Überzeugung nach waren Frauen anders. In der Mehrzahl hielt er sie für gefühlsbetonte, oft nach Ausflüchten suchende Wesen, im beruflichen Bereich gut, um Kaffee und Tee zu kochen und die Post zu sortieren. Landeten sie in höheren Positionen, handelte es sich im Allgemeinen um Quoten. Nur hin und wieder kam das zum Ausdruck, meistens wurde dieser Aspekt seines Charakters durch sein kühles und distanziertes Benehmen verdeckt. In den Jahren, die er allein verbracht hatte, war diese Einstellung wieder an die Oberfläche gelangt.

Der Begriff des Macho war ihm nicht unbekannt. Hätte er ihn definieren müssen, wäre ein dunkelhaariger, von der Sonne gebräunter Latino entstanden, mit offenem Hemd, behaarter Brust, einer schweren Goldkette und bei Frauen zu Übergriffen neigend. Sich selbst in diese Kategorie einzureihen, wäre ihm nie in den Sinn gekommen. Dass die ihm unbekannte Frau die Ereignisse der letzten vierundzwanzig Stunden noch nicht verarbeitet haben konnte, kam ihm als rational denkenden Mann überhaupt nicht in den Sinn.

Sie kehrte mit dem heißen Tee zurück und füllte die beiden Blechtassen. Vorsichtig vertrieb sie den Kater, der sich in ihrem Stuhl putzte und setzte sich selbst hinein. Das Tier schien über die Zurückweisung erstaunt zu sein, wählte aber einen neuen Sitzplatz, ohne zu fauchen oder zu versuchen, sie zu bestrafen. Sie blickte auf den Segler und erwartete seinen abschließenden Kommentar. Aber er wollte noch mehr wissen.

»Sie sagten, Sie wären allein an der Reling gewesen. War das so?«

»Ja, da war sonst niemand. Ich war ganz allein auf dem Achterdeck.«

»Können Sie sich erinnern, ob Sie von jemandem berührt wurden, als Sie über Bord gegangen sind?« Wieder ballten sich ihre Fäuste.

»Ob ich berührt wurde? Vielleicht ganz leicht am rechten Knöchel. In den Stunden im Wasser habe ich mich nichts anderes gefragt. Ich bin sicher, es hätte nicht ausgereicht, um mich so aus dem Gleichgewicht zu bringen.«

»Was haben Sie an den Füßen getragen?«, fragte er weiter. Sie überlegte kurz.

»Tennisschuhe. Sie waren neu. Ich habe sie dann im Wasser abgestreift, um besser schwimmen zu können.« Ein kurzes Lächeln huschte über ihr angespanntes Gesicht. »Vielleicht war ich voreilig. Hier könnte ich sie gut gebrauchen. Auf dem Netz kann man barfuß nicht besonders gut herumlaufen.«

»Bleiben wir doch bitte beim Thema. Der Verlust lässt sich in Valletta ausgleichen.« Sein kurzer, scharfer Tonfall gab zu erkennen, dass er keine Abweichungen zuließ. Der Blick seiner Augen war unpersönlich geworden.

Wenke Jensen war eine berufserfahrene Frau mit sensiblen Antennen für Stimmungsnuancen, dem Ergebnis vieler Redaktionskonferenzen in der gnadenlosen Auseinandersetzung um Artikel und Fotos. Die Atmosphäre des Gesprächs hatte sich unversehens von einer Unterhaltung zu einem Verhör gewandelt. Bestimmt hatte dieser Kerl früher in der Chefetage gesessen. Er musste wohl so ein exaltierter Aussteiger sein, von denen man gelegentlich hörte. Kein Zweifel, diesen kurzangebundenen Ton hatte er sich im Umgang mit unzähligen Untergebenen angeeignet.

Sie war vierzig, fühlte sich im Moment ungepflegt und hasste den verschlissenen Overall. Wäre sie jetzt gut gekleidet, würde er nicht wagen, diesen Ton bei ihr anzuschlagen. Diese Sorte Mann hatte sie zur Genüge kennengelernt. Ihr Kinn hob sich. Sie wusste, dass sie sich in einer desolaten Situation befand: Sie war auf einem fremden Schiff gelandet, ohne Geld und Ausweise. Dennoch nahm sie sich vor, diesem unterkühlten Meistersegler gegenüber ihr Selbstbewusstsein nicht aufzugeben. Sie streckte die Beine in dem lächerlichen großen Overall, kraulte den Pelz des vielfarbigen Katers und beschloss, es dem Herrn mit seiner unverschämten Verhörmethode etwas schwerer zu machen. Sanft sagte sie: »Ich fühle mich noch etwas erschöpft und habe Kopfweh. Wenn Sie noch mehr Fragen haben, werde ich sie Ihnen etwas später beantworten.«

Aus Erfahrung wusste sie, dass solche Argumente einer Frau, die gerade eine schwere Krise überstanden hatte, nicht leicht auszuhebeln waren. Aber hier irrte sie. Ein Mann, der seinen Schlaf jede Nacht stündlich unterbrach, um Kurs und Standort zu kontrollieren, gab nicht viel auf Kopfweh. Zwar spürte selbst er die Veränderung des Gesprächsklimas, doch seine Stimme wurde lediglich etwas leiser und bekam einen ironischen Tonfall.

»Das kommt im Augenblick ungelegen, Frau Jensen. Was wir da besprechen, ist wichtig.« – Verständnis für die Empfindungen des anderen Geschlechts war trotz seiner sonstigen Klugheit noch nie seine Stärke gewesen. Seit vielen Jahren hatte es in seinem Leben keine Frauen gegeben. Es kam ihm nicht in den Sinn, dass die Reserviertheit der Dänin mit seinem eigenen Benehmen zusammenhängen könnte. Abwägend blickte er zu ihr hinüber. »Wir beide sollten so schnell wie möglich versuchen, einen Zusammenhang in das Geschehene zu bringen.«

Unbeeindruckt von seinem Tonfall erwiderte sie trocken: »Warum erzählen Sie nicht zuerst, was Sie gesehen haben? Vielleicht verstehe dann auch ich den Zusammenhang.«

Er merkte, dass sie ihre Stacheln ausgefahren hatte und nickte kühl. »Meinetwegen. Also, ich sah Sie, wie Sie am Schiffsheck durch die Luft geflogen sind und im Kielwasser verschwanden. In dem Moment habe ich niemanden um sie herum bemerkt. Danach wurde das Bild auf dem Monitor für ein paar Sekunden unterbrochen. Als ich wieder Sicht auf das Heck der CONSUELA hatte, sah ich – nur Sekunden später – zwei Personen, die über die Reling ins Wasser starrten.«

Die Journalistin war seinen Worten aufmerksam gefolgt. »Was schließen Sie daraus?«

Er schüttelte den Kopf. »Das möchte ich zunächst Ihnen überlassen. Sie waren auf der CONSUELA.«

Sie zuckte mit den Achseln. »Glauben Sie mir, ich kann mir keinen Reim darauf machen.«

Er wusste, dass er mit dem, was er ihr über die Zusammenhänge erklärte, vorsichtig sein musste. Um sie auch nur annähernd in den Zweck seiner Beobachtungen der CONSUELA einzuweihen, kannte er sie zu wenig. Er musste weiterhin als exzentrischer Einhandsegler gelten, dem es zufällig geglückt war, einen Menschen aus Seenot zu retten. Dennoch fühlte er sich verpflichtet, eine deutliche Warnung auszusprechen. »Wenn Sie sich das Geschehen auf dem Frachter nicht erklären können, haben Sie sicher nichts dagegen, wenn ich Ihnen meine Sicht darlege?«

»Warum sollte ich?«, fragte sie.

»Es könnte sein, dass Ihnen meine Version Ihres Unfalls nicht sehr gefällt.«

»Nur zu.«

Er warf ihr einen schnellen Blick zu und betrachtete dann die Segelflächen. Da er aber nichts zu korrigieren fand, entschloss er sich, weiterzusprechen: »Angenommen, es spielten sich an Bord der CONSUELA illegale Aktivitäten ab, von denen weder der Großteil der Mannschaft noch Sie etwas wussten ... könnte Ihr unvorhergesehenes Auftauchen an Bord mit einer Fotokamera bei den illegalen Elementen Argwohn erregt haben?« Fragend blickte er sie an und fuhr fort, »besonders, wenn Sie viel fotografiert haben?«

Sie schwieg.

»Könnte es nicht so gewesen sein?«

Ihre Antwort kam leiser und zweifelnd: »Nichts ist unmöglich. Allerdings habe ich keinerlei Anhaltspunkte dafür.«

»Nächste Annahme: Sie könnten in Suez etwas gesehen und sogar fotografiert haben, das die andere Seite mit größter Besorgnis erfüllte. Mit so großer Besorgnis, dass sie annahmen, Sie seien eine verdeckt arbeitende Polizeibeamtin. Können Sie das völlig ausschließen?«

Sie strich ihre Haare aus der Stirn. »Was sollte ich schon gesehen haben?«

»Das kann ich Ihnen sagen. Es war möglicherweise der Container, der während der Dämmerung an Bord geschafft wurde.«

»Ist das nicht sehr weit hergeholt?«

»Finde ich nicht. Außerdem ist es vorläufig nur eine Hypothese.«

»Ihre Hypothese!«

»Also gut, meine Hypothese«, sagte er friedfertig, »akzeptieren wir sie mal für den Moment.«

»Aber was soll denn genau in dem Container gewesen sein?«

»Es könnten zum Beispiel geschmuggelte Rohdiamanten aus Südafrika gewesen sein.«

Die Frau nickte.

»Damit wäre – was immer auch in diesem Container lagert – ungeheuer viel Geld im Spiel. Und nun haben Sie in den nächsten Tagen vielleicht etwas weiteres gesehen oder fotografiert, was den Verdacht in den Köpfen der Schmuggler erhärtet hat. Sie und ich können natürlich nicht wissen, was das gewesen ist. Aber die andere Seite, die mittlerweile verunsichert ist, beschließt daraufhin, Sie zu beseitigen.«

Schockiert blickte sie ihn an. »Ist das nicht ein bisschen weit hergeholt?«

»Das sagten Sie schon mal. Ist nur eine Annahme. Aber wir wollen sie für einen Moment weiter verfolgen. Die möchten Sie also beseitigen. Wie machen sie das? Die beiden – und ich spreche bewusst in der Mehrzahl, weil ich ja Sekunden später zwei Mann an der Reling gesehen habe –, die haben also gesehen, dass Sie allein an Deck sind und packen Sie an Ihren Tennisschuhen, und schon geht es abwärts ins Wasser.«

Die Frau erhob sich. »Das kann ich einfach nicht glauben! Da geht doch ihre Fantasie mit Ihnen durch!«

Der grauhaarige Mann hatte sich kaum bewegt. »Da bin ich nicht sicher. Ich habe ja nicht nur Sie gesehen, wie Sie über Bord gegangen sind. Länger und deutlicher habe ich die zwei Figuren gesehen. Sie standen an der Stelle, wo Sekunden vorher Sie an der Reling gewesen sein mussten. Die beiden schauten ins Wasser, aber sie unternahmen nichts. Fakt ist, das war die Crew von der CONSUELA, und sie hat nicht dafür gesorgt, dass eine Suchaktion gestartet wurde. Außerdem fällt bei diesem Wetter kein Mensch so einfach über eine Schiffsreling. Nein. Das war kein Unfall.«

6

Minuten verstrichen, während derer sie ihren Retter wortlos von der Seite anblickte. Die Hände hatte sie tief in den Taschen des zu großen Overalls vergraben. Mit dem Perlmuttnagel der großen Zehe stupste sie den gescheckten Kater am Hals, der das nicht weiter übel nahm. Schließlich seufzte sie tief. »Alles, was recht ist, Sie können einem Mut machen. Ihre Theorie klingt unangenehm plausibel.«

Sie wollte weitersprechen, wurde aber durch einen durchdringenden Glockenton aus dem Backbordschwimmer unterbrochen.

»Unser Telefon«, erklärte er kurz und verschwand unter Deck. Er nahm den Hörer ab. Es war Marchais. Die Verbindung war klar, wurde aber durch störende Geräusche aus dem Hintergrund überlagert.

»Martin, François hier. Wo treibst du dich rum?«

»Circa fünfzig Seemeilen vor Malta. Was ist das für ein Krach bei euch? Ich höre dauernd Geräusche.«

»Mach dir nichts daraus, nur ein paar Handwerker. Ich telefoniere von einer Zelle. Sicherer als vom Dienstapparat oder dem Handy. Was willst du eigentlich in Malta?«

»In Valletta Wasser und Proviant aufnehmen. Ob ich aber die CONSUELA noch vor Marseille abfangen kann, ist mehr als fraglich. Hast du meine Mail erhalten?«

»Deshalb rufe ich an. Was ist los?«

»Auf dem Frachter ist etwas Merkwürdiges passiert. Vor vierundzwanzig Stunden haben sie dort wahrscheinlich eine mitfahrende Journalistin über Bord geworfen.«

»Ich weiß.«

»Du weißt das schon?«
»Die Reederei hat von der CONSUELA ein Kabel erhalten, das den Verlust der Frau meldet. Man befürchtet, dass sie über Bord gefallen ist. Die Schiffe im Umkreis wurden alarmiert. Der Frachter ist nach Bekanntwerden ihrer Abwesenheit mehrere Stunden auf dem eigenen Kurs zurückgedampft. Aber wieso weißt du etwas darüber?«
»Ich habe sie aufgefischt.«
»Nicht möglich! Mit deinem Flugzeugträger? Und du sagst, sie wurde über Bord geworfen?«
»Zweifellos. Und eines ist sicher: Der Kapitän des Frachters hat keinen Finger gerührt, um sie aus dem Wasser zu ziehen.«
»Moment mal, willst du damit sagen, dass sie nicht nach ihr gesucht haben?«
»Ich bin dem Dampfer noch etliche Stunden gefolgt, bis ich den Kurs Richtung Malta geändert habe. Die CONSUELA hat definitiv nicht beigedreht und nach der Frau gesucht. Sie ist übrigens Fotografin.«
»Könnte ihr Unfall mit dem Container zusammenhängen?«
»Ziemlich wahrscheinlich. Ich nehme an, sie hat versehentlich fotografiert, wie er an Bord kam. Von den Hintergründen hat sie keine Ahnung.«
»Bringt dich die Sache in Schwierigkeiten?«
»Saublöde Geschichte. Bis jetzt war der Kat eine anonyme Touristenyacht. Wenn die auf Draht waren, ist es jetzt damit vorbei.«
»Konnten sie dich bei der Bergung beobachten?«
»Nicht mit dem Fernglas. Aber wenn sie Verdacht geschöpft haben, gibt es für die Brüder auch Möglichkeiten, ihn zu verifizieren.«
»Dann sei vorsichtig. Hörst du? Lass sie in Malta auf keinen Fall sehen.«
»Du hast leicht reden. Sie braucht einiges. Der Kat ist auf solchen Besuch nicht eingerichtet.«
»Egal, die Brüder haben ihre Augen überall. Das könnte für euch beide sehr gefährlich werden. Kein überflüssiges Risiko!«
»Okay.«
»Brich die Überwachung ab. Haben wir uns verstanden? Und pass auf dich auf. Au revoir.«

Mit einem nachdenklichen Blick auf die Satellitenantenne begab sich Thiel zurück. Er überzeugte sich kurz, dass der Kat auf Kurs war und setzte sich auf die Stufen des Niedergangs. Fast glaubte er, den Kommissar zu sehen, wie er jetzt die Telefonzelle verließ und das nächste Bistro ansteuerte. Marchais war ein mittelgroßer, knochiger Mann mit stark fliehendem Haaransatz, der um einiges älter aussah, als er mit seinen einundvierzig Jahren wirklich war. Auch wenn er den Kampf gegen die Drogenmafia in Marseille bedingungslos führte, war er im tiefsten Herzen ein bedachtsamer Beamter.

Auch Thiel war ein Mann, der seine Vorhaben sorgfältig plante. Seine angeborene Vorsicht verbot ihm, die Warnungen des französischen Kommissars auf die leichte Schulter zu nehmen. Im Laufe der Zeit war zwischen ihnen ein seltsames Verhältnis entstanden. Der Anschlag des Seglers gegen die Yacht einer Dealerbande, bei dem er von Marchais ertappt worden war, hatte eine so bedenkenlose Frechheit gezeigt, dass es von da an der Jüngere war, der den Älteren im Auge behielt und bremste. Immer wieder versuchte der Polizist, den Segler aus der Schusslinie zu ziehen, wenn das Risiko seiner Meinung nach zu groß wurde. Thiel traf zwar weiterhin seine eigenen Entschlüsse, doch je erfolgreicher die Resultate ihrer Zusammenarbeit waren, umso vorsichtiger wurde Marchais in der Auswahl der Ziele.

Thiel kehrte zurück zu seinem Faltstuhl und zu seinem Gast. Ihm war klar, dass sie nunmehr einige Tage zusammen auf dem Katamaran zubringen müssten. In Malta durfte er sie auf keinen Fall an Land setzen. Das könnte für sie beide gefährlich werden. Im Grunde genommen durfte sie nicht mal auf dem Schiff gesehen werden. Dennoch brauchte sie einige Dinge, das konnte selbst er verstehen. Sein Problem war, ihr die Gefahr ihrer Lage ausreichend klar zu machen, ohne preiszugeben, wie eng ihre Situation mit der Mission der AQUADRAT verknüpft war.

Sie hatte ihren Stuhl in die Sonne gerückt und genoss im Windschutz des Niedergangs mit geschlossenen Augen die Wärme. Er schenkte sich von dem kalt gewordenen Tee ein.

»Wir waren vorhin in unserem Gespräch unterbrochen worden. In der Zwischenzeit hatte ich eine Unterhaltung mit einem Freund aus Marseille. Ich muss Ihnen jetzt einiges erklären, was Ihnen nicht gefallen wird.«

Sie öffnete die Augen. »Nun ja, das würde exakt dort anschließen, wo wir abgebrochen haben.«

»Das glaube ich Ihnen. Konnten Sie meiner Theorie folgen?«

»Leider. Je länger ich darüber nachdenke, desto plausibler wird sie. Wer ist das, Ihr Freund in Marseille?«

»Nur ein guter Freund«, sagte er vage.

»Was für eine Position hat Ihr guter Freund denn in Marseille?«

Innerlich grinste er. Sie hatte eine unangenehm präzise Art. Er blickte sie an, als sei er gelangweilt. »Mein guter Freund in Marseille hat einen Posten bei der Polizei.« Bevor sie zu ihrer nächsten Frage ansetzte, stoppte er sie: »Mehr kann ich Ihnen dazu im Moment nicht sagen.«

Zweifelnd blickte sie ihn an. »Was sagt er denn, Ihr Freund?«

»Er meint, Sie seien in Lebensgefahr. Niemand dürfe vorerst erfahren, dass Sie gerettet wurden.«

»Sind Sie vielleicht selbst von der Polizei?«

»Nein. Es ist nur ein Zufall, dass mein Freund bei der Polizist ist. Er sagte

übrigens, dass die Reederei der Consuela in Marseille heute Morgen telegrafisch vom Schiff aus über Ihr Verschwinden informiert wurde.«
Sie lächelte ironisch. »Donnerwetter! Ist Ihr Freund auch Hellseher?«
Er zog eine Grimasse. Sein Respekt vor ihrer Fähigkeit, Fakten rasch einzuordnen, wuchs. Der Grund ihrer Frage lag für ihn auf der Hand. »Das kalte Bad hat Ihnen nicht geschadet. Sie finden es also erstaunlich, dass er ein paar Stunden nach Kenntnis Ihres Verschwindens auf der Aquadrat anruft.« Nach einem Moment fuhr er fort. »Fakt ist, von Ihrer Existenz war weder ihm noch mir vor Ihrem Unfall etwas bekannt. Natürlich hatte er keine Ahnung, dass ich Sie gefunden habe.«
Sie blickte ihn schief an. »Warum hat er dann angerufen?«
»Weil ich ihm über ihren Ausflug eine Nachricht geschickt habe.«
»Mit Luftpost?«
»Nein, an Bord sind wir ans Internet angeschlossen.«
»Donnerwetter.« Sie schien beeindruckt zu sein.
»Und ein Satellitentelefon mit Fax und einiges mehr gibt es ebenfalls. Wenn sie noch ein paar Tage an Bord sein sollten, werde ich Sie mit der Technik des Katamarans näher vertraut machen. Sie werden sehen, dass wir in Bezug auf Elektronik nicht schlecht ausgestattet sind.«
»Sind Sie so etwas wie ein verkappter Millionär?«, fragte sie mit dem Anflug eines Lächelns.
»In gewissem Sinne«, sagte er vage, um das Thema abzuschließen.
»Entschuldigung. Ich wollte Sie nicht über Ihre persönlichen Verhältnisse aushorchen.«
»Natürlich nicht.«
Sie lächelte. »Irgendwie sind wir vom Thema abgekommen.«
»Stimmt. Ich wollte hinzufügen, dass ich Sie über die Mitteilung an die Reederei auch aus einem anderen Grund informiert habe. So eine Sache ist bei den Medien verdammt schnell rum. Ich dachte, bevor Ihre Angehörigen über Zeitung oder Fernsehen von Ihrem Verschwinden erfahren, könnte man ihnen durch einen Anruf Kummer ersparen.«
»Könnte ich von hier aus in Dänemark anrufen?«
»Jederzeit. Nur lassen Sie uns über eine Version nachdenken, mit der wir Sie etwas aus der Schusslinie ziehen. Was immer der Hintergrund für den Anschlag auf Sie war, erst mal sind sie am Leben geblieben. Und damit könnten Sie gegen Mitglieder der Crew aussagen. Auf deren Konto ist jetzt ein Mordversuch hinzugekommen. Die würden es wieder versuchen, wenn sie eine Chance erhielten.«
»Da habe ich ja das große Los gezogen. Was soll ich meinen Leuten also sagen?«
»Lassen Sie uns nachdenken. Punkt eins, Sie könnten zu Hause sagen,

Sie seien über Bord gefallen und von freundlichen italienischen, nein besser libyschen Fischern aufgefischt worden. Das ließe sich für die Medien nur sehr schwer verifizieren, und für die Mafia genauso. Sagen Sie, es ginge Ihnen gut und würde noch ein paar Tage dauern, bis Sie nach Hause zurückkämen. Wie klingt das?«

»Nicht schlecht. Mein Vater hält auf Al Gaddafis Regime keine großen Stücke.«

»Nun Punkt zwei. Der ist schwieriger zu vermitteln. Ihre Angehörigen sollten im Freundeskreis und zu den Medien einige Tage nichts von Ihrem Anruf verraten. Wie viele Personen müssten denn informiert werden?«

»Gute Frage«, sagte sie nachdenklich zu dem gefleckten Kater. Der hob den Kopf, sagte aber nichts.

»Nennen Sie einfach die Zahl.«

Sie hob den Kopf. »Im Grunde einer, mein Vater. Er würde sich große Sorgen machen. Wir stehen uns nah. Meine Freunde werden die Nachricht schon ein paar Tage verkraften.«

»In dem Fall sollte die Sache einfach sein. Erklären Sie ihm so viel, wie Ihnen erforderlich erscheint. Erwähnen Sie nichts von dem Katamaran und bitten Sie ihn vorläufig um Stillschweigen.«

»Gut, so werde ich es machen. Soll ich ihn jetzt auf seiner Dienststelle anrufen, oder hat es Zeit bis heute Abend?«

»Ich bin dafür, solche Dinge sofort zu erledigen. Lassen Sie uns nur noch dieses Gespräch zu Ende führen. Wir sind etwas vom Thema abgekommen.«

»Gibt es denn noch weitere Neuigkeiten?«

»In der Tat, und die sind für Sie auch nicht allzu erfreulich. Mein Freund, der Polizist, meint, Sie dürften sich bei unserem Stopp in Malta auf keinen Fall dort sehen lassen.«

»Bedeutet das, dass ich mich während des Aufenthalts an Bord verstecken muss?«

»Genau das.«

»Ist das nicht übertrieben?«

»Ich weiß nicht. Er ist sehr vorsichtig, hat aber immer recht behalten.«

Nachdenklich schwieg er einige Zeit, bevor er halblaut fortfuhr. »Bald werden wir zu diesem Punkt mehr wissen. Dann können wir in puncto Wachsamkeit nachlassen.«

»Was meinen Sie mit Wachsamkeit? Wovon sollte sie abhängen?«

»Ich werde meinen Freund bitten, Ihre Sachen von der Consuela kontrollieren zu lassen, wenn sie in Marseille angekommen sind. Dann werden wir ganz schnell wissen, was los ist.«

Sie blickte ihn fragend an.

»Wenn alles noch unangetastet vorhanden ist«, fuhr er fort, »einschließlich der belichteten Filme, dann können wir den Alarm abblasen. In dem Fall war das Ganze möglicherweise ein Unfall, der zu spät bemerkt wurde. Aber bis wir das genau wissen, ist es geraten, kein Risiko einzugehen.«

An seiner Miene, an der Art, wie er sich erhob, konnte sie erkennen, dass er seinen Entschluss als endgültig erachtete.

»Wenn Sie jetzt zu Hause anrufen möchten, steht dem nichts im Wege. Ich zeige Ihnen, wie der Apparat funktioniert.«

Er gab ihr einen Wink, sie begaben sich unter Deck, und er machte das Telefon gesprächsbereit.

»Vielen Dank, ich werde mich kurz fassen.«

»Lassen Sie sich Zeit. Binnen zehn Minuten werden Sie Ihren Vater nicht beruhigen können.«

Er widmete sich erneut der Einkaufsliste. Seiner Berechnung nach sollten sie die Inselgruppe in drei Stunden erreichen. Eingedenk der Warnung von Marchais entschloss er sich, Valletta nicht anzulaufen. Wenn die anderen irgendwo warteten, dann bestimmt im größten Hafen der Insel. Auch Marsaxlokk, den südlicher gelegenen Fischereihafen, würde er meiden. Er würde Malta an der Südseite umsegeln und an der Nachbarinsel Gozo anlegen. Um Verpflegung an Bord zu nehmen, würde auch einer der beiden kleinen, fast ständig geöffneten Supermärkte von Mgarr ausreichen.

Gozo ist die ruhigere nordwestlich gelegene Nachbarinsel Maltas und nur durch einen sechs Kilometer breiten Meeresarm von der großen Schwester getrennt. In dem kleinen, relativ wellengeschützten Hafen der Ortschaft Mgarr legten neben einigen Fischerbooten nur die täglichen Fähren an. Touristenboote waren zu dieser Jahreszeit die Ausnahme.

Wenke war vom Gespräch mit ihrem Vater zurückgekehrt. Sie setzte sich wieder neben ihn und erkannte, dass Thiel dabei war, eine Einkaufsliste zu erstellen. Er unterbrach seine Tätigkeit und erklärte ihr erst mal seinen Plan und die ihm zugrunde liegende Situation.

Nachdenklich nickte Wenke, dann schnappte sie ihm Papier und Bleistift aus der Hand, rieb ihre Augen und begann, die Liste in gut lesbarer Handschrift um mehrere Punkte zu erweitern. Sie hatte eine lässige Art, die Liste auf ihren Knien und fast ohne hinzusehen zu schreiben. Plötzlich hielt sie betroffen ein. »Ist das zu viel?«

»Eher das Minimum, aber ich bezweifle, ob ich alles in Mgarr kriege. Lassen Sie uns abwarten, was der Besuch ergibt.«

Ihr Blick drückte vorsichtige Zweifel aus.

7

Eine Stunde später tauchte die flache Silhouette von Malta mit seiner südlichen Steilküste auf. Thiel näherte sich bis auf drei Seemeilen, dann beschloss er, die Insel unauffällig zu passieren. Er startete beide Motoren und ließ die Segel verschwinden. Zufrieden stellte er fest, dass sie bei Annäherung an die Insel nicht mehr allein waren. Vier Segelyachten passierten Valletta auf seiner westlichen Seite, offensichtlich auf ihrem Weg zum Yachthafen von Gzira. Vor den beiden Hafeneinfahrten von Valletta bog er nach Süden ab. Ein Schiff unter Motor auf offener See geradeaus zu steuern ist nicht viel schwieriger als einen Eimer Wasser auszuschütten. Er überließ der neuen Bordfrau seinen Platz am Steuer, um die Umgebung mit dem Fernglas zu betrachten. Gleichzeitig reichte er ihr eine schwarze Baseballmütze, deren Schild mit eindrucksvollen Goldornamenten verziert war, und bat sie, ihre Haare darunter zu verbergen. Sie wusste nicht genau, was er beabsichtigte, und betrachtete die Mütze mit Respekt. Er selbst beobachtete die Uferregion.

Zwei Fischerboote kamen aus der östlichen Einfahrt des schönen Naturhafens und bogen in die Marsaxlokk Bay ein. Eine flache Motoryacht von mindestens zwanzig Meter Länge folgte ihnen auf diesem Weg. Er kannte den Typ. Es war eine in England oder Italien hergestellte Sunseeker. Er sah einen Mann hinter dem Steuer und einen Mann, der, wie er, die Umgebung mit einem Fernglas betrachtete. Mit dem Schub der zwei Dieselmotoren passierte der Katamaran gemächlich die südwestliche Küste, die steil zum Meer hin abfiel. Die AQUADRAT war eines von vielen heimkehrenden Segelbooten, dessen Besitzer zu bequem war, Segel zu setzen. Für eine unauffällige Fahrt war diese Inselseite ideal, denn die Badestrände und Touristenzentren befanden sich im Norden.

Wenke, die Malta noch nie gesehen hatte, war von der kargen Steilküste mit der spärlichen Vegetation beeindruckt und genoss die neue Rolle am Ruder. Thiel wollte erst bei Anbruch der Dunkelheit in Mgarr anlegen und beschloss daher Gozo zu umrunden und vom Nordosten her durch die tausend Meter breite Durchfahrt, die die Insel von den noch kleineren Nachbarinseln Comino und Cominotto trennte, einzulaufen. Es sollte gerade noch hell genug sein, um für den Aufenthalt von zwei bis drei Stunden einen günstigen Liegeplatz zu finden.

Vom Deck des Katamarans sah die Insel Gozo hügeliger und fruchtbarer aus als die große Schwester. Abwechslungsreicher – aber auch einsamer.

Inzwischen waren nur noch vereinzelt andere Segelyachten zu entdecken. In weiter Ferne umrundete eine elegante Motoryacht mit unerhörtem Tempo das Westkap der Insel. An der Verlassenheit der im Norden gelegenen Badestrände war ersichtlich, dass der wirkliche Sturm der Touristen auf die Gefilde der Feste Malta noch nicht begonnen hatte.

Als sie sich langsam ihrem Hafen näherten, konnten sie bei schwindendem Licht gerade noch einen Blick auf die eindrucksvollen Konturen der Festungsmauern der kleinen, sechs Kilometer im Landesinneren gelegenen Stadt Victoria werfen.

Er bedeutete seiner Steuerfrau mit beiden Motoren auf halbe Fahrt zu gehen und wies dann mit der Hand auf eine Gruppe von fünf algenbesetzten Bojen, die offensichtlich seit längerem unbenutzt waren. Das Wasser des ungeschützten Hafens war durch die Nachbarinseln vom Südostwind und seinen Wellen abgedeckt und wie erwartet ruhig. Sie ließ im Bewusstsein ihrer wichtigen Position die Propeller im Leerlauf und dann zurück laufen. Es gelang ihm, mit dem Bootshaken einen und dann einen zweiten der glitschigen Plastikkegel zu fassen und den Kat mit einer Leine zu belegen. Zögernd dümpelte der Katamaran an der Boje und zeigte nun mit dem Heck zum Land. Es war still. Die Straßen und einige Geschäfte waren bereits erleuchtet. Thiel hatte keine Eile. Als Wenke jedoch ihr Haar von der ungewohnten Kopfbedeckung befreien wollte, bedeutete er ihr unmissverständlich, die etwas aufdringliche Mütze weiterhin zu tragen und sich an Deck möglichst unsichtbar zu machen. Dann betrachtete er erneut konzentriert die Pier der kleinen Hafenanlage.

Hinter einer aus groben Felsen zusammengesetzten Hafenmole gab es zwei betonierte Anlegestege. Die Absperrgitter des linken Stegs verrieten, dass er für den Fährbetrieb reserviert war. Der rechte Steg war auf der einen Seite von zwei großen Fischerbooten blockiert. An der Kopfseite hatte eine stromlinienförmige Motoryacht festgemacht, bei der zwei Besatzungsmitglieder das Schiff über eine elegante Leichtmetallbrücke verließen und auf eine kleine Bar zusteuerten.

Thiel wollte nicht durch eine Nachlässigkeit eine Aktion des Hafenpersonals herausfordern und setzte das für Ankerlieger vorgeschriebene weiße Rundumlicht. Unter Deck holte er sich einen Spezialkatalog für Motoryachten und studierte durch die Fenster die Konturen der in der matten Hafenbeleuchtung liegenden Motoryacht. Dann winkte er Wenke zu sich heran.

»Haben Sie diese Yacht heute schon mal gesehen?«

»Meinen Sie die große weiße mit der Badeplattform?«

»Genau, das hier ist sie.« Er wies auf den Katalog. »Es scheint eine ›Sunseeker 72 Predator‹ zu sein. Ein beachtliches Gerät.«

Seine Stimme verriet ein gewisses Maß von Ehrfurcht. »Möglicherweise hat der Kasten über 3000 PS.« Er übersprang die anderen gedruckten Daten für das Schiff. »Das ist in jeder Hinsicht eine Topyacht.«

»So sieht sie auch aus. Aber was geht sie uns an?«

»Ich glaube, seit wir an Malta herangekommen sind, ist sie uns auf den Fersen. Und wenn das so ist, hat sie es etwas zu geschickt gemacht.«

»Wie kommen Sie darauf?«

»Wenn ich mich nicht sehr irre, haben wir diese Yacht bereits zweimal gesehen, und sie haben uns beobachtet. Sie könnten im Hafen von Valletta auf uns gewartet haben und sind, als der Skipper bemerkte, dass wir dort nicht anlegen wollten, in die Marsaxlokk Bay gefahren, um uns dort abzufangen, danach blieb nur noch Mgarr übrig, und da haben sie jetzt auf uns gewartet.«

»Heute Morgen haben Sie gesagt, dieser Katamaran wäre das schnellste Schiff auf dem Mittelmeer. Warum müssen wir uns dann Sorgen machen?«

»Weil sich das nur auf Segelschiffe bezog. Der da drüben ist bei dem Wind, wie er jetzt weht, mehr als doppelt so schnell.«

»Was machen wir jetzt? Polizei einschalten?«

»Was sie gemacht hat, ist nicht verboten.« Er reichte ihr sein Fernglas. »Sehen Sie die Flagge im Heck? Weißrot mit dem Malteserkreuz der Johanniter? Die haben hier Heimrecht. Zeigen Sie mir einen Polizisten, der ohne einen grundsoliden Anlass etwas gegen den Eigentümer einer Luxusyacht unternimmt.«

»Was können die uns denn tun?«

»Hier im Hafen nichts. Zumindest nicht, wenn wir aufpassen. Aber wenn wir draußen sind, sieht die Sache anders aus. Da wären wir ihnen an Geschwindigkeit, Beweglichkeit und wahrscheinlich leider auch in jeder anderen Beziehung unterlegen.« Thiel schwieg und blickte zu der weißen Yacht hinüber, als ob sie ihm Auskunft über die wahre Absicht ihrer Eigner geben könnte.

»Unser Problem ist, dass wir das alles nur vermuten. Daher kann man nichts Drastisches unternehmen.«

Sie fragte ihn nicht, wie eine drastische Unternehmung aussähe. Wie er da bewegungslos am Navigationstisch sitzend seine Vermutungen entwickelte und gleichmütige Sicherheit ausstrahlte, bemüht, eine Lösung zu finden, hatte er etwas sehr Überzeugendes. Im Moment war sie bereit, ihm zu glauben und dachte nicht mehr an sein autoritäres Gehabe, das sie so verärgert hatte.

»Jetzt muss ich rüber zum Einkaufen. Es ist keine Saison für Touristen. Sicher wird der kleine Supermarkt da drüben gleich schließen. Bleiben Sie unten und halten Sie die Tür fest verschlossen, bis ich zurück bin.«

Aus einem kleinen Safe entnahm er ein Bündel britische Pfundnoten. An

Deck machte er das Beiboot klar und belud es mit Teilen einer alten Ankerkette, zwei schweren BKS-Vorhängeschlössern und einer Tauchmaske. Den Overall hatte er gegen graue Leinenhosen und ein dunkles T-Shirt vertauscht. Das Dingi ruderte er in den Schatten der Mole und legte es dort fest. Wenn seine Vermutungen zuträfen, würde ihn die Besatzung der Sunseeker im Auge behalten.

Er betrat den Supermarkt mit einer Segeltuchtasche und versicherte sich bei der älteren Verkäuferin, dass seine mitgebrachte Währung akzeptiert wurde. Dann schnappte er sich einen Einkaufswagen und füllte ihn mit den Posten aus seiner Liste. Der kleine Supermarkt im Hafen von Mgarr war für die Wunschliste der Frau auf dem Katamaran ein Glücksfall. Trotz der touristenarmen Zeit war er mit einer relativ umfassenden Ausstattung von Artikeln für den täglichen Gebrauch bestückt. Mit einem vagen Gefühl der Zufriedenheit konstatierte er, dass die skandinavische Kratzbürste mit dem Ergebnis seines Einkaufs zufrieden sein würde. Während er den Einkaufswagen füllte, behielt er durch die Glasfront des Supermarktes den Eingang der kleinen Bar im Auge, in der die zwei Männer der Sunseeker verschwunden waren. Wenige Minuten, nachdem er seinen Einkauf begonnen hatte, öffnete sich die Bar und der elegantere der beiden betrat den Supermarkt. Offensichtlich wollte der Herr nichts kaufen und begann eine Unterhaltung mit der Verkäuferin in einem Gemisch aus Maltesisch und Italienisch, dem Thiel nicht folgen konnte. Der elegante Neuankömmling stand neben einem Regal mit Dosenfutter für die gehobene Touristenklasse und versperrte dem Segler die Durchfahrt für den breiten Einkaufswagen. Thiel suchte keine Konfrontation, er ließ den Wagen stehen und entnahm mit spitzen Fingern seufzend einige Artikel für seine Begleiterin, darunter eine Cellophanpackung mit Damenslips und eine neutrale Schachtel mit Tampons, und platzierte beides unauffällig im Regal hinter einer Reihe von Gemüsedosen. Es hatte ihn sowieso überrascht, diese Artikel in dem Laden zu finden. Dann ging er an dem Mann vorbei, der ihn nicht zu beachten schien.

Mister Sunseeker war ein imposanter Herr Anfang fünfzig, breite Schultern, massige Gestalt, weiße Segelhosen mit messerscharfen Bügelfalten. Der dunkelblaue Blazer mit dem eingestickten Wappen des Yachtclubs von Genua passte wie angegossen. Seine behaarten Hände waren breit und überaus gepflegt. Er hatte dünnes, leicht gewelltes pechschwarzes Haar, dichte gerade Brauen, eine schmale Nase und wimpernlose schläfrige Lider, die ihm einen schlangenhaften Ausdruck verliehen. Während er sich mit der Kassiererin unterhielt und dabei unverhohlen jedes Stück aus Thiels Einkaufswagen musterte, glich sein Gesicht einer Maske.

Hier stand ein mächtiger Mann. Sowohl das millionenschwere Rennboot als auch eine geradezu körperlich spürbare Ausstrahlung signalisierten

Gefahr und deuteten darauf hin, dass er in seinem Metier eine hohe Stufe erklommen hatte. Als er das runde Kinn und den kleinen festen Mund betrachtete, wusste Thiel plötzlich mit Bestimmtheit, dass er diesen Mann wiedersehen würde – unter unangenehmen Umständen. Und noch etwas spürte er: Sein Gegenüber hatte in diesem Moment den gleichen Gedanken.

Thiel war keineswegs ängstlich, aber als die weniger verfänglichen Artikel, die für seinen Gast bestimmt waren, quälend langsam über das Einkaufsband wanderten, musste er sich zwingen, nur die Frau an der Kasse anzublicken. Unter dem schläfrigen Röntgenblick des anderen räumte er alles in seine Tasche und verschloss sie. Er bestimmte einen für die Verkäuferin günstigen Wechselkurs und bezahlte. Dann fragte er sie, ob er die Tasche einige Minuten später abholen könne und wandte sich ab, um den Supermarkt zu verlassen.

»Wir sehen uns noch«, sagte er, sein Gesicht der Frau an der Kasse zugewandt. Seine Augen jedoch waren seitwärts auf den regungslosen Mann gerichtet. Als er die Tür des kleinen Markts hinter sich schloss, hatte er keinerlei Zweifel, dass die Mannschaft der Sunseeker auf die AQUADRAT angesetzt war und jede Bewegung des Katamarans verfolgen sollte.

Bevor ihm der Skipper der Sunseeker folgen konnte, verschwand Thiel hinter dem Gebäude und von dort in seinem Beiboot. In der Dunkelheit wechselte er seine Kleidung gegen einen schwarzen Tauchanzug, streifte Flossen und Maske über und begab sich mit den Schlössern, der Kette und einer wasserdichten Taschenlampe ins kalte Wasser. Vorsichtig schwamm er bis zu dem unbesetzten Anleger für die Fährboote, in dessen Deckung er die flache, am Pier liegende Kevlaryacht beobachtete. Es hatte sich nichts verändert. Bei dieser Sunseeker, vom Konzept her eine Sechs-Mann-Offshore-Yacht, musste er mit weiterer Besatzung an Bord rechnen. In zwei Etappen tauchte er bis zu den Fischerbooten und dann in den Zwischenraum zwischen dem Heck der Yacht und dem Betonanleger unter der Leichtmetallbrücke. Zu seiner Erleichterung hatte die Sunseeker eine riesige Badeplattform, die die Antriebsanlage verdeckte. Ungestörter konnte man nicht arbeiten, dachte er befriedigt. Die Befestigung der Kette an der Pier wäre nicht einfach geworden. Die algenbewachsene Betonwand fiel senkrecht und fugenlos zum Untergrund ab. Da gab es keine hervorstehenden Armierungseisen oder andere Möglichkeiten, um die Kette zu befestigen.

Im diffusen Licht der Hafenbeleuchtung sah er vor sich die Konturen der großen Doppelschrauben. Zum ersten Mal schaltete er unter Wasser die Taschenlampe ein. Die schweren, im Doppelpack nebeneinander liegenden Messingpropeller leuchteten kurz auf. Wie bei vielen der sehr schnellen und modernen Yachten befanden sich ihre Spitzen über der Wasseroberfläche. Das brachte seine Gedanken auf eine Möglichkeit, das Schiff an der Weiterfahrt zu hindern. Er schaltete die Lampe aus. Vorsichtig verhakte er die mitgebrachte Kette zwischen den Blättern der Schrauben und zog sie dann zu einer Art Knoten zusammen. Anschließend sicherte er ihn mit den schweren BKS-Schlössern. Wenn die Maschine ansprang, würde die Kette alle vier Schrauben an den zwei Antriebswellen blockieren. Durch die Kraft der gewaltigen MAN-Motoren würden die Scherbolzen der Schrauben abreißen und den Antrieb wertlos machen, falls dieser Supertyp einer Luxusyacht überhaupt über Scherbolzen verfügte. Mittlerweile hatte er da seine Zweifel. Hatte sie keine, könnte auch das Getriebe im Eimer sein. Er überprüfte den Sitz der Kette. Dann ließ er die Schlüssel auf den Grund des Hafenbeckens sinken und tauchte unbemerkt zu seinem Schlauchboot zurück. Hatten die Antriebsschrauben dieser Sunseeker keine Scherbolzen, würde er ihrem Eigner zu einem mehrtägigen Aufenthalt in Malta verhelfen.

Wieder umgezogen, begab er sich in den Supermarkt und holte seine Provianttasche. Sie war schwer, und er schob sie geräuschvoll auf einem der Rollwagen an der kleinen Bar vorbei und zu seinem Dingi. Das Verladen von der Mole in das Beiboot wurde zum Balanceakt, aber er erreichte die AQUADRAT und hievte alles mit der elektrischen Winde an Bord. Die Dunkelheit gab jetzt niemandem an Land mehr Gelegenheit, Genaueres auf dem Katamaran zu unterscheiden. Thiel und sein Passagier setzten in aller Ruhe Segel, legten unter Motor von der Boje ab und nahmen Kurs nach Nordwest.

Wenke Jensen hatte nachgedacht. Die Stunde, die sie allein auf dem Katamaran war, hatte genügt, um sich über einiges, was dieser eigenartige Skipper ihr gesagt hatte, klar zu werden. Nach und nach akzeptierte sie seine Argumente und auch, dass sie in Malta ohne Personalpapiere nicht einfach die nächste Maschine nach Kopenhagen besteigen konnte. Sie erkannte, dass für sie ein paar weitere Tage auf dem Katamaran die sicherere Alternative sein würden. Die Geradlinigkeit des Skippers und seine Vorsicht begannen sie zu überzeugen, dass er die undurchsichtige Situation zwischen dem Frachtschiff CONSUELA, der AQUADRAT und dieser merkwürdigen Sunseeker irgendwie durchschaute. Er schien die Gefahr, in der sie schwebte, sehr ernst zu nehmen. Sie war sicher, dass er einiges mehr über die Sache wusste, als er ihr anvertraut hatte.

Wenn sie nun aber länger an Bord dieses Katamarans bleiben musste, dann, so nahm sie sich vor, würde sie dieses männliche Fossil von der Tauglichkeit skandinavischer Frauen an Bord von Segelschiffen überzeugen.

8

Am wiederholten Aufheulen der starken MAN-Motoren aus Richtung Mgarr merkte Thiel, dass er sich nicht getäuscht hatte. Das schrille Geräusch der beiden Maschinen zeigte an, dass die normale Drehzahl bei weitem überschritten war, was wiederum darauf hinwies, dass die Kette die Schrauben erfolgreich blockiert hatte und irgendetwas zu Bruch gegangen war. Die Motoren drehten leer. Die Männer auf der Sunseeker hatten also bei einem Glas Bier gewartet, bis der Katamaran von Mgarr ablegte und dabei nicht auf ihr eigenes Boot geachtet. Im Moment konnten sie wohl kaum verstehen, warum sie nicht von der Pier wegkamen.

Grinsend schaltete Thiel den Radarreflektor aus. Im Gegensatz zu herkömmlichen Reflektoren machte er die anderen Schiffe mit einem enormen Reflexionsverstärker auf sich aufmerksam – nicht das, was er jetzt gerade brauchte. Thiel wusste, dass eine Predator 72 fast den gleichen elektronischen Standard wie die Aquadrat führte und wollte ihr die Verfolgung nicht allzu leicht machen. Wenn er gegenüber der schnellen Offshore-Yacht den Vorsprung von einer Stunde erreichte, bestand wenig Gefahr, dass die Aquadrat auf dem Radarschirm erfasst und aufgespürt werden konnte. Der riesige Karbon-Mast war für das Radarbild unsichtbar. Sollte es aber der Sunseeker irgendwie gelingen, ihm auf den Fersen zu bleiben, würde sich sein Freund mit dem eleganten Blazer sicherlich auch etwas Bemerkenswertes für den Kat einfallen lassen.

Als nach einer Stunde auf dem Radarbild des Katamarans keine Bewegung sichtbar wurde, wusste Thiel, dass sie entkommen waren. Erst jetzt reffte er, wie in jeder Nacht, die Segel, um die Fahrt zu vermindern.

Wenke Jensen machte sich nun mit Interesse daran, den Inhalt der großen Segeltuchtasche zu untersuchen und den Proviant zu verstauen. Außer einigen T-Shirts und einem Paar zu weiter Männerjeans, Tennisschuhen sowie einer rustikalen Tasche war für sie nichts Nennenswertes abgefallen.

Er ärgerte sich immer noch, dass er all die Frauenartikel auf der Liste, obwohl er sie in dem Markt gefunden hatte, aus Gründen der Vorsicht wieder hatte zurücklegen müssen. »Da wäre fast alles zu haben gewesen«, er zählte er bedauernd, als er ihren enttäuschten Blick sah, »aber der Skipper der Sunseeker hat mir genau auf die Finger geschaut.«

»Wie, waren die auch in dem Supermarkt?«

»Ich hatte die Sachen schon im Wagen, aber der Mann hat jeden Artikel überprüft.«

»Aber wenn die schon Verdacht geschöpft hatten, warum sind sie uns dann nicht gefolgt? Ich meine, wenn sie ein so schnelles Schiff haben?«
»Ich habe ihnen einen Strich durch die Rechnung gemacht, sie konnten uns nicht folgen«.
Sie war zu verblüfft, um weitere Fragen zu stellen.
»Schauen Sie doch mal in die Außentasche.«
Sie öffnete den Reißverschluss und fand zu ihrer Überraschung drei Stangen Zigaretten und eine kleine Herrenarmbanduhr. Beides hatte nicht auf ihrer Liste gestanden. Einigermaßen versöhnt mit seinen Anstrengungen verstaute sie die Zigaretten neben ihrer Koje, die Armbanduhr legte sie an. Er sah, wie sie den linken Arm von sich streckte und mit einem Stirnrunzeln die kleinen digitalen Zahlen betrachtete.

Für ihn wurde es Zeit, einen neuen Kurs festzulegen. Sie passierten bereits die südliche Küste von Sizilien. Von nun an würden sie elf verschiedene Schifffahrtsrouten kreuzen. Da galt es auf der Hut zu sein, um nicht mit anderen Schiffen zu kollidieren. Besonders gefährlich waren die Schnellfähren mit bis zu fünfundvierzig Knoten. Er schaltete den Radarreflektor wieder an.

»Soll ich uns aus den neuen Vorräten nicht etwas zu essen machen?«, fragte Wenke. Er nickte lebhaft, und zwanzig Minuten später stieg ihm der Duft gebratener Zwiebeln in die Nase. Thiel spürte gewaltigen Hunger; seit Tagen die erste warme Mahlzeit. Er leerte einige Büchsen Bier, sie bevorzugte Wasser, das aus dem letzten großen Kanister stammte. Sie aßen in einer Ecke neben der unbequemen Küche im Backbordschwimmer. An Deck war es in der Nacht zu kühl.

»Wollen Sie sich nicht hinlegen?«, fragte er sie, als sie das Abendessen beendet hatten und er sich in die Navigationsecke des anderen Schwimmers zurückziehen wollte. Sie erklärte ihm, noch nicht schlafen zu können. Er blickte sie forschend an.

»Wenn das so ist, wie wäre es, wenn Sie den Radarschirm im Auge behalten und nach Lichtern anderer Schiffe Ausschau halten? Sie haben sich heute am Ruder gut gemacht. Ich lege mich so lange in die Koje. Momentan steuert sowieso der Autopilot. Lassen Sie ihn weitermachen. Passen Sie nur auf, dass wir in nichts hineinfahren oder jemand in uns.«

Sie nickte.

»Wecken Sie mich, sobald etwas nicht stimmt oder wenn Sie müde werden.«

Drei Stunden später wurde er geweckt. Es war nichts passiert. Sie war müde. Für den Rest der Nacht blieb er am Steuer.

Kurzzeitig dachte er noch einmal über Mister Sunseeker, seinen eleganten Freund aus Mgarr, nach. In dem Supermarkt hatte er sich fast bedroht gefühlt. Mittlerweile war diese Empfindung verflogen. Der Mann konnte auch irgendein Industrieller sein, der mit krummen Geschäften nichts zu tun hatte. In diesem Fall bedauerte Thiel, ihm sein Schiff sabotiert zu haben. Sollte er allerdings dem Mob der Mafia angehören, dann hatte er gestern Abend eine kleine Lektion erhalten. Von dem Moment an, als sie sich als Gegner erkannt hatten, durfte er sein eigenes Schiff nicht mehr aus den Augen lassen. In diesem Spiel sollte man den Feind, auch wenn er schwächer war, niemals unterschätzen.

Um neun Uhr erschien Wenke in einem der neuen T-Shirts und mit heißem Kaffee. Der Morgen war sonnig, aber kühl. Er erhob sich und kehrte mit einer unförmigen gelben Seglerjacke zurück.

»Ich hätte Ihnen aus Mgarr noch einen Anorak mitbringen sollen«, meinte er, als er sie betrachtete. »An Bord ist es immer kalt.«

»Den Spruch kenne ich von meiner Großmutter«, lachte sie. »Vor einer Erkältung habe ich eigentlich viel weniger Angst als vor Seekrankheit. Freiwillig hätte ich bei Ihnen nicht angeheuert. Aber ich spüre noch keine Anzeichen.«

»Das liegt an der Laufruhe der Mehrrumpfboote. In dem Punkt konkurrenzlos, selbst bei schwerem Wetter.«

»Und wo ist er im Nachteil?«

»Nun, dieser Kat hier ist so rasant geworden, dass man bei dem ständigen Wind selbst an schönen Tagen an Deck kaum einen geschützten Platz findet. Das Spritzwasser wird bis zum Heck geweht. Und darum«, sein Gesicht blieb ernst, »muss man sich auf solchen Rennziegen warm anziehen.« Sie betrachtete die Gänsehaut auf ihren Unterarmen und griff einlenkend nach der gelben GoreTex-Jacke.

Am frühen Nachmittag kreuzten sie die ersten Seestraßen zwischen Tunis und den sizilianischen Städten Marsala und Palermo. In der Ferne sahen sie große Fähr- und Containerschiffe, deren Routen sie querten. Das bedeutete, sie mussten jetzt stärker auf den Schiffsverkehr achten. Ihr Kurs führte vorbei an Pantelleria in Richtung des afrikanischen Festlands.

Die kleine, felsige Insel mit ihrem eindrucksvollen Vulkanberg, dem achthundert Meter hohen Montagna Grande, war gegen zehn Uhr an Steuerbord aus dem Meer aufgetaucht und gegen dreizehn Uhr wieder verschwunden. Wenke, die mittlerweile wieder den aufgekrempelten Overall trug, warf Thiel einen fragenden Blick zu, und er erriet, dass sie hier ihre provisorische Ersatzausrüstung vervollständigen wollte. Nach einen Blick auf die erstellte Liste, die er noch nicht weggeworfen hatte, schüttelte er den Kopf.

»Pantelleria wäre ein schöner Platz zum Auftanken, wir würden alles bekommen, was wir benötigen, aber es ist mir dort zu gefährlich.«

Sie lächelte. »Ich habe doch gar nicht geklagt.«
»Das rechne ich Ihnen auch hoch an. Bisher haben Sie über die spartanischen Verhältnisse kein Wort verloren.«
»Warum lassen Sie mich nicht einfach an Land, irgendwo, wo es eine Flugverbindung nach Dänemark gibt?«
»Weil Sie das voraussichtlich keine vierundzwanzig Stunden überleben würden. Schauen wir uns doch diese Insel an. Pantelleria hat sogar eine Flugverbindung aufs Festland. Es gibt da fruchtbares Land mit Weinbergen und netten Hotels. Aber die Insel ist schon fast so fest in der Hand der italienischen Schickeria wie die Pelagischen Inseln westlich von Malta.«
»Was hat das denn mit mir zu tun?«
»Ich will versuchen, es zu erklären. Oft sind Schickeria und Mafia nicht weit voneinander entfernt. Sie sind da in etwas hineingeraten, das mit der internationalen Mafia zusammenhängt. Die CONSUELA wird von einigen Leuten der Besatzung in großem Stil für Schmuggelgeschäfte benutzt. Wir sind hier im Hinterhof der Organisation. Die wollen Sie immer noch umbringen. Das Beste wäre jetzt, sie im Glauben zu lassen, dass Sie bei dem Anschlag ums Leben gekommen sind. Hätte ich Sie in Malta oder hier in Pantelleria mit ausreichend Geld in der Hand abgesetzt, müssten Sie zuerst zu irgendeinem Konsulat, um Ihre Situation zu erklären und zu Papieren zu kommen.«

Sie zuckte die Achseln und nickte, als ob sie ›na wenn schon‹ sagen wollte.
»Ihre Story wäre schneller publik, als Sie glauben würden. Und genauso schnell hätten Sie den zweiten Unfall.«
Sie nickte, immer noch zweifelnd.
»Vergessen Sie nicht, das ist auch exakt die Befürchtung meines Freundes aus Marseille. Wir müssen Sie heimlich ans Festland bringen.«
»Wie soll es denn jetzt weitergehen?«
»Wir bleiben auf unserem Kurs. Wenn sich irgendetwas Verdächtiges nähert, verschwinden Sie unter Deck. Sollten Sie trotzdem an Deck bleiben müssen, verbergen sie Ihre Haare unter der schwarzen Mütze und nehmen Sie auch den Gürtel ab.« Missbilligend blickte er auf ihre weiblichen Formen. »Dann hält man Sie eher für einen Mann.«

Der vielfarbige Kater, der zum ersten Mal an Bord einen vollen Futternapf vorgefunden hatte, sah skeptisch auf. Die Frau hatte zu ihrer Überraschung zwischen den in Mgarr eingekauften Utensilien eine Flasche mit Shampoo gefunden. Sie erkundigte sich nach einer Waschmöglichkeit für ihr Haar und erfuhr, dass es zwar ein Becken mit fließendem Wasser gab, dieses aber mit Salzwasser aus dem Meer gespeist wurde. Hoffnungsvoll zeigte sie mit dem Finger auf den großen Süßwasserkanister und legte den Kopf etwas schief. Die Antwort war negativ.

»Ich habe mir meine Haare seit Jahren so gewaschen. Funktioniert ausgezeichnet.«

Sie nahm an, dass sich der letzte Teil seiner Antwort auf die Funktion des Waschbeckens beziehen musste und nicht auf seine dichten, strähnigen, völlig ungepflegten Haare. Mit Sicherheit waren die mit keinem Shampoo in Berührung gekommen. Seufzend beschloss sie, die Realitäten an Bord zu akzeptieren und begab sich zu dem Waschbecken. Das Waschbecken funktionierte ausgezeichnet und, wie sie zugeben musste, auch die Verwendung von Salzwasser. Als sie wieder an Deck erschien, hatte sie ein Handtuch um den Kopf gewickelt und erhielt die erste Einweisung am Navigationscomputer. Sie wusste jetzt auch, welche Eintragung man nach einer nächtlichen Wache dem Bordbuch anvertraute.

Etwa eine halbe Stunde später hörte sie plötzlich seine drängende Stimme: »Sofort unter Deck!«

Da sie zwischen Vor- und Großsegel einen besseren Rundumblick hatte als er und sehen konnte, dass sich weder ein großes noch ein kleines Objekt auf dem Wasser befand, rührte sie sich zuerst nicht und fragte: »Warum?«

»Verschwinden Sie!«

Sein Ton war jetzt so autoritär und schneidend, dass sie weitere Fragen unterließ und wütend abtauchte. Sekunden später, als sie plötzlich ungleichmäßiges, von Fehlzündungen unterbrochenes Motorengeräusch hörte, wurde ihr klar, dass er vielleicht doch recht gehabt hatte. Eine zweimotorige Sportmaschine schoss im Gleitflug über den Katamaran hinweg. Unter dem Aufheulen der beiden Motoren umrundete sie ihn in mehreren, immer enger werdenden Kreisen. Pilot und Copilot winkten enthusiastisch aus der Kanzel und verschwanden dann in Richtung Nordost. Der Skipper, einsam auf dem Backbordschwimmer stehend, winkte reserviert zurück.

»Jetzt können Sie wieder herauskommen«, rief er in den Schwimmer hinein. Als sie erschien, hatte sie das Handtuch vom Kopf genommen und fühlte sich mit frischgewaschenem Haar, als sei sie wenigstens am Rande der Zivilisation angelangt. Sie schüttelte die braune schulterlange Mähne, doch er schenkte ihr keine Beachtung. Nur einmal machte der Skipper eine Äußerung, indem er barsch bemerkte: »Wenn andere Boote in Sicht sind, setzen Sie besser die Mütze auf. So sehen Sie nicht wie ein Mann aus.«

Als sie auf das Sportflugzeug zu sprechen kam und sein offenkundiges Interesse an dem Katamaran, sagte er nur: »Sie waren wirklich schnell unter Deck, das war gut so. Einer von den beiden hatte eine Kamera vor der Nase, der hat wahrscheinlich Aufnahmen von der AQUADRAT gemacht.«

Danach blieb er einsilbig, und sie erkannte, dass er über die Bedeutung dieses Besuchs aus der Luft noch zu keinem Schluss gelangt war. Beide betrachteten den Himmel am Horizont mit mehr Aufmerksamkeit.

»Sind Sie früher schon mal gesegelt?«, fragte er ungefähr eine halbe Stunde später.
»Früher, ja.«
»Nur mit anderen oder auch allein?«
»Als Kind hatte ich einen roten Optimist. Den habe ich allein gesegelt. Naja, zwei hatten darin auch kaum Platz.«
»Das ist sehr gut. Auf diese Weise verstehen Sie in den Grundzügen auch die Manöver der AQUADRAT. Wir fahren jetzt eine Halse und gehen auf Nordkurs.« Er wollte den Autopiloten abschalten, drehte sich aber nochmals um.
»Noch was. Passen Sie immer gut auf, dass Sie sich niemals auf dem Vorschiff über den Niedergängen befinden. Dort können sie nämlich noch vom Großbaum erwischt werden. Das könnte schmerzhaft sein. Hinter dem Niedergang, wo wir jetzt sind, ist das Deck tiefer. Da kann nichts passieren.«

Sie machten die Vorschot für die Genua klar, reduzierten den Spielraum des riesigen Vorsegels an der schweren Rollreffanlage am Bugstag, versetzten den Traveller, holten das Großsegel dicht und gingen mit dem Heck durch den Wind, ließen die Genua anschließend wieder auslaufen und trimmten das Großsegel neu. Der Kat lief mit 19 Knoten.

Wie angekündigt, begann Thiel, sie in die Bordtechnik einzuweisen, indem er sie an seinen Systemkontrollen beteiligte. Herzstück seiner Entlastung von schwerer körperlicher Arbeit war eine elektrohydraulische Winde, die er für alle Bereiche an Bord verwenden konnte. Die Winde hatte eine ungeheuere Kraft. Per Fernsteuerung ließ sich jedoch von jedem Ort auf dem Schiff bis auf den Zentimeter genau abstimmen. Wenke fühlte sich geschmeichelt, von Thiel als eine Art Crewmitglied akzeptiert zu werden.

In jedem Rumpf gab es eine Koje mit einem Kompass, der nachts beleuchtet war. Über jedem Niedergang vor den Steuerständen, die sich auf der festen Plattform zwischen den Rümpfen befanden, gab es einen lückenlosen Satz navigatorischer Instrumente, einschließlich eines wasserdichten Bildschirms mit der elektronischen Seekarte, die mit der Hauptanlage im Steuerbordschwimmer vernetzt waren. Thiel stand am Niedergang und beobachtete Wenke durch die Tür. Es bereitete ihr offensichtlich Spaß, auf den Bildschirm des NAV-C-Plotters die elektronische Seekarte Sardiniens zu zaubern, um den genauen eigenen Standort zu betrachten. Er war nicht erstaunt, auf ihrer Nase eine seiner Lesebrillen zu sehen. Anfangs hatte sie ihn verwirrt. Obwohl sie offensichtlich erhebliche Grundkenntnisse von Computern hatte, sah er, wie sie wahllos falsche Tasten gedrückt hatte. Allerdings hatte sie anschließend das auf dem Bildschirm angerichtete Chaos mit spielerischer Leichtigkeit wieder beseitigt. Aus ihrem beachtlichen Abstand zwischen Kopf und Bildschirm hatte er, wie er zuerst meinte, einen falschen Schluss gezogen und ihr eine seiner Lesebrillen angeboten. Zu seinem Erstaunen hatte Sie kategorisch abgelehnt. Zum Beweis hatte sie auf die weißen Strömungsfäden im Hauptsegel verwiesen, die sie auch im Topp mühelos erkennen konnte. Diese kurzen Nylonfäden waren Spione, die dem Skipper anzeigten, ob die Segelstellung der Strömung des Windes angepasst war. Er selbst konnte sie in dieser Höhe kaum wahrnehmen. Nach diesem eindeutigen Beweis ihrer Sehkraft hatte er sich geschlagen gegeben, war jedoch noch nicht völlig überzeugt. Um sie zu testen, hatte er – gut sichtbar – neben dem Plotter eine Lesebrille deponiert. Er grinste. Sie war ihm in die Falle gegangen. Jetzt wusste er, dass sie die Brille zwar benutzte, aber nicht damit gesehen werden wollte. Der Skipper betrachtete ihre spielerische Handhabung der Bordelektronik mit neidischem Stirnrunzeln. Auch nach zwei Jahren war die Elektronik seines Katamarans für ihn alles andere als eine Spielerei.

Wenke hatte schnell erkannt, dass die Vollkommenheit des Schiffs auf seiner kompromisslos auf Schnelligkeit ausgerichteten Konstruktion beruhte. Dazu war auf Wunsch des derzeitigen Besitzers modernste Navigationstechnik hinzugekommen. Um die Menschen an Bord hingegen hatte sich niemand Gedanken gemacht. Das war etwas, das sie, die den Skipper als verschrobenen Freizeitsegler betrachtete, nicht verstehen konnte. Natürlich konnte sie auch nicht wissen, dass er seinen Katamaran unter dem gleichen Aspekt betrachtete wie ein Einsatzpilot sein Kampfflugzeug. Es gab nur zwei Kriterien: Schnelligkeit und Funktionalität. Sie hatte die beiden Rümpfe unauffällig erforscht und außer einem CD-Recorder mit einer kleinen Sammlung CDs von Johann Sebastian Bach in den verschiedensten Interpretationen nichts Persönliches von ihm entdeckt. Selbstverständlich hatte sie nicht versucht, die verschlossenen Kisten zu öffnen, die sich im Bug der beiden Rümpfe befanden. Befremdlich war für sie, dass sie in jedem Niedergang ein unauffälliges Fach gefunden hatte, das eine Handfeuerwaffe enthielt. Sie fragte ihn nicht nach der Bedeutung dieser Entdeckung, hatte aber den Eindruck, dass die geölten Pistolen einsatzbereit waren.

Am späteren Nachmittag hatte sie Tee auf Vorrat gekocht und trank ihn heiß, lauwarm oder kalt, aber mit Zucker gesüßt. Sie befand sich auf dem Steuerbordschwimmer in Lee des Windes und versuchte, die wärmenden Strahlen der Sonne aufzusaugen. Aus dem Osten, vom italienischen Festland kommend, trieben Wolkenfetzen über den Himmel. Der Wind hatte leicht gedreht. Sie hatte einen Südwester gefunden und setzte ihn auf, um ihre Sommersprossen zu bekämpfen. Zufrieden saß sie so in einem der Faltstühle im Windschatten des Niedergangs und las in einer Anweisung für den elektronischen Fluxgate-Kompass. Eigentlich, so fand sie, ging es ihr ganz gut.

9

Thiel verließ den Navigationstisch und setzte sich zu ihr. Der Wind schien ihn nicht zu berühren. Wenke zündete sich eine Zigarette an, obwohl sie bemerkt hatte, dass er ein entschiedener Nikotinverächter war. Sie rechnete es ihm hoch an, dass er ihr in Mgarr ungebeten Zigaretten besorgt hatte. Entschuldigend meinte sie: »Ich glaube, ich habe Ihnen den einzigen windstillen Platz geklaut.«

»Ich bin den Wind gewöhnt.«

»Warum«, kam sie auf die ihr am Herzen liegende Frage zu sprechen, »hat dieser Katamaran bei all der Technik nicht etwas mehr Komfort für die Besatzung?«

Eine Weile schwieg er, dann sagte er: »Das ist eine gute Frage und verdient eine Antwort.«

Sie lächelte breit. »Sie haben immer gute Antworten, nicht wahr?«

»Wenn ich keine habe, werde ich es Sie wissen lassen«, bemerkte er kurz. »Stellen Sie sich mal ein Dreieck vor.« Er nahm die Gebrauchsanweisung von ihrem Schoß, deren Rückseite unbedruckt war und zeichnete ein Dreieck. »An jede der drei Spitzen schreiben wir ein Wort. An die eine Spitze ›schnell‹, an die zweite ›komfortabel‹ und an die dritte ›preiswert‹. Wie Sie sehen, können Sie immer nur die beiden Begriffe einer Seite des Dreiecks haben.«

Er unterstrich mit dem Finger eine Seite seines Dreiecks.

»Wir können es also schnell und komfortabel haben oder komfortabel und preiswert oder preiswert und schnell. Die letzte Zusammenstellung ist die Seite des Dreiecks, die auf den Katamaran zutrifft. Haben Sie das verstanden?«

»Ich glaube schon. Man kann also nicht alle drei Begriffe schnell, gemütlich und billig gleichzeitig haben.«

»Genau so ist es. Die Regel dieses Dreiecks ist übrigens für alle Segelboote ab einer gewissen Größe gültig.«

»Würde das heißen, dass die AQUADRAT schnell und billig ist?«

»Billig ist ein relativer Begriff. Dieser Katamaran wurde in Frankreich gebaut und hat vor sieben Jahren circa siebzehn Millionen Francs, so um die drei Millionen Euro, gekostet. Das ist nicht billig. Aber als gleich schnelle Konstruktion mit eingebautem Komfort wäre er deutlich teurer geworden. Außerdem hat er einen bestimmten Komfort.«

»Ach wirklich?«

»Ja, wirklich. Die AQUADRAT hat einen Komfort, der auf Sicherheit beruht. Ich erkläre es Ihnen vielleicht ein andermal.«

»Ist das mit dem Dreieck nicht ein bisschen zu einfach?«

»Viele Erklärungen sind nicht unbedingt falsch, weil sie einfach sind. Die meisten sind im Gegenteil gerade deswegen ausgesprochen gut. Das Beispiel mit diesem Dreieck habe ich in einem ganz anderen Zusammenhang gehört und erst im Nachhinein festgestellt, dass es auch auf Bereiche des täglichen Lebens anwendbar ist.«

Wenke Jensen, die plötzlich die Chance sah, etwas aus seinem früheren Berufsleben zu erfahren, setzte sofort nach. »Was war denn der andere Zusammenhang?«

Thiel zögerte und blickte sie etwas unbehaglich an. Dann seufzte er.

»Also gut, setzen wir an die Spitzen unseres Dreiecks drei neue Begriffe: ›ehrlich‹, ›intelligent‹ und ›Politiker‹.«

»Das hat also nichts mit Segeln zu tun.«

»Völlig richtig. Dieses Beispiel wurde auf einer Tagung verwendet. Es handelt sich um die allgemein in der Welt angewandten Polizeimethoden zur Abwehr des Drogenmissbrauchs und des Handels mit Drogen. Wer sich eingehend damit befasst, weiß genau, dass der globale Drogenhandel mit den üblichen Normen der Polizei allein nicht mehr bekämpft werden kann. Anstatt das Übel durch Liberalisierung zu verhindern, behauptet die Mehrzahl der Politiker, sie wüssten nichts von dem Elend, das sie durch ihre eigene Polizei verursachen. Ich meine damit die Beschaffungskriminalität, die Prostitution, den Babystrich der Süchtigen und so weiter, um an Geld für die Drogen zu kommen.«

»Kann man das auch auf das Dreieck übertragen?«

»Es ist das gleiche Prinzip. Auch im Metier der Politik kann ein Mann ehrlich sein. Viele sind es.

Wenn er jedoch nicht in der Lage ist, den Dreck, den er durch polizeiliche Gewalt im Drogenmilieu anrichtet, zur Kenntnis zu nehmen, mag das seine aufrichtige Wahrnehmung sein. Er ist ehrlich, aber es mangelt ihm an Intelligenz.

Das wäre die erste Seite mit den Begriffen ehrlich und Politiker.

Dann gibt es den Politiker, der den Drogenhandel konsequent und ausschließlich mit der Polizei bekämpft. Wenn er den Zusammenhang mit dem Elend, das er verursacht, erkennt, das aber nicht zugibt, weil er es vorzieht, eine solche Problemlösung vor seinen Wählern nicht publik zu machen, mag er intelligent sein, aber ehrlich ist er nicht.

Das besagt die zweite Seite mit den Begriffen: intelligent und Politiker.

Nun zur dritten Seite mit den Begriffen ehrlich und intelligent. Der Mann, auf den diese beiden Attribute zutreffen, weiß, was sich im Milieu abspielt und wird darum keine Polizei einsetzen, sondern nach anderen Lösungen suchen. Diesen Politiker gibt es leider nicht.«

Verblüfft blickte sie ihn an. »Ein erstaunliches Dreieck. Es gibt demnach also nur ehrliche oder intelligente Politiker, aber keinen, der intelligent und ehrlich ist.«

»Ja, weil so ein Mann nicht Politiker geworden wäre. Aber lassen wir es lieber beim Preis-Leistungs-Verhältnis für Katamarane bewenden.«

Die tiefe Stimme war leise und eindringlich gewesen, anders als bei den Einweisungen in die Funktionen des Katamarans. Wenke hatte den Eindruck, etwas hinter die Fassade geschaut zu haben, die er um sich errichtet hatte.

»Das fände ich schade«, sagte sie. »Aber zweifellos ist es eine sehr interessante Vereinfachung.«

Sein Gesicht verschloss sich, als hätte er bereits zuviel gesagt. »Es würde zu einem fruchtlosen Gespräch führen.«

Nachdem er eine halbe Stunde ohne ein weiteres Wort neben ihr bei einer Dose Bier gesessen und gegrübelt hatte, gab er ihr ein neues Zeichen seiner intuitiven Fähigkeit, kommende Situationen vorauszusehen. Er bat sie ins Innere des Backbordschwimmers und deutete auf eine in den Boden eingeschraubte Luke. Sie war rund und hatte einen Durchmesser von etwa achtzig Zentimetern. An der Wand hingen neben einer kompletten Tauchausrüstung zwei Ringschlüssel an einer Leine, um im Notfall die Schrauben der Luke zu öffnen. Eine kleine Lampe warf ihr Licht auf die Konstruktion. Er ging in die Knie und zeigte mit dem Finger auf den unauffälligen Notausgang

»Ich zeige Ihnen diese Luke, weil sie Ihnen das Leben retten kann.«

»Für den Fall, dass der Katamaran kentert?«, fragte sie.

»Dafür ist sie konstruiert worden, aber ich möchte auf einen anderen Fall hinweisen.«

Sie hob die Augenbrauen.

»Gesetzt den Fall, der Katamaran würde von irgendeinem bewaffneten Kommando überfallen. Beide Einstiege der Rümpfe wären blockiert. Durch die Niedergänge gibt es in dieser Lage keine Möglichkeit, aus dem Rumpf herauszukommen und zu fliehen. Wer sich im Rumpf befindet, säße in der Falle. In einem solchen Fall heißt es, Taucherausrüstung anlegen, Schrauben lösen, Luke öffnen und nichts wie raus. Die gleiche Einrichtung haben wir im anderen Schwimmer. Beide Tauchausrüstungen sind einsatzbereit.«

Anschließend gingen sie zusammen an Deck und überprüften das Wiking-Schlauchboot, ihr zweites, kleineres Beiboot. Er besprach mit ihr eine eventuelle Notsituation und eine Reihe von Punkten, die zu beachten waren, wie die Mitnahme eines teilbaren Hilfsmastes, von Schwimmwesten, eines Wasserkanisters und einer Kompaktanlage mit Batterie für Funk und Navigation. Nachdem sie selbst die Luft in allen Kammern nachgeprüft hatte und wusste, wie man das Schlauchboot im Notfall schnell flott bekam, war die Lektion abgeschlossen.

»Schlauchboote brauchen Luft«, sagte er schließlich. »Je härter man sie aufpumpt, desto besser laufen sie. Nicht zimperlich sein. Außerdem gehen schlaffe Schlauchboote schnell kaputt.«

Der Ostwind frischte kurzzeitig zu beachtlichen acht Windstärken auf, was bedeutete, dass die AQUADRAT im Schnitt mit dreißig Knoten durch die nachmittägliche See stürmte. Die Welle wurde etwas gröber, einzelne Kämme brachen sich. Für den Katamaran mit seinen langen Rümpfen brachten sie keine Schwierigkeiten. Thiel hatte die Segelflächen nicht gerefft. Wenn er die Schot mit der elektrischen Winsch in einer Bö dicht holte, beschleunigte der Kat für wenige Sekunden auf fast vierzig Knoten. Dann stöhnte das Schiff kurz auf, durch die Stage und Wanten ging ein andauerndes Beben, das die Rümpfe wie mächtige Bassgeigen vibrieren ließ und ein tiefes Heulen erzeugte. Die Resonanz dieses weithin hörbaren Summtons übertrug sich nicht einmal unangenehm auf den ganzen Körper.

Der Leeschwimmer war nun deutlich höher belastet, lag tiefer und zog vom Bug bis über den Niedergang eine Gischtwolke. Wenke war froh, schon gegen Mittag seinem Rat mit dem Overall gefolgt zu sein. Jetzt wäre es eisig geworden. Er hatte ihr eine Art Motorradbrille gereicht, die er auch selbst angelegt hatte. Der scheinbare Wind, der sich zwischen der Genua und dem Großsegel entwickelte, erreichte zeitweise mehr als fünfzig Knoten, also die Stärke eines schweren Sturms. Einmal half sie ihm mit der Genuaschot am Vordeck. Die Arbeit im einschlagenden Spritzwasser war sehr hart. Dafür war die Sicht auf dem Luvschwimmer, der jetzt merklich höher lag, fantastisch. Die Wolken waren wieder verschwunden, und im Heck beider Rümpfe kochte das Wasser hoch, als hätten anstelle der Ruderblätter zwei gewaltige Wasserschläuche die Steuerung übernommen. Bedauernd gedachte Wenke ihrer Fotoausrüstung in der CONSUELA. Als sie Thiel fragte, ob die AQUADRAT über so etwas wie eine Kamera verfüge, schüttelte er bedauernd den Kopf.

Die Konturen der Insel waren näher gekommen. Unter Deck trocknete sie das Salzwasser von Gesicht und Händen und ließ auf dem Plotter die Seekarte von Sardiniens Ostküste erscheinen. Auf dem Speedlog der Tachoanlage zeichneten sich Spitzengeschwindigkeiten von zweiundsiebzig Stundenkilometern ab. Wenke verschlug es den Atem. Sie erinnerte sich, dass Thiel die AQUADRAT als schnellste Maschine auf dem Mittelmeer bezeichnet hatte. Anscheinend neigte er nicht zu Übertreibungen. Sie befanden sich im Golfo di Orosei, in spätestens zweieinhalb Stunden würden sie die Nordspitze der Insel erreicht haben. Unter Deck dröhnte das Krachen und Zischen der auf die Glasfiberwände des Schwimmers einschlagenden Wellen, als säße sie im Zentrum einer Kesselpauke.

Warum er das Schiff so vorantrieb, wusste sie nicht. Mittlerweile glaubte sie, ihn gut genug zu kennen, um an reiner Segelfreude zu zweifeln. Ihr anfängliches Gefühl der Beklommenheit, bedingt durch die veränderte Geschwindigkeit und die neuen Geräusche, verging angesichts der Gelassenheit ihres Kapitäns. Der hatte das Kommando über den Kurs der AQUADRAT wieder seinem Autopiloten übertragen und schien nur noch an einer Generalinspektion der Stage, Wanten, Ruderblätter und aller anderen hochbelasteten Teile des Katamarans interessiert zu sein. Er setzte die Schot am Traveller durch, bis das Großsegel das Profil einer Tragfläche erhielt. Der tiefe Summton zeigte an, dass die Geschwindigkeit des Katamarans wieder um vier Knoten nach oben geklettert war. Thiel kam zum Navigationstisch und warf einen Blick auf die Seekarte im Plotter. Seine Haare lagen patschnass am Kopf. Sie reichte ihm ein Handtuch. Zufrieden korrigierte er den Kurs und entspannte sich wieder.

Er war sich bewusst, dass die nie endenden Kontrollen des Schiffs ein maßgeblicher Teil seines Erfolgs auf See waren. Fast immer stieß er dabei auf technischen Verschleiß, kleinste Fehler und Pannen, die er selbst beheben konnte. Seine Erfahrung mit den Tücken des großen Katamarans halfen ihm im Kampf gegen die Gefahren der See und gegen die eigene Überheblichkeit.

»Die Geschwindigkeit ist fantastisch«, sagte sie.

»Finden Sie?«, brummte er.

»Vorhin hatten wir 40 Knoten, über 70 Stundenkilometer!«

»Die YELLOW PAGES hat vor ein paar Jahren den Rekord von 46 Knoten über eine Strecke von zehn Seemeilen aufgestellt. Das waren 86 Stundenkilometer.«

»YELLOW PAGES? Ist das ein Windsurfer?«

»Nein, das ist ein australischer High-Tech-Katamaran. Der hat den Speedsurfern erst mal gezeigt, wo der Hammer hängt«, schmunzelte er.

»Warum rasen wir denn so?«

»Macht es Ihnen keinen Spaß?«

»Doch, war nur eine Frage.«

»Ich weiß es selbst nicht. Mir ist auch nicht klar, was es gestern mit dem Besuch dieses Sportflugzeugs auf sich gehabt hat. Absicht oder Zufall?«

»Wer sollte denn nach uns suchen.«

»Ich nehme an, dass die Jungs im Flieger zur gleichen Firma wie unsere Freunde von der Sunseeker gehören. Deshalb die Kursänderung.«

»Warum nach Norden?«

»Weil sie annehmen mussten, dass wir nach Westen laufen. Aber ich habe das dumme Gefühl, die wissen ziemlich genau, wo wir uns befinden.«

»Meinen Sie?«

»Ja, darum habe ich den Kat heute rennen lassen. Bei dieser Fahrt sind wir zumindest nicht exakt da, wo sie uns vermuten.«

»Was werden wir denn jetzt machen?«

Er sah, dass der Plotter bereits den Kurs der AQUADRAT zeigte und setzte sich an den Navigationstisch, wo er die zwölf Kilometer breite Bocche di Bonifacio auf den Bildschirm holte. Die Straße von Bonifacio trennte die zerklüfteten Felsküsten von Sardinien und Korsika. Mit einem Bleistift wies er auf zwei kleine Inseln vor der Einfahrt von Olbia.

»Wir werden durch die Bonifacio nach Westen segeln. Bevor wir das machen, möchte ich die Genua einholen und ein normales Vorsegel setzen. Auch das Groß wird gerefft. Das machen wir alles auf der Leeseite von Tavolara.«

Er zeigte mit dem Bleistift auf die größere der beiden Inseln.

»Dann geht's weiter?«

»Dann geht's weiter.«

Thiel setzte sich auf die obere Stufe des Niedergangs. Es war ein guter Platz, um die Umgebung auf dem Meer im Auge zu behalten, und er war windgeschützt. Der Kater kam und meldete seinen Hunger an. Er wusste ganz gut, dass die Küche in Backbord lag, hatte aber wegen des Spritzwassers keine Lust, sich das Fell nass zu machen. Wenke wollte sich auf den Weg in den anderen Schwimmer machen, wo die Vorräte lagerten.

»Nichts da!«, stoppte Thiel sie barsch. »Der hässliche Kerl soll sich an die Zeiten halten. Das fehlte gerade noch.«

Anscheinend missbilligte er die Sonderkonditionen, die dem Kater seit Neuestem eingeräumt wurden. Wenke setzte sich wieder hin und streichelte das warme trockene Fell.

»Wie heißt er eigentlich?«, fragte sie und wärmte die Hände am Rücken des Tieres.

»Hat keinen Namen, braucht auch keinen.«

»Er ist sehr würdevoll und weiß, was er will.« Sie zog ihre Hände zurück. »Wir könnten ihn Rasmussen nennen, nach unserem früheren Regierungschef.«

»Nein«, unterbrach er mit einem Anflug von Humor. »Er ist ein Diktator! Sieht auf den ersten Blick harmlos aus«, Thiel begann an den Fingern seiner rechten Hand weitere Punkte aufzuzählen: »ist verfressen, intelligent, ziemlich fett und hat einen schlechten, selbstsüchtigen Charakter. Zudem befindet er sich auf einem deutschen Schiff. Wenn er schon den Namen eines Kanzlers braucht, dann nennen wir ihn …« Er zögerte.

»Schröder?«, fragte sie gedehnt.
»Können Sie sich unseren Kater in italienischen Armani-Anzügen vorstellen? Nein, Gerhard Schröder verdient keinen so kapitalen Vergleich.« Er zögerte wieder, dann begann er zu grinsen. »Wir nennen ihn Kohl.« Dabei blieb es. Doch trotz des neuen Namens bekam Kohl nichts zu fressen.

Die AQUADRAT lief wie auf Schienen, und nur deswegen war es möglich, zu kochen. Die Laufruhe war einfach vorbildlich. Wenke bereitete zwei Sandwichs. Für die Bordeinrichtung der Kombüse war, getreu dem Motto seines magischen Dreiecks – schnell und wohnlich kommt zu teuer –, kaum etwas ausgegeben worden. Die Zusammenstellung sah aus, als käme sie, wie sie ketzerisch dachte, vom Sperrmüll einer Marina. Das einzig solide Teil war eine ansehnliche Kühlbox, die zu achtzig Prozent mit seinen Bierdosen vollgestopft war.

Als sie durch einen Engpass mit unangenehmen Richtungsänderungen des Windes an der unbewohnten Insel Molara vorbei in den Golfo di Olbia preschten und leewärts der Insel Tavolara in den Wind gingen, war es zwar noch hell, aber von der Sonne nichts mehr zu sehen. Die kleine Insel Tavolara war unbewohnt und die Bucht mit zwei unbewachsenen Granitkuppen ein hervorragender Windfang. Thiel ließ den Kat unter Motor vor die Küste laufen und setzte, als das Echolot nur noch wenige Meter Tiefe anzeigte, den kleineren Stockanker.

Der Kat pendelte jetzt hinter einem Felsvorsprung. Der Wind, der sich im Lee des Großsegels zeitweise wie ein Orkan gebärdet hatte, und der Lärm des peitschenden Spritzwassers verstummten, als ob man aus einer lärmenden Disco in den schallgeschützten Nebenraum des DJ geraten wäre. Die AQUADRAT lag wie in einem geschützten Hafen. Sie warteten kurze Zeit und ließen die Segel flattern, bis sie trocken waren. Er strich sich die Haare aus dem Gesicht, nahm die unvermeidliche Sonnenbrille ab und reichte sie ihr. Sie stand auf den Stufen des Niedergangs und wollte nach unten.

»Würden Sie meine Brille auf den Navigationstisch legen?«
»Sicher.« Sie warf einen Blick auf das teure Schmuckstück.
»Sie haben sicher empfindliche Augen«, stellte sie fest. Er schüttelte den Kopf.
»Nicht im Geringsten. Ich trage sie nur auf See.«
»Wegen der Blendung?«
»Sie hat noch einen anderen Vorteil. Der Polaroid-Effekt hebt die Spiegelungen der Wasseroberfläche auf.«
Sie warf einen ungläubigen Blick durch die goldgefassten Gläser.
»Glauben Sie es ruhig. Mit einer guten Polaroid lassen sich Riffe und andere Untiefen frühzeitig erkennen.«

»Auch bei bedecktem Himmel?«

»Korrekt.«

Offensichtlich war der Liegeplatz auch anderen Segelyachten nicht entgangen. Als sie ihre Decksarbeit beendet hatten, sahen sie, dass zwei größere Boote neben ihnen angelegt hatten und drei andere sich anschickten, das Gleiche zu tun. Er sah ihren nachdenklichen Blick in Richtung der anderen Schiffe, die in der beginnenden Dämmerung neben ihnen lagen und hinter deren Fenstern vereinzelt die Lichter angingen. Sie strahlten genau das Maß an Wärme und Behaglichkeit aus, das Wenke auf der AQUADRAT vermisste.

Der Wetterbericht von Radio Cagliari sagte für die Nacht eine Steigerung des Westwinds voraus. Die Konzentration von Charterbooten um die AQUADRAT hinter dem langgezogenen Felsvorsprung müsste dem Kat vor direkten Angriffen des unbekannten Gegners Schutz bieten. Zur Abwechslung würden sie eine ruhige Nacht haben, und Thiel, der selten eine Entscheidung umwarf, verkündete: »Wir fahren nicht weiter, wir bleiben heute Nacht in der Bucht.«

Auch nach diesem Entschluss blieb ihm noch Arbeit. Vor- und Großsegel mussten in ihren Reffanlagen verschwinden. Der ausgesetzte Anker musste gecheckt und der zweite, ein Patentanker, zusätzlich ausgebracht werden. Um sich nicht von den anderen Touristenbooten zu unterscheiden, verzichtete er darauf, für die Nacht ein Ankerlicht zu setzen. Bei aller Brummigkeit hatte Thiel eine methodische Art der Einweisung und Gespür für Teamarbeit. Er versuchte nicht, sie in übertriebener Höflichkeit zu schonen, ließ aber keinen Zweifel daran, dass er der Mann fürs Grobe war. Durch lange Erfahrung wusste er, dass die Arbeiten mit den enormen Kräften des Katamarans nur durch eine Mischung von Timing und äußerstem körperlichen Einsatz zu bewältigen waren.

Als er die Kombüse im Backbordschwimmer betrat, hatte die Köchin zu Ehren ihrer ersten Nacht vor Anker aus den vorhandenen Beständen ein Abendessen zubereitet, dessen Duft den ganzen Schwimmer durchzog. Auf dem Klapptisch brannte eine Kerze. In Anbetracht der Vorräte war es ein exquisites Menü, das er mit einem Kopfnicken und der anerkennenden Bemerkung, »man sollte den Frauen alle anderen Tätigkeiten verbieten«, quittierte.

Sie grinste. »Wirklich alle?«

Auch wenn das angrenzende Festland eine unbewohnte Insel war, verspürte sie plötzlich ein starkes Verlangen, ihn zu bitten, sie im nächsten Hafen an Land zu setzen. Zehn Tage auf der CONSUELA, der Anschlag auf ihr Leben, die Stunden im kalten Wasser und nun der Zwangsaufenthalt auf dem ungastlichen Doppelrumpfboot waren genug. Was auf der CONSUELA geschehen war, mochte durch ihn wahrscheinlich richtig rekonstruiert worden sein. Mittlerweile glaubte auch sie an keinen Unfall mehr. Andererseits hatte sie jedoch keine Lust, sich von Thiel in eine Paranoia hineintreiben zu lassen. Was war denn so bedeutend an ihr, dass eine ganze Organisation unbedingt ihren Tod wünschte und sie auf dem Mittelmeer verfolgte? Sie würde mit ihm reden müssen, und zwar bald.

Doch bereits eine Stunde später hatte er neue Argumente. Sein Freund, der Polizist aus Marseille, hatte angerufen und ihm offensichtlich mitgeteilt, dass die CONSUELA in Marseille eingetroffen und von Wenkes Fotoausrüstung nicht ein Stück, geschweige denn ein Negativ an die Polizei übergeben worden sei. Wenke wollte Thiel klar machen, dass ein Diebstahl ihrer Ausrüstung noch kein Beweis dafür war, dass sie in akuter Lebensgefahr schwebte. Sein Freund könnte doch ihre in Marseille angekommenen Sachen und ihre Ausweise von der CONSUELA nach Spanien oder Italien senden lassen, und dort würden sie ihr dann ausgehändigt. Der Skipper jedoch ließ sich auf keinerlei Debatten ein. Bei ihrem Versuch, seine Meinung zu ändern, merkte sie, dass er mehr über die Hintergründe der Ereignisse auf der CONSUELA wissen musste, als er ihr gegenüber zugab.

Da er häufig in zweifelhaft abgesicherten Liegeplätzen und Häfen übernachten musste und dabei allein an Bord war, hatte sich der Pedant elektronisch eingeigelt und für den Katamaran eine akustische Warnanlage installieren lassen, die niemandem unbemerktes Betreten gestattete. Darüberhinaus würde jedes Abtreiben des Schiffs durch Kappen der Festmacher über einen Sensor Alarm auslösen. Also konnte man sich unbesorgt zur Ruhe begeben.

Am nächsten Morgen lag zwischen der AQUADRAT und den Charterbooten eine große Motoryacht. Sie hatte sich in der Nacht zwischen den Kat und eine Swan 53 eingeklemmt. Thiel war erleichtert, dass es sich nicht um die Sunseeker von Malta handelte, blieb aber wachsam: Der Neuankömmling lag merkwürdig nah an seinem Boot. Sie befanden sich in einer relativ großen Bucht, und da wären andere, weit bequemere Plätze zum Anlegen gewesen. In der Dunkelheit musste es Mühe bereitet haben, nachts das Motorboot praktisch lautlos in die schmale Lücke zu bugsieren. Es war ein strahlend weißer, mächtiger Brocken, eine elegante Topyacht, größer als die Sunseeker, breiter, schwerer und teurer, aber nicht so schnell. Thiel beäugte sie aus dem Niedergang heraus. Am Bug stand in goldenen Lettern MICHELANGELO. Niemand war an Deck. Thiel wechselte gemächlich hinüber nach Steuerbord und öffnete die Luke. Wenke drehte den Kopf aus der schmalen Koje und blickte ihn erstaunt an. Am Fußende erschien der Kopf des Katers. Thiel legte den Finger an die Lippen und flüsterte: »Sprechen Sie leise und bleiben Sie zunächst unten. Kommen Sie nicht an Deck.«

»Ist irgendwas los?«
»Nein, nur eine Vorsichtsmaßnahme.«
»Was gibt es denn?«
»Ich weiß es noch nicht.«
»Warum dann das Ganze?«
»Dicht neben uns liegt eine Motoryacht. Zu dicht für meinen Geschmack.«
»Ist es die aus Malta?«
»Die Sunseeker? Dann hätten wir jeden Grund zur Unruhe. Nein, eine andere.«
»Warum kann ich dann nicht an Deck kommen?«
»Wenn die von der gleichen Firma sind, werden sie Fotos von Ihnen machen. Ein paar Stunden später werden sie dann genau wissen, dass Sie nicht ertrunken sind. Wenn Sie sich auf dem Kat nicht sehen lassen, haben sie nicht mehr als einen Verdacht.«

Er schwieg kurz, um dann fortzufahren: »Allein der Verdacht ist für diese Leute oft ausreichend für die Beseitigung eines Menschen.«

Er legte nochmals eine Pause ein. »Auf der CONSUELA haben Sie es selbst erlebt. Also nicht an Deck kommen.«

Als er ein leises Plätschern im Wasser vernahm, kehrte er umgehend in den anderen Schwimmer zurück. Dort holte er sich seinen umfassenden Katalog über die Motoryachten dieser Erde, nahm den Katalog an Deck und verglich die Konturen der in Frage kommenden Yachten mit der MICHELANGELO. Kein Zweifel: Es handelte sich um ein auf der italienischen Ferretti-Werft gebautes Schiff. Sie war fast so lang wie die AQUADRAT, höchstwahrscheinlich eine 225 Fly. Mit einer Verdrängung von 41 Tonnen war sie ein schwerer Klotz mit reichlich Platz für zehn Passagiere und nicht unflott motorisiert. Laut Katalog konnte sie mit mehr als 2500 PS ausgestattet werden. Damit wäre sie auf allen Kursen schneller als der Katamaran. Mit leichtem Bedauern realisierte er, dass es inmitten der anderen Yachten unmöglich sein würde, die MICHELANGELO mit einem ähnlichen Trick wie die Sunseeker am Wegfahren zu hindern.

Auf allen in der Bucht ankernden Segelbooten regten sich mittlerweile Gestalten, die anzeigten, dass es ans Auslaufen ging. Das Aroma von frischem Kaffee und gebratenem Speck wehte herüber. Auf der MICHELANGELO hingegen bewegte sich nichts. Die Fenster im Rumpf, im Deckhaus und selbst auf der Flybridge waren gegen die Sonneneinstrahlung tiefschwarz getönt. Schwarze Augen, die den Katamaran überwachten, ohne dass sich die Pupillen bewegten. Es war unmöglich festzustellen, was sich dahinter abspielte. Auf Thiel wirkten sie bedrohlich, und er begann sich ernsthaft zu fragen, ob er an Verfolgungswahn zu leiden begann. Es erschien ihm nicht ratsam, mit diesem Nachbarn alleine in der Bucht zu bleiben. Das Beste wäre, gemeinsam mit den anderen Booten aus der geschützten Bucht zu verschwinden; erst danach konnte er Wenke Jensen erlauben, an Deck zu kommen. Frühstücken konnten sie später.

Plötzlich bemerkte er unter dem Trampolin im Wasser einen bunten Schatten. Als er genauer hinsah, erkannte er, dass es sich um einen Taucher in einem roten Neoprenanzug handelte, der eine Fotokamera mit Blitzlicht dabeihatte und offensichtlich nach Fischen suchte. Viele Motive würde er in der Bucht nicht finden. Aber die Sicht unter Wasser war ausgezeichnet. Es gab weder Wind noch Wellen.

Thiel legte alles zurecht, löste und holte den ersten Anker aus dem klaren Wasser, als er sich plötzlich wieder des Tauchers erinnerte. Was könnte ein Mann unter Wasser außer zu fotografieren noch alles machen? Es würde nur zwanzig Minuten dauern, um das festzustellen. Thiel verschwand unter Deck, erschien nach kurzer Zeit im schwarzen Tauchanzug und glitt unter den Katamaran. Unter Wasser blies er die Tauchbrille aus und suchte den roten Taucher – erfolglos. Neugierig warf er einen Blick auf den mächtigen Nachbarn. Aus seiner Sicht war der Unterschied zwischen den messerscharfen Rümpfen des Kats und dem breiten Bauch der Motoryacht enorm. Er war erstaunt über den Tiefgang, konzentrierte sich dann aber lieber auf die Überprüfung der AQUADRAT. Zuerst inspizierte er die beiden Rümpfe von der Ankerleine am Bug bis zum Heck.

Schnell zeigte sich, dass auch der Herr im roten Neoprenanzug Sinn für Humor hatte. Jeder der beiden automatischen Verstellpropeller war mit Fetzen aus einem Fischernetz zusammengebunden worden. Auf diese Weise konnte sich keine der beiden Schrauben entfalten. Die Motoren konnten so zwar nicht beschädigt werden, aber eben auch keinerlei Antrieb erzeugen. Thiel war befriedigt, dass sich seine Vorsicht ausgezahlt hatte. Er griff nach dem Tauchermesser, das in einer Scheide an seiner Wade befestigt war. Mit wenigen Schnitten säbelte er die Einschnürung durch. Von dem roten Taucher war nichts zu sehen. Im Bewusstsein, dass an dem Katamaran manipuliert worden war, nahm er aus Sicherheitsgründen einen zweiten Check der Rümpfe vor. Sie waren unberührt. Er kletterte an Deck, ließ die beiden Motoren warmlaufen, setzte in aller Ruhe Segel und holte den zweiten Anker vom Grund. Die letzten Segelyachten machten sich fertig, um von dem felsigen Liegeplatz abzulegen.

Thiel verließ die Bucht, ohne durch einen Blick zu verraten, dass ihn die Reaktion der MICHELANGELO brennend interessierte. Als er um das Westkap von Tavolara herum war, hatte sich die Motoryacht noch nicht von der Stelle bewegt. Sobald ihm das vorspringende Steilufer die Sicht zu der weißen Yacht verwehrte, fiel der Wind in die Segel, und der Katamaran nahm Fahrt auf. Er stellte die Maschinen ab und gab Wenke ein Zeichen, wieder an Deck zu kommen. Sie beschäftigte sich mit dem Frühstück, während er den Kurs dem Autopiloten anvertraute, um mit dem Fernglas das Meer hinter sich zu beobachten. Während sie Tee tranken und staubtrockene Biskuits aßen, behielt er das Kielwasser im Blick.

10

»War das Versteckspiel Ihrer Meinung nach nötig?«, fragte sie ihn mit der Überlegenheit der Frau, die einen Mann bei einem Räuber-und-Gendarm-Spiel ertappt.

»Ja!«, erwiderte er kauend, während er das Glas nicht von den Augen nahm.

»Woran wollen Sie das denn gemerkt haben?«

»Die wollten uns in der Bucht festhalten.«

Noch immer galt seine Aufmerksamkeit der entschwindenden Insel, hinter deren Westkap er jederzeit das Auftauchen der MICHELANGELO erwartete.

»Setzen Sie sich etwas auf den Kopf, und seien Sie bereit, unter Deck zu verschwinden, wenn die Kerle uns nahe kommen.«

Sie holte sich eine Mütze und fragte seufzend: »Könnte es sein, dass wir uns die Verfolgung nur einbilden?«

»Wir bilden uns gar nichts ein. Moment! Da kommen sie schon. Es handelt sich um die weiße Motoryacht, die sich über Nacht direkt neben uns gelegt hat. Sie heißt MICHELANGELO.«

Er verließ das Deck und kehrte mit dem großen Teleskop und seiner kardanischen Aufhängung zurück. Nachdem er es eingestellt hatte, trat er zurück.

»Da, schauen Sie mal selbst auf den Bildschirm, und erklären Sie mir, was Sie sehen.«

Er stellte ihr einen Faltstuhl zum Sitzen hin. »Lassen Sie sich Zeit. Die können von uns nicht mehr als den Kat erkennen, keine Einzelheiten.«

Nach einer Weile hatte sie die weiße Motoryacht gefunden und bemühte sich, sie im Blickfeld zu behalten. Sie war erstaunt über die starke Vergrößerung.

»Ich glaube, Sie haben recht. Zwei Männer auf der Flybridge beobachten uns mit Ferngläsern.«

»So ist es.«

»Trotzdem, ist es denn sicher, dass die gerade hinter uns her sind?«

»Ziemlich. In der Bucht hat jemand versucht, uns am Ablegen zu hindern, und das können nur die Herren von der MICHELANGELO gewesen sein.«
»Mit diesem Fernglas haben Sie meinen Sturz von der CONSUELA beobachtet, oder?« Sie betrachtete das Instrument mit Hochachtung. »Das Ding hat mir mein Leben gerettet«, staunte sie und fügte nach einer Weile hinzu, »und Sie, weil Sie in der Lage waren, mich zu finden.«
Sie blickte ihn an. »Und jetzt haben Sie diese fürchterlichen Schwierigkeiten, weil diese Menschen hinter mir her sind.«
Er schüttelte den Kopf. »Das kriegen wir wieder hin, wir müssen nur konsequent bleiben. Die dürfen nur nicht merken, dass Sie die Sache überlebt haben.«
»Dann muss ich wohl wieder unter Deck?« Sie blickte ihn fragend an.
»Das ist schade. Hier in der Sonne ist es viel angenehmer.«
»Ich weiß. Jetzt ist es auch noch nicht notwendig. Es genügt, wenn Sie Ihre Haare unter der Mütze nicht erkennen lassen.«
»Könnten wir nicht im nächsten Hafen zur Polizei gehen und um Hilfe bitten?«
»Was wollen wir denen erzählen? Wir haben keine Beweise. Es fällt mir ja schon schwer, Sie zu überzeugen. Kein Polizist würde uns diese Geschichte abkaufen. Nichts als Indizien, und nur wir allein wissen, dass sie zutreffen.«
»Sie haben natürlich recht. Es wäre das Gleiche wie in Malta. Gegen einen Einheimischen mit einer Millionenyacht im Hafen kommt man nicht an.«
»Die MICHELANGELO kostet eher das Doppelte.«
»Was kann man denn gegen diese Leute unternehmen?«
»Um sicher zu sein, dass sie uns wirklich an den Kragen wollen, müssen wir ihnen den ersten Schritt überlassen. Dann werden wir weitersehen. Heute Morgen haben die von der MICHELANGELO gegen uns meinen eigenen Trick aus Mgarr angewendet.«
»Wie meinen Sie das?«
»In Mgarr habe ich der Sunseeker unter Wasser die Schrauben blockiert. Ich habe das komische Gefühl, die Leute auf der MICHELANGELO haben das gewusst. Heute Nacht vor Tavolara hat die andere Seite mit uns das Gleiche gemacht.«
»Warum hat man uns nichts Schlimmeres zugefügt?«, fragte Wenke.
»Zu viele Boote in der Bucht. Die wollen keine Zeugen.«
»Wie haben Sie das spitzgekriegt?«
»Einer von ihnen hat sich heute Morgen mit Taucherausrüstung unter unserem Kat herumgetrieben. Daraufhin habe ich die Rümpfe etwas genauer überprüft. Und jetzt lassen wir uns von denen nicht einfangen – oder nur an einem Platz, den wir selbst bestimmen. Alles Weitere muss sich ergeben.«

An diesem Tag kreuzte die AQUADRAT betulich in der zwölf Kilometer breiten Straße von Bonifacio, die Sardinien von der nördlich gelegenen Nachbarinsel trennt. Die weiße Yacht verschwand, um nach einigen Stunden wieder aufzutauchen. Sie blieb ihnen, wenn auch in größerem Abstand, auf den Fersen.

In der Mittagszeit legten sie kurz an einer Pier in Palau, einem kleinen Fischerdorf, an, wo Thiel die beiden Dieseltanks der AQUADRAT befüllen wollte. Stirnrunzelnd kehrte er an Bord des Katamarans zurück. Der junge Mann an der maritimen Zapfsäule hatte ihm verlegen erklärt, dass der Kraftstoff ausgegangen sei.

Nach dem Verlassen des Hafenbeckens von Palau nutzte er die Gelegenheit, die Segelflächen des Katamarans auf ihr Maximum zu vergrößern. Die Superyacht MICHELANGELO ließ sich nicht im Hafen sehen. Am späten Nachmittag verließen sie die Straße von Bonifacio in Richtung des Golfs von Asinara. Obwohl die Bedingungen für schnelles Segeln optimal waren, ließ er sich Zeit. Wie schon am Vormittag bummelte er bewusst und ließ Wenke nochmals das kleinere Schlauchboot überprüfen.

Prompt tauchte die MICHELANGELO wieder auf und blieb eisern in ihrem Schlepptau. Offenbar hatte sie mit der Verfolgung kein Problem. Nachdem sie so die halbe Strecke zu der Insel Asinara im Nordwesten Sardiniens hinter sich gebracht hatten und die Dämmerung einsetzte, ließ er den Kat durch den Autopilot steuern und bereitete die Frau auf die zu erwartenden Ereignisse vor.

»Wir werden jetzt die Geschwindigkeit steigern und Kurs auf den Südzipfel der Insel Asinara nehmen.«

»Asinara?« Sie spielte am Plotter, holte Asinara auf die Mattscheibe und vergrößerte die Insel durch den Zoom. »Was ist denn so besonders an dieser Insel?«

»Nichts. Ich kenne das Seerevier ganz gut und möchte feststellen, ob sie nervös werden, wenn sie glauben, wir wollten abhauen.«

Interessiert blickte sie auf. »Was soll ich dabei machen?«

»Zweierlei. Erstens, bleiben Sie ab sofort unsichtbar unter Deck. Zweitens möchte ich zum Durchgang zwischen diesen beiden Inseln. Sie sind beide unbewohnt, also ohne Lichter. Wenn wir hier sind«, er wies mit dem Bleistift auf eine winzige Insel auf dem Plotter, sagen Sie mir jede Minute, ob ich noch auf Kurs bin. In der Dämmerung wird das eine schwierige Strecke.« Er sah, wie sie das Licht einschaltete und den Plotter anknipste. »Ein winziger Punkt noch.«

»Ja?« Fragend blickte sie zu ihm hoch.

»Es wird schon dunkel. Setzen Sie in Gottes Namen die Lesebrille auf. Fehler könnten fatal werden.«

Sie nickte unverbindlich.

»Noch was. Wenn ich sage ›raus‹, dann haben wir einen Notfall, dann sprinten Sie zum Schlauchboot, schmeißen es über Bord und verlassen den Kat. Egal, was ich gerade mache, Sie gehen von Bord – verstanden?«

Konsterniert sah sie ihn an. »Und was werden Sie machen, wenn wir einen Notfall haben?«

»Ich bin dann ein paar Minuten später bei Ihnen im Boot.«

Er begab sich an Deck und arbeitete an den Segeln. Die Elektrowinsch summte, und er veränderte die Einstellung am Traveller. Er holte das Hauptsegel dicht, jonglierte mit Groß- und Fockschot, justierte und fierte, bis die Strömungsfäden an beiden Seiten der Drakonsegel flach anlagen. Die AQUADRAT zeigte sich jetzt von ihrer besten Seite. Obwohl das Windlog nicht mehr als 27 Knoten anzeigte, beschleunigte der Katamaran in Sekunden auf mehr als 30 Knoten. Das entsprach nahezu 60 Stundenkilometern. Wieder konnte Wenke den tiefen Summton wahrnehmen, der durch das Vibrieren der großen Ruderblätter und aller Wanten verursacht wurde. Das Spritzwasser von den Bugspitzen wehte jetzt in langen Fahnen bis weit über das Heck.

Die von der Abendsonne beschienene sardische Küste zeigte ihre eindrucksvollen felsigen Konturen. Der Monte Limbara im Hintergrund wirkte vom Meer aus wie die Spitze eines Hochgebirgsmassivs.

Die Skipper der MICHELANGELO, die auf dem Radarbild erkannten, dass ihnen der Katamaran zu enteilen drohte, gaben ihre Zurückhaltung auf und zeigten, was in ihren Maschinen steckte. 50 Tonnen, die mit 70 Stundenkilometern im Wasser bewegt werden, sind eindrucksvoll. Da auch für die Motoryacht ideale Bedingungen herrschten, war sie in der Lage, aufzuholen. Langsam kam sie der AQUADRAT näher und gab mit ihrem hoch aus dem Wasser aufragenden, scharf geschnittenen Bug ein hinreißendes Bild ab. Die Gischt ihrer Bugwelle strahlte symmetrisch, schweren Silberschwingen gleich, nach beiden Seiten.

Thiel wollte dem Skipper der MICHELANGELO durch seinen Tempowechsel kurz vor Einbruch der Nacht den Eindruck geben, dass er die Verfolgung erkannt hatte und nun überhastet durch die Meerenge mit der Insel Asinara zu entfliehen suchte, um sich dann, wie in der vergangenen Nacht, in irgendeiner ruhigen Bucht zu verstecken. Doch das entsprach nicht seiner Absicht. Er wollte die Motoryacht lediglich so nahe heranlocken, dass ihr Skipper im Jagdeifer der Verfolgung die gebotene Vorsicht auf See vielleicht für kurze Zeit außer Acht lassen würde.

Um sich den guten Wind zu erhalten, war er mehrere Kilometer von Land geblieben. Sie folgten dem sanften Bogen der Küstenlinie des Golfs von Asinara, und so kam es, dass die AQUADRAT fast vor dem Wind lief und es Zeit wurde, eine Halse zu machen. Vor ihnen lag nun die knapp 400 Meter schmale Durchfahrt zwischen der Insel Piana und der Küste von Torre Pelosa. Die Fahrt des Katamarans war deutlich langsamer geworden, sodass die Motoryacht bis auf hundert Meter herankam. Der Skipper der MICHELANGELO musste annehmen, dass die AQUADRAT durch die schmale Straße aus dem Golf nach Westen segeln wollte. Der Segler aber hatte einen anderen Plan. Er ließ beide Maschinen mitlaufen und fuhr einen engen Bogen nach Nordost und zwängte den Katamaran zwischen Piana und einem winzigen Inselchen ohne Namen in eine Rinne, die laut Karte sechzig Meter breit war. In Wirklichkeit jedoch war die fahrbare Spur der Rinne kaum mehr als zwanzig Meter breit. Der schmale Kanal war zudem mit bösartigen Unterwasser-Klippen gespickt. Thiel bekam feuchte Hände. Jetzt kam es darauf an, ob die Motoryacht ihnen folgen oder in einem Bogen um die Insel Piana fahren würde – und ob er die Gefahrenpunkte der riskanten Strecke noch richtig im Gedächtnis hatte. Aber die Crew der MICHELANGELO fürchtete offenbar eine neue Finte des Kats und wollte ihn nicht mehr aus den Augen lassen. Wenke tauchte im Schutze des Niedergangs auf und rief ihm seine Kursabweichung zu.

Gebannt blickte sie auf die beidseitig der Durchfahrt befindlichen Felsen. Thiel hatte zwei Halogenscheinwerfer am Bug eingeschaltet und konnte so in der hereinbrechenden Nacht etwas besser sehen. Als wollte die MICHELANGELO ihre Überlegenheit beweisen, schaltete auch sie ihre Beleuchtung zu, eine wahre Flutlichtanlage, die das Zwanzigfache der AQUADRAT an Helligkeit produzierte. Was der Skipper der Motoryacht jedoch nicht sehen konnte, war der Daumen Thiels, der den Knopf für die Schwerthydraulik drückte. Ächzend setzte sich der Hubmechanismus in Bewegung und hievte unwillig die beiden tiefgehenden Kompositschwerter in die Rümpfe. Der Katamaran reagierte allergisch und begann seitlich wegzurutschen. Vorsichtig nahm er den Druck ein wenig aus dem Segel und ließ die beiden Maschinen Volllast laufen. Nach einer halben Minute tauchten sie in die Leeseite des Inselchens ein und hatten keinen Wind mehr. Es herrschte schlagartige Stille, in der das tiefe Röhren der hinter ihnen fahrenden MICHELANGELO vernehmbar wurde.

Yachten mit Tiefgang mussten in dieser Rinne vorsichtig agieren. Bereits vor zwei Jahren hatte Thiel diese extrem gefährliche Passage gemeistert. Aber damals war es heller Tag gewesen, er hatte keine Segel gesetzt und war nicht in Eile gewesen. Jetzt, in der Dunkelheit, war er ausschließlich auf seine Erinnerung und das Echolot angewiesen. Die Fahrt verlangsamte sich, und die MICHELANGELO holte so schnell auf, dass er befürchtete, sie wolle den Kat einfach überrennen. Die enormen Leuchten am Bug der Motoryacht kamen seiner eigenen Navigation zur Hilfe. Aus dem offenen Niedergang hörte er einen erschreckten Ausruf von Wenke und begriff, dass im Echolot und im

Plotter plötzlich ein unüberwindbar erscheinendes Hindernis aufgetaucht war. Er hatte es erwartet. Es war eine der bösartigen Klippen der Durchfahrt, sechs Meter breit und nur knapp unter der Wasserfläche liegend mit vom Seewasser eingefressenen messerscharfen Kanten. Der Katamaran war in der Lage, den Felsblock, ohne selbst Schaden zu erleiden, zwischen seine 18 Meter auseinander stehenden Schwimmer zu nehmen. Für die MICHELANGELO war er ein Problem. Erst als der Brocken hinter dem Heck des Kats für das Echolot der MICHELANGELO erkennbar wurde, konnte ihr Skipper reagieren. Er versuchte zweierlei, die Fahrt der Yacht zu stoppen und gleichzeitig links an dem Hindernis vorbeizukommen. Es ging nicht. Man kann fünfzig Tonnen auf dem Wasser nicht einfach anhalten wie einen Lkw. Die MICHELANGELO schmierte seitlich ab. Mit ihrem Bauch rutschte sie in die Felsen und verabschiedete sich mit einem unangenehmen Kreischen von ihren schweren Antriebsaggregaten. Im Heck der weißen Yacht blieb ein beachtliches Leck.

Befriedigt hörte Thiel hinter sich den Krach, das Kreischen und das Absterben der schweren Yanmar-Maschinen. Die Motoryacht leuchtete nun seitlich die Felswand aus. Er hingegen hatte nur noch das schwache Licht der eigenen Halogenlampen und wusste, dass noch zwei ähnliche Unterwasserhindernisse zu überwinden waren. Außerdem war ihm klar, dass nach Passieren des Inselchens jeden Moment wieder der volle Wind in die Segel fallen und die AQUADRAT an das Steilufer der Insel Piana drücken würde. So arbeitete Thiel noch minutenlang in eiserner Konzentration und warf nicht einen einzigen Blick zurück auf das Desaster, in das sich seine Verfolger hineinmanövriert hatten.

Hinter ihm am Steuerstand stand Wenke und blickte über seine Schulter. Der Katamaran lag hart am Wind. Thiel wollte ohne Wende um die Südspitze Asinaras herumkommen und betätigte die Hydraulik, um die Schwerter wieder auszufahren. Die beiden Motoren, die ihm nicht mehr helfen konnten, schaltete er ab. Es war endgültig Nacht geworden. Er fühlte ihre Hand, deren Finger sich in seine Schulter bohrten. Ihre Stimme klang aufgeregt.

»Sehen Sie!«

Er hatte beide Hände an der Vorschot und wandte nicht einmal den Kopf. »Keine Zeit. Gehen Sie zurück zum Plotter und kontrollieren Sie, ob wir auf diesem Kurs am Punta Barbarossa vorbei kommen. Und setzen sie dafür die verdammte Lesebrille auf.«

Sie hatte in der Zwischenzeit gelernt, dass es an Bord nur eine Prioritätenfolge gab – seine – und flitzte unter Deck. Sie verabscheute seinen autoritären Tonfall, war aber stolz auf sein Vertrauen in ihre Fähigkeiten bezüglich der Navigationselektronik. Ihre Stimme kam aus der Kabine. »Punta Barbarossa okay. Kurs geht klar.«

Einen Moment später stand sie wieder auf der Brücke, seine Brille hatte sie noch in der Hand. »Nun sehen Sie doch mal, drehen Sie schon den Kopf.« Er übertrug das Steuern dem Autopiloten und wandte sich um. Im Südwesten, genau in der Passage zwischen den beiden Inseln, aus der sie gerade herausgekommen waren, war Feuer ausgebrochen, das zwischen den Felsen in kleinen funkenstiebenden Explosionen größer wurde. »Kein Dieselantrieb.«

Nach diesem für sie völlig unzureichenden Kommentar zu dem Schauspiel begab er sich an den Plotter und verschaffte sich ein eigenes Bild vom Kurs der AQUADRAT. Ihre Angaben waren korrekt gewesen.

»Wie kann das mit dem Feuer bei der MICHELANGELO passiert sein?«, fragte sie.

Er warf einen weiteren kurzen Blick auf das Spektakel. »Die haben den Kasten in die Luft gejagt, weil er gut versichert ist.«

Das Unglück der MICHELANGELO schien ihn nicht weiter zu berühren.

»Mich interessiert mehr, wo wir die Nacht verbringen. Nach allem, was sich hier gerade abgespielt hat, möchte ich nicht in der Nähe bleiben.«

»Aber es war doch nicht unsere Schuld.«

»Je mehr eigene Schuld sie am Verlust der Yacht haben, um so wütender werden sie auf uns sein.«

»Was werden wir jetzt machen?«

»Wir hauen ab.«

11

Als sie die Nordspitze Asinaras hinter sich hatten, segelten sie in südlicher Richtung weiter. Am nächsten Tag erreichten sie den Komplex der Islas Galite. Sie befanden sich nahe der Grenze von Tunesien zu Algerien. Der erste Eindruck war für Wenke nicht umwerfend. Sie sah die steinigen Strände einer kargen Felsinsel, die von neben ihr aus dem Meer ragenden noch kleineren, trostlosen Steinhaufen umgeben war. Die Inseln waren vulkanischen Ursprungs und hatten kaum eigenes Wasser. Im Gegensatz zu den südlicher gelegenen Pelagischen Inseln, die im Sommer von Italiens Jetset in Beschlag genommen wurden, übten sie keinerlei Attraktion auf touristische Seefahrer aus. Thiel schien die Geographie bekannt zu sein. Gegen Mittag refften sie die Segel und er ließ den Katamaran unter Motor zielsicher in eine Einfahrt laufen, die sich zwischen drei winzigen Inselchen gebildet hatte.

In einer verzweigten Bucht mit mehreren schmalen Ausgängen bot sich ein seltsamer Anblick: Vier Hausboote, die von einer Balustrade schwerer Holzbalken umrahmt und fest miteinander verbunden waren. Das Gebilde hatte etwas Archaisches. Die massive Plattform zwischen den Booten war überdacht und nach allen Seiten mit Ankertauen, die im Wasser verschwanden, gesichert. Am Unterwasserbewuchs der Rümpfe war ersichtlich, dass sie sich seit Langem nicht bewegt hatten. Zum Land hin war die Konstruktion mit einem Holzsteg, der auf mehreren Pontons ruhte, verbunden. Drei Motorschiffe und ein verwahrlostes, altmodisch anmutendes Segelschiff hatten an der günstigeren Westseite angelegt.

Thiel schien den Platz recht genau zu kennen. Wie immer bei schwierigen Unterwasserverhältnissen trug er seine Sonnenbrille und musterte die Wassertiefe, den Untergrund und die Möglichkeiten anzulegen. Er näherte sich mit Schleichfahrt und brachte den Stockanker aus. Dann ließ er beide Motoren rückwärts laufen und bugsierte einen Schwimmer so nah an die Plattform, dass dieser sie fast berührte. Ein alter Araber in abgetragener, ölverschmierter Kleidung näherte sich gemächlich aus einem der Boote. Er hatte ein vernarbtes Gesicht und trug einen blau und weiß gewürfelten Turban. Thiel grüßte ihn mit einer Handbewegung und verließ den Steuerstand. Er warf dem Mann einen Festmacher zu. Der Alte fing das Tau auf und gab mit der Hand ein Zeichen des Willkommens.

»Was ist das denn hier?«, fragte Wenke erstaunt.

»Eine Art schwimmendes Warenhaus, und der Alte, der unser Schiff gerade festmacht, ist der Eigentümer.«

»Und was wollen wir hier?«, fragte sie.

»Trinkwasser und den Sprit, den sie uns in Palau nicht geben wollten«, erwiderte der Skipper lakonisch, »unsere Tanks sind ziemlich leer.«

Der Araber hatte das Tau belegt und war wortlos verschwunden.

»Wo kriegen die denn ihren Nachschub her?«, fragte Wenke verblüfft und betrachtete die baumlose Felslandschaft, mit der das merkwürdige Warenhaus über den Holzsteg verbunden war

Thiel folgte ihrem Blick und schüttelte den Kopf. »Nicht von hier, aus einem kleinen Hafen in der Nähe von Tunis. Alles zollfrei. Man sollte es nicht glauben, aber der Laden läuft nicht schlecht.«

Ein jüngerer Mann in Jeans und einem zerrissenen Hemd erschien und schleppte eine Gangway, die er ungefragt am Backbordschwimmer befestigte. Thiel begann eine Unterhaltung mit ihm. Sie sprachen in einem französisch-arabischen Dialekt, von dem sie kaum etwas verstand.

»Gibt es hier nur Wasser und Sprit?«, fragte sie.

»Nein, alles, was man so an Bord brauchen kann. Und ziemlich billig.«

»Meinen Sie, ich könnte mich mal umsehen?«

»Nur zu«, nickte er und nahm die Hand aus der Tasche des Overalls. Sie sah, dass er ein paar Scheine von einem Bündel mit Dollarnoten abzog und ihr reichte. »Sagen Sie mir Bescheid, wenn Sie gehen. Die sollten einiges auf Lager haben, was Ihnen noch fehlt.«

Sie warf einen Blick auf den Overall, den sie noch trug. Er blieb an den aufgekrempelten Hosenbeinen hängen.

»Das hätten Sie mir auch früher sagen können.«
»Was?«
»Dass wir hier anlegen.«
»Warum?«
»Ich hätte mich rechtzeitig umziehen können.«

Verständnislos blickte er sie an. »Für das hier? Das ist hier nicht notwendig. Nur, weil Sie in diesen Laden wollen«, meinte er arglos, »brauchen Sie vorher nicht zum Friseur.«

Wenke verschwand über den Niedergang in den Schwimmer. Sie kochte vor Wut. Das war typisch für ihn. Das Schlimmste war, dass er gar nicht merkte, wenn er anderen mit dem Absatz auf die Zehen stieg. Sie nahm sich vor, ihm auf dem Weg zu diesem ominösne Warenhaus keinen Blick zuzuwerfen. Aber dazu kam es nicht, weil er nirgendwo zu sehen war. Natürlich hatte sie sich umgezogen und wenigstens die Haare gekämmt. Langsam glaubte er wohl, ihr an Bord alles vorschreiben zu können. Ein schwarzer, nach Dieselöl stinkender Schlauch führte von der Plattform in die Luke des Steuerbordschwimmers. Wahrscheinlich hockte er ebenfalls dort und überprüfte die Tankanzeige oder saß inmitten seines elektronischen Spielzeugs. Ihr konnte es egal sein.

Als sie über eine Art Leiter die höher gelegenen Verkaufsräume auf der Plattform erreicht hatte, sah sie eine große, schwach beleuchtete Verkaufsfläche. Aus einiger Entfernung vernahm sie Gelächter. Nachdem sich ihre Augen an das Halbdunkel gewöhnt hatten, stellte sie fest, dass sich an der anderen Seite des Warenlagers eine primitive Bar befand. Ein paar Typen, die sie kaum erkennen konnte, hatten Gläser auf einem Tresen vor sich und schienen guter Laune zu sein. Was für ein vielseitiger Platz, zu dem Thiel den Katamaran gelotst hatte. Plötzlich fiel ihr ein, dass sie ihn nicht informiert hatte, die AQUADRAT verlassen zu haben. Sie fand, dass er mit seinem frechen Ton ihr gegenüber so viel Rücksichtnahme eigentlich auch gar nicht verdient hatte.

Endlich wandte sie ihr Augenmerk auf das reichhaltige Angebot, das auf den Holzbrettern vor ihr angeordnet war. Die Auswahl war nicht übel, auch wenn die ersten zwei Regale ausschließlich mit Weinflaschen bestückt waren. Daneben befanden sich riesige Flaschen mit einem Hautöl für Babys. Vorausschauend hatte sie sich an Bord mit zwei leeren Plastiktüten ausgerüstet. Eine Flasche mit dem Öl wurde verstaut. Die Preisschilder besagten, dass die Artikel in den Regalen mit US-Dollar zu bezahlen waren. Sie kontrollierte ihre Barschaft und sah, dass Thiel sie großzügig ausgestattet hatte. Für das, was sie aus diesem seltsamen Warenhaus mitnehmen wollte, würde sie nur einen Bruchteil brauchen. Halbwegs versöhnt füllte sie ihre Tüten.

Über ihr, fast außer Reichweite, standen gläserne Ballonflaschen mit Olivenöl. Sie überlegte, ob für die Bordküche ein Blechkanister mit fünf Litern ausreichen würde, als sie einen leichten Geruch, ein Gemisch von Fisch, Alkohol und Zigarettenrauch, wahrnahm. Sie spürte Hände, die sich von hinten über ihre Brüste legten. Wenke wollte sie wegstoßen, aber sie waren verhornt und sehr kräftig und ließen ihr keine Chance, sich zu befreien. Sie fühlte, wie sich der Mann von hinten an ihren Körper presste. Im selben Moment tauchten von beiden Seiten Kerle auf, die nach ihren Armen und ihrem Gesicht griffen. Sie stieß einen lauten Schrei aus, dann gelang es ihr, in die Hand zu beißen, die ihr den Mund verschließen wollte. Wenke hatte gesunde Zähne. Sie war sicher, noch nie so fest in etwas gebissen zu haben und glaubte, Blut zu schmecken. Der Mann stieß einen Fluch aus und versuchte vergeblich, seine Hand zu befreien. Der schale Gestank von billigem Fusel und Schweiß hing wie eine Glocke über den Kämpfenden. Wenke strampelte mit den Beinen und fing an, um sich zu treten. Der Mann, der sie immer noch von hinten umklammert hielt, taumelte zurück. Jemand versuchte, ihre Beine festzuhalten. Sie ließ die Hand los und stieß einen erneuten Schrei aus. Ein brutaler Fausthieb nach ihrem Kopf wurde zu ihrem Glück von der Schulter des Manns abgefangen, der sie immer noch umklammert hielt. Er stieß arabische Worte aus und lockerte seinen Griff. Wieder wurde ihr der Mund zugehalten. Diesmal hatte sie keine Möglichkeit, sich zu befreien. Trotz ihrer Gegenwehr hatte sich der Überfall leise abgespielt. Halblaute Kommandos und leise Flüche. Bis auf ihren zweimaligen Hilfeschrei waren kaum Geräusche nach draußen gedrungen.

Eine tiefe Stimme rief etwas, das keiner in der Gruppe verstand. Eine höhere gutturale Stimme wiederholte den Wortlaut. Die Gruppe geriet ins Stocken. Wenke sah sich die Kerle an, die sie überfallen hatten. Drei schienen Araber zu sein, Fischer aus Tunesien oder Algerien. Das Gesicht des Kerls neben ihr bestand nur aus Aknenarben. Zwei kamen der Sprache nach aus Europa. Einer von ihnen war ein sonnenverbrannter, blonder Typ, dessen Gesicht Wut und Kampfbereitschaft ausstrahlte. Für keinen der Männer um sie her waren die Rufe ein Grund, von ihr abzulassen. Sie glaubte, die tiefe Stimme erkannt zu haben. Immerhin, ihre Angreifer wandten sich etwas in die Richtung, aus der die Beeinträchtigung ihrer Aktion kam. Auch ihr war es nun möglich, den Kopf zu drehen und einen Blick auf die Störenfriede zu werfen. Sie waren zu zweit und nur wenige Meter entfernt. Es handelte sich um Thiel und einen kleinen Mann mit einem Turban. Sie erkannte den Araber, der die AQUADRAT festgemacht hatte.

»Hände weg. Das ist meine Frau.« Thiel sprach französisch. Seine Stimme klang so unbeteiligt, als ginge es um die Bezahlung der Rechnung. Der blonde Kerl reckte sich in die Höhe und setzte ein breites Grinsen auf. Er zeigte sein weißes Gebiss, bereit, die Besitzverhältnisse an der Frau zu überprüfen.

Thiel hob einen Arm, und ein Schuss peitschte auf. Eine der großen Ballonflaschen mit Olivenöl über ihnen zerplatzte. Der Schuss und das Bad aus Öl und Glassplittern ernüchterten die Gruppe. Den endgültigen Ausschlag für das Ende des Überfalls gab jedoch der kleine Araber. Er schob sich an Thiel vorbei und hob die Arme. Mit fast heulender Stimme schleuderte er Worte gegen die Gruppe, drei kurze Sätze. Sie konnte den Sinn nicht verstehen, da er arabisch sprach. Aber sie verstand, dass jeder Satz mit einem Namen begann und der danach folgende Wortlaut mit Allah endete. Der Mann, der sie immer noch von hinten festhielt, ächzte und wandte sich ab. Wie geprügelte Hunde entfernten sich auch die zwei anderen Turbanträger von der Gruppe. Selbst die beiden Europäer schienen keine Lust auf eine Fortsetzung ihres Abenteuers zu spüren und zogen sich zurück.

Wenke zitterte und wusste nicht, was ihr größere Angst einflößte: die gewalttätige Gruppe oder der kleine Mann, der sie aufgelöst hatte und dessen Arme noch erhoben waren, während er sie musterte, als wolle er in ihr Innerstes schauen. Sie fürchtete, diese heulende Stimme würde jetzt ihren Namen ausrufen, doch der alte Araber senkte die Arme und trat zu ihr. Eine ölverschmierte Hand mit schwarzen Fingernägeln berührte sie am Arm. Dann führte der Alte seine Hand an die Lippen, zur Stirn und an seine Brust. Ohne etwas zu sagen, verließ er die Halle.

Wortlos bückte sie sich, um den Inhalt der beiden Tüten einzusammeln. Thiel half ihr.

»War das der Araber, der unser Schiff angebunden hat?«, fragte sie mit unsicherer Stimme und entfernte zwei Glassplitter aus ihren Haaren.

»Ja, das war er. Sein Name ist Mohammed Hosni, er ist ein Scheich und hat großen Einfluss.«

»Er denkt, dass ich an dem ganzen Vorfall Schuld habe.«

»Warum sollte er das denken?« Thiel sah sie verwundert an.

»Die denken doch immer so.«

»Hosni nicht. Er respektiert Sie.«

Thiel ließ den Katamaran unter Motor zur Südseite der Hauptinsel laufen und ankerte in einer geschützten Bucht. Er nutzte den Aufenthalt, um wieder einmal die überlebenswichtigen Systeme des Katamarans zu überprüfen. Zwanzig Minuten lang hatte er tauchend die Bootskörper untersucht, um zu sehen, ob sie von dem letzten Abenteuer in der engen Durchfahrt Asinaras Schaden gelitten hatten. Wenke saß im Windschatten des Niedergangs und beobachtete seine Aktivitäten. Die Szene mit den Kerlen in dem Warenhaus ging ihr im Kopf herum und das schrille Heulen des alten Scheichs. Sie warf dem Skipper einen nachdenklichen Blick zu. Er mochte ein ungehobelter Klotz sein, aber eines musste sie ihm lassen: Wenn man im Dreck steckte, war er zur Stelle.

Das kleine Unglück passierte, als er sich gerade wieder den Overall angezogen hatte. Der gewichtige Kater, an dessen neuen Namen sich noch keiner von den dreien gewöhnt hatte, musste unbemerkt ins Wasser gefallen sein. Seine Abwesenheit an Bord wurde nicht bemerkt. Wenke sah nur, wie der Skipper plötzlich und mit einem lauten: »Verdammt!« in voller Montur ins Wasser sprang. In der Hand hatte er eine Schwimmweste, auf der er einen kleinlauten Kohl zurück zur AQUADRAT lotste. Wenke begann unwillkürlich zu grinsen. Er hatte seine eigene Art, Eigentum zu definieren. »Seine« Frau und »sein« Kater. Dinge, die sich auf seinem Katamaran befanden, ließ er nicht im Stich.

Durch die permanenten Gischtwolken der vergangenen Tage waren die Textilien im Inneren des Katamarans einer ständigen Durchfeuchtung ausgesetzt. Sie nutzte den ersten Ruhetag, um die wenigen eigenen Kleidungsstücke sowie alle Handtücher und Decken der AQUADRAT zum Trocknen auszulegen. Der Skipper rümpfte die Nase. Seit ihrem Besuch des merkwürdigen Warenhauses umgab Wenke der zarte Geruch von Babyöl.

Auf ihrer Koje befand sich eine rote Plastiktüte mit arabischen Schriftzeichen und überraschendem Inhalt: Eine schwarze Kunstledertasche mit mehreren Reißverschlüssen. Als sie sie öffnete, sah sie einen japanischen Fotoapparat mit Teleobjektiv sowie eine Schachtel unbelichteter Filme. Thiel, von ihr darauf angesprochen, knurrte etwas Unverständliches.

Erst nach Tagen hatte Thiel wieder telefonische Verbindung nach Marseille zu Marchais. Der Kommissar wirkte nervös.

»Gut, dass du anrufst, mein Freund, ich habe schlechte Neuigkeiten. Habe gehört, man sucht fieberhaft nach einem großen Mehrrumpfboot.«

»Verdammt«, knurrte Thiel, »ich habe es geahnt. Auf der CONSUELA muss man bemerkt haben, dass ich ihr Kielwasser abgefischt habe.«

»Das nehme ich auch an.«

»Weiß man schon genau, was man da sucht?«

»Angeblich hat man jetzt mehrere Aufnahmen.«

»Tja, nach der Sache mit dem Sportflugzeug habe ich so was befürchtet. Verändert unsere Situation.«

»Kann man sagen.«
»Anderer Punkt. Wo kann ich die Frau loswerden?«
»Hab ich mir schon überlegt. Ohne Papiere alles andere als einfach.«
»Kommst du an ihre Ausweise heran, die auf der CONSUELA geblieben sind?«
»Ja, die kann ich besorgen.«
»Wenigstens etwas. Ruf mich morgen wieder an.«
»Okay, wenn es was Neues gibt, gegen Abend.«

Sie blieben auch am nächsten Tag in der völlig einsamen Bucht. Hier waren sie vor anderen Besuchern ziemlich sicher. Es gab keine neugierigen Flugzeuge und Motoryachten. Wenke telefonierte mit ihrem Vater und erklärte ihm, dass sich ihre Rückkehr noch etwas verschieben würde, die libyschen Verkehrsverhältnisse, flunkerte sie, seien chaotisch. Bei dem Regime von Herrn Muammar al Gaddafi wundere ihn das überhaupt nicht, es sei exakt, was er erwartet habe, erklärte ihr Vater. Insoweit war sie zufrieden mit ihrem Märchen. Er sagte aber auch, er sei stolz auf sie, und sie müsse ihm zuhause die dortigen Verhältnisse genau erklären. Sie beschloss, möglichst bald ein aktuelles Buch über Libyen zu lesen.

Nach dem Gespräch saß sie niedergeschlagen auf den Stufen des Niedergangs. Auch wenn Ihr Vater ihr das Märchen geglaubt hatte, fühlte sie sich mutlos und bedrückt. Thiel war auf dem Weg zum Vorschiff. Plötzlich fühlte sie seine Hand auf ihrer Schulter.

»Schwierigkeiten mit zu Hause?«, fragte er.
»Nein, ich hasse nur die Geschichten, die ich immer weiter ausspinnen muss.«
»Das ist sicher nicht einfach. Wer fehlt Ihnen denn am meisten?«
»Ich glaube, mein Vater.«
»Ihr Vater?«
»Ja, mein Vater. Ich hasse es, ihn dauernd anzulügen.«

Sie beteiligte sich an allen Überprüfungen des Katamarans, denn sie hatte begriffen, dass die Überlegenheit des Skippers in den Situationen der vergangenen Tage nicht nur auf exakter Planung, sondern auch auf seinem nie erlahmenden Einsatz in der Kontrolle seines Schiffs beruhte.

»Kürzlich haben Sie einmal vom Komfort der Sicherheit gesprochen, haben Sie damit diese Art von Kontrollen gemeint?«

»Das kann ich nicht mit zwei Worten erklären.« Mit einem gezielten Wurf beförderte er seine leere Bierdose in eine Abfalltüte. »An diesem Schiff ist viel geändert worden. Es war eine Rennziege. Mitte der Siebzigerjahre stellte sich heraus, dass bei der Segelei die Multis den Monos, also die Mehrrumpf den Einrumpfbooten an Geschwindigkeit überlegen waren. Die großen Seerennen wurden fast ausschließlich von den Multis gewonnen. Das

führte bis Mitte der Achtzigerjahre zur Entstehung einer Flotte von circa dreißig großen Renn-Multis mit professionellen Besatzungen.«
»Ist die AQUADRAT einmal so ein Rennmulti gewesen?«
»Der Schnellste. Doch Anfang der Neunziger sah die Bilanz nicht mehr so gut aus. Das Geld der Sponsoren hatte nachgelassen und haarsträubende Kenterstories, die durch die Presse gegangen waren, machten die Mehrrumpfboote unpopulär. Als Folge stehen einige der erfolgreichsten Multis zum Verkauf.«
»Und so sind Sie zur AQUADRAT gekommen.«
»Stimmt – und jetzt komme ich auf den Komfort durch Sicherheit zu sprechen. Um die Regatten zu gewinnen, wurden diese Rennziegen so leicht wie möglich gebaut. Als ich das Boot kaufte, habe ich fast alle anfälligen Teile von der Steuerung bis zur Reffanlage verstärken lassen. Die Bordelektronik entspricht der einer Luxusyacht. Natürlich ist das Schiff dadurch etwas schwerer und auch langsamer geworden. Das habe ich in Kauf genommen.«
»Sicher haben Sie auch die zweckmäßige Küche eingebaut.«
Die Ironie ihrer Bemerkung ging ins Leere.
»Nein, die war schon vorhanden. Schön, dass sie Ihnen gefällt.«
Diese Thematik wollte sie nicht weiter verfolgen. »Was waren das für Kenterungen, von denen Sie sprachen?«
»Die wirklich spektakulären mit den teuren Booten passierten ausgerechnet den großen Einhandseglern mit viel Erfahrung, wie Alain Colas mit seiner MANUREVA und Loïck Caradec mit seiner ROYALE, aber auch vielen weniger bekannten Multihull-Seglern passierte das Gleiche.«
»Sind denn die Multis generell unsicherer als die Monos?«
»Wenn man das Äußerste an Geschwindigkeit aus ihnen herauspressen will, ja. Besonders, wenn man als Einziger an Bord ist und das Boot auch bei schwerem Wetter und mit voller Besegelung an die Selbststeuerung hängt. Selbst Einhandsegler müssen von Zeit zu Zeit schlafen. Verschärft wird die Lage noch durch einen anderen Punkt. Diese Rennmaschinen werden in den Langstreckenrennen bewusst in die Schlechtwetterzonen gesteuert, die sich der Skipper vom Wettersatelliten herauspickt.«
»Sind die verrückt? Warum denn das?«
»Weil sie dann Starkwind haben und mehr Speed machen.«
»Kann das bei Monos nicht passieren?«
»Was?«
»Dass sie kentern.«
»Durchaus, aber es ist weniger dramatisch. Ein Boot mit einem Rumpf kann sich im Allgemeinen wieder aufrichten. Der Katamaran oder Trimaran kentert durch.«

Es schien ihr ein geeigneter Zeitpunkt zu sein, mehr über sein Vorleben zu erfahren, und so fragte sie ganz nebensächlich: »Wie ist es eigentlich gekommen, dass Sie dieses Schiff jetzt segeln?«

»Weil ich es mir gekauft habe.«

»Was für eine brillante Antwort.« Sie grinste. »Was ich damit meinte, warum haben Sie diese spartanische Lebensform als Einhandsegler gewählt?«

»Lange Geschichte. Ich möchte darüber aus bestimmten Gründen nicht sprechen.«

»Schade, es hätte mich wirklich interessiert.«

»Ich möchte Sie in nichts hineinziehen, was Sie in Gefahr bringen könnte.«

»Hängt es mit Ihrem Freund von der Marseiller Polizei zusammen?«

»Tut es.«

Zu ihrer Enttäuschung war im Moment nicht mehr aus ihm herauszuholen.

Am nächsten Morgen brachen sie sehr früh auf. Marchais wollte sie auf der größten Hyereschen Insel, Porquerolles, treffen, um ihr ihre Personalpapiere zu geben, die von dem Kapitän der CONSUELA der Polizei von Marseille ausgehändigt worden waren. Ihr restliches persönliches Eigentum sollte zu einem späteren Zeitpunkt direkt an ihre Familie nach Dänemark geschickt werden.

In den letzten Tagen hatte er ihr den Platz an der Radsteuerung bereitwillig überlassen. Sie hatte gelernt, auf den Autopiloten zu schalten oder das Steuer selbst in die Hand zu nehmen. Unter Zuhilfenahme der Elektrowinsch hatte sie begonnen, die beiden Segel dichter zu holen oder zu fieren. Während sie in dem komfortablen Sessel hinter der Radsteuerung hantierte, saß er gelassen in einem der klapprigen Faltstühle und rührte sich nicht. Sofern sie ihn nicht fragte, schien er sich um ihre Segelei nicht zu kümmern, doch sie hatte den starken Verdacht, dass er sie in ihrem Tun sehr genau beobachtete. Ihre Selbständigkeit endete, wenn es um schwierige Manöver ging. Sie kamen überein, dass sie sich ohne seine Hilfe an keine Halse wagte.

Aus Sicherheitsgründen hatten Marchais und er das Treffen zur Übernahme der Personalpapiere in einer Bucht im Westen von Porquerolles auf den späten Abend verlegt. Auch ein weniger rational denkender Planer als der grauhaarige Skipper wäre zu dem Schluss gekommen, dass die Gefahr einer Konfrontation mit den weißen Yachten der Gegenseite mit jeder Seemeile, in der sie sich Marseille näherten, wuchs. Der Wetterbericht sagte eine bedrohliche Zunahme des Ostwindes voraus. So legte er sich, als sie an Korsika vorbeisegelten, aufs Ohr und übernahm von ihr das Kommando erst, als es bereits dunkel war. Sie hatte ihm etwas zu essen hinterlassen und legte sich nun ihrerseits in die Koje.

12

Als es schließlich geschah, war es fast dunkel. Ein Blick durch den geöffneten Niedergang des Luvschwimmers auf das schwach beleuchtete Digitalbarometer zeigte einen leichten Anstieg. Also kein Tief in Anmarsch. Trotzdem war Thiel besorgt. Der Seegang war, seit sie über Korsika hinaus waren, erheblich rauer geworden. Er konnte nichts mehr sehen, aber er fühlte das rhythmische Anheben des Luvschwimmers, das mit kurzer Verzögerung vom Leeschwimmer übernommen wurde. Böen fegten über das Wasser. Höchste Zeit, die Segelfläche zu verringern. Er luvte den Kat an und löste die Vorschot. Um den Kurs zu stabilisieren, warf er die beiden Maschinen an und ließ sie auf kleiner Kraft laufen. Dann reffte er das knatternde Vorsegel mit der elektrischen Winde um das Bugstag. Der Fockroller arbeitete gleichmäßig. Er schaltete das Buglicht ein und schloss, um nicht geblendet zu werden, die Augen zu schmalen Schlitzen. Das Vorsegel war faltenfrei aufgerollt. Die Welle war noch länger und höher geworden. Der Wind wurde stärker. Unter dem Druck des ungerefften Großsegels schob die Nase des Leeschwimmers auch ohne das Vorsegel mit tiefer Lage durch die Wellenrücken. Das war ungewöhnlich. Die AQUADRAT begann leicht zu surfen. Bei Böen steigerte sich der Wind bisweilen bis zu Sturmstärke. Die Fahrt stieg dann auf 24 Knoten an, um danach im Wellental abrupt abzufallen. Beide Bugspitzen verschwanden in der Gischt. Die AQUADRAT rüttelte wie ein Jet beim Durchbrechen der Schallmauer, und es dauerte einige Zeit, bis sie ihre Nasen klar hatte, worauf die Geschwindigkeit am Log wieder ruckartig anstieg.

Um nicht nachtblind zu werden, schaltete Thiel die Lampen bis auf sein Positionslicht aus. Er hatte genug gesehen. Es wurde Zeit, auch das Großsegel zu reffen, es führte zu viel Fläche – aber wie? Er müsste mithilfe des Motors direkt in den Wind drehen, dann den Kat mit der Autosteuerung in Position halten und mindestens ein Drittel des knatternden Segels hydraulisch in den Mast reffen. Wieder bohrte sich der Bug des Backbordschwimmers in einer Welle fest. Es war eine ungewöhnliche, wenn nicht gar gefährliche Art, den Katamaran zu segeln. Thiel fiel ab, fierte den Großbaum, ohne den Traveller zu verstellen, weit auf und nahm so den Druck aus dem großen Segel. Die Großschot war völlig ausgelaufen, um das Reffen bei diesen

Windbedingungen zu erleichtern. Er kontrollierte die Drehzahl der beiden Motoren.

Später erinnerte er sich, dass er bereits zu diesem Zeitpunkt ein undefinierbares Brummen gehört hatte. Es hörte auf, als er es zu ergründen suchte, und er ging zum Leeschwimmer, um sicherzustellen, dass die Schot klar war. Das Großsegel war jetzt weit ausgebaumt und begann, leicht zu killen. Die Geschwindigkeit der AQUADRAT ging auf gleichmäßige zwölf Knoten zurück.

Thiel erwog gerade, auf die manuelle Radsteuerung zurückzuschalten, um den Kat in den Wind zu stellen und zu reffen, als eine Bewegung am Luvschwimmer anzeigte, dass sie Besuch bekommen hatten. Im schwachen Licht der Positionslampe nahm er eine mittelgroße Gestalt in einem dunklen Anorak wahr, die bewegungslos und bedrohlich auf dem Dach des Luvschwimmers kauerte und ihn beobachtete. Für einen Moment, der ihm endlos vorkam, fühlte er sich wie gelähmt und konnte nur auf die unsichtbaren Augen blicken, die hinter den Gläsern einer Motorradbrille verborgen waren. Mühsam gewann er seine Fassung zurück. Er beschloss, sich unauffällig zum Niedergang zu bewegen. Die dunkle Gestalt hob die rechte Hand, das schwache Licht fiel auf eine mattglänzende Pistole, und forderte ihn mit einer Bewegung des Pistolenlaufs auf, sich nicht mehr zu bewegen. Erst nach einem Moment der Überraschung war Thiel wieder fähig, klar zu denken. Mit einem einzelnen Mann, auch wenn dieser im Vorteil war, konnte er schon fertig werden. Er musste irgendwie die Initiative ergreifen und den anderen ablenken. Solche Situationen sollte man besser in den ersten Minuten abwehren. Je mehr Zeit man dem Gegner einräumte, um so schwieriger würde es, wieder herauszukommen. Erst mal keine Unsicherheit zeigen.

»Was haben Sie auf meinem Schiff zu suchen?«, fragte er die Gestalt barsch in französischer Sprache.

»Sie«, kam die präzise Antwort; der Mann wischte sich mit der linken Hand über die Brillengläser.

»Und darf ich fragen, wer Sie sind?«, fragte Thiel.

»Immer langsam.« Mit einer Handbewegung gab der andere ein Signal. Leises Motorgeräusch verriet das Anlegen eines mittelgroßen Schlauchbootes. Der Lauf der Pistole wies unverändert auf Thiel. Ein Blick auf den Kompass zeigte einen leichten Kursabfall um fünf Grad nach Süd. Offensichtlich wurde ein Boot festgezurrt. Dann zwang der Autopilot den Kat wieder auf den alten Nordkurs. Auch auf die Gefahr, sich eine Verletzung einzuhandeln, war der Skipper bereit, den Mann anzuspringen und über das Dach des Niedergangs ins Wasser zu stoßen. Doch wie in einem Alptraum tauchten in diesem Moment hinter dem ersten zwei weitere Gestalten auf. Ein massiger, untersetzter Kerl in fortgeschrittenem Alter und ein schlanker, negroid wirkender jüngerer Mann. Auch die neuen Ankömmlinge waren bewaffnet. Gekleidet waren die drei einheitlich dunkel. Nach Polizei sahen sie wirklich nicht aus. Die wenigen Worte des Erstankömmlings ließen auf einen Südfranzosen schließen. Das Ganze war eine üble Angelegenheit und roch sehr nach einer Aktion der Mafia aus Marseille oder Genua. Es war klar, dass dieser Besuch, wenn sich nicht schnell ein Ausweg ergab, für ihn und die junge Frau einem Todesurteil gleichkam. An die Waffen in den Niedergängen der Bootskörper brauchte er im Moment keine Gedanken zu verschwenden. Diese Profis würden ihm keine Chance geben. Wie so oft in solchen Gefahrenmomenten überfielen Thiel stechende Kopfschmerzen, die ihm fast den Atem nahmen. Und wie immer schwand jedes Gefühl der Angst. Er begann, rational zu denken und beschloss, nicht mehr allzu selbstbewusst zu agieren. Momentan war eher völlige Unterwerfung angesagt. Er musste demütig wirken, gebrechlich und sehr alt. Vielleicht kämen bei den dreien Zweifel auf, ob sie tatsächlich den richtigen Mann aufgespürt hatten. Er ließ die Schultern hängen, nahm die Spannung aus dem Körper und fragte mit leiserer Stimme:

»Monsieur, was wollen Sie von mir?«

»Immer langsam, mein Alter«, sagte der Anführer und wischte wieder über seine Brillengläser, »sind Sie allein auf dem Schiff?«

Der Verstand des Skippers arbeitete ungeachtet der Gefahr und der Kopfschmerzen fast unbeteiligt. Diese Burschen würden die AQUADRAT auf jeden Fall untersuchen und dabei auch auf Waffen und Sprengstoff stoßen. Dann konnte ihn und die junge Frau nichts mehr retten. Helfen konnte sie ihm in dieser Situation ohnehin nicht. Eine Konfrontation mit diesem Gangsterkaliber war zuviel. Im Moment schienen die drei jedoch einige Zweifel zu haben, dass dieser alte und verbraucht wirkende Mann der freche, im Mittelmeer gefürchtete Räuber sein könnte. Wahrscheinlich war da auch Furcht, dass vor ihnen nur ein harmloser Gehilfe saß und dass sich die wirklich Gefährlichen der Bande unter Deck aufhielten. Als Thiel dem Anführer endlich antwortete, klang seine Stimme brüchig.

»Oui, Monsieur, hier an Deck bin ich allein. Was habe ich Ihnen denn getan?«

»Wer ist sonst noch an Bord?«

Thiel überlegte einen Moment. Dann sagte er mit lauter Stimme, als wolle er die anderen aufwecken, »die Crew, Monsieur, ich bin nur der Koch.«

»Immer leise und langsam, mein Alter. Gibt es hier denn kein Licht?«

»Doch, Monsieur, natürlich, Monsieur.«

»Dann los, schalt es ein.«

Immer langsam, mein junger Freund, dachte Thiel. Er wusste, dass er schnell handeln musste. Noch standen die drei auf dem Luvschwimmer in einer Gruppe zusammen. Trotz ihrer Waffen schienen sie nervös zu sein.

Sie wischten an ihren Schutzbrillen herum und waren nicht allzu begierig, das graue Zweirumpfboot sofort nach gefährlichen Piraten zu durchsuchen.

Mit einer Reihe umständlicher Bewegungen schaltete Thiel die Positionslampen an den Salings und das Buglicht ein. Seine linke Hand verdeckte dabei den Kursschalter der Selbststeueranlage. Unauffällig legte er den Kat auf einen neuen Kurs. Die Stärke des Ostwinds war angewachsen, und nun zwang der Autopilot die große AQUADRAT in einem sanften Bogen nach Südwest. Die noch zugeschalteten Motoren beschleunigten die Drehung des Katamarans. Als am Kompass West anlag und der Katamaran vor dem Wind segelte, wurden seine Bewegungen ruhiger. Der Kat musste nicht mehr gegen die Welle ansegeln. Obgleich die Geschwindigkeit auf dem Log stetig anstieg, schien er langsamer zu werden.

»Habt ihr eine Frau an Bord?« Da war sie, die Frage, die ihm verriet, dass man Verdacht geschöpft hatte, aber nichts Bestimmtes wusste.

»Eine Frau? Mais non, Monsieur«, antwortete er bescheiden und dachte, finde das gefälligst selber heraus.

»Wir werden ja sehen«, war die Antwort.

Das Aufspüren und Entern der AQUADRAT bei Dunkelheit und Starkwindverhältnissen war ein navigatorisches Meisterstück, das er kaum nachvollziehen konnte. Mit dem Schlauchboot war es eine herausragende Spitzenleistung. Die AQUADRAT drehte weiter. Die Gruppe der drei Männer auf dem Niedergang des Luvschwimmers hatte sich noch nicht getrennt. Offensichtlich fühlten sie sich auf der riesigen Fläche des Katamarans gemeinsam sicherer. Aufmerksam, wie Raubtiere auf fremdem Terrain, beobachteten sie alles, was um sie her geschah. Alle drei waren mit Pistolen bewaffnet und warteten, ob aus einem der Rümpfe Verstärkung auftauchen würde. Die Älteren waren die Profis, der jüngere, kaum zwanzig Jahre alt, hatte die Nervosität einer Hornisse, die in einem Glas gefangen war. Er strahlte eine Wildheit und Gewaltbereitschaft aus, die ihn in seinem Metier zur Sonderklasse stempeln musste.

Jetzt war es die Aufgabe des Skippers, mit allen Mitteln ihre Aufmerksamkeit von seinem Kurswechsel abzulenken.

»Monsieur, ich hoffe Ihr Boot ist gut festgemacht und kann keinen Schaden anrichten.« Seine lamentierende Stimme klang flehend und greisenhaft. Er wollte fortfahren, wurde aber unterbrochen.

»Da mach dir man jetzt keine Gedanken.« Der Anführer wandte sich an den jüngeren, negroiden Mann und erteilte ihm eine halblaute Anweisung. Thiel erschrak. Sie durften jetzt auf keinen Fall auseinandergehen. Ihre Konzentration musste gestört werden, ohne dass er sie noch nervöser machte. Er wandte sich nochmals an den Anführer, der wieder mit dem linken Handrücken die Feuchtigkeit von seinen Brillengläsern streifte.

»Monsieur, möchten Sie mehr Licht haben?«

Was immer sie an Bord unternehmen wollten, mehr Licht als die beiden Positionsfunzeln und das nach vorne gerichtete Halogenlicht an den beiden Vordersteven musste dafür willkommen sein.

»Natürlich, mach schon.«

Der Halogenscheinwerfer war auf den Leeschwimmer gerichtet und gab dem Deck plötzlich feste Konturen. Die drei Männer wurden zwar geblendet, aber da auch der Steuermann deutlich sichtbar war, sahen sie keinen Anlass zu Bedenken. Die hagere Gestalt eines alten Mannes an der Radsteuerung wirkte zusammengesunken und absolut mutlos.

Auch er konnte die drei Eindringlinge jetzt bei besserem Licht betrachten. Sie trugen dunkle Overalls und glänzende schwarze Anoraks. In der Zwischenzeit hatte jeder seine Pistole durch eine israelische Uzi, die Standardwaffe der westlichen Unterwelt, ersetzt. Ihre Disziplin und die einheitliche Bewaffnung wiesen aus, dass sie keine Amateure, sondern ein organisiertes Killerkommando waren.

Mittlerweile hatte die durch das befestigte Schlauchboot behinderte AQUADRAT einen trägen Bogen von fast hundertundachtzig Grad gezogen und endlich vernahm er das entspannte Ächzen des riesigen Großbaums, das ihm anzeigte, dass trotz einer heranfauchenden Bö gegenwärtig kein Winddruck in dem Segel lastete. Wehe, wenn einer der drei Segler war und die sich anbahnende Situation erkannte. Der Mann, dessen Brille gerade klar war, wollte sich jetzt endgültig an Deck zu dem Steuerstand begeben.

»Monsieur«, schrie Thiel entsetzt, »Ihr Boot hat sich losgerissen.«

Obwohl der Anführer offensichtlich genug von dem Geschwätz des Alten hatte und im Begriff war, das Dach des Niedergangs zu verlassen, hielt er inne, alle drei warfen einen Blick über die Schulter. Immer noch leicht geblendet von dem starken Scheinwerfer und der Feuchtigkeit auf ihren Schutzbrillen, sahen sie den Großbaum nicht kommen. Sahen nicht, wie er jetzt, nach der vollendeten Halse, bewegt von 300 Quadratmetern Segelfläche in Schulterhöhe mit ungeheurer Wucht auf sie zuflog. Der Anführer starb im Bruchteil einer Sekunde, als ihm der Kopf nahezu vom Rumpf gerissen wurde. Die beiden anderen Männer, die etwas erhöht gestanden hatten, erhielten den Schlag in Brusthöhe. Einer wurde zu dem ersten Mann ins Wasser, der andere ins Trampolinnetz des Vorschiffs geschleudert. Der Ruck, mit dem der schwere Baum von der Großschot und dem Stag in seiner rasenden Bewegung gestoppt wurde, erschütterte den großen Katamaran wie ein Erdbeben. Das krachende Geräusch der bis aufs Äußerste angespannten Stage und Wanten ließ Thiel befürchten, dass nun Mast und Segel auf den Katamaran herunterbrechen würden. Aber das geschah nicht. Ein Blick auf den Traveller zeigte, dass dieser zwar fast aus seiner Verankerung gerissen worden war. Aber der Block, die Großschot und auch der Traveller hatten dem ungeheueren Schlag standgehalten.

Da er nicht wusste, ob die drei Besucher Verstärkung in der Nähe hatten, und er die Position der AQUADRAT nicht länger als notwendig präsentieren wollte, schaltete Thiel alle Lichter aus, um nach dem am Backbord-Schwimmer festgemachten Schlauchboot zu sehen. Jetzt wurde ihm klar, dass die AQUADRAT noch segelte und er und die junge Frau wie durch ein Wunder der sicher geglaubten Exekution entronnen waren. In der Dunkelheit, umgeben vom friedlichen Leuchten seiner Kontrollinstrumente, atmete er tief durch und wartete, bis sein Puls wieder halbwegs normal war und sich seine Augen der Dunkelheit angepasst hatten. Erstaunt überlegte er, was eigentlich passieren müsse, um den Schlaf der jungen Frau zu stören.

»Machen Sie das Licht wieder an und keine Bewegung!«

Die Stimme klang leicht hysterisch und hatte einen widerlichen Pfeifton. Der arabische Akzent erinnerte ihn unwillkürlich an den jugendlichen, negroid aussehenden Besucher. Ein atemloser Hustenanfall wurde durch einen trockenen Knall unterbrochen. Er spürte einen Schlag an der Schulter und wusste, dass er in der ersten Euphorie über den Erfolg seines Segelmanövers einen unverzeihlichen Fehler gemacht hatte: Er hatte sich nicht überzeugt, ob wirklich alle Eindringlinge ausgeschaltet worden waren. Schweigend schaltete er den Halogenscheinwerfer wieder an. Der scharfe Lichtkegel zeigte ihm, dass seine Vermutung richtig gewesen war. Der dritte Besucher hatte sich bis zum Niedergang vorgearbeitet, an dem er sich seitlich sitzend aufrichtete. In der Hand hielt er jetzt eine Pistole. Seine Uzi war wohl durch den Schlag des Großbaums ins Wasser geflogen. Dass er schwer verletzt war, konnte er nicht verbergen. Sein dunkles Gesicht war schmutzig-weiß. Vom Mundwinkel zog sich eine schwärzliche Blutspur über das Kinn, die im Kragen versickerte. Jeder Atemzug war mit dem abstoßenden Pfeifton verbunden, der anzeigte, dass der Brustkorb des Mannes zerschmettert und in einem Zustand war, der ihm wohl kaum eine Überlebenschance ließ. Nur übermenschliche Anspannung konnte ihn noch handlungsfähig halten.

Thiel war sich sicher: Dieser Mann wollte seinen letzten Auftrag erfüllen und Rache nehmen für den eigenen Tod. Und da er wusste, dass er diese Mission genauso wenig überleben würde wie seine Kameraden, wollte er den alten Mann, der sie überlistet hatte, in die Qual seines langsamen Todes mit hineinziehen. In der Haltung des Orientalen lag etwas Beeindruckendes. Auch mit dem innerlich zerfetzten Brustkorb legte er sein aufreizend lässiges Gebaren nicht ab. Auf einem Bein eher hockend als sitzend, das andere ausgestreckt in der Pose eines Balletttänzers, blickte er den älteren Mann triumphierend an, während ihm unaufhörlich das aus dem Mund quellende Blut übers Hemd lief, und demonstrierte, dass er in der Lage war, Thiel auf seinem eigenen Schiff hinzurichten.

Trotzdem wollte Thiel noch einen Versuch machen. Er richtete sich etwas auf und seine Stimme hatte einen energischen Unterton, als er sagte: »Sie brauchen Hilfe, Monsieur, ich bin Arzt. Lassen Sie mich nach ihrer Verletzung sehen.«

Aber der Araber zeigte kein Entgegenkommen. Thiel hatte richtig vermutet. Dieser Mann würde sich nichts mehr vormachen lassen. Offenbar wusste er, dass er sterben würde. Ein zweifacher peitschender Knall und ein Schlag wie eine Ohrfeige auf die rechte Gesichtshälfte sowie gegen die linke Seite seines Brustkorbs bewiesen Thiel, dass er mit seiner Einschätzung richtig lag. Beide Schüsse hätten, wären sie nur etwas verrutscht, seinen Tod zur Folge gehabt. Der vorletzte Schuss musste seinen Gehörmechanismus gestört haben. In seinem Kopf entstand ein immer schriller werdender Ton. Noch einmal bäumte er sich auf gegen den Vernichtungswillen des anderen.

»Verdammt, was wollt ihr von mir«, schrie er. Der Araber hustete und schwieg.

»Warum seid ihr auf dieses Schiff gekommen?«

Die Stimme des anderen hatte ihren Pfeifton verloren.

»Weil wir dich kennen. Du bist allein. Wir wissen, was du machst.«

Der Segler schwieg. Seine Kopfschmerzen schienen sich ins Unermessliche zu steigern. Er wusste nicht mehr, was er den anderen noch hatte fragen wollen.

»Alter Mann, schau mich an.«

Er hörte die Stimme des Arabers undeutlich, wie durch einen Filter aus anderen Geräuschen. Ein erneuter Schlag an die linke Schulter, er war sich nicht einmal sicher, einen Schuss gehört zu haben. Das war's dann wohl, sagte er sich. Er sah das angestrengte, grimassenartige Grinsen seines Gegners, der ihn offensichtlich langsam in Stücke schießen wollte, und fragte sich, ob sich seine Vendetta gelohnt hatte?

Thiel hatte gelesen, dass den Menschen im Angesicht des sicheren Todes noch einmal die Stationen ihres Lebens vor Augen stünden. Sarkastisch sagte er sich, dass es für diese Phase höchste Zeit sei.

Stationen seines Lebens zogen nicht an ihm vorbei, aber einzelne Aktionen und die Bilder von Menschen, die noch lebten oder in diesem Kampf gestorben waren. War es das alles wert gewesen? Die Frage hatte er sich einige Male gestellt und bisher immer bejaht. Jetzt, im Angesicht des Todes, war er nicht mehr sicher. Er hatte der Drogenmafia viel Schaden zugefügt und bewiesen, dass auch der Einzelne zur Gefahr für den organisierten Rauschgifthandel werden konnte. Sogar das auf ihn angesetzte Hinrichtungskommando würde er mit ins Grab nehmen. Er zweifelte keinen Moment daran, dass der Araber ihn nicht lange überleben würde. Doch im gleichen Maß wie seine Schmerzen wuchsen, wurde er müde und wollte nicht mehr über die Dinge nachdenken, denn er erkannte, dass sein Kampf an den grundlegenden Fakten des Drogenhandels nichts verändert hatte. Sein Blick fiel auf die indirekt beleuchtete Kompassrose. Es war ein freundliches Licht, wie das Licht seines eigenen Hauses im Nebel der Schlei. Für einen Moment dachte er sogar an seine Frau, die vor Jahren gestorben war. Wütend und voller Hass blickte er an seinem sterbenden Peiniger vorbei auf die Wellen, die sich am Bug der AQUADRAT brachen. Wieder wurde das pfeifende Husten des anderen vernehmbar, der sich offensichtlich erholt hatte und die volle Aufmerksamkeit seines Opfers haben wollte.

»Alter Mann, schau mich an.«

Die Stimme seines Gegners klang fast prahlerisch.

»Ich habe noch fünf Patronen in dieser Waffe.«

Es klang, als könne er mit den Leiden, die er dem Mann auf dem Katamaran zufügte, die eigenen lindern. Der Blick des verletzten Seglers ruhte auf dem beleuchteten Kompass, als er einen knirschenden Schlag und das Splittern von Holz vernahm. Es wurde von einem bösartig pfeifenden Fauchen gefolgt. Ruckartig schaute er auf und blickte auf ein völlig verändertes Bild: Der junge Araber war dabei, sich aus seiner Hockstellung zu erheben. Die Schmerzen mussten ungeheuer sein. Er konnte weder aus Wut noch aus Schmerz schreien. Sein zerschmetterter Brustkorb machte mehr als ein fauchendes Geräusch unmöglich. Sein rechtes Handgelenk stand jetzt in einem absurden Winkel vom Unterarm ab und war offensichtlich gebrochen. Die Pistole lag unerreichbar und wertlos auf dem dünnmaschigen Trampolinnetz. Trotz allem brachte er es fertig, sich zu erheben. Vor ihm stand, verwandelt in eine Rachegöttin, der weibliche Passagier der AQUADRAT, die ruhige, freundliche Frau, die den gefleckten Kater kraulen konnte, ohne dass er sie kratzte. In den Händen hielt das sanfte Wesen ein schweres, mit Intarsien eingelegtes Stechpaddel. Das Ding, das er bei all den Segeln, der Technik und den Motoren auf dem Kat als nutzlos betrachtet hatte. Sie musste sich von hinten an das überdrehte Monster angeschlichen und ihm mit einem Hieb auf den ausgestreckten Schussarm die Pistole aus der Hand geschlagen haben. Dabei war ihm das Handgelenk gebrochen. Anscheinend hielten sich Abscheu und Angst bei ihr die Waage, denn es war erkennbar, dass der Araber noch nicht daran dachte, aufzugeben. Mit seinem gesunden linken Arm versuchte er mit schnellen, ungelenken Bewegungen nach ihr zu schlagen oder zu greifen. Er war völlig in Trance. Das blutverschmierte Kinn, die zuckenden Gesten und sein schreckliches Keuchen gaben ihm das Aussehen eines Dämons. Doch die junge Dänin war eine stabile Frau ohne Furcht vor Gespenstern. Mit einem Hieb des Paddels, in den sie ihr ganzes Gewicht legte, brachte sie ihn ins Straucheln und an den Rand des Schiffes. Einen Moment lehnte er noch mit den Beinen an der niedrigen Reling. Er versuchte nicht, sich festzuhalten, sondern ein letztes Mal nach ihr zu schlagen, dann kippte er rückwärts ins Meer.

Thiel hatte sich mühsam erhoben, um ihr im Kampf gegen diesen letzten des Trios von Auftragskillern beizustehen. Es war nicht mehr notwendig. Als er erkannte, dass seine Hilfe nicht mehr gebraucht wurde, sank er langsam in sich zusammen und blieb hinter dem Steuerstand liegen. Er sah seine Bordgefährtin, die zu ihm herübereilte, und kämpfte gegen eine Ohnmacht an.

Mit ihrer Hilfe schaffte er die Schritte bis zu seiner Koje, wo er erschöpft zusammensank. Wieder überfluteten ihn unerträgliche Kopfschmerzen. Sie saßen im Hinterkopf und schienen nicht mit der Schusswunde seiner rechten Gesichtshälfte in Verbindung zu stehen. Die Schmerzen vertieften die Falten seines Gesichtes und ließen die Augen tief in die Höhlen zurücksinken. In seiner nüchternen Art wusste er, dass der Araber ihn nicht ernstlich verletzt haben konnte, und er wehrte sich verzweifelt, wegen der Streifschüsse das Bewusstsein zu verlieren. Seine Kiefernmuskeln traten hervor. Sie hörte, wie seine Zähne knirschten. Mit eisernem Griff, fast hilfesuchend, hielt er ihre Hand, dann ihren Arm, als könne sie die Umnachtung von ihm abwenden. Erfolglos.

13

Wenke hatte im Verlauf der Woche mehrfach unter Beweis gestellt, dass sie eine praktisch denkende Frau war. Jetzt sah sie sich allerdings mit einer ganzen Reihe von Schwierigkeiten konfrontiert. Da war ein Hochseekatamaran, der bei schwerer See lädiert vor sich hintrödelte, auf einem Kurs, der ihr unbekannt war, und da war der Kapitän mit mehreren Schusswunden, von denen sie nicht wusste, ob sie tödlich waren. Zudem befanden sie sich in einer Situation, die sie zögern ließ, das Naheliegendste, die Einschaltung der Polizei und eines Sanitätshubschraubers, einzuleiten. Eines jedoch hatte sie in der kurzen Zeit an Bord gelernt: Zuerst mussten die Prioritäten geordnet werden. Und Nummer eins war der Kurs der AQUADRAT. Sie hatte zwar geschlafen, war aber durch die Ankunft der Besucher aufgewacht, hatte sich in den Niedergang geschlichen und die tödliche Gefahr, in der sie sich befanden, bemerkt. Die

Aktion des Großbaums, der mit seiner schrecklichen Halse die Besucher von Bord gefegt hatte, war für sie genauso überraschend gekommen wie für die drei dunklen Gestalten, die sie auf dem Niedergang gesehen hatte. Sie verstand nun, warum der Segler sie so dringend davor gewarnt hatte, sich auf dem Dach des Niedergangs aufzuhalten. Ihr war klar: Der augenblickliche Kurs der AQUADRAT war das Ergebnis einer improvisierten Notaktion und nicht eingeplant. Wenke überlegte: Als sie bei Anbruch der Dunkelheit das Ruder an ihn übergeben hatte, waren sie noch in Richtung Porquerolles gesegelt. Der Wind war zeitweise furchterregend. Würde der Kat jetzt in den Felsen einer Insel auflaufen, wäre nichts gewonnen.

Ohne sich also weiter um den Verletzten zu kümmern, schaltete sie den Navigationscomputer ein und stellte erleichtert fest, dass die AQUADRAT westlich an Sardinien vorbeitreiben würde. Das war gut so. Danach würden sie freies Wasser bis zur afrikanischen Küste haben. Der Katamaran mit einem mehr schlecht als recht arbeitenden Großsegel hing an der automatischen Steuerung und machte trotz des Windes weniger als sieben Knoten. Der Navplotter sagte ihr, dass sie damit einen Zeitraum von zwei Tagen zur Verfügung hatte, in dem keine komplizierten Kursänderungen erforderlich wurden. Das war beruhigend. Sie war dankbar, dass ihr der Skipper wenigstens in diesem Punkt mit seinem letzten fürchterlichen Manöver geordnete Verhältnisse hinterlassen hatte.

Sie verließ den Navigationstisch und sah, dass Thiel noch bewusstlos war. Sie schaltete die Kojenbeleuchtung ein und erschrak, als sie sein Gesicht erblickte. Es war weiß und faltig. Die Verletzung am Ohr blutete, sah aber nicht gefährlich aus. Auf der linken Seite floss Blut aus der Schulter und vom Brustkorb. Angenehmerweise befand sich das Schränkchen mit der Bordapotheke in direkter Nähe. Der Inhalt war exzellent sortiert und beschriftet. Sie entnahm eine noch steril verpackte Schere, mit der sie den Overall und ein Sweatshirt aufschnitt, um an die Schusswunden zu gelangen. Mit einem frischen Handtuch tupfte sie zuerst vorsichtig, dann immer rascher das Blut ab und sah entsetzt, dass sie neben dem Streifschuss am Gesicht zwei Fleischwunden an der linken Schulter sowie eine am linken Brustkorb zu versorgen hatte. Sie fühlte sich hilflos. Die Wunden bluteten nicht mehr so stark, eine Arterie schien nicht getroffen zu sein. Sie deckte das Handtuch über die Verletzungen und legte dann eine Decke über den Bewusstlosen. Wieder ließ sie ihn allein und wandte sich dem Navigationstisch zu. Über das Satellitentelefon sprach sie zwanzig Minuten mit ihrem Vater. Danach fühlte sie sich in der Lage, mit der Behandlung des Bewusstlosen zu beginnen.

Eine Stunde später waren die beiden Einschusswunden in der linken Schulter sowie ein tieferer Streifschuss des Thorax vernäht und alle Verletzungen antiseptisch versorgt. Als ihr Vater nach dem Alter des Patienten gefragt hatte, war sie ins Stocken geraten. Mit seiner schlanken Figur, seinem gesunden wettergegerbten Äußeren und der lässigen Kraft, mit der er die enorme Arbeit an den riesigen Segeln verrichtete, hatte sie ihn auf Mitte vierzig geschätzt. Von dieser Taxierung musste sie Abstand nehmen. Jetzt, da er bewegungslos mit entblößtem Oberkörper auf seiner Koje lag, war sie unfähig, sein Alter zu erraten. Sein muskulöser Körperbau war der eines jungen Mannes. Das verfallene graue Gesicht mit den tiefliegenden Augen und den scharfen Falten um den Mund und die vernarbte Nase hatte auf einmal senile Züge und gehörte einem Greis. In seiner Bewusstlosigkeit stöhnte er einige Mal schwer und ballte die Fäuste, die Schmerzen schienen nicht von den Wunden herzurühren.

Als sie ihre Behandlung beendet hatte, war er immer noch bewusstlos, und der Morgen graute. Seine Schmerzen schienen nicht abzunehmen. Sein Atem ging stoßweise. Aber auch wenn sich sein Gesicht nicht entspannte, schienen ihm die Schusswunden keine größeren Schwierigkeiten zu bereiten. Die Rötung an den Wundrändern ging zurück, und sie konnte kein Fieber feststellen. Alles in allem hatte sie das Gefühl, gute Arbeit geleistet zu haben. Der Plotter zeigte ihr, dass sich der Kat stetig von der französischen Küste entfernte, aber Sardinien war noch weit, und außer zufälligen Begegnungen auf See war nichts zu erwarten. Kurs und Zeit vermerkte sie im Bordbuch. Als der vernachlässigte Kater versorgt war, fragte sie sich, wem der mörderische Besuch auf der AQUADRAT nun wirklich gegolten hatte. War sie das Ziel gewesen, oder gab es da noch einen anderen Grund? Sie nahm sich vor, ihrem Skipper die Daumenschrauben anzulegen und ihn nach den Hintergründen zu befragen.

Nachdem sich ihre Anspannung als Folge des Überfalls und der für sie ungewohnten ärztlichen Betreuung des Verwundeten gelegt hatte, wurde sie müde und sah keinen Grund, sich nicht für eine Stunde in die Koje zu legen. Verantwortungsbewusst wie eine langjährige Einhandseglerin inspizierte sie noch einmal die Umgebung und das Deck. Sie sah, dass die Verankerung des Travellers stark verzogen war und sich nicht mehr bewegen ließ. Die Beschädigungen, die durch die ungebremste Halse entstanden waren, wirkten bedrohlich, und sie traute sich nicht, die Stellung des Großsegels zu korrigieren. Bereits im Begriff, das Deck zu verlassen, erblickte sie das am Steuerbordschwimmer festgemachte Schlauchboot, mit dem die drei Mafiosi gekommen waren. Es war an einem Pfosten der Reling angelascht und behinderte den Geradeauslauf des Katamarans. Sie holte ein Tau der AQUADRAT und legte das Zodiac hinter den Kat.

Zu ihrer Bestürzung wachte Thiel am Morgen nicht auf. Er befand sich in einer Art Trance, aus der sie ihn nicht wecken konnte. Sie erinnerte sich an seine Worte, dass er für einen Tag oder zwei ausfallen könnte und dass es schon früher geschehen sei. Er würde dann in wesentlich besserem Zustand aufwachen. Sie hoffte, er würde Wort halten.

Die AQUADRAT war durch die verbogene Schotaufhängung beeinträchtigt und nicht die alte Rennziege. Mit der aus dem Traveller gerissenen Großschot schlappte das Großsegel und konnte keinen Druck entwickeln. Mit fünf bis sechs Knoten trödelte sie vor sich hin, bis der Wind endgültig einschlief. Ausgerechnet jetzt, während alle Verantwortung auf ihren Schultern lastete, geriet sie in eine Flaute. Am Himmel zeigte sich nicht eine Wolke, und die warme Stille legte sich wie ein feuchtes Tuch über den Katamaran. Für diese Zeit im Frühjahr war es ungewöhnlich warm. Sie hätte unter Motor weiter laufen können, aber wohin und warum? Der Skipper war bewusstlos, sie konnte ihn nicht fragen. Glücklicherweise gibt es auf dem Mittelmeer kaum totale Flauten, und so machte die AQUADRAT auch mit dem lädierten Großsegel noch eine Spur von Fahrt.

Am zweiten Tag trieb sie ausgerechnet in ein Feld von Plastikmüll und anderem Unrat, der an der Wasseroberfläche schwamm. Leider sind solche Felder nicht selten. Dieses war ungewöhnlich groß. Irgendein Mülltransporter musste sich kürzlich von seiner Fracht getrennt haben, denn der üble Teppich war noch ziemlich dicht. Ein Teil des Plastik-Treibguts hatte sich ineinander verhakt. In ihrer Fantasie glaubte Wenke, die Körper der toten Männer zu sehen.

Trotz der Windstille hatte sich das Meer noch nicht beruhigt. Dem ohne Fahrt leicht schwankenden Katamaran schien selbst die geringe Dünung noch zuzusetzen. Mast und Wanten gaben neue, stöhnende Geräusche von sich. Besonders während der Nächte, in denen Thiel nicht erwachen wollte, machten ihr die seltsamen Töne Angst, wenn sie zu den Kontrollen an Deck kam. Doch sie tat ihre Arbeit und füllte im Logbuch die Rubriken: Standort, Wetter, Geschwindigkeit und in die letzte Spalte ›keine anderen Lichter‹.

Am zweiten Abend seiner Bewusstlosigkeit, nachdem am Horizont kein Schiff in Sicht war, stellte sie den Wecker, um eineinhalb Stunden zu schlafen. Als sie am späten Morgen erwachte, auf ihre Armbanduhr blickte und sich umsah, fehlte der Wecker. Sie ging an Deck. Die AQUADRAT hatte wieder ein Vorsegel gesetzt und sie sah zu ihrer Überraschung den Skipper, wie er vor dem Traveller kniete und den Schaden begutachtete. Den linken Arm hatte er in eine Schlinge gelegt. Statt seines Overalls trug er Jeans und ein weites T-Shirt. An der rechten Seite des Kopfes befand sich noch das Pflaster, das sie ihm aufgeklebt hatte. Sein Gesicht hatte den alten Farbton. Als er sie erblickte, nickte er ihr zu und legte ein Werkzeug zur Seite. Nach einiger Zeit sagte er:

»In diesen Tagen haben Sie mir gleich ein paar Mal das Leben gerettet.«

Sie nickte mit schiefem Grinsen. »Ich hatte keine Wahl. Der fürchterliche Kerl hatte mich geweckt …«

Skeptisch betrachtete sie das Vorschiff der AQUADRAT, auf dem das Schlauchboot der Gangster festgemacht war. Mochte der Teufel wissen, wie er das mit nur einem Arm bewerkstelligt hatte. Er zurrte eine Plane über den schweren Außenbordmotor, um ihn vor der Sonne zu schützen. Offensichtlich war er wieder der Alte.

»Haben sie eine Erklärung, wie es den Kerlen gelungen ist, uns bei dem Wetter in der Nacht zu finden?«, fragte sie und deutete auf das Zodiac.

»Ja, für ein Schlauchboot war das eine exzellente Leistung. Zumindest dachte ich das noch, als sie uns den Besuch abgestattet haben. Aber als ich heute das Boot der drei an Deck gezogen habe, entdeckte ich darin einen Funkpeiler, der auf eine bestimmte Frequenz eingestellt war. Als ich ihn einschaltete, wurde ich fündig.« Er zeigte ans Heck des Steuerbordschwimmers. »Da hängt neuerdings ein kleiner Sender.«

Sie starrte ihn sprachlos an. Als sie ihre Stimme wiedergefunden hatte, meinte sie: »Konnten sie uns damit nur vom Schlauchboot anpeilen oder geht das auch von Frankreich?«

»Gute Frage, ich weiß es wirklich nicht. Das kleine Ding sieht kompliziert und extrem teuer aus. Ich bin auf Nummer sicher gegangen.«

»Haben sie ihn ins Wasser geschmissen?«

»Weggeschmissen? Nichts da. Man könnte sagen, ich habe ihn erst mal deaktiviert.«

Er wies mit der Hand auf eine Nirostaschüssel am Heck, die kunstlos mit Isolierband an die Bordwand geklebt war. Sie glaubte, die Salatschüssel der Bordküche zu erkennen.

»Sitzt der Sender etwa darunter?«

»Ja.«

»Sendet er noch?«

»Vor ein paar Stunden tat er's noch. Das ist ein komplexes elektronisches Maschinchen. Seine Solarstromversorgung ist durch die Metallschüssel genauso unterbrochen wie seine Fähigkeit, unseren Standort weiterzumelden. Ich konnte nur mit einem Arm arbeiten. Die Abdeckung ist nicht sehr gut geworden.«

»Kann ich dabei helfen?«

»Wenn Sie versuchen würden, den Sender von dort zu entfernen, ohne ihn zu zerstören, wäre das in der Tat sehr hilfreich, ja.«

»Okay, aber warum? Sind sie sicher, dass wir momentan nicht mehr angepeilt werden können?«

»Das Peilgerät in dem Schlauchboot zeigt nichts an, da werden sie uns von Frankreich auch nicht ausmachen können.«

»Warum schmeißen wir den Sender nicht einfach über Bord?«
»Ich möchte ihn lieber aufheben. Vielleicht könnten wir ihn später benutzen, um die Herrschaften in Marseille etwas in die Irre zu führen, falls sie uns nochmals auf die Pelle rücken.«
»Könnte uns der kleine Sender im Hafen von Mgarr verpaßt worden sein?«
»Nein, ich glaube eher auf Tavolara – während der Nacht.«
Skeptisch lüftete sie die kleine Schüssel, die einen bedeutenden Bestandteil ihres Bordgeschirrs ausmachte, und begann, mit einem Messer vorsichtig den kleinen Sender vom Heck des Katamarans zu lösen. Nachdem sie den Sender und die winzige Solarfläche entfernt hatte, nahm er ihn prüfend in die Hand und verstaute es in einer wasserdichten Tasche des neuen Schlauchboots.
»Was wollen Sie mit dem Ding denn anfangen? Warum schmeißen Sie es nicht einfach weg?«
»Eines Tages, wenn wir mal wieder in Schwierigkeiten sein sollten, werde ich den Solarkollektor aktivieren und das Schlauchboot aussetzen.«
»Ja, und dann?«
»Dann hoffe ich, dass sie in Marseille das Signal wieder auffangen und uns da suchen, wo sich das Zodiac aufhält.«
Kein Zweifel, Thiel war wieder der Alte. Sie blickte am Mast empor in das halb gefüllte Segel.
»Glauben Sie, dass die AQUADRAT noch fit ist?«
Er warf einen Blick auf die aufgebogenen Nirostabügel des Travellers und schüttelte mit dem Kopf.
»Da gibt es mehr zu reparieren, als an Bord möglich ist. Lassen Sie uns versuchen, das Groß zu reffen. Einarmig habe ich mich nicht getraut.«
Er stellte das Schiff in die Richtung, aus der sie den Wind vermuteten, und betätigte vorsichtig die Motorwinsch, um die Hälfte des Segels in den Flügelmast zu reffen.
»Passen Sie auf sich auf und springen Sie in den Niedergang, wenn irgendetwas da oben bricht!« Doch entgegen seinen Befürchtungen hatte sich bei der gewaltigen Halse nichts am Mast verklemmt, und das Reffen des Großsegels funktionierte einwandfrei.
Sogar der gefleckte Kater schien bei Thiels Rückkehr wieder aus seiner Apathie zu erwachen und erinnerte sie drohend an seine Anwesenheit. Wenke merkte, dass keiner von ihnen etwas gegessen hatte.
Sie schaute den Kater vorwurfsvoll an und sagte scherzhaft:
»Bei dem Überfall bist du uns keine große Hilfe gewesen.«
»Kohl hat sich rausgehalten«, meinte der Skipper, der sich ächzend auf den Stufen des Niedergangs niedergelassen hatte. Sie blickte zu ihm hinüber.

»Wie geht es Ihren Verletzungen?«

Stirnrunzelnd ordnete er das Tuch, in dem der verbundene Arm lag, und sagte missbilligend: »Mit dem linken Arm kann ich nicht arbeiten.« Zusammen mit seinem strengen Blick empfand sie es fast wie eine Schuldzuweisung.

Doch die Rollen hatten sich während seiner Bewusstlosigkeit verschoben. »Schauen Sie mich nicht so vorwurfsvoll an«, meinte sie trocken, »ich habe nur versucht, Sie zu reparieren.«

Sie begann, auf dem kleinen Gaskocher zu hantieren. »Außerdem sollten Sie mindestens eine Woche in der Koje bleiben und nicht schwere Schlauchboote aus dem Wasser ziehen.«

Darüber wollte er nicht streiten und lenkte ein.

»Haben Sie mal als Krankenschwester gearbeitet?«

»Nein, aber ich bin froh, dass Sie wieder das alte Ekel sind. Offensichtlich geht es Ihnen besser. In den letzten zwei Tagen hatte ich große Angst um Sie. Sie haben schrecklich krank ausgesehen.«

Er wandte ihr interessiert den Kopf zu. »War es so schlimm?«, fragte er.

Sie verteilte das Gekochte auf drei Teller und stellte eine Portion vor den Kater.

»Schlimm genug. Sie sind ein harter Mann, aber Sie müssen wahnsinnige Schmerzen gehabt haben, die nicht allein von Ihren Verletzungen herrühren konnten. Ist es nicht so?«

»Sie überraschen mich immer mehr.«

»Wollen Sie mir nicht erklären, mit was wir es hier zu tun haben?«

»Werde ich. Nach allem, was wir in den letzten Tagen zusammen durchgemacht haben, bin ich Ihnen das schuldig. Wir beide stecken in der gleichen Bredouille, die Sache hat sich zugespitzt. Aber dafür brauchen wir Zeit.«

»Wie sagt man so schön, ich habe gerade keine Verabredung.«

»Nun gut, dann werde ich versuchen, Sie nicht zu langweilen.«

»Da hätte ich eine Bitte«, brachte sie zögernd hervor.

»Die wäre?«

»Speisen Sie mich nicht mit dem Extrakt ab. Erzählen Sie mir alles.«

»Alles?«

»Ja, ich glaube, es muss sehr viel passiert sein, bis Sie sich zu einem so krassen Außenseiter entwickelt haben.«

»Okay, also alles«, sagte er nachdenklich, »aber wundern Sie sich nicht, wenn es eine längere Story wird.«

Sie schob einen Teil ihres Essens dem fauchenden Kater zu, der seinen Anteil bereits verschlungen hatte und nach mehr verlangte.

»So wird Kohl nie abnehmen. Der Bursche wird viel zu großzügig behandelt«, grinste Thiel. Der Gestreifte warf ihm einen bösen Blick zu, der besagte, dass er ihn ganz genau verstanden hatte.

»So abfällig dürfen Sie nicht von ihm reden. Sie unterschätzen seine Intelligenz. Ich bin froh, dass wir uns nach all den Ereignissen überhaupt noch über unseren Kater streiten können.«

»Sie haben recht, man darf ihn nicht unterschätzen.«

Sie räumte das abgewaschene Geschirr auf.

»Setzen Sie sich jetzt auf diesen Stuhl und bleiben Sie da«, befahl sie, »ich hole frisches Verbandszeug.«

Sie kehrte mit einer Tasche aus dem anderen Schwimmer zurück. In der engen Kabine konnte er den Duft ihres Babyöls wahrnehmen, bevor er sie sah. Er schüttelte den Kopf. In dem Bazar von Galite musste sie sich mit einem ganzen Kanister von dem Zeug eingedeckt haben. Den Inhalt der Tasche breitete sie auf einem Handtuch aus. Es war nicht nur Verbandszeug. Er sah Einwegspritzen, Ampullen und diverses Besteck aus der Bordapotheke. Vorsichtig öffnete sie die Verbände. Ihre Finger waren kühl und bestimmt. Er betrachtete die Verletzungen. Es waren Streifschüsse. Knochen waren nicht verletzt worden. Er wusste, dass sie genau so beabsichtigt waren. Sie stammten von einem Mann, der trotz seiner tödlichen Verletzung noch zentimetergenau schießen konnte. Die Wundränder waren schwach entzündet. Den Umständen entsprechend sahen sie gut aus. Der Geruch der Desinfektionsmittel erinnerte ihn unangenehm an seine Zeit im Krankenhaus, als er wegen eines Schädelbruchs am Tropf hing.

»Das sieht ja nicht schlecht aus«, meinte sie stolz.

»Stimmt. Gut, dass er mich nur an den Rändern angekratzt hat. Mein toter arabischer Freund hatte die moralische Struktur unseres Katers. Erst mit der Maus herumspielen, dann töten.«

Er blickte Kater Kohl streng an und fuhr fort: »Aber auf diese Weise ist er bei mir nur zum Spielen gekommen.«

Er war verblüfft, festzustellen, dass alle Wunden genäht waren. Während sie ihm eine Penizillinspritze verabreichte, fragte er, ob sie nicht doch eine medizinische Ausbildung gehabt habe.

»Ich habe weniger Ahnung als Sie glauben, aber Sie haben eine hervorragend sortierte Bordapotheke.«

»Wirklich?«

»Behauptet zumindest mein Vater.«

»Ihr Vater?«

»Ja, Ihre Rechnung für das Satellitentelefon ist in der Nacht nach dem Überfall gewaltig angestiegen.«

Thiel betrachtete die einzelnen Nahtstellen.

»Ist Ihr Vater Chirurg und erteilt Fernkurse?«, knurrte er.

»Nein, er ist Tierarzt und ein methodischer Ratgeber. Übrigens fragte er mich nach Ihrem Alter, und ich konnte ihm keine Antwort geben. Normalerweise würde ich Sie zwischen vierzig und fünfzig taxieren, aber neulich Nacht war es mir unmöglich.«

»Wie ein Hundertjähriger, stimmt's?«

»Ihr Gesicht sah sehr alt aus, wie verwandelt. Ich hätte Sie nicht wiedererkannt.«

»Das hat mit den Begebenheiten zu tun, über die ich Sie ins Bild setzen werde.« Sie schloss ihre Behandlung ab, und er erhob sich schwerfällig.

»Lassen Sie uns in den anderen Schwimmer gehen, damit wir den Radarschirm im Blick halten können. Sie sind, nebenbei gesagt, in der kurzen Zeit eine recht passable Seglerin geworden.«

»Ja, und gut als Krankenschwester, als Köchin und in der Selbstverteidigung. Aber lenken Sie nicht immer ab. Was soll ich meinem Vater sagen, wenn er das nächste Mal fragt, wie alt Sie wirklich sind?«

»Sagen Sie 62.«

Sie schaute ihn überrascht an. »Wirklich? Sie sehen jünger aus. Wären Ihre Haare nicht grau, könnte man Sie für 40 halten.«

Zweiter Teil

14

Sie saßen an Deck neben dem Niedergang. Trotz des warmen Frühlingsabends hatten beide Windjacken übergezogen. Er trank ein Bier, sie rauchte eine Zigarette.

»In der kurzen Zeit, seit sie an Bord sind«, begann er, »haben wir mehr zusammen erlebt, als die meisten Menschen in Jahren.«

»Für mich war es mehr als in meinem ganzen Leben. Aber nun erklären Sie mir bitte, was sich hier abspielt. Waren die Kerle wirklich nur hinter mir her?«

»Nein, Sie befinden sich auf einem großen Spielfeld und gehören nicht wirklich dazu. Für die sind Sie nur eine unwillkommene Zeugin.«

»Warum dann dieser Aufwand für eine Randfigur?«

»Stimmt, in Wirklichkeit suchen die nach mir. Als ich Sie aus dem Wasser zog, habe ich meine Tarnung verloren, und sie sind mir auf die Spur gekommen.« Er zögerte. »Dabei weiß die andere Seite immer noch nicht, ob Sie sich auf dem Katamaran befinden oder beim Sturz von der CONSUELA ertrunken sind.«

»Wie kommen Sie darauf, dass die überhaupt Verdacht geschöpft haben?«

»Ich weiß es. Den ersten Tipp hat mir mein Freund Marchais gegeben, aber auch der Anführer der drei hat nach einer Frau an Bord gefragt. Aber nicht so, als ob er sich sicher gewesen sei. Es ist für Sie sehr wichtig, dass diese Leute weiterhin nicht wissen, ob Sie den Sturz ins Meer überlebt haben oder nicht.«

»Meinen Sie? Die werden mich doch irgendwann wieder in Ruhe lassen?«

»Sicherlich, besonders, wenn Sie sich in nächster Zeit unauffällig verhalten.«

»Aber wie ist es mit Ihnen, wie bekannt sind Sie in deren Kreisen? Haben Sie in Deutschland Familie, die bedroht ist?«

»Familie habe ich nicht. Sie wissen von meiner Existenz, aber es ist sehr unwahrscheinlich, dass sie meinen wirklichen Namen kennen.«

»Habe ich richtig verstanden, Sie haben niemanden, weder Frau noch Kinder?«

»Ich hatte eine Frau und zwei Kinder, einen Jungen und ein Mädchen, es waren Zwillinge, sie sind schon vor zwölf Jahren gestorben.«
»Das tut mir leid. Geschah es durch einen Unfall?«
»Sozusagen. Ein Drogenunfall. Beide starben zusammen mit meiner Frau.«
»Das ist ja schrecklich.«
»Das war es.«
Er brachte seine verletzte Schulter in eine bessere Position. »Wie die Dinge liegen, muss ich Ihnen einiges erklären. Mittlerweile stecken Sie so tief mit drin, dass Sie ein Recht darauf haben, zu wissen, was sich abspielt«, er zögerte, »oder meinetwegen auch, wie die Geschichte begonnen hat.« Er warf die leere Dose in den Abfallsack. »Es ist eine Kette menschlichen Versagens. Gewissermaßen bin ich Verursacher und Überlebender der Tragödie meiner Familie.«
Obwohl er auf dem Drehstuhl des Steuermanns saß, der das bei weitem bequemste Sitzmöbel der AQUADRAT war, merkte sie ihm an, dass seine Verletzungen schmerzten. Wie er am Morgen die schweren Arbeiten an Deck überhaupt bewältigt hatte, war ihr schleierhaft. Erneut brachte er die linke Schulter in eine bessere Position. Dann entwirrte er ein buntes Nylontau und warf ihr einen skeptischen Blick zu.
»Also gut. Anfang der Neunzigerjahre hatte ich in Deutschland höchste Staatsämter inne. Diese brachten es mit sich, dass die Familie von einer Stadt zur anderen umziehen musste. Die Leidtragenden waren die Kinder. Sie kamen von einer Schule in die nächste. Da ihre Leistungen akzeptabel waren, fiel uns nicht auf, wie sie uns aus der Hand glitten. Erst, als wir bei dem Jungen merkten, dass er Drogen nahm und süchtig war, begannen wir, Fragen zu stellen. Es gab Vorwürfe. Ich möchte nicht den detaillierten Niedergang der Familie schildern, aber es ging unfassbar schnell. Ohne Vorwarnung tauchten die beiden in die Szene ab und waren fürs Erste nicht mehr aufzufinden. Damals waren sie gerade 18 Jahre alt. Anstatt meine Aufgaben für die Regierung zu reduzieren und mich um meine Kinder zu kümmern, arbeitete ich weiter wie gehabt und überließ die verfahrene Situation meiner Frau. Sie war der Sache so wenig gewachsen wie ich.
Als wir merkten, dass beide Kinder drogenabhängig waren, besorgte ich Therapieplätze. Mit meinen Beziehungen war das nicht sehr schwer. Ich kannte den Vorsitzenden einer europäischen Antidrogenbewegung, Professor Surfelder. Er arrangierte die Sache für uns. Später bin ich Mitarbeiter dieser Bewegung geworden.
Was die Familie betraf, lief an mir auch der letzte Abschnitt, an dem das Blatt noch zu wenden gewesen wäre, vorbei. Meine Frau hatte wieder Kontakt zu unseren Kindern, aber sie weigerten sich, eine Therapie anzutreten.

Ich bestand darauf. Eines Abends wurde ich aus einer Besprechung gerufen und mit der Polizei zu einer Unfallstelle gebracht. An der Ecke eines Betonpfeilers sah ich unser zertrümmertes Auto. Die Insassen, meine Frau und die Kinder, waren tot. Mein Sohn hatte am Steuer gesessen. Ich erfuhr durch den Pathologen, dass er unter starkem Einfluss von Heroin gestanden hatte. Auch im Blut meiner Tochter wurde eine erhebliche Dosis festgestellt. Ich begann aufzuwachen. Sechs Monate später legte ich mein politisches Amt nieder und konzentrierte mich auf die Bekämpfung der Drogenprobleme in Europa. Zwei Monate später schloss ich mich Franz Surfelders WEAD, der Westeuropäischen Antidrogenbewegung, an. Beruflich hatte ich es ganz nach oben gebracht, aber meiner Familie war ich keine Hilfe gewesen.«

Geistesabwesend knüpfte er komplizierte Knoten in das bunte Tau.

»Ich begann, meine verbliebenen Beziehungen für die WEAD einzusetzen. Mit der Antidrogenbewegung versuchten wir, das Bundesministerium für Gesundheit zum Umdenken zu bewegen. Die meisten Angehörigen der Süchtigen plädieren mittlerweile für die Freigabe der Drogen, um die Beschaffungskriminalität zu unterbinden und die Süchtigen an ein normaleres Leben zu gewöhnen. Unsere Bewegung schloss sich dieser Forderung an. Mit Kollegen aus den Niederlanden und England begann ich, an einer großen Studie zu arbeiten. Aber Umdenken in dieser Frage ist für die Regierung eines Landes mit Drogenproblemen nicht leicht.«

»Wäre es nicht leichter für Sie gewesen, etwas zu ändern, als Sie noch in Ihrem Amt waren?«, fragte Wenke vorsichtig.

»Den Vorwurf habe ich mir später oft gemacht. Als ich noch Minister und für die Problematik juristisch zuständig war, hielt ich nichts von einer Liberalisierung. Ich hatte die Probleme in der eigenen Familie, aber ich schob sie weg. Beruflich war es meine Stärke, auch in komplexen Situationen das Wesentliche zu erfassen und Problemen rasch auf den Grund zu gehen.«

Thiel schien nach Worten zu suchen und blickte ins Wasser, als könne er dort eine Antwort finden.

»Und innerhalb Ihrer Familie war das anders?«, hakte Wenke schließlich nach.

»Meine Einstellung zur Abhängigkeit meiner Kinder war eigenartig oberflächlich. Ich spielte das Problem herunter und war felsenfest überzeugt, es gäbe nichts, was man durch gute Organisation in der Familie nicht lösen könne. Tauchten im täglichen Dienstbetrieb Fälle auf, die mit der Drogenproblematik zusammenhingen, fühlte ich mich durch die häuslichen Probleme nachgerade als Experte und blieb bei meiner konservativen Auffassung.«

»Wann hat sich Ihre Einstellung denn geändert?«

»Das hat lange gedauert. Erst als mir die Drogensucht der Kinder die Familie vernichtet hat, erkannte ich den Ernst der Lage und begann nachzudenken. Damals brachte ich erste Änderungsvorschläge ein. Sie zielten darauf ab, den Gebrauch von Drogen zu entkriminalisieren.«

Wieder betrachtete Thiel schweigend die vorbeiziehenden Wellenkämme.

»Und ging man auf Ihre Vorschläge ein?«

»Natürlich nicht. Sie kamen zu überraschend. Im Gegenteil, die Strafvorschriften zur Bekämpfung des illegalen Rauschgifthandels wurden sogar verschärft. Man sagte, dass man die Pferde nicht mitten im Fluss wechseln darf. Unser neues Konzept wäre mit einer kompletten Änderung der bisherigen Antidrogenstrategie verbunden gewesen. Solche Wechsel müssen langfristig vorbereitet werden. Ich hätte Verbündete aus den betroffenen Bereichen gebraucht, aber die lächerlich kleine Abteilung für Drogen- und Suchtmittelmissbrauch des Gesundheitsministeriums ist hoffnungslos überfordert. Schützenhilfe gegen unsere Anträge erhielt sie ausgerechnet durch den Drogenbeauftragten der Bundesrepublik, dessen Ziel ›ein Leben ohne Drogen‹ ist und der sich entschieden gegen jeden Ansatz zur Legalisierung von Drogen wendet.«

Nur die Pausen, die er einlegte, verrieten, dass das Thema Emotionen bei ihm hervorrief. An seiner Stimme konnte sie nicht bemerken, ob ihn das Erzählen dieses Abschnitts in seinem Leben irgendwie berührte. Er begann, die Knoten in dem Tau wieder zu entwirren. Nach einiger Zeit sagte er:

»Ich glaube, es ist das erste Mal, dass ich über diese Dinge spreche.«

Thiel stand auf und schaltete die Beleuchtung am Steuerstand ein. Als er sich setzte, sah sie an seinen angespannten Bewegungen, wie er zu verbergen suchte, dass die linke Seite seines Brustkorbs schmerzte.

»Ich habe darüber nie nachgedacht«, gab sie zu. »Was wäre denn Gutes daran, Drogen einfach frei zu verkaufen? Bisher habe ich nur das Gegenteil gehört.«

»Sie würden von der Pharmaindustrie legal produziert und, steuerfrei, unter das Preisniveau von Tabak oder Alkohol absinken. Die derzeit abnorme Beschaffungskriminalität der Abhängigen würde über Nacht verschwinden.«

»Und so kämen die Dinge wieder in Ordnung?«, fragte sie zweifelnd.

»Zumindest einige. Vor Jahren wurde der tägliche Bedarf eines Süchtigen auf dreihundertfünfzig Mark pro Tag geschätzt. Jeder zweite Kfz-Bruch, jeder fünfte Raub und jeder dritte Einbruch in Deutschland ging nach Berechnung der Experten auf das Konto der Drogensucht. Durch die Freigabe würde dem Heroinmarkt seine Dynamik entzogen.«

»Seine Dynamik entzogen?«

»Drogen sind so teuer, wie sie sind, weil der Staat durch seinen Kampf gegen Herstellung und Verkauf quasi selbst für den enormen Preis sorgt. Das kommt den Drogensyndikaten entgegen. Sie produzieren, und sie verkaufen, und der Staat sorgt, weil er den legalen Absatz verhindert, für überhöhte Preise und damit für ihren ungeheueren Gewinn. Das tut er natürlich nicht der Mafia zuliebe, sondern weil er die Süchtigen am Kauf der Drogen hindern will. Wegen ihrer Sucht versuchen sie alles, um an den teuren Stoff heranzukommen. Ein Teufelskreis. Sie müssen sich das Geld über den Weg der Beschaffungskriminalität besorgen und richten damit noch mehr Unheil an. Viele von ihnen werden zu Kleindealern. Um sich neue Kunden zu sichern, baggern sie junge Leute an, die noch nie etwas mit dem Dreck zu tun hatten. Sie überreden sie, Drogen zu nehmen. Im Grunde ein alltäglicher Vorgang. Ganz ähnlich, wie sich normale Geschäftsleute neue Absatzmärkte suchen müssen. Und so versuchen diese Kleindealer ihr Glück bei Schulen, in Diskotheken und anderen Plätzen, um neue Abnehmer zu finden. Für sie ist das der einzige Weg, zu Geld für ihren eigenen Stoff zu kommen. Diese Dynamik würde wegfallen, wenn Drogen legal und preiswert durch die Pharmaindustrie auf den Markt kämen. Es würde keine Dealer mehr geben.«

»Und das wäre dann der Königsweg?«, fragte sie ungläubig.

»Die illegale Dealerpraxis und ihre Logistik würde mit einem Schlag zusammenbrechen. Sollten die Preise für Drogen durch den Freien Markt der Pharmakonzerne reguliert werden, wäre ein Preisverfall auf fünf bis zehn Prozent des heutigen Niveaus die Folge. Die Abhängigen müssten nicht mehr andere Jugendliche anfixen, um den eigenen Konsum zu finanzieren. Trotz freien Zugangs zu den Drogen würde daher ihre Zahl zurückgehen.«

»Kann man ausschließen, dass bei niedrigen Preisen und allgemeinem Zugang nicht das Gegenteil passiert und eine Welle des Drogenkonsums ausbricht?«

»Das ist natürlich die Frage, an der sich die Geister scheiden.«

»Also weiß es niemand.«

»Ganz richtig. Für den Bereich des harten Rauschgiftkonsums gibt es keine Beispiele, und so hat man noch keine Statistiken. In unserer Studie haben wir auf die amerikanische Prohibition zurückgegriffen. In der Zeit, in der die USA nach dem Ersten Weltkrieg die Herstellung und Abgabe von Alkohol verboten hat, ist der Verbrauch von geschmuggeltem Alkohol sprunghaft angestiegen und nach der Freigabe im Jahr 1933 wieder zurückgegangen. Das ist nachweisbar.«

»Wurde das schon irgendwo mit Drogen versucht, ich meine, in anderen Ländern?«

»Es gab Ansätze, aber sie scheiterten. Holland musste feststellen, dass Freigabeaktionen selbst bei leichteren Drogen von kleineren Ländern allein nicht verkraftet werden können. Amsterdam wurde zum Mekka der internationalen Drogenszene, weil sich die Süchtigen aus anderen Ländern dort mit ihrem Stoff eindecken konnten.«

»Ich wusste nicht, dass Holland so verdienstvoll gegen die Drogen kämpft.«

»Stimmt auch nur teilweise. Holland ist andererseits ein erfolgreicher Produzent.«

»Wirklich?«

»Ja, zumindest in Europa. Genauso wie die ehrbare Schweiz.«

Wenke schüttelte ungläubig den Kopf. Thiel schwieg und zuckte mit den Achseln.

»Generell kann eine solch grundsätzliche Änderung der Drogenpolitik nur gelingen, wenn sie auf den größten Drogenmärkten, zumindest in Amerika und Europa, gleichzeitig vollzogen wird. Genau an diesem Punkt hakte unsere Studie ein. Aber die Summen, die auf diesem Markt verdient werden, sind so gigantisch, dass sich viele Lobbyisten und Politiker aus höchst persönlichen Gründen sträuben, diesen Schritt zu vollziehen.«

»Ist eine solche Umstellung dann den Aufwand wert?«

»Ich fürchte ja, denn es kommt noch ein anderer Faktor hinzu.«

»Und der wäre?«

»Die Verwendung der Gewinne.«

»Ich denke, diese Gelder wandern in die Banken auf den Cayman-Inseln und in der Schweiz.«

»Nein, schon vor dem Anschlag vom Elften September machte man sich Gedanken, woher das Geld für den internationalen Terrorismus wirklich stammt. Früher kam es vorwiegend aus einigen Ölstaaten; heute finanzieren sich Al Qaida, die Taliban, der palästinensische Terror gegen Israel und fast alle anderen Zweige des Gewerbes verstärkt aus Drogeneinnahmen. Aktuelles Beispiel ist Afghanistan. Die muslimischen Warlords führen den Krieg nicht nur aus religiösen Gründen. Unsere Soldaten sterben, weil die Herren ihre Einnahmen aus dem Drogenanbau schützen wollen. Internationaler Terrorismus ist ein kostspieliges Geschäft. Es verschlingt Milliarden.«

Thiel wandte den Kopf, studierte die Instrumente des Steuerstands und korrigierte den automatischen Kurs des Katamarans.

»Wer den Terrorismus wirklich eindämmen will, muss ihm die Finanzierung entziehen. Wenn dieser Punkt von Europa und den USA endlich begriffen würde, käme man auch der Lösung des Problems eine Spur näher.«

Er wandte sich erneut der Navigation zu.

»Es lohnt nicht, über diese Dinge weiter zu diskutieren«, sagte er, »heute sind mir die Zusammenhänge klar. Als ich Minister war, habe ich sie nicht begriffen. Politiker sind eine borniert Kaste.«

Kopfschüttelnd brachte er das Gespräch auf die gegenwärtigen Probleme zurück.

»Ich möchte auf den Zusammenhang mit den Killern kommen, die uns vor zwei Tagen im Meer versenken wollten.« Wenke nickte zustimmend.

»Ich blieb also bei Professor Surfelder. Doch nach acht Jahren ehrenamtlicher Arbeit in der Antidrogenbewegung musste ich feststellen, dass wir letztlich nicht mehr erreicht hatten, als ein paar Demonstrationen pro Jahr auf den Weg zu bringen. Zwar gewann ich Abgeordnete für Änderungen bestimmter Gesetze, wir schrieben überzeugende Resolutionen für ein staatenübergreifendes Vorgehen, aber nichts, absolut nichts bewegte sich. Es war wie verhext. In der Zwischenzeit war ich in der Bewegung hinter Surfelder als stellvertretender Vorsitzender in Deutschland an die zweite Stelle gerückt. Einige der Delegierten wollten mich als Nummer eins der Organisation. Aber nach den Jahren intensiver Arbeit war mein Fazit, dass mit dieser Bewegung kein Durchbruch zu erreichen war. Außerdem wollte ich mich nicht gegen Surfelder, mit dem ich in all den Jahren vertrauensvoll zusammengearbeitet hatte, zur Wahl stellen. Ich informierte einen Kollegen, der ebenfalls der Bewegung angehörte, dass ich nicht für den Vorsitz antreten würde. Das war vor zweieinhalb Jahren. Peter Ganest war ein treuer Freund, noch aus Zeiten meiner politischen Laufbahn. Er sah die Dinge stets von ihrer guten Seite. Er war nicht willens, die permanenten Misserfolge der WEAD als Faktum hinzunehmen. Der Bewegung hatte er sich nur mir zuliebe angeschlossen. Als er von meiner Absicht hörte, reiste er zur nächsten Sitzung, um die Sache persönlich zu besprechen. Es war die letzte Veranstaltung, an der ich für die WEAD teilgenommen habe. Sie fand in Hannover statt, und ich war mit der Bahn angereist. Es war eine größere Besprechung, zu der auch große Pharmakonzerne geladen waren und deren Spezialisten für Rauschgifte.

Unser Vorsitzender, Franz Surfelder, war in diesen Tagen erkrankt und hatte mich gebeten, die Leitung zu übernehmen. Surfelder ist ein überaus intelligenter Mann, und ich glaube, trotz seines Enthusiasmus teilte er meine Skepsis über die Erreichbarkeit unserer Ziele. Aber viele Männer in solchen Kreuzzügen fahren ihren Kurs sehr elegant. Ihnen ist die errungene Position zu wichtig, um sie durch harte Konfrontationen mit den Machtzentralen zu riskieren. Wie auf anderen Gebieten. Wenn Fundis an die Herrschaft gelangen, mutieren sie zu Realos und passen ihre Forderungen der Wirklichkeit an, um an der Macht zu bleiben.

Einige Arzneimittelhersteller sind auf Opiate angewiesen und produzieren sie auch – selbstverständlich in geringem Maßstab. Auf der damaligen Besprechung wurden die anwesenden Firmen aufgefordert, einen fiktiven Marktpreis für die Belieferung der Apotheken mit größeren Heroinmengen zu entwickeln. Da die Innenminister zweier Bundesländer anwesend waren, hatte das Ganze einen eindrucksvollen Rahmen. Für Außenseiter entstand der Eindruck, man stünde vor dem Durchbruch. Ich aber wusste, dass wir davon Lichtjahre entfernt waren.«

15

»Obwohl der Sitzungskreis dieser Tagung in Hannover nur vierzig Teilnehmer umfasste, waren drei schweigsame Männer hineingeraten, die als Sozialarbeiter vorgestellt wurden. Nach Beendigung der Tagung wollten einige von uns in der Kantine noch etwas zu sich nehmen, und die drei Herren fragten, ob sie sich zu meinem Freund und mir an den Tisch setzen dürften. Während der Besprechung hatten sie sich nicht zu Wort gemeldet. Jetzt zeigte sich, dass sie aufgrund ihrer Sozialarbeit über die Drogenszene und deren Organisationen recht gut Bescheid wussten. Wortführer der drei war ein stämmiger, sonnengebräunter, dunkelhaariger Mann. Er mochte in den Vierzigern sein, die beiden anderen waren jünger. Sie trugen das silberne Namensschild aller Teilnehmer und gediegene Anzüge. Für Sozialarbeiter hatten die beiden Jüngeren erstaunlich schwere Goldketten am Handgelenk, der Ältere einen geschmackvollen Diamantring. Ich hatte in Hamburg eine ganze Menge Streetworker und Sozialarbeiter kennen gelernt. In Kleidung und Auftreten waren sie nicht einem einheitlichen Typus zuzuordnen. Doch unsere drei schweigsamen Freunde schienen in einen anderen Rahmen zu gehören. Die Liste der Teilnehmer war durch Surfelder aufgestellt worden, also hatten wir keinen Grund, misstrauisch zu sein.

Was sie gerne wissen wollten, fragte schließlich einer der Jüngeren, ab wann die fast kostenlose Versorgung der Abhängigen mit Drogen tatsächlich beginnen würde. Während ich, aufgrund meiner Erfahrungen mit den Ergebnissen solcher Tagungen, überzeugt war, dass sich absolut nichts ändern würde und unverbindliche Aussagen machte, strahlte mein Freund Peter vor Optimismus. Er erklärte, das Projekt könnte nunmehr anlaufen und bereits in wenigen Jahren Faktum sein. Ich wusste es besser. Die drei blickten sich nachdenklich an und konzedierten dann beifällig, dieser Schritt würde eine Revolution der Szene bedeuten. Sie luden uns ein, zusammen zu Abend zu essen. Mein Freund und ich lehnten dankend ab, wir wollten nach Hause. Peter mit der Lufthansa, ich per Bundesbahn. In diesem Fall würde man darauf bestehen, sagte der Ältere, uns zum Flughafen und zum Bahnhof zu fahren.

Der Wagen der drei war sehenswert, ein schwarzer BMW 750i, der im leichten Nieselregen der hereinbrechenden Nacht brandneu funkelte und eine Frankfurter Zulassung hatte. Der Ältere, auf dessen Namensschild Delaitre stand, konnte ein stolzes Aufblitzen seiner Augen nicht unterdrücken. Als er meinen verblüfften Gesichtsausdruck sah, meinte er gelassen, das hier sei ein Mietwagen, der ihnen für die heutige Tagung zur Verfügung gestellt worden sei. Über die Nobelkutsche sei er selbst angenehm überrascht. Ich wollte im Fond neben Peter Platz nehmen, aber Delaitre bat mich nach vorne. Er fuhr. Die Sitzung hatte im südlichen Teil Hannovers in einem Tagungsgebäude des Messegeländes stattgefunden. Der Flugplatz lag auf der anderen Seite. Peter schlug vor, der Bequemlichkeit halber die Autobahn zum Umfahren der Stadt zu benutzen. Delaitre stimmte zu und bog nach fünfzehn Minuten auf einen leeren Parkplatz ein, um, wie er sagte, eine Pinkelpause zu machen. Der Regen hatte zugenommen. Einer der beiden hinten Sitzenden stieg aus, schlug den Kragen seiner Jacke hoch und öffnete meine Tür. Ich schüttelte dankend mit dem Kopf. Neben mir streckte sich Delaitre entspannt und meinte ganz ruhig, ich solle aussteigen. Ich protestierte. Eine dumpfe Ahnung stieg in mir auf. Von hinten hörte ich Peters ärgerliches Knurren. Ich blickte den Kerl an, einen Blondschopf, der neben der Tür stand und nun eine schwere Pistole in der Hand hatte. Jetzt war auch mir alles klar. Auf der Autobahn herrschte immer noch einigermaßen Verkehr. Ich hoffte, dass andere Verkehrsteilnehmer in den Parkstreifen einbiegen würden.

Delaitre hatte wohl den gleichen Gedanken und wollte keine Zeit verlieren. Er hatte den rechten Fuß vom Gas genommen, sich in seinem Sitz gedreht und mit einem: ›Freunde, das wär's wohl‹, beförderte er mich mit einem Tritt aus dem Wagen. Ich sah, wie Peter einen Schlag in den Nacken erhielt und zusammenbrach. Auf allen vieren wollte ich ihm zu Hilfe kommen, dann traf mich ein Schlag auf dem Hinterkopf.

Zweieinhalb Tage später wurden wir gefunden. Wir lagen vierhundert Meter von dem Parkplatz entfernt in einem Graben, halb im Wasser und dicht mit Zweigen, altem Laub und Ästen zugedeckt. Man hatte uns für tot gehalten, was bei Peter zutraf. Zufällig waren wir von den Hunden einer Familie beim Spaziergang in dem Versteck aufgespürt worden. Der Polizei wurden Leichenfunde gemeldet. Ein Beamter entdeckte, dass ich noch lebte, und forderte den Notarzt an.

Peter war tot. Ich hatte einen dreifachen Schädelbruch und im Gehirn zwei Blutgerinnsel. Drei Monate lag ich in der Poliklinik von Hamburg. Zweimal wurde ich operiert. Erst nach Wochen war ich vernehmungsfähig.

Ein Oberkommissar der Stadt Hamburg aus dem Rauschgiftdezernat der Kripo kam zu mir ans Bett und nahm den Überfall auf. In Zusammenarbeit mit dem Vorsitzenden unserer Bewegung, in dessen Büro die fatale Einladungsliste erstellt worden war, wurde versucht, den dreien auf die Spur zu kommen. Peters Witwe, Clara, besuchte mich am Krankenbett, ihre Welt war zerbrochen.

Während Polizisten der Kripo aus Hamburg und Hannover anfangs jeden dritten Tag zur Visite kamen, um mit mir Phantombilder anzufertigen und nach weiteren Details zu fragen, wurden ihre Besuche nach und nach seltener.

Die Familie hatte Peters Beerdigung auf meinen Wunsch verschoben. Ich war noch in der Klinik, die Ärzte erlaubten meine Teilnahme nur im Rollstuhl. Ich fühlte nur Leere. Professor Surfelder war anwesend und sprach mit Clara. Ich war froh darüber, weil so nicht die ganze Last auf meinen Schultern lag. Aber er sah fassungslos und gealtert aus und brauchte mehr Trost, als er geben konnte. Plötzlich hatte er erfahren, wie brutal das Gewerbe war, gegen das sich unsere Bewegung richtete, deren Leitung er so elegant handhabte. Ich hatte gehofft, seine positive Ausstrahlung würde uns allen den schweren Gang erleichtern, aber sein Enthusiasmus war verschwunden. Er verdrängte den jungen Mann vom Krankenhaus und schob an seiner Stelle meinen Rollstuhl an das offene Grab. Das Zittern seiner Hände schien sich auf die Rückenlehne des Stuhls zu übertragen. Peters Witwe schluchzte auf, er verließ seinen Platz und legte den Arm um ihre Schulter. Mir wurde klar, dass er sich selbst mehr Schuld zuwies als irgendeiner von uns.

Nach der Beerdigung erfasste mich besonders in der Nacht blinde Wut. Oft hatte ich einen gleichbleibenden Alptraum. Ich wurde dann in einem Rollstuhl geschoben und wusste nicht, wohin. Ich fürchtete mich. Das Gesicht des Mannes, der mich schob, konnte ich nicht erkennen. In diesen Tagen herrschte in mir eine Mischung aus Leere und Hass. Ich konnte nicht verstehen, was in Hannover passiert war. Die verdammte Teilnehmerliste war ein Ziel meiner Wut.

Als ich nach drei Monaten wieder auf den Beinen war, wollte ich den leitenden Beamten in meiner Sache aufsuchen. Er stand trotz unserer Verabredung nicht zur Verfügung, da er zu einem dringenderen Fall gerufen worden war. Ich wurde von einem bleichen Mann empfangen, mit Ringen unter den Augen und Aktenbergen auf dem Schreibtisch. Er sah übermüdet aus und versicherte, seine Dienststelle habe alles getan, was in dieser Sache möglich gewesen sei. Er blickte mich an, als sei ich ein Querulant.

Meine Verletzungen hatten Folgen. Sie äußern sich heute noch in unerträglichen Kopfschmerzen, die so stark werden, dass sie Krisen in mir auslösen. Gott sei Dank werden die Anfälle seltener.«

Erschöpft schwieg er. Sie sah, wie er eine andere Sitzposition suchte.

»Ich weiß, wovon Sie sprechen.«

»Wirklich?«

»Wirklich. Ich konnte meinem Vater am Telefon nicht beschreiben, was bei Ihnen diese ungeheuren Beschwerden ausgelöst hat. Ich war sicher, es war mehr als normaler Schmerz durch die Schüsse.«

Sie sah, wie er die Mundwinkel verzog, als er sich erheben wollte.

»Bleiben Sie sitzen«, sagte sie. »Ich trage unsere Position im Logbuch ein.«

Nach fünf Minuten kehrte sie zurück und hatte eine Büchse Bier dabei.

»Wie ist die Sache denn weitergegangen, oder möchten Sie sich lieber hinlegen?«

»Das Liegen auf diesen Pritschen ist zur Zeit nicht angenehm. Aber meine Gedanken verschwimmen. Mein verdammter Schädel will nicht mehr.«

Sie schaute auf. »Natürlich, Sie müssen erschöpft sein.«

»Meine Konzentration – ich weiß nicht, was in meinem Kopf vorgeht. Seien Sie nicht zu überrascht, wenn ich einen Rückfall bekomme und für einen Tag oder zwei ausfalle. Seit dem Überfall damals ist mir das ein paar Mal passiert.«

Sie hatten beide eine ruhige Nacht, denn Wenke hatte Thiel überredet, ihr die nächtlichen Kontrollen zu überlassen.

16

Der Katamaran trieb in der Flaute. Die Tage waren sommerlich warm. Es gab nichts, was die beiden in dieser Situation tun konnten, außer zu hoffen, dass das fehlende Funksignal in Marseille nicht neue Aktivitäten auslösen würde.

Martin Thiel brauchte vier Tage, bis er wieder bei Kräften war. Er fühlte sich matt und verließ die Koje nur, um in der Sonne zu sitzen. Seit er die Tür zu seinem früheren Leben geöffnet hatte, jagten sich in seinem Kopf die Bilder aus der Vergangenheit.

Er war ein verschlossener Mann. Noch nie hatte er über die Tragödie seiner Familie mehr als einige Worte verloren. Nachdem er jedoch bei Wenke damit begonnen hatte, schien eine Barriere beiseite geräumt zu sein. In seiner spröden Art fasste er die Ereignisse, denen er sich freiwillig ausgesetzt hatte, für sie zusammen. Er hatte eine geordnete Art zu erzählen und hielt nichts zurück. Es war ein umfassendes Bild.

Nach dem Aufenthalt in der Klinik hatte er sich in sein Haus an der Schlei bei Schleswig zurückgezogen und seine Tätigkeit für die Westeuropäische Antidrogenbewegung WEAD endgültig beendet. Er erhielt ein Schreiben, in welchem ihm Anerkennung für seine Arbeit und Bedauern wegen seines Ausscheidens ausgedrückt wurde. In Wochen völliger Ruhe begann er über den letzten Schlag, der seinen Freund Peter und ihn selbst getroffen hatte, nachzudenken.

Er war sicher, dass er und nicht sein Freund das Ziel des Anschlags gewesen war. Er hatte die Besprechung geleitet, und obwohl er selbst nicht an Fortschritte bei der Freigabe von Drogen glaubte, hatte er das als Sitzungsleiter nicht zu erkennen gegeben. Peter war gestorben, weil er an ihn und ihre Sache geglaubt hatte; und weil er mit ihm zusammen gewesen war. Die Erkenntnis bedrückte ihn und begann ihn zu verfolgen. Er fühlte sich schuldig, da er überlebt hatte und addierte die neue Schuld zu der alten. Als alte Schuld empfand er den Tod seiner Frau und der Kinder. Er hatte die Karriere über die Probleme seiner Familie gestellt. Niemand hatte seiner Frau und den Kindern geholfen. Hinzu kam die Art, wie die Polizeibehörde seinen Fall ad acta gelegt hatte. Seit zehn Jahren war er ein normaler Bürger ohne die früheren Privilegien. Der routinemäßige Gang polizeilicher Untersuchungen hatte ihn desillusioniert. Sein Vertrauen in die Strafverfolgung war geschwunden. Der Druck in ihm wuchs, etwas zu tun und brachte ihn zu dem Entschluss, die Täter notfalls selbst zu suchen. Er war allein und brauchte auf niemanden Rücksicht zu nehmen. Er war fest entschlossen, nicht noch einmal in einen Hinterhalt zu geraten.

Etwas Hilfe von der Polizei würde er für sein Vorhaben brauchen, aber nicht von dem überlasteten LKA-Dezernat in Hamburg. Er fand die Telefonnummer eines Beamten der Frankfurter Polizei und führte ein längeres Gespräch.

Thiel besorgte sich eine Pistole, weil er wusste, dass er einen gefährlichen Abschnitt seines Lebens beginnen würde. Einen Waffenschein hatte er noch aus früheren Tagen. Die neue Waffe müsste klein und trotzdem durchschlagsfähig sein. Er fuhr nach Belgien zu einer bestimmten Adresse. Dort verkaufte ihm der Waffenmeister eine zierliche Zweiundzwanziger. Bei einigen Patronen mit abgeflachten Köpfen hatte der Meister die Ladungen verstärkt. Er warnte, es könne einen Schaden geben, und gab ihm einen zweiten Lauf. Thiel kaufte mehrere Pakete normaler Munition, damit er mit dem

Zwerg üben konnte. Nach einer Woche holte er sich Nachschub. Er lernte, schnell und einigermaßen genau zu schießen.

Er brauchte einen Ausweis auf einen anderen Namen. Das war schwierig; in seinem Bekanntenkreis befanden sich keine Urkundenfälscher. Schließlich fand er einen zweiten Führerschein und andere Dokumente von sich und erledigte die Sache selbst. Die älteren Ausweise bearbeitete er, bis er einen anderen Namen eintragen konnte. Er wählte ihn von einem Hamburger Grabstein mit ähnlichen Geburtsdaten. Der Name lautete Martin Thiel. Mit der gleichen Methode änderte er unwichtige, abgelaufene Ausweise, wie eine Aufenthaltsberechtigung für das Justizministerium und eine Parkerlaubnis auf einem Siemensgelände in Berlin. Seiner Erfahrung nach reichten im vereinten Europa bei normalen Kontrollen und an Rezeptionen solche Papiere völlig aus.

In Frankfurt suchte er eine unauffällige Unterkunft. Nahe des Hauptbahnhofs hatte er Glück. In einer verwahrlosten Absteige fand er eine möblierte Wohnung mit Küche und Bad. Schon das Treppenhaus hatte einen seltsamen Geruch. Man hatte die schäbige Altbausubstanz modernisiert und alle Funktionen in einem Zimmer vereint. Das Quartier hatte einen exorbitanten Preis. Keiner der anderen Bewohner des Hauses sprach deutsch. Niemand forderte einen Besuch des Einwohnermeldeamtes. Als ersten Schritt wechselte er das Sicherheitsschloss der Wohnungstür aus und brachte einen zusätzlichen Innenriegel an. Geflissentlich vergaß er, dem Hausmeister den Zweitschlüssel zu geben. Den Mangel an Wohnlichkeit nahm er in Kauf.

Den ersten Tag benutzte Thiel, um sich eine unauffällige Tarnung zuzulegen. Er war mit der Absicht gekommen, einen der Mörder zu finden, und hatte berechtigte Angst, erkannt zu werden.

In einem Laden, der auf Schminkartikel spezialisiert war, erstand er einen Kamm, mit dem man die Haare schwarz färben konnte. Schmierte man sich hinterher noch Brillantine hinein, roch es zweifelhaft, sah aber einigermaßen echt aus. Thiel hatte sich seit einigen Wochen einen Schnurrbart wachsen lassen, der durch den Kamm ebenfalls Farbe erhielt. Dann nahm er Verbindung zu dem Frankfurter Beamten auf. Bei einem Abendessen brachte er sein Anliegen vor. Thiels neuer Kontakt war Oberkommissar und arbeitete in der Drogenbekämpfung. Sein Name war Müller. Er erschien in Jeans und einem kurzärmeligen Hemd und hatte sich dem Milieu, in dem er arbeitete, angepasst. Nach Thiels altmodischer Ansicht waren seine Haare zu lang. Trotz seines legeren Auftretens war er ein ernsthafter Mann. Über die Ereignisse in Thiels jüngster Vergangenheit war er orientiert. Er fragte ohne Umschweife, welche Art von Hilfe er bräuchte. Er bemerkte Thiels Verwunderung und sagte unverbindlich: »Ich habe erfahren, dass Ihr Fall ziemlich rasch zu den Akten gekommen ist.«

Thiel bestätigte, auf Auskünfte angewiesen zu sein. Der Kommissar nickte. »Sie wollen sich also nach einem Gesicht umschauen. In Ordnung, aber unter einer Bedingung: Wenn Sie auf etwas Wichtiges stoßen, muss ich es unbedingt erfahren. Das gilt für Fakten genauso wie für Vermutungen.«

Thiel stimmte zu.

»Ist Ihnen klar«, fragte Müller, »wie gefährlich diese Recherche werden kann?«

Wieder nickte Thiel.

»Sie haben einen neuen Namen und sehen sehr verändert aus. Wenn auf meiner Dienststelle etwas von unserer Verbindung bekannt werden sollte, werde ich Sie als Informanten ausgeben. Wo sind Sie hier erreichbar?«

Thiel gab ihm seine neue Adresse. Müller warf ihm einen skeptischen Blick zu. »Taktisch nicht schlecht, mitten im Zentrum. Aber passen Sie auf, besonders nachts ist die Gegend ein heißes Pflaster.«

»Ich werde aufpassen«, versicherte Thiel, »zu Ihnen komme ich wegen einer Auskunft, an die nur ein Polizist herankommt.«

»Und die wäre?«

»Als man uns in Hannover überfiel, wurden wir von einem Kerl in einem schwarzen BMW 750i kutschiert. Das amtliche Kennzeichen des Wagens begann mit einem F für Frankfurt. Ich glaube, dass es sein eigener war. Ich habe mich bereits bei BMW erkundigt, aber außer dem Preis nichts erfahren. So ein Wagen kommt immerhin auf fünfundsiebzigtausend Euro. Könnten Sie mir bei der Ermittlung des Fahrzeugs und des Halters helfen?«

»Lässt sich machen. Hatte der Wagen besonderes Zubehör, Schiebedach, Automatik, anderen Schnickschnack?«

»Ich glaube nicht, dass er ein Schiebedach hatte, und die Automatik ist bei diesen Autos serienmäßig. Diese Nobelkutschen sind so luxuriös, dass der Normalverbraucher nicht weiß, ab wann der Einbau als Extra zählt.«

»Also da bin ich anderer Meinung.« Der Kommissar grinste. »Wir sind in Deutschland, und bei unseren Marken zählt noch der zweite Außenspiegel als Extra. Denken Sie doch noch mal nach. Jedes Detail kann uns das Auffinden erleichtern. Hatte der Wagen Ledersitze?«

»Ja, und wenn ich mich recht erinnere, war in die breite Armstütze im Fond ein Autotelefon eingebaut. Da gab es noch anderes Spielzeug. Für die Umfahrung Hannovers hatte er einen Navigationscomputer. Das Ding erschien auf Knopfdruck.«

»Für den Anfang muss das reichen. Die elektronische Kfz-Erfassung wird uns schon weiterhelfen. Rufen Sie mich morgen Nachmittag an. Irgendwas werde ich bis dahin herausgefunden haben.«

Thiel beglich die Rechnung. Müller bedankte sich für die Einladung.

Auf einem riesigen Gebrauchtwagenmarkt sah er sich nach einem Auto um. Von einem jungen Mann kaufte er einen R4. Das Nummernschild verriet, dass sein TÜV in vier Monaten ablaufen würde, der Gesamtzustand des Wagens, dass er danach auf keiner deutschen Straße mehr zugelassen würde. Starten, Lenken, Bremsen erzeugten spezifische Geräusche. Der Besitzer wollte Thiel mit seinem Preis übers Ohr hauen, der bot ihm das Fünffache, damit er ihm für die restlichen Tage des Vehikels auch dessen Zulassungspapiere überließ. In der Nähe seiner Absteige fand er ein Fleckchen, auf dem er die Neuerwerbung abstellte.

Danach kaufte er sich ein Fahrrad und zog damit durch die Stadt. Am Botanischen Garten sah er eine Reihe zweirädriger Karren zum Aufsammeln von Abfall in den Grünanlagen, jeder mit einem Besen und einer langen handlichen Zange. Sie sahen sehr professionell aus. Er ließ einen davon mitgehen, legte sein Fahrrad auf die Karre und schob sie zu seinem Quartier. Er kettete beides an ein Regenrohr neben der Mietwohnung. Vorausschauend hatte er einen alten Overall mitgebracht. Thiel war sicher, hinter dem Karren, mit wirren schwarzen Haaren, dem Schnurrbart und einem Besen in der Hand, würden ihn auch seine engsten Ex-Mitarbeiter nicht wiedererkennen. Am nächsten Tag rief er den Kommissar an.

»Herr Thiel, einen schwarzen Wagen mit Extras, wie Sie ihn beschrieben haben, gibt es nicht. Aber ich habe mir von BMW die Farbtabelle für die Siebener-Serie geben lassen. Die haben zwei Schwarzlackierungen und darüber hinaus drei Farbtöne, die so dunkel sind, dass man sie an einem regnerischen Abend durchaus für schwarz halten könnte. Ich habe bei dem Hauptverkaufshaus angerufen. Da haben wir einen gefunden, zu dem das Zubehör, das Sie gesehen haben, passt.«

Er sprach mit jemandem in seinem Zimmer und bat Thiel, in fünf Minuten noch einmal anzurufen. Der Kommissar hatte auf ihn einen ernsthaften, fast pedantischen Eindruck gemacht. Dieser Typus lehnt zweifelhafte Aufträge ab oder erledigt sie akkurat. Thiel war nicht überrascht, dass er sich so viel Mühe gemacht hatte. Beim zweiten Anruf war Müller wieder allein und fuhr fort.

»Der Farbton des fraglichen Wagens wird von BMW mojavebraun genannt. Er sieht wirklich sehr dunkel aus. Nachdem der Computer und ich 23 einfach schwarze, cosmosschwarze, dunkelblaue und orientblaue 750er, die in den letzten zwei Jahren in Frankfurt zugelassen wurden, eliminiert haben, sind wir auf den mojavefarbenen gestoßen. Bei dem würde alles passen.«

»Sie meinen das Zubehör?«, fragte Thiel.

»Ja, nur der Eigentümer passt eigentlich nicht ins Bild. Der Wagen gehört

einer seriösen Firma, die in Ihrem Viertel liegt, in der Wasserstraße, nähe Ponto-Platz. Es handelt sich um Damargon & Partner Immobilien KG. Die Geschäftsräume liegen im Obergeschoss des Gebäudes. Ihr Service schließt den Kauf, Verkauf und Vermietung gewerblicher Objekte ein.«
»Kennen Sie die Firma?«
»Wir hatten noch nichts mit ihr zu tun. Unsere Datenbank sagt, Moment, ich hole Damargon gerade auf den Bildschirm, dass die Firma einmal Anzeige wegen Belästigung gegen eine Rotlichtbar, die im Erdgeschoss unter ihnen arbeitet, erstattet hat. Die Sache ist niedergeschlagen worden, die haben sich geeinigt. Scheint eine unbescholtene Gesellschaft zu sein. Wie wollen Sie bei denen vorgehen, reinspazieren und Fragen stellen?«
Thiel lächelte den öffentlichen Fernsprecher an.
»Ganz bestimmt nicht. Ich habe Zeit. Ich werde die Firma beobachten. Mal sehen, ob ich etwas Auffälliges finde. Sie haben sich viel Mühe gegeben. Ich wäre nicht darauf gekommen, auch andere Farben zu untersuchen.«
»Schon gut. Nochmals: Wenn Sie auf etwas Ungewöhnliches stoßen sollten, sagen Sie mir sofort Bescheid, zu Ihrer eigenen Sicherheit.«
Bereits gegen Mittag sah man einen Straßenfeger, der für die Sauberkeit der Wasserstraße sorgte. Die Straße war nicht besonders schmutzig. Thiels Job konnte daher auch nicht allzu überzeugend wirken. Aber wer achtet schon auf einen Straßenkehrer. Er erfuhr von den Stadtwerken, dass die Leerung der Mülltonnen dienstags erfolgte und beschloss, an diesem Tag nicht zu arbeiten. Müllfahrer waren wohl die Einzigen, die genau wussten, dass es so etwas wie Straßenfeger in Frankfurt nicht mehr gab. Die Wasserstraße lag in einer Gegend, in welcher der Einfluss des Rotlichtmilieus der nahegelegenen Kaiserstraße noch spürbar war.
Die Mittagsstunden verbrachte er in einer kleinen Frittenbude mit drei Sitzplätzen, bei der er zum Stammgast avancierte. Sie lag dem Hauseingang des Gebäudes, in dem die Firma Damargon residierte, gegenüber. Es war ein ständig besuchter Kiosk, der dem Einzelnen etwas Anonymität verlieh. Thiel sprach wenig, langsam und in kurzen Sätzen. Wahrscheinlich wurde er als Ausländer mit städtischem Arbeitsplatz eingestuft. Trotz seines Schweigens wurde er gelegentlich in die Unterhaltungen der anderen einbezogen. Wortführer war meist der Pächter, ein jovial auftretender Bulgare.
Er hieß Lazar und war eine rundlich-stattliche Erscheinung mit gutem Rat für jedermann. Wegen des Grauschimmers in seinen kurzen braunen Haaren wirkte er älter, als er sein mochte. Zusammen mit ihm arbeitete eine junge Bulgarin mit minimalen deutschen Sprachkenntnissen. Im Dunst von altem Fritierfett stand sie an der Pfanne und der Kasse. Sie hatte ein fröhliches Naturell, hieß Nasca und sah, wenn man Walküren mochte, nicht unflott aus. Lazar zapfte das Bier und hatte sie bei allem, was sie tat, im Auge.

Er sorgte dafür, dass sie kontinuierlich beschäftigt war, während er seine philosophischen Weisheiten zum Besten gab.

Thiel saß hinter einer Zeitung und las, indem er langsam die Lippen bewegte. Er hatte Damargon & Partner im Blick und trank sein Bier. Sein Beobachtungsobjekt war unergiebig. Eine blonde, gut proportionierte Sekretärin mit einer modischen Brille, stets in dezenten Kostümen, zwängte sich jeden Morgen aus einem Toyota, für den sie einen absperrbaren Firmenparkplatz hatte. Sie kam um neun und ging gegen fünf Uhr. Er hätte nicht gewusst, dass sie in das Immobilienbüro gehörte, wenn er sie nicht einige Male hinter den Fenstern gesehen hätte, auf denen in dezenten Goldbuchstaben Damargon & Partner stand. Flüchtig sah er einen kompakt gebauten Glatzkopf im Haupteingang des Gebäudes, hinter dem auch das Büro lag. Thiel wusste, dass er mit Damargon & Partner zu tun hatte, weil er auch ihn am Fenster erblickt hatte. Das Gebäude hatte fünf Stockwerke. Er wagte aber nicht, den Hausflur und das Treppenhaus zu betreten, da er für jeden Bewohner, der ihn innerhalb des Hauses gesehen hätte, seine Anonymität auf der Straße verloren hätte. Gemäß den Schildern neben der Eingangstür befanden sich noch zwei weitere Firmen in dem Gebäude. Es handelte sich um die ›Ca&Sa Abfallentsorgung KG‹, Leerung, Demontage, Recycling, sowie um die ›Frankfurt Automaten Service GmbH‹, Aufstellung von Spiel- und Unterhaltungsautomaten. Die Firmen hatten Briefkästen in einheitlichem Dekor. Ein viertes Messingschild wies aus, dass die oberste Etage einem ›sport-active-hotel‹ für Sport, Tagungen, Erholung, Beauty und einem Panoramabad vorbehalten war.

So, wie er das Treppenhaus nicht betrat, wagte er auch nicht, den Fuß in die Bar zu setzen, die unter den Geschäftsräumen lag. Sie trug den Namen Goldene Eule, und er wusste nicht, auf welche Art Gäste sie spezialisiert war. Es war ihm zu gefährlich. Er war Pensionär und hatte für Recherchen jede Menge Zeit. Wenn er hier etwas über diese Sozialarbeiter herausfinden wollte, die ihn in Hannover fast erschlagen hatten, dann ohne überflüssige Risiken.

So liefen seine Bemühungen, die Wasserstraße sauber zu halten, bereits in die dritte Woche, und er hatte nur feststellen können, wie sich der Normalbetrieb des kleinen Straßenstücks abspielte. Langsam wurde er ungeduldig. Er hütete sich, zu oft mit seiner Karre aufzutauchen. Meist fuhr er mit dem Fahrrad durch die Straßen und kontrollierte die direkte Umgebung. Da er bisher den mojavebraunen BMW noch nicht gesehen hatte, überprüfte er regelmäßig die umliegenden Parkmöglichkeiten, drei Parkplätze und zwei Parkhäuser. Wann immer er etwas fand, was ihn interessierte und was er längere Zeit beobachten wollte, kam er mit seiner Karre, um die Straße zu reinigen. Einige Male erhielt er Sonderaufträge und einen

Zehner, um Hinterhöfe auszukehren. Einmal wurde Thiel aus einem grauen Golf angesprochen und erkannte Kommissar Müller. Thiel parkte die Karre neben dem Kiosk mit den drei Sitzplätzen, und sie setzten sich. Sie hatten beide nichts Neues zu berichten. Müller gratulierte Thiel zu seiner Tarnung. Er bat Müller festzustellen, ob es einen Delaitre in Frankfurt gäbe. Im Telefonbuch sei er nicht zu finden. Der Kommissar sagte, das sei von ihm bereits überprüft. Etwas steif gratulierte er Thiel zu seiner Geduld und verabschiedete sich.

Es freute ihn, dass der Kommissar seine Geduld bei dieser Aufgabe erwähnt hatte, denn sie begann zu schwinden. Zeitlebens war er ein Mann der Tat gewesen. In seinem Leben hatte er noch keine Minute mit dem Angeln eines Fisches verbracht. Beobachten und Warten waren nicht sein Ding. Obwohl er wusste, dass ihm jede Menge Zeit zur Verfügung stand, hatte er das Gefühl, sie zu verschwenden. Nach vier Wochen fing er an zu zweifeln, ob er seine Bemühungen wirklich auf den richtigen Ort konzentrierte. Aber er sagte sich, solange er den ominösen BMW noch nicht gefunden hatte, dürfte er nicht aufgeben. Das sollte sich als richtig herausstellen.

Regelmäßig beobachtete er die in der Nähe liegenden Garagen. In der rückwärtigen Straße hinter dem Immobilienbüro befanden sich drei, die nebeneinander lagen. Eine davon mit einem seltsamen Rolltor aus rostfreiem Stahl, das offensichtlich funkgesteuert wurde, wäre von ihm nur schwer zu öffnen gewesen. Mittlerweile kannte er die Umgebung der Wasserstraße fast mit geschlossenen Augen. Thiel war mit Toren vertraut, die permanent verschlossen waren und solchen, die offen standen und denjenigen, die er zur Not öffnen konnte. Ihm war klar, dass die Gegend besonders nach Anbruch der Nacht unsicher war. Der Amüsierbetrieb der Kaiserstraße zog sich bis zum Untermainkai hin und machte vor der Goldenen Eule nicht halt. Auch über das in der obersten Etage gelegene sport-active-hotel begann er sich Gedanken zu machen. Von sieben Uhr abends an fungierte am gemeinschaftlichen Eingang aller Firmen ein fetter Türsteher. Sein Gesicht zeigte Spuren von zu vielen im Boxring verbrachten Runden. Gäste jeden Alters kamen allein oder zu zweit und wurden manchmal erst nach längeren Debatten und einem Telefongespräch eingelassen. Das sport active konnte sehr wohl zu einem privaten Sexclub gehören. Thiels Unzufriedenheit über den langsamen Fortgang seiner Ermittlung wuchs.

Aber dann kam der Abend, an dem er die erste Teiletappe erreichte, denn er sah, wie ein mojavebrauner BMW das Nirosta-Tor seiner Garage verließ. Die Insassen des Wagens hatten anscheinend eine Meinungsverschiedenheit. Beide gestikulierten heftig. Der Beifahrer war der Glatzkopf aus der Firma Damargon. Den Fahrer sah er zum ersten Mal. Thiel hätte Kommissar Müller informieren können, aber über was? Dass die Firma Damargon über diesen BMW verfügte, hatte er schließlich von ihm erfahren. Der brauchte dafür keine Bestätigung.

Doch wie es im Leben so kommt, vier Wochen Langeweile und dann alles auf einmal. Immerhin erinnerte sich Thiel noch gut an Müllers Warnung, vorsichtig zu sein; von jetzt an wollte er nicht mehr unbewaffnet herumlaufen. Also holte er aus seiner Unterkunft die kleine Pistole und steckte sie in die Tasche. Das war's auch für diesen Abend.

Am nächsten Tag nieselte es wieder, und Thiel verfluchte seinen selbstgewählten Job als Straßenkehrer. Zu seiner Überraschung erblickte er den Kahlkopf an den Fenstern aller Etagen, nicht nur denen der Firma Damargon. Thiel wusste nicht, was er davon halten sollte. Dass der Typ der Hausmeister des Gebäudes war, konnte er nicht recht glauben. Es hätte seine Anwesenheit in den anderen Etagen erklärt, aber Thiel hielt es auch nicht für so wichtig.

An diesem Tag kam Nasca später zu dem Kiosk. Thiel sah, dass etwas mit der jungen Frau nicht stimmte. Sonst war sie freundlich und an der Kasse absolut sicher. Meistens lachte sie, wenn sie ihre komischen Zahlen herausbrachte. Jetzt wirkte sie fahrig und niedergedrückt, aber es passierte nichts, und zu diesem Zeitpunkt interessierte es ihn auch noch nicht besonders.

Am Abend gestattete sich Thiel wegen des Regens den Luxus, die weitere Beobachtung des Damargon-Gebäudes aus seinem Auto heraus zu betreiben. Das tat er selten, weil er niemandem auf die Nase binden wollte, dass er eines besaß. Der R4 war in der Zwischenzeit von einer Werkstatt gewartet und mit einer neuen Batterie versehen worden und so weit in Schuss, dass er auf Anhieb startete. Der Kiosk war bereits geschlossen. Um diese Tageszeit hatte Thiel auf der gegenüberliegenden Seite des Damargon-Gebäudes freie Wahl an Parkplätzen und stellte das Auto direkt neben Lazars Frittenbude. Er saß entspannt auf der Rückbank und blickte durch den kalten Nieselregen auf die hässliche Straße. Durch die sich in den Pfützen reflektierenden Lichter erhielt sie ein melancholisches, fast respektables Aussehen. Verzweifelt versuchte sich Thiel an zusätzliche Merkmale des dunklen BMW zu erinnern. Er war sich durchaus nicht sicher, ob das Fahrzeug der Firma Damargon wirklich jenes Auto war, mit dem sein Freund Peter und er zu ihrer Hinrichtung gebracht worden waren. Zwischenzeitlich bezweifelte er immer häufiger, ob sich die langweiligen vier Wochen, die er in die Observierung der Wasserstraße investiert hatte, lohnen würden.

Dann hörte Thiel aus dem dunklen Kiosk laute Stimmen. Zuerst war es Lazars Stimme. Sie hatte einen kommandierenden Tonfall und ihre Verbindlichkeit verloren. Vorsichtig öffnete Thiel das Schiebefenster des R4 noch weiter. Er sprach und verstand das Russische ganz annehmbar, beherrschte aber keine der verwandten Balkansprachen. Zwei Dinge, die

Lazar sagte, verstand Thiel dennoch: Gutes Leben und wenig Arbeit. Eine anklagende weibliche Stimme überschüttete ihn mit einer Flut bulgarischer Argumente. Lazar versuchte vergeblich, etwas zu erwidern. Thiel verstand nicht ein Wort, war sich aber sicher, dass es sich um Nascas Stimme handelte. Die beiden Bulgaren wurden durch eine ungeduldige deutsche Stimme unterbrochen. »Freunde, das wär's wohl.«

Abrupt hörten die zwei auf zu sprechen.

»Um was wird hier eigentlich so lange diskutiert? Hat sie es nun kapiert oder nicht?«

Lazars Stimme klang unsicher. »Ich weiß es nicht. Ich glaube, sie ...«

Aber der Dritte war nicht daran interessiert, was Lazar glaubte. »Willst du sie jetzt reinbringen, oder soll ich es machen?«

Der Bulgare zögerte einen Moment. Dann sagte er: »Bring du sie rein. Bei mir macht sie Theater.«

17

Wie im Trance verließ Thiel das Auto und schloss leise die Tür. Er hatte die Stimme des dritten Gesprächsteilnehmers erkannt. Seine Feststellung, ›Freunde, das wär's wohl‹, hatte er mit der gleichen Ungeduld schon einmal in Hannover gehört: auf dem Parkplatz neben der Autobahn. Thiel war aus dem Wagen, bevor er noch wusste, wen er da wiedererkannt hatte. Seinen Besen hatte er zum Nachweis seiner beruflichen Tätigkeit mitgenommen. Er begab sich vor die Goldene Eule, um dort den bereits sauberen Bürgersteig nachzureinigen. Die kaum fünfzig Meter entfernte Frittenbude behielt er genau im Auge. Thiel sah, wie der bullige Kahlkopf aus dem Kiosk auftauchte und an der Hand Nasca hinter sich her zog. Das große, fröhliche Mädchen war nicht wiederzuerkennen. Mit gesenktem Kopf ließ es sich abführen, als ob es von der Polizei festgenommen sei. Als der Kahlkopf in den Bereich der Lampen der kleinen Bar geriet, hatte Thiel zum ersten Mal die Gelegenheit, ihn genauer zu betrachten. Mit einem Mal war er absolut sicher, wer ihm da gegenüberstand. Die Stimme. Die Worte. Es war der Sozialarbeiter Delaitre aus Hannover.

Er sah verändert aus, denn er hatte seine vollen dunklen Haare verloren. Thiel musste ihn wohl für einen Moment ungläubig angestarrt haben, was aber nur von Nasca bemerkt und falsch interpretiert wurde. Sie kannte Thiel als gelegentlichen Besucher des Kiosks und klammerte sich an ihn als ihren letzten Strohhalm. Vielleicht glaubte sie, er hätte ihre Schwierigkeiten begriffen und wollte ihn um Hilfe bitten. Sie riss sich von dem Kahlkopf los und anstatt wegzulaufen, stellte sie sich hinter den Straßenfeger. Plötzlich war Thiel da, wo er nie hingewollt hatte, im Mittelpunkt. Delaitre, oder wie er immer heißen mochte, nahm Thiel wahr, ohne ihn zu erkennen. Er sah in ihm lediglich einen nassen Straßenfeger im Regen. Er machte einen Schritt auf ihn zu, aber Thiel rührte sich nicht von der Stelle. Delaitre wollte etwas sagen, aber Lazar erschien und wollte Nasca hinter Thiels Rücken wegziehen. Thiel drehte sich um, und als Lazar eine drohende Gebärde machte, rammte er ihm mit voller Wucht den Stiel seines Besens in den Bauch. Thiel war wohl am meisten erstaunt, als Lazar in einer Pfütze zusammenbrach, aus der er sich vorläufig nicht mehr erhob. Er wollte ihm schon helfen, als er unerwartet einen Stoß von der Seite erhielt. Er war von dem Türsteher gekommen, der in einem speckigen roten Dinnerjackett im Regen auftauchte. Der Besen war zu Boden gefallen. Der Kahlkopf baute sich drohend vor Thiel auf, aber der blickte den Türsteher an, der neben ihm stand und sich einen mattglänzenden Schlagring über die Rechte schob. Delaitre versetzte Thiel einen Fausthieb an den Kopf und knurrte: »Erst mal weg von der Straße!«

Lazar war außer Gefecht, aber die beiden anderen genügten, um ihn und die Frau in den Gebäudeeingang der Firma Damargon zu schieben, den Thiel sich immer schon genauer hatte ansehen wollen – wenn auch ganz sicher nicht unter diesen Umständen.

Die fürchterlichen Schmerzen, die ihn seit seinem Schädelbruch periodisch heimsuchten, schienen seinen Kopf wie mit einem Schraubstock zusammenzupressen. Sie hatten mit einem Summton begonnen, der so laut wurde, dass er Delaitres Worte kaum verstand. Er wusste nicht, was der Anlass war, der Schlag an den Kopf, das Aufspüren des angeblichen Sozialarbeiters oder die Anspannung durch die plötzlich gefährlich gewordene Situation. Diese Schmerzen! Sie schienen nur aufzutreten, wenn er ungewöhnlichem Stress ausgesetzt war. Die Schmerzattacke hinderte ihn aber nicht, einigermaßen klar zu denken. Dennoch schaffte sie einen Zustand jenseits des Rationalen, als ob er ein Außenstehender und selbst gar nicht betroffen sei. Seine Gedanken kreisten um den Mann im Untergeschoss des Damargon-Gebäudes, der in Wirklichkeit er selbst war, und stellten kaltblütige Erwägungen an, wie sein derzeitiges Problem zu lösen sei. Trotz der Kopfschmerzen war es der angstfreie Zustand, der ihn befremdete. Er glaubte fast, verrückt geworden zu sein.

Hinter der Bulgarin Nasca stolperte er also durch den Eingang des ominösen Gebäudes und hinab in einen durch Stahlgitter gesicherten Keller. Trotz seiner Beschwerden entging ihm nicht der gefängnisähnliche Charakter der Vergitterung des hell erleuchteten Kellerflurs. Die schmale Stahltür wurde durch ein elektronisches Schloss gesichert, das mit einer Codecard, die Delaitre aus seiner Hemdtasche zog, geöffnet wurde. Der Raum, in dem sie endlich landeten, war geräumig und hatte eine schwere schalldichte Tür. Er war weiß gestrichen und wurde durch starke Glühbirnen, die nackt in ihren Fassungen hingen, erhellt. An einem Heizkörper, dessen überdimensioniertes Wasserrohr mit massiven Metallbügeln an der Betonwand befestigt war, hingen mehrere Handschellen. In der hinteren Ecke standen zwei Plastikstühle und ein kleiner Tisch. Über dem Tisch hing ein Erste-Hilfe-Kasten an der Wand. Die Summe der einzelnen Raumdetails hatte etwas Bedrohliches. Thiel steuerte auf einen Stuhl zu, setzte sich und hielt seinen Kopf in den Händen. Die Schmerzen bohrten sich jetzt in seinen Hinterkopf und waren fast auf ihrem Höhepunkt angelangt. Sein Gesicht hielt er halb verdeckt, um dem Kahlkopf keine Chance zu geben, ihn zu erkennen. Wie er da unbeteiligt in seinem schmutzigen Overall an dem Tischchen saß, war die Gefahr dafür wahrscheinlich nicht groß. Delaitre warf einen hilflosen Blick auf Nasca und wandte sich an den Türsteher,

»Wir können beide nicht mit ihr reden. Sie versteht uns nicht. Wir brauchen Lazar. Sieh zu, ob du ihn aufsammeln kannst.«

Der übergewichtige Türsteher hatte ein feistes Gesicht und plattgedroschene Ohren. In seinen besseren Tagen mochte er Schwergewichtler gewesen sein. Er strich sich das nasse Jackett glatt, warf einen zweifelnden Blick in Thiels Richtung und watschelte hinaus. Er machte nicht den Eindruck, als ob er dabei einen neuen Geschwindigkeitsrekord aufstellen wollte.

Delaitre kam wohl zum gleichen Ergebnis, denn er beschloss, sich einstweilen auch ohne Lazars Hilfe mit Nasca zu befassen. Thiel ließ er dabei völlig außer Acht. Warum sie ihn überhaupt mit in das Untergeschoss bugsiert hatten, war ihm schleierhaft. Der Straßenfeger wurde für sie zu einem zusätzlichen Problemfall, den sie entsorgen mussten. Langsam ging der Kahlkopf auf Nasca zu, die zögernd zurückwich.

»Du wirst mich schon verstehen«, sagte er in seiner ruhigen Art. An seiner Rechten blitzte der elegante Diamantring. Ansatzlos gab er ihr zwei knallende Ohrfeigen. Ein zierlicheres Mädchen als Nasca wäre zu Boden gegangen. Mit einem kurzen Schrei nahm sie beide Hände vors Gesicht und wandte sich ab. Wie auf der Straße umrundete sie Thiel und begab sich hinter seinen Stuhl. Wieder machte sie ihn zum Mittelpunkt der Auseinandersetzung. Gemächlich bewegte sich der Glatzkopf auf Thiel zu und gab ihm mit einer Handbewegung zu verstehen, dass er zu verschwinden hätte. Delaitre war ein Dealer und wahrscheinlich ein Zuhälter. Er wirkte bedrohlich, war zwanzig Jahre jünger als Thiel, und dieser dachte nicht daran, sich mit ihm in eine Schlägerei einzulassen. Sein Kopf schien ohnedies zu zerspringen. Thiel nahm eine Hand vom Gesicht.

»Was wollen Sie von ihr?«

»Halt dich raus. Du kommst schon noch dran. Geh mir aus dem Weg.«

Thiel rührte sich nicht. Der Dealer betrachtete ihn genauer, seine breiten Hände, den alten Overall und seine schweren Arbeitsschuhe. Alleine schien er es nicht auf eine direkte Auseinandersetzung mit ihm anzulegen. Eine Hand hatte Thiel noch an das Gesicht gepresst, als ob sie die stechenden Qualen aus seinem Kopf in den Tisch ableiten könnte. Ihm war klar, dass er nicht erkannt wurde. Solange er sich nicht vom Fleck rührte, befand sich der Glatzkopf in einer Pattsituation. Thiel sah, wie der Mann Nasca gedankenvoll musterte und dabei feststellte, dass sie ein stattliches Frauenzimmer war. Er konnte sich ausrechnen, dass er mit beiden zusammen nicht ohne Weiteres fertig werden würde. Er trat einen Schritt zurück, in seinem Gesicht erschien ein ironisches Lächeln. Er war Herr der Situation und hatte es nicht nötig, sich die Hände schmutzig zu machen. Thiel fragte sich, wo die ausgezeichnete Perücke geblieben war, die er in Hannover getragen hatte.

Dann kamen die Hilfstruppen. Es waren drei. Der Türsteher, seine rote Jacke konnte er jetzt auswinden, ein aufgeweichter Lazar, der sich kleinlaut in die andere Ecke des Kellerraums begab, und ein dritter Mann, ein knapp mittelgroßer Kerl, den Thiel jetzt gleichfalls wiedererkannte. Er hatte ihn schon zweimal gesehen. Einmal, als er mit Delaitre in dem dunklen BMW aus der Nirostagarage gefahren war, und bei seinem Auftritt als Sozialarbeiter in Hannover. Mit einer typischen Handbewegung strich er sich das hellblonde Haar aus dem Gesicht, und Thiel erkannte die schwere Goldkette an seinem Handgelenk. In seiner Linken befand sich ein Handy. Er war leichter zu erkennen, auch wenn er jetzt in einer engen Lederhose und einem ärmellosen T-Shirt, das seine Muskeln zur Schau stellte, weniger dezent gekleidet war. Der Kahlkopf reichte ihm einen Schlüssel, und der Blonde verschloss wortlos die Kellertür, gab den Schlüssel zurück und ging an seinen Platz. Das Betriebsklima im Raum wurde dadurch nicht entspannter. Thiel blickte auf Lazar. »Was wollen Sie von dem Mädchen?«

Der blieb stumm und blickte auf Delaitre. Auch der hatte jetzt ein paar Fragen und herrschte Lazar an: »Verdammter Mist, wer ist der Kerl, was hat er sich hier einzumischen?«

Doch der Bulgare war ihm keine Hilfe. Verwirrt betrachtete er Thiel. »Er ist ein Straßenkehrer.«

»Das weiß ich selber. Wie heißt er? Was hat er mit Nasca zu schaffen?«

»Weiß ich nicht«, war die Antwort. »Er sitzt öfters am Kiosk.« Und nach einem Moment des Zögerns: »Er heißt Ali.«

Thiel war erstaunt. An der Bude hatte ihn niemand mit diesem Namen angeredet.

»Stimmt das?«, fragte Delaitre in seine Richtung. Thiel nickte.

Trotz der Kopfschmerzen hatte er das befreiende Gefühl, der Erfüllung seines Auftrags einen gewaltigen Schritt näher gekommen zu sein. Die Schmerzen lenkten ihn von der Gefährlichkeit der Situation in dem Kellerraum ab und gaukelten ihm eine irreale Sicherheit vor. Für ihn stand in diesem Augenblick Kommissar Müller im Nebenraum und staunte, dass es ihm gelungen war, diese Figuren der Drogenmafia aufzuspüren. Er würde ihm jederzeit zu Hilfe kommen. Ein Ruf würde genügen. Doch die Wirklichkeit sah entschieden anders aus. Die ungerührte Art, wie Thiel auf seinem Stuhl saß, musste auf Delaitres Schlägertruppe töricht wirken.

»Der tickt nicht richtig«, sagte der Blonde und machte einen kleinen Schritt auf Thiel zu. Der zog seine Hand aus der Tasche des Overalls und zielte mit seiner Damenpistole vage auf eine der Glühbirnen und sagte: »Ich glaube, jetzt wäre es an der Zeit, die Polizei zu holen.«

Für keinen der Vier schien das ein guter Vorschlag zu sein. Aber sie merkten, dass Thiel noch etwas in petto haben musste. Als sie dann das Format seiner Pistole erblickten, schienen sie aufzuatmen. Nur eine .22er. Der Blonde sprach für alle.

»Mit diesem Spielzeug willst du uns doch keine Angst einjagen, da kannst du auch mit einer Steinschleuder ankommen.«

Thiel hob die Waffe zur Decke und gab ohne genau zu zielen einen Schuss ab. Es gab einen dünnen, peitschenden Knall, der in seinen Ohren schmerzte, und eine Glühbirne explodierte in einem Regen kleiner Glasscherben. Durch das Training mit der kleinen Waffe war er kein Meisterschütze geworden, hatte nicht einmal genau gezielt, aber manchmal passierte so etwas. Der Zeitpunkt dafür war nicht schlecht gewählt. Die andere Seite war beeindruckt, aber nicht allzu sehr.

Wenn man Nasca nicht mitzählte, stand es vier zu eins gegen Thiel. Der Türsteher stand etwas entfernt, fummelte wieder an seinem Schlagring, verhielt sich aber ansonsten ruhig. Lazar blieb in seiner Ecke und rührte sich nicht. Der Kahlkopf zog es vor, solange die Lage unklar war, andere eingreifen zu lassen. Der erste Schritt wurde offenbar von dem kleinen Blonden erwartet. Der wollte die Ausgangsposition verbessern und versuchte, Thiel abzulenken. »Was willst du denn schon alleine, einer gegen uns alle?«

Thiel wusste es nicht. Die Frage schien ihm nicht unberechtigt zu sein.

»Das hängt davon ab, was Sie mit Nasca vorhaben«, sagte er mit seiner tiefen Stimme.

»Was geht dich denn die Nutte an?«, fragte Delaitre und fuhr fort, »du alleine schaffst es doch nie gegen uns.«

»Abwarten. Geben Sie mir mal das Handy, Kleiner.«

Der Blonde wollte schon etwas Passendes erwidern, aber auch er schien ein Gedächtnis für Stimmen zu haben. Er trat einen Schritt zurück und

schaute Thiel mit weit aufgerissenen Augen ins Gesicht. »Ich glaub, ich spinne. Weißt du, wer das da ist?«, wandte er sich an den Kahlkopf.
»Na, wer schon.«
»Einer von den beiden Mackern aus Hannover, die wir fertiggemacht haben.«
»Ausgeschlossen, der doch nicht – oder doch?« Delaitre schüttelte den Kopf und musterte Thiel nachdenklich. Offensichtlich hatte er noch Zweifel. Dann fuhr er in seiner ruhigen Art fort. »Na, wenn schon. Dann holen wir das jetzt nach, aber endgültig.«

Darauf fiel Thiel keine Antwort ein, die Schmerzen in seinem Hinterkopf stiegen wieder an.

Der kleine Blonde strich sich seine Haare aus dem Gesicht und zauberte einen harmlos aussehenden schwarzen Stab, kleiner als ein Knirps, einer der faltbaren Regenschirme, aus der Seitentasche seiner Lederhose. Er wandte sich Thiel zu und hielt das kleine Gerät, als ob er ein Messer in der Hand hätte. Er wirkte hoch konzentriert. Gleichzeitig sah Thiel aus den Augenwinkeln, wie der Kahlkopf, der durch den kleinen Tisch von ihm getrennt war, nickte und seine Position veränderte. Mit dem Grad, in dem die Gefahr in dem Raum größer wurde, stiegen seine Kopfschmerzen. Thiel änderte die Richtung des Pistolenlaufs. Der zeigte jetzt auf den Blonden. Der schwarze Stab in der Hand des Kleinen bewegte sich geringfügig und produzierte einen unbedeutenden Knall, dem ein leises Zischen folgte. Thiel empfand einen leichten Schlag am Hals und drückte instinktiv auf den Abzug seiner Pistole. Er schoss den Blonden zweimal in den Bauch. Im Vergleich mit der Glühbirne war er ein leichtes Ziel. Die Schüsse hatten den Solarplexus getroffen. Der Mann brach zusammen und blieb reglos liegen. Thiel sah, dass er am Hals durch ein dünnes schwarz-gelb gestreiftes Kabel mit dem schwarzen Stab verbunden war. Ohne Vorwarnung richtete Thiel den Lauf nach rechts auf Delaitre und schoss ihm in die Schulter. Thiel hatte jetzt viermal geschossen und somit noch drei Patronen im Magazin. Der mehrfache dünne Knall der kleinen Waffe hinterließ in seinem Kopf einen nicht enden wollenden schrillen Ton.

Der abgeflachte Kopf des kleinen Geschosses machte dem Kahlkopf zu schaffen. Obwohl an seinem Sakko kein Blut zu sehen war, musste die Schulter halb zertrümmert sein. Das volle Gesicht des Mannes wurde weiß, er sank zu Boden und atmete stoßweise. Thiel nahm die Pistole in die linke Hand und riss sich das schwarz-gelbe Kabel aus der Haut. Er spürte ein geringfügiges Brennen neben seinem Kehlkopf und schleuderte das Kabel auf den Boden, als sei es ein lebendes Insekt. Am Ende des Kabels hing eine federleichte Harpune mit zwei Spitzen. Er erhob sich von seinem Plastikstuhl. Die beiden anderen wichen ängstlich zur Wand zurück. Er ging zu dem Rohr und stellte fest, dass in den Handschellen die Schlüssel steckten. Die Pistole in der Hand, öffnete er sie.

Dennoch war er achtlos geworden. Hinter seinem Rücken hörte er Nasca laut aufschreien, und als er sich umwandte, sah er sie mit einem der Plastikstühle auf sich zukommen. Er drehte sich und spürte einen leichten Schmerz im Rücken. Dann sah er Nasca, die sich mit dem Stuhl gegen Lazar drängte. Der ließ ein elegantes, stilettartiges Messer verschwinden. Thiel hielt ihm die Pistole ans Bein und drückte ab. Der Bulgare taumelte zu dem Wasserrohr und hielt sich fest. Der fette Türsteher hatte sich nicht gerührt und schien entschlossen, nicht einzugreifen. Thiel gab ihm ein Zeichen, und ohne etwas zu versuchen, hielt er ihm seine Pranken hin, damit er ihm Handschellen anlegen konnte. Der Einzige, um den er sich keine Gedanken machen musste, war der Blonde, der schien tot zu sein. Dem Kahlkopf und Lazar fesselte er je eine Hand so zusammen, dass sie gemeinsam am Wasserrohr hingen. So weit war er Herr der Lage geworden. Nasca sagte zwar nichts, legte aber kurz den Kopf zur Seite und rümpfte die Nase, als ob sie ihm anzeigen wollte, ›nicht schlecht‹.

Thiel wusste, dass seine Aufgabe hier gelöst war. Die Männer konnte er Kommissar Müller überlassen. Der müsste die weiteren Schritte einleiten. Gleichzeitig wusste er, dass er jetzt aus Frankfurt verschwinden sollte. Er hatte zwei Rädchen des organisierten Verbrechens ausgeschaltet. Der Kahlkopf gehörte allenfalls zum unteren Management, aber für die Drogenmafia war Thiel zum Problem geworden und genauso Nasca, falls sie von der Polizei zur Aussage überredet werden konnte. Sie sollten sich tunlichst aus der Reichweite des Frankfurter Kartells entfernen.

In einfachstem Russisch fragte er sie, wo sie wohne. Sie deutete nach oben. Er wandte sich Delaitre zu, der bewegungslos am Boden saß, sein rechter Arm hing am Wasserrohr. Thiel erleichterte ihn um die Codecard für die Gittertür und den Schlüssel für die Kellertür sowie seine Brieftasche und legte alles auf den Tisch. Die Schulter Delaitres schien jetzt stärker zu bluten und hinterließ auf seinem Sakko dunkle Flecken. Neben dem Blonden lagen sein Handy und der schwarze Zauberstab. Thiel legte beides auf den Tisch. Aus seiner Gesäßtasche schaute eine Geldbörse hervor. Sie ging den gleichen Weg. Thiel wandte sich der jungen Frau zu. Er bat sie, das Nötigste zu packen und vor dem Haus auf ihn zu warten.

Als er sicher war, dass sie ihn verstanden hatte, öffnete er vorsichtig die schalldichte Türe und blickte in den hellen Flur des Kellers. Niemand war zu sehen. Im Raum hing der durchdringende Geruch nach verbranntem Schießpulver. Thiel war überzeugt, dass die Schüsse aus der kleinen Waffe nicht gehört worden waren. Er winkte Nasca, ihm zu folgen und ließ sie mit der Codecard aus dem Gittertor. Sie verschwand, ohne sich umzublicken.

Er verschloss die Gittertüre ging zurück zu den anderen und setzte sich an den Tisch. Den Inhalt der Brieftaschen räumte er aus und stellte fest, dass der Blonde einen Personalausweis auf den Namen Uwe Koormann, eine Kreditkarte und 900 Euro in Scheinen mit sich führte. Der Kahlkopf hatte neben seinen Ausweisen einen umfangreichen Terminkalender mit einer Vielzahl unverständlicher Notizen sowie ein Adressenverzeichnis dabei. Sein richtiger Name war mitnichten Delaitre, sondern Detlef Krumpinsky. Neben einer Menge verschiedener Mitglieds- und Kreditkarten hatte er nicht weniger als 6000 Euro dabei. Das Geld und das Handy nahm Thiel an sich, die anderen Papiere ließ er auf dem Tisch zurück. Mit einem Ruck holte er das Erste-Hilfe-Schränkchen von der Wand und platzierte es vor die beiden mit ihren Schusswunden. Da sie jeder eine Hand frei hatten, mochten sie versuchen, sich gegenseitig zu helfen. Thiel machte sich auf den Weg zu Nasca und versperrte alle Türen hinter sich.

Sie wartete auf ihn neben dem dunklen Kiosk. Ihren Koffer schob er auf die Rückbank, dann fuhren sie zu seiner Wohnung. Unterwegs versuchte er ihr klar zu machen, dass sie in Gefahr sei. Sie wusste es. Sie hatte auch begriffen, dass sie langsam sprechen musste, damit eine Verständigung möglich wurde. Sie wollte Fragen stellen, wer er war und warum er ihr half, aber ihm fehlte die Zeit, um ihr das zu erklären. Nachdem er ihr das Versprechen abgenötigt hatte, sich nicht aus dem Zimmer zu rühren, ließ er sie ziemlich verwirrt in seiner Wohnung zurück.

Wieder in dem schalldichten Raum, fand Thiel alles wie vorher. Der Blonde war tot, und die anderen hingen noch mit ihren Handschellen an dem Wasserrohr. Delaitre und Lazar hatten sich in der Zwischenzeit behelfsmäßig verbunden. Ersterer trug seinen linken Arm jetzt in einer breiten schwarzen Schlinge. Thiels Kopfschmerzen waren im Abklingen, und er begann, eine Spur Mitleid mit den beiden zu fühlen. Der Kahlkopf klagte über starke Schmerzen in seiner Schulter und bat, von dem Wasserrohr abgekettet zu werden. Thiel machte ihn los, und er betastete unter lautem Stöhnen seine bandagierte Schulter. Sein Gehabe wirkte etwas theatralisch. Thiel betrachtete ihn misstrauisch, konnte sich aber keinen Reim darauf machen. Bevor er die drei Überlebenden der Polizei übergab, wollte er noch ein paar Auskünfte von Delaitre und war erstaunt, wie offen der antwortete. Auf seine Frage, wer die drei vor rund einem halben Jahr in die Tagung in Hannover eingeschleust hatte, konnte er nichts sagen. Thiel war geneigt, ihm zu glauben. Er war ein Rädchen am untersten Ende des Kartells, über solche Details musste er nicht Bescheid wissen.

Warum sie nach Hannover gekommen waren, beantwortete er sofort. Sie sollten herausfinden, wie weit eine Freigabe von Drogen von Staats wegen bereits in Erwägung gezogen wurde. Sie seien informiert gewesen, dass Thiel der leitende Kopf dieser Aktion sei und beauftragt, ihn zu beseitigen. Auf Thiels Frage, wie Nasca in diese Geschichte passte, wurde er ärgerlich. Nasca hätte nichts damit zu schaffen. Sie sei eine ganz gewöhnliche Nutte, die sie als Nachschub für ihren Sportclub in der obersten Etage angeheuert hätten. Thiel fragte, warum sich das Mädchen dann so gesträubt hätte, und erfuhr, sie stünde noch am Anfang ihrer Karriere, sie sollte gerade erst eingearbeitet werden.

»Warum ist sie dann nicht einfach abgehauen oder zur Polizei gegangen?«

»Lazar hat ihren Pass«, meinte Delaitre mit einer gewissen Betonung, als hätte Thiel ihm das Stichwort gegeben. Gleichmütig wanderte er im Zimmer hin und her, die Schmerzen in seiner Schulter schienen nicht mehr so stark zu sein. »Außerdem hat er Fotos von ihrem Sohn auf der Straße und im Kindergarten«, fuhr er fort, »sie kann sich ausrechnen, dass ihm etwas zustoßen wird, wenn sie hier in Frankfurt nicht ihr Bestes gibt.«

Die Offenheit, mit der er die Auskünfte erteilte, kam Thiel nicht geheuer vor. Der Kahlkopf hatte sich gut erholt, ein bisschen zu gut, fand er. Er sollte ihn möglichst bald wieder zu den anderen an das Rohr ketten. Dann sah Thiel seine Augen und die stecknadelgroßen Pupillen und begriff, dass er in dem Arzneikästchen wahrscheinlich auf Morphium gestoßen war. Das würde sein revitalisiertes Aussehen erklären und die merkwürdige Offenheit. Thiel sagte, dass er ihn mehrere Male in den anderen Etagen gesehen hätte und fragte, ob denn die Firmen miteinander verflochten seien. Delaitre meinte wohlwollend, das wäre schön formuliert. Sein Zustand machte ihn redselig. Ungefragt erwähnte er eine ganze Reihe anderer Firmen im Frankfurter Raum und ihre Gewinnspannen. Er ließ sich über die Bedeutung vernetzter, gut geführter Unternehmen aus.

Seine Ausführungen klangen herablassend und belehrend. Seinem Ton nach war er dabei, betriebswirtschaftliche Perlen vor die Säue zu werfen. Thiel beschloss, das Thema wieder auf die Drogen zu bringen und fragte ihn, warum sein Unternehmen beim Drogenimport nicht einfach mit den großen chemischen Konzernen kooperiere und das Rohopium zur weiteren Bearbeitung an die deutsche Pharmaindustrie liefere. Er wusste genau, dass das eine naive Frage war, wollte den anderen aber aus der Reserve locken. Delaitre antwortete im gleichen belehrenden Stil, ob Thiel noch nichts von erzielbaren Gewinnspannen gehört habe. Es wäre schade um die bislang so gut arbeitende Organisation. Hochbezahlte Arbeitsplätze würden verloren gehen. Außerdem wäre es mehr als fraglich, ob das Heroin, das der Staat so freigebig und liberal an den Mann bringen wollte, noch die Qualität seiner Marseiller Lieferungen hätte. Thiel hob interessiert den Kopf und fragte, ob alle Heroinimporte aus Marseille kämen? Delaitre schüttelte den Kopf und stutzte, als ob er bereits zuviel gesagt hätte. Die Zusatzfrage schien er nicht mehr für so einfältig zu halten. Er streifte Thiel mit einem schnellen Blick und meinte, diese Auskünfte unterlägen dem need-to-know-Prinzip. Das bedeute, nur so viel wie notwendig, dozierte er vage. Niemand hier im Raum sei befugt, etwas über die Geschäftsverbindungen seiner Firma zu erfahren. Die Euphorie seiner Morphiumdosis schien jetzt nachzulassen, nicht aber sein überhebliches Gehabe. Thiel gab ihm einen Wink, sich wieder zu dem Wasserrohr zu begeben. Delaitre betastete die verletzte Schulter unter der schwarzen Armbinde.»Sie wollen uns wohl wieder allein lassen. Vergessen Sie mal nicht, dass Nasca ohne ihren Pass aufgeschmissen ist.«

Da hatte er recht. Es kam Thiel nur merkwürdig vor, dass gerade er ihn ein zweites Mal daran erinnerte. Er näherte sich Lazar, der zwar schwieg, aber dem Gespräch aufmerksam gefolgt war, und gab ihm mit einer Handbewegung zu verstehen, ihm den Pass auszuhändigen. Ungeschickt fummelte der Kioskbesitzer in den Taschen seiner Lederjacke, um nach dem Pass zu suchen. Zu umständlich für Thiels Geschmack. Seine Hand umspannte die kleine Pistole in der Tasche des Overalls, und misstrauisch trat er einen Schritt zurück. Dabei wäre er fast mit dem Kahlkopf zusammengestoßen, der sich ihm von hinten genähert hatte, und strauchelte bei dem Versuch, ihm auszuweichen. In Delaitres linker Hand, die nach ihm stieß, bemerkte er eine Einwegspritze. Thiel war so erschrocken, dass er seine Pistole auf ihn abschoss, bis sie eine Ladehemmung hatte. Delaitre fiel zu Boden, die Spritze noch in der Hand. Es war nicht mehr erforderlich, ihn neben Lazar an dem Wasserrohr festzumachen.

Thiel rappelte sich auf und warf einen Blick auf seine Waffe. Der Lauf schien geplatzt zu sein. Er war darüber nicht überrascht. Der Waffenmeister hatte ihn gewarnt, als er ihm die Ladungen einiger Patronen verstärkte, dass so etwas passieren könnte. Er näherte sich damit Lazar. Thiel war klar, dass der Bulgare mit Delaitre zusammengearbeitet hatte, um den Straßenfeger aus dem Weg zu schaffen. Lazar händigte ihm anstandslos Nascas Pass aus, in dem sich drei unscharfe Fotos eines kleinen Jungen befanden.

Aus einer Tasche seines Overalls zog Thiel einen Putzlappen und begann die Stellen abzuwischen, die er berührt zu haben glaubte. Ihm war klar, dass man sich dabei nicht an alles erinnert, aber hinterher fühlte er sich wohler. Bis auf die Schlüssel, das Adressenverzeichnis und den Terminkalender von Krumpinsky alias Delaitre ließ er alles auf dem Tisch liegen. Geld und Handy behielt er gleichfalls. Bevor Thiel das Zimmer verließ und wieder absperrte, warf er noch einen Blick auf den am Boden liegenden Kahlkopf. Er schien tot zu sein. Es berührte ihn nicht. Das Serum in der Einwegspritze, die neben ihm am Boden lag, hatte einen blauen Schimmer.

18

Als er seine schäbige Unterkunft am Bahnhof erreichte, blieb er zunächst in dem Renault und brachte etwas Ordnung in seine Gedanken. Reste der Kopfschmerzen rumorten in seinem Schädel. Dann versuchte er Kommissar Müller über dessen Privatnummer zu erreichen. Mittlerweile war es ein Uhr morgens. Thiel hatte Glück, Müller kam ans Telefon. Thiel schilderte den Ablauf der Dinge wahrheitsgetreu. Den Aufenthalt Nascas verschwieg er. Trotz des misslichen Sachverhalts blieb Müller ruhig. Nach zwanzig Minuten erkundigte sich der Beamte nach der genauen Lage der schallgeschützten Tür und beauftragte Thiel, eine Polizeinummer anonym über die zwei Toten zu informieren. Schlüssel und Codecard benötigte er nicht.

Als Thiel schließlich erschöpft die Treppen zu seinem Stockwerk erklommen hatte und geräuschlos die Türe öffnete, war Nasca, die ihre Pfunde in den kleinen Sessel gezwängt hatte, tief eingeschlafen. Ihr Kopf war an der unbequemen Lehne aufgestützt, und sie schnarchte leise. Warum die Dinge komplizieren, dachte er, deckte vorsichtig einen Mantel über sie und ließ sich angezogen auf sein Bett fallen.

Am nächsten Morgen wurde er durch den Geruch von heißem Instantkaffee geweckt. Es war circa sieben Uhr, und wenn er sie recht verstand, wollte sie ihn zur Arbeit schicken oder sonst irgendwie den Verlust seiner städtischen Anstellung verhindern. Sie tranken den Kaffee und konzentrierten sich darauf, langsam zu sprechen, Thiel mit seinem Pidgin-russisch und sie mit einem ähnlichen Konzentrat in Bulgarisch.

Nach einem Anruf am Flughafen teilte er ihr mit, dass er sie im Laufe des Vormittags in ein Flugzeug nach Sofia setzen würde. Sie winkte traurig ab, und dann verstand er, dass sie dabei an ihren bulgarischen Reisepass dachte. Thiel hatte ihn ganz vergessen. Mit dem Gefühl, dass am vorigen Abend doch nicht alles schiefgelaufen war, legte er ihr nacheinander den Pass, die Fotos ihres Kindes und das Geld, das er den beiden abgenommen hatte, auf den Schoß. Als sie begriffen hatte, dass sie am Abend als vermögende Frau bei ihrer Familie eintreffen würde, erschrak er fast über ihre Erleichterung. Es dauerte geraume Zeit, bis sie die neue Situation begriffen hatte. Nur sein Alter und gefestigte Grundsätze bewahrten ihn vor weiterführenden Formen orientalischer Dankbarkeit. Drei Stunden später befand sie sich in der Luft.

Am Nachmittag traf er sich mit Kommissar Müller, dessen Haare ungekämmt waren. Sein breiter Mund wirkte verkniffen. Thiel gab ihm das kleine

Adressenverzeichnis und Delaitres privaten Terminkalender, die er inzwischen für sich kopiert hatte. Müller bestätigte trocken, die beiden Drogengangster seien tot. Bei der Polizei würden sie als Opfer eines internen Bandenkriegs zu den Akten gelegt werden. Thiel hatte das Gefühl, sich bei Müller für das Chaos, das er verursacht hatte, entschuldigen zu müssen. Aber der winkte ab.

»Sie haben nur konsequent gehandelt«, sagte er in seiner korrekten Ausdrucksweise und fuhr fort: »Von denen hätten Sie keine zweite Chance bekommen.«

»Ich hatte sie vor der Pistole und war fest entschlossen, beide an das Rohr zu ketten, aber irgendwie ist die Sache aus dem Ruder gelaufen.«

»Ich bin heilfroh, dass Sie am Leben geblieben sind. Ich habe nie gedacht, dass Sie in eine solche Schweinerei geraten.«

»Ich habe überreagiert. Die Sache ist mir über den Kopf gewachsen.«

»Machen Sie sich da mal keine Gedanken. Nach Ihrer Schilderung hatten Sie keine andere Wahl. Krumpinsky alias Delaitre ist dreiundvierzig Jahre alt geworden. Er stand sechsmal vor Gericht und wurde sechsmal freigesprochen. Einmal wegen schwerer Körperverletzung mit Todesfolge. Uwe Koormann, achtunddreißig Jahre, hat schon zwölf Jahre gesessen. Wer mit den beiden fertig geworden ist, braucht sich nicht zu entschuldigen.«

»Trotzdem, töten wollte ich sie nicht.«

»Wissen Sie denn, wie die bewaffnet waren?«

»Gar nicht, beziehungsweise einer mit einer Morphiumspritze und der andere mit einem schwarzen Stab, der wirkungslos war.«

»Dann halten Sie mal die Luft an und hören mir zu. Der schwarze Stab, wie Sie ihn nennen, ist eine Spezialwaffe aus den USA, die in Deutschland erst seit Kurzem zugelassen ist. Es ist ein Elektroschocker, ein sogenannter Taser, der wie eine Harpune funktioniert und an einem Kabel einen Dartpfeil mit zwei Polen verschießt. Offensichtlich hatte Koormann den Dart schon auf Sie abgefeuert. Wäre er dazu gekommen, noch den Strom einzuschalten, 80 000 Volt, wären Sie geliefert gewesen. Ausgeschaltet und bewegungsunfähig, kein Teil Ihres Körpers hätte mehr funktioniert. In der Spritze, die neben Krumpinsky lag, war mitnichten Morphium. Es handelte sich um puren Cyanwasserstoff, also Blausäure. Schon der geringste Kontakt mit der Nadel wäre tödlich gewesen.«

Er blickte Thiel an. Dessen Gesicht konnte man die Spuren der wahnsinnigen Kopfschmerzen noch anmerken.

»Wie fühlen Sie sich? Sie sehen nicht gut aus.«

Thiel erklärte ihm die Folgen, die der Überfall in Hannover bei ihm hinterlassen hatte. Müller sah ihn nachdenklich an. »Ihr Reaktionsvermögen wird nicht herabgesetzt. Jedenfalls nicht in kritischen Situationen. Im

Gegenteil. Sie müssen einen sechsten Sinn haben. Dass Sie noch leben, haben Sie nur Ihrem kompromisslosen Verhalten zu verdanken.«

Über sein Gespräch mit Delaitre hatte Thiel ein Protokoll angefertigt und gab Müller eine Kopie davon. Der Kommissar war zufrieden, dass darin nur die Gespräche und nicht die anderen Ereignisse festgehalten waren.

»Was haben Sie mit der Waffe gemacht?«, erkundigte er sich.

Thiel erklärte ihm die Sache mit dem geplatzten Lauf und sagte, dass er sie schon weggeworfen hätte. Das stimmte nicht ganz. Der Belgier hatte ihm ja vorausschauend einen zweiten Lauf mitgegeben. Der kaputte Lauf war alles, wovon er sich getrennt hatte. Müller las seine Notizen und sagte dann: »Meiner Meinung nach hat Ihnen Delaitre im Großen und Ganzen die Wahrheit gesagt. Auch wenn vieles recht allgemein ist, ist es erheblich mehr, als wir aus den Brüdern herauskriegen. Sein Hinweis auf die Marseiller Qualität seines Heroins ist bezeichnend. Die Umwandlung von Rohopium in Heroin ist angeblich simpel, in der Praxis aber doch nicht so leicht. Möglicherweise wird das Rohopium immer noch in Marseille verarbeitet.«

»Was stünde denn dagegen?«

»Dagegen spricht, dass Marseille heute eine moderne Stadt ist. Es gibt Indikatoren, die den Behörden durchaus die Ortung eines Drug-Labors ermöglichen. Der hohe Stromverbrauch, die Verschmutzung der Abwässer und der starke Geruch von Essigsäureanhydrid. Außerdem würden in den heutigen Kläranlagen morphine Rückstände aus der Heroingewinnung angezeigt und im Datenspeicher festgehalten.«

Müller zündete sich eine Zigarette an. »Lassen wir das; gehört nicht zum Thema.« Mit einem Kugelschreiber wies er auf eine Textstelle in Thiels Gedächtnisprotokoll, an welcher diverse Firmen angeführt waren, über die sich Delaitre unter dem Einfluss der Morphiumspritze ausgelassen hatte. »Interessante Aussagen.« Er las, ohne sich weiter zu äußern.

»Wie soll es weitergehen?«, fragte Thiel nach einer Pause, »ich würde am liebsten verschwinden. Die Organisation, die hinter den beiden steht, braucht nicht lange, um auf meine Spur zu kommen, falls ich in Frankfurt bleibe.«

Müller nickte. »Das sehen Sie richtig. Der Wachmann des Gebäudes ist noch in Gewahrsam. Morgen ist er auf freiem Fuß. Dann wird er von der Organisation ausgequetscht.«

»Wachmann? Meinen Sie den Türsteher?«

»Genau, Jojo Binder, vor zwanzig Jahren Halbschwergewichtler. Harmlos.«

»Werden Sie ohne meine Aussage auskommen?«

»Auf jeden Fall. Abgesehen von Ihrer Sicherheit muss ich auch an meinen Job denken. Wenn Sie aussagen, bin ich in Teufels Küche.«

Nach einem Moment des Nachdenkens fuhr er fort. »Außerdem haben wir ja noch die Bulgarin. Die löst sich nicht in Luft auf.«

»Das nicht, aber sie hat heute Morgen die erste Maschine nach Sofia genommen.«

Müller blickte kurz auf. »Das ging ja fix.«

»Viel wäre von ihr nicht zu erwarten gewesen. Sie spricht kein Wort deutsch. Hätte allenfalls den Hergang bestätigen können. Im Gegensatz dazu ist der Bulgare Lazar nicht so harmlos, wie er ausschaut. Neben seinem Job am Kiosk fungiert er für die Organisation als Mädchenschlepper.«

Thiel reichte Müller ein Blatt Papier.

»Ich habe Ihnen in ein paar Sätzen das Wissenswerte, soweit es mir bekannt ist, über den Typ zusammengestellt. Übrigens habe ich seit gestern Abend ein Pflaster auf dem Rücken. Im allgemeinen Durcheinander hat Lazar versucht, mich von hinten mit dem Messer zu erwischen. Darum habe ich ihn ins Bein geschossen. Es steht in dem Bericht.«

»Haben Sie noch mehr Berichte geschrieben?«, grinste Müller. »Zum Beispiel über diese Bulgarin? Das war doch die dunkelhaarige Große, die hinter der Frittenpfanne gestanden hat?«

Thiel grinste ebenfalls. »Über die habe ich keinen Bericht geschrieben. Hätte sich nicht gelohnt. Außerdem hat sie Lazar mit einem Stuhl davon abgehalten, mich von hinten abzustechen. Das schweißt zusammen.«

»Na gut. Dann muss eben Jojo dazu aussagen.«

»Klar, der hat alles mitbekommen.«

Müllers Gesicht blieb wie immer undurchschaubar. »Er ist nicht der Hellste, aber wir werden ihn uns vornehmen. Haben Sie sonst noch etwas für mich, zum Beispiel einen weiteren Bericht?«

Thiel langte in seine Ledertasche und übergab ihm ein weiteres Blatt. »Hier habe ich noch eine Beschreibung des dritten Mannes, der bei dem Überfall in Hannover dabei war, als mein Freund getötet wurde. Zwei sind einwandfrei identifiziert. Ich habe mein Gedächtnis angestrengt und alles schriftlich festgehalten. Viel ist es leider nicht. Unverzeihlich, dass keiner von den beiden mehr lebt. Jetzt kommen wir an den Dritten nicht mehr ran.«

»Kann man nie wissen«, meinte Müller philosophisch, »aber übertriebene Hoffnungen mache ich mir auch nicht.«

»Ich habe noch etwas anderes für Sie.« Thiel reichte ihm das Handy, das er Koormann abgeknöpft hatte. »Hat dem Blonden gehört. Könnte mir vorstellen, dass es beim heutigen Stand der Technik nicht unmöglich ist, seine Gesprächspartner der letzten Zeit zu ermitteln. Vielleicht bringt es Sie weiter.«

Sie befanden sich in einem Café mit einem panoramaartigen Blick auf den Main, das um diese Zeit kaum besetzt war. Müller hatte einen Kaffee,

Thiel ein Pils vor sich auf dem Tisch. Es regnete nicht mehr, und die ungewöhnlich warme Sonne an dem Novembertag veranlasste seinen Nachbarn, die Jacke auszuziehen.

Müller überlegte, wie er fortfahren sollte.

»Der Bericht ergibt zweifelsfrei, dass Sie hier auf einen getarnten Firmenverbund der Mafia gestoßen sind. Wissen Sie, warum Krumpinsky Ihnen so freimütige Auskünfte über die Zusammenhänge gegeben hat?«

»Kann ich mir mittlerweile denken. Nach dem, was Sie mir gerade gesagt haben, hatte er in der Schlinge für seinen Arm bereits die Spritze für mich verborgen, um mich beiseite zu schaffen. Hat mich schon als toten Mann gesehen.«

»Genau so könnte es gewesen sein. Ende gut, alles gut. Sie haben Frankfurt überlebt und mit ein bisschen Glück tauchen Sie nicht in unserem Bericht auf.«

»Haben Sie bereits einen Eindruck von den Unternehmen in dem Haus?«

»Die verschiedenen Branchen des Damargon-Gebäudes«, sagte Müller, »dienen einzig der Geldwäsche. Das sport-active ist nicht mehr als ein gehobener Puff. Die anderen drei Firmen sind seriös. Die Angestellten wissen meiner Meinung nach nicht, was hinter den Kulissen läuft. Koordinator des Ganzen war unser Freund Krumpinsky, was mich zu der Einsicht bringt, dass er zu den Bossen des Kartells gehörte. Ungewöhnlich, dass einer in dieser Gehaltsgruppe gleichzeitig mit Nutten und Drogen jongliert. Der Kerl war bestimmt kein Wasserträger. Wir warten jetzt gespannt, wer ihn in seiner Position beerben wird.«

»Wäre wohl am besten, wenn ich hier schleunigst verschwinden würde?«

»Stimmt. Damit Sie nicht noch in den Untersuchungsberichten auftauchen.«

»In dem Kellerraum bin ich von Koormann erkannt worden. Lazar hat zu Krumpinsky gesagt, mein Name sei Ali. Man sollte alle in diesem Glauben belassen.«

»Das wäre gut.«

»Gut, dann packe ich zusammen und werde aus der Stadt verschwinden. Vielen Dank für Ihre Hilfe. Ohne Sie hätte ich die beiden nie gefunden.«

»Irgendwie haben Sie exzellente Polizeiarbeit geleistet. Wenn wir den Dritten noch erwischen, werde ich Sie an der Schlei anrufen. Viel Glück.«

Thiel packte seinen Koffer und legte ihn auf den Rücksitz des alten Autos. Dann verließ er Frankfurt in Richtung Heidelberg. Im nächsten Hotel, das ihm groß genug erschien, um anonym zu bleiben, nahm er ein Zimmer. Am nächsten Tag setzte er sich nach dem Frühstück auf den Balkon und betrachtete die Aufzeichnungen in Delaitres Kalender. So aktuelle Unterlagen über einen Teilbereich der Szene würde er nie wieder in die Finger bekommen. Er blätterte in den Kopien und begann in aller Ruhe zu überlegen, wie es weitergehen sollte. Es gab zwei Wege: den einfachen, an die Schlei zurückzukehren. Die zweite Möglichkeit war, mit seiner Kampagne in veränderter Form noch etwas weiterzumachen. Dabei dachte er nicht mal so sehr an den dritten Sozialarbeiter, den würden auch die Behörden nur durch einen Zufall finden. Aber aufgeben? Er würde das Material, das ihm jetzt vorlag, genauer unter die Lupe nehmen. Danach wollte er entscheiden, wie weiter zu verfahren wäre. Unvermittelt kam ihm das Bild seiner Frau vor Augen, wie sie in dem zertrümmerten Auto neben ihren Kindern gelegen hatte. Das war geschehen, weil ihm die Karriere zu wichtig gewesen war. Er beschloss, weiterzumachen.

In aller Ruhe begann er die Kopien von Delaitres Adressbuch und dem Terminkalender zu studieren. Der Kerl hatte eine spitze, nicht leicht zu lesende Handschrift. In seinem Terminkalender waren wechselnde Summen vermerkt. An den Nutten im sport-active hatte er nicht schlecht verdient. Im Rauschgifthandel dagegen war er wohl ein kleineres Licht. Obwohl ... Man verfällt schnell in den Fehler, jemanden zu unterschätzen, wenn er als Zuhälter arbeitet; immerhin war Delaitre der Sprecher der drei Ganoven in Hannover gewesen. Einen unbedeutenden Dealer würde man wohl kaum in eine gegnerische Konferenz einschleusen. Also musste der Kahlkopf doch eine etwas größere Nummer gewesen sein.

Soweit Thiel das feststellen konnte, hatte Delaitre alias Krumpinsky in seinen Papieren keinen Code verwendet. Anhand von weiblichen Vornamen und Zahlen konnte sich Thiel einen vagen Begriff über seine Einnahmen machen, die aus der Prostitution stammen mussten. Monatlich etwa 15 000 Euro, steuerfrei. Kein Pappenstil. Schließlich stieß er auf die Zahlen 33 M und die 345 M. Einige Zeit starrte er konzentriert auf die unverständlichen Informationen des Kalenders. Dann ging ihm ein Licht auf. Die Zahlen waren möglicherweise internationale Rufnummern ohne Vorwahl. Bei 33 M mochte es sich um Marseille, bei 345 M um Marbella in Südspanien handeln. Im September wäre Krumpinsky demnach in Marseille und etwas später in Marbella gewesen. Während seiner Zeit bei der WEAD hatte Thiel alles, was über die organisierte Kriminalität veröffentlicht wurde, gelesen. Er wusste also, dass Marseille ebenso wie der malerische Ferienort Marbella in Südspanien Bezug zum Drogenhandel hatten. Marseille als Produktions- und Verteilungsort, Marbella als Wohnsitz internationaler Mafiabosse. Er fand eine Telefonnummer, die wahrscheinlich Marbella zuzuordnen war. Bei Marseille war er sicher. Drei der achtstelligen Zahlen mussten zur Hafenmetropole der Côte d'Azur gehören. Er wusste, dass der permanente Misserfolg der Antidrogenbewegung nicht auf Typen wie Delaitre und Co zurückzuführen waren. Der Keim war höheren Orts gelegt worden. Es wäre interessant zu wissen, wo. Wahrscheinlich im weltweiten System, das keine Änderungen wünschte. Die Ausschaltung einer Frankfurter Nebenstelle war bedeutungslos. Der Weg, der Sache weiter nachzugehen, würde möglicherweise nach Marseille führen. Wenn er dort die Suche nach einer Verbindung dieser Verbrechen mit der gleichen Vorsicht und Geduld betriebe wie in Frankfurt, konnte er vielleicht nicht nur Sand in das Getriebe der Organisation streuen, sondern mehr über sie herausfinden.

Entschlossen klappte Thiel den Hefter mit seinen Kopien zu und kaufte sich eine Straßenkarte von Frankreich. Dann wusch er mühsam die schwarze Farbe aus den Haaren und machte sich einen ruhigen Tag. Er saß am Fenster und dachte darüber nach, wie er in Marseille anfangen wollte. Außer drei Telefonnummern, von denen er nur vermutete, dass sie von Bedeutung waren, hatte er nichts aufzuweisen. Es war durchaus möglich, dass er eine Niete gezogen hatte und die Apparate mit den fraglichen Nummern in einschlägigen Marseiller Bordellen standen.

Aus seiner Zeit als Minister hatte er in Frankreich die Adressen einiger höherer Beamter und Polizeichefs, kannte aber keinen von ihnen näher. Es wäre absolut unpassend gewesen, sie in einer so heiklen Sache um Auskunft zu bitten. Dann jedoch fiel ihm ein Mann ein, den er sich zu fragen traute. Es war Michele Geiger, ein hochgewachsener, drahtiger ehemaliger Fremdenlegionär, der im Auftrag der französischen Regierung bei seinen Besuchen für ihn als Bodyguard fungiert hatte. Zwischen dem französischen Ex-Legionär und dem deutschen Minister hatte sich mit der Zeit ein ungewöhnliches Vertrauensverhältnis entwickelt, das zu persönlichen Gesprächen und gelegentlichen Telefonaten geführt hatte. Die Verbindung war auch über die Jahre nach seinem Ausscheiden aus dem Amt nicht abgerissen. Thiel erreichte ihn auf einer Handynummer und erklärte, dass er diskrete Auskunft über einige Telefonnummern in Marseille benötigte.

Als Geiger Thiels Vorhaben in Frankreich endlich begriff, ließ er durchblicken, dass er es für sehr gewagt hielt, aber respektiere: »Sie müssen verstehen, dass Sie gefährliches Terrain betreten. Ich werde versuchen, Ihnen zu helfen, aber mein Kontaktmann wird verdammt vorsichtig sein. Die Herren von der Drogenmafia in Marseille haben das Gemüt von Hyänen. Wenn sie die Witterung eines Schnüfflers aufnehmen, auch wenn er sich nur um ihre Telefonnummern kümmert, wird er abgeschlachtet. Sie selbst können in Situationen geraten, in die andere automatisch mit hineingezogen werden.«

Thiel stimmte ihm zu. Was Michele Geiger sagte, war zu bedenken. Würde er je von der Drogenmafia gefasst, bestand das Risiko, dass er unter Folter gezwungen werden konnte, über seine Kontakte auszusagen.

Dennoch wollte Geiger am nächsten Morgen herumtelefonieren. Er bat Thiel, nichts in der Sache zu unternehmen, bis er seinen Rückruf hätte. Er würde seinen Kameraden in Marseille klarmachen, dass Thiel keiner deutschen Behörde angehörte und sein Anliegen auf eine diskrete Auskunft über die Inhaber dreier Telefonnummern reduzieren. Die Nummern würden aus dem Telefonbuch eines kürzlich in Deutschland verstorbenen Kriminellen aus der Drogenszene stammen. Es gäbe gute Gründe, diese Nachforschung vorsichtig zu betreiben. Thiel akzeptierte und musste sich vier Tage gedulden, bevor er eine von Geiger weitergeleitete E-Mail erhielt, die für ihn sehr aufschlussreich war.

Von Ihren drei Telefonnummern sind zwei geschäftliche Firmennummern – eine eine Privatnummer. Mein Kontakt in Marseille hat keinen Hinweis auf Prostitution gefunden, andere Aktivitäten sind nicht auszuschließen.

Im Einzelnen:

Die erste Nummer ist privat, gehört zum Haus einer Familie Garenne, befindet sich in der Rue Louis Lacaze. – Die Garennes sind ein einflussreicher Clan. – Kopf der Familie: Hervé Garenne, circa fünfundfünfzig Jahre alt, scheint Eigentümer mehrerer Unternehmen zu sein.

Die zweite Nummer gehört zu einer Versandagentur in 102, Rue Salier, Eigentümer der Vetter Pierre Garenne. – Lebt gleichfalls in der Louis Lacaze. – Pierre knapp unter fünfzig, fährt dunklen Mercedes mit Pariser Zulassung. – Besagter Versandbetrieb obskur. – Telefon wird kaum beantwortet, Ein-Mann-Büro mit stundenweiser Besetzung. – Soweit ersichtlich keine Lagerhaltung.

Dritte Telefonnummer gehört zu einem Schlachthof. – Bei dem Fleischunternehmen hängen Hervé und Pierre Garenne im Geschäft. – Merkwürdiger Betrieb. – zu viel Personal.

Thiel drehte den Bildsschirm seines Notebooks aus dem Licht, überflog das Geschriebene nochmals und ging auf die nächste Seite.

Mit diesen Informationen behutsam umgehen. – Vorsicht! – Inhaber der Telefonnummern höchst dubios, Garennes wahrscheinlich pures Gift. Auf nichts einlassen!

»Guter Mann, Ihr Kontakt in Marseille«, lobte Thiel Geiger am Telefon, während er die ausgedruckte Mail überflog, »eine Menge versteckter Hinweise. Er hat sich Mühe gegeben,«

»Auf den ersten Blick sieht die Mail vielleicht übertrieben argwöhnisch aus«, hörte er Geigers Antwort, »aber ich kenne ihn. Er ist alles andere als ängstlich. Wenn er jemanden warnt, ist Vorsicht angeraten. Sie können davon ausgehen, dass mehr Informationen in der kurzen Zeit nicht einzuholen waren.«

Die Entscheidung für sein weiteres Vorgehen stand für Thiel fest. Sie war bereits beim Lesen der ersten Sätze gefallen. Der Kontaktmann hatte Prostitution als Gewerbe der Familie Garenne ausgeschlossen, somit war er sicher, dass Delaitre in Marseille über Drogen verhandelt hatte.

»Der Mann aus Marseille, der uns diese Auskünfte erteilt hat«, versicherte Geiger, »ist absolut zuverlässig. Wir kennen uns aus Zeiten in der Legion. Er hat in jeder Lage einen Ausweg gefunden. Wenn Sie in Marseille etwas brauchen, wenden Sie sich an ihn. Er kennt kein Nein.«

Thiel bedankte sich und erhielt eine Telefonnummer.

19

Thiel stand auf, reckte sich ausgiebig, bezahlte die Rechnung und fuhr am Tag darauf in seiner Klapperkiste in den Süden. In Marseille wählte er eine kleine Pension, die am Wasser des Etang de Berre lag. Am nächsten Morgen blickte er in die Notizen mit den Auskünften und fuhr in die Rue Salier in der Innenstadt, wo er problemlos das Büro von Pierre Garenne entdeckte. Es befand sich in einer tristen Straße in einem grauen, verlebten, mehrstöckigen Wohngebäude. Die Treppenstufen des Aufgangs waren abgetreten, die Fenster im Treppenhaus ausgehängt oder gestohlen, was kein Nachteil war, denn so war der Geruch einigermaßen neutral. Die Büros in den unteren Etagen waren offensichtlich nachträglich aus Wohnungen umgewandelt worden. Die fragliche Versandagentur befand sich in der dritten Etage. Die schäbig wirkende Eingangstür aus massivem Metall enthielt ein kleines Fenster aus Panzerglas, das von innen weiß angestrichen war. Ein auf die Tür geschraubtes Messingschild hatte den nichtssagenden Aufdruck »*Service d'expedition*« und darunter »*Association P. Garenne*«. Ein neben der Tür angebrachter Briefkasten war leer. Etwas von der weißen Farbe war von der Scheibe abgeplatzt, und er konnte ins Innere des Büros blicken. Es war ein schäbiger Einzelraum mit einem winzigen Fenster. Auf einem Schreibtisch standen ein Telefon mit Faxanschluss, kein Computer. In der Ecke befand sich ein relativ großer Safe mit einem altmodischen Nummernschloss. Das Ganze war genau so obskur, wie es der Kontaktmann geschildert hatte.

Im Erdgeschoss des Gebäudes befanden sich zwei kleine Bars. An einem Zeitungsstand kaufte Thiel sich einen Stadtführer von Marseille und ließ sich an einem der Tische nieder. Der Aufzug des Gebäudes bewegte sich nicht viel. Beim Studium des Führers stellte er fest, dass er sich in einem

Viertel befand, das von Nordafrikanern dominiert wurde. Die Kundschaft der umliegenden Geschäfte und Horden bettelnder Kinder bestätigten es. Der Führer sagte zudem, man solle diese Straßen des Nachts nicht allein begehen. Er prägte sich die Merkmale der Stadt ein, die Hafen-, Industrie- und Neubaugebiete, studierte den Stadtplan und erkannte, dass auch die gewerblichen Telefonnummern nicht gerade im sichersten Teil der Hafenmetropole lagen.

Thiel überdachte seine nächsten Schritte und beschloss, sich auch in Marseille möglichst schnell eine anonyme Bleibe zu suchen. Nächster Punkt wäre dann die Ummeldung des Autos auf ein französisches Nummernschild. Da er sich Polizei und Behörden gegenüber unauffällig verhalten wollte, müsste er als Ausländer, auch wenn er die Sprache perfekt beherrsche, bei solchen Verwaltungsmaßnahmen sehr vorsichtig sein.

Niemand kam im Verlauf des weiteren Tages, um das Büro in der dritten Etage aufzusuchen. Thiel ahnte, dass er sich wieder auf eine ermüdend lange Beobachtung einrichten musste. Viel Geduld würde nötig sein und eine zentrale Unterkunft.

Um unauffällig zu bleiben, brauchte er die Unterstützung eines Einheimischen. Er betrachtete das Papier mit der Adresse und Telefonnummer des ehemaligen Legionärs mit dem Namen Jacques Dupeu und beschloss, ihn anzurufen. Monsieur Dupeu war am Telefon kurz angebunden und schlug als Treffpunkt einen Supermarkt am kleineren Marseiller Flugplatz von Marignane vor.

20

Dupeu war, was Thiel nicht wissen konnte, Schwarzafrikaner. Er war Mitte vierzig, mittelgroß, hatte den Körperbau eines Gorillas und ein breites, ausdrucksloses Gesicht. Die großen Augen betrachteten ihn gleichgültig. Geiger hatte ihm Namen und Adresse des Mannes gegeben, um eine Vertrauensperson in Marseille zu haben, die man um Rat fragen konnte. Der Koloss, der den Geruch eines billigen Aftershaves ausströmte, schien allenfalls als Bodyguard fungieren zu können, als Mann fürs Grobe. Thiel betrachtete ihn zweifelnd. Diesem Mann wollte aufgefallen sein, dass der private Schlachthof der Familie Garenne zuviel Personal beschäftigte?

Sie trafen sich im halb gefüllten Restaurant des Supermarktes und hatten kein Erkennungsmerkmal verabredet. Jacques Dupeu tauchte an seinem Tisch auf, als seien sie alte Bekannte. Thiel bat ihn, Platz zu nehmen, und der Schwarze bestellte eine Tasse Kaffee. Er bat Thiel, ihn Jacques zu nennen, und erklärte, dass Michele ihn gebeten habe, ihm behilflich zu sein. Danach schwieg er und saß bewegungslos, er schien weder Thiel noch seine Umgebung zu betrachten. Während dieser das fast einfältig anmutende Gesicht seines Gegenübers beobachtete, verstärkten sich seine Zweifel. Durfte er den sicherlich bärenstarken, ansonsten harmlosen Mann durch seine Aktivitäten in Gefahr bringen? Er würde gar nicht merken, dass er durch Thiels Recherchen mit ins Unheil gezogen werden konnte.

Ein neuer Kellner kam, fragte nach weiteren Wünschen, und sie bestellten nach. Er stolperte leicht, als er die Kaffeetassen zusammenstellte, und ein anderer Mann wollte ihm helfen, sein Gleichgewicht zu bewahren. Thiels neuer Bekannter Jacques wandte den großen Kopf und gab dem Helfer mit einer geringfügigen Bewegung des rechten Arms einen leichten Stoß, sodass er dem Kellner nicht mehr nahekommen konnte. Obwohl es nicht mehr als ein kleiner Stupser zu sein schien, riss der hilfreiche Mann fast die überraschten Gäste am Nachbartisch von den Stühlen. Immer noch im Sitzen umspannte Jacques mit der linken Hand den Arm des Kellners und zog ihn zu sich. Auch der Kellner erhielt gleich darauf einen Stoß, der ihn ruckartig in Richtung des anderen beförderte.

Natürlich hatte Jacques' Aktion empörte Blicke der Nachbartische auf sich gezogen. Ruhig winkte er ab und zeigte auf die beiden Männer, die sich seltsamerweise im Eilschritt entfernten. Thiel sah das genauso verblüfft wie die anderen und hätte es eigentlich besser wissen sollen. Unauffällig öffnete der Schwarze seine Faust und hielt ihm die rosige Fläche seiner riesigen Hand entgegen. Zwischen seinen bananenartigen Fingern befand sich Thiels alte Rolex Oyster. Der Dieb hatte ihm die Uhr so geschickt abgestreift, dass nicht einmal das Gliederarmband gerissen war. Beunruhigt kontrollierte er Geld und Personalpapiere. Jacques hatte ihm soeben eine Lektion über die Verhältnisse in Marseille erteilt, die besser war als ein langer Vortrag. Als Thiel erstaunt das ausdruckslose, schwarze Gesicht betrachtete, glaubte er den Anflug eines Lächelns gesehen zu haben.

Nach dieser kleinen Demonstration von Präsenz und Kaltblütigkeit hatte Thiel geringere Probleme, Jacques Dupeu seine Lage zu erläutern. Er erklärte ihm, dass wegen riskanter Nachforschungen er und sein Auto möglichst unsichtbar sein sollten. Jacques, kein gesprächiger Mann, verstand auf Anhieb, was beabsichtigt war. Thiels Wünsche erledigte er, indem er sie den Verhältnissen von Marseille anpasste. Den R4 meldete er nicht um, sondern entfernte die deutschen Nummernschilder und verkaufte ihn. Er hatte gar nicht erst gefragt. Thiel sagte nichts, obwohl er sich trotz einiger Tücken an den kleinen Wagen gewöhnt hatte. Als Ersatz erwarb der Schwarze von einem anderen Verkäufer einen gebrauchten Japaner. Er war noch kleiner und für zwölf Monate in Marseille zugelassen. Thiel hatte gültige Papiere, aber es wäre unmöglich, das Auto bis zu ihm zurückzuverfolgen. Eine gute Lösung.

Auch das Wohnungsproblem löste sich, wobei es generell nicht eben leicht ist, in Marseille eine Wohnung zu finden, eine besonders unauffällige im Zentrum der Altstadt eigentlich fast unmöglich. Erst als sein neuer Freund Jacques begriff, dass Geld für eine überhöhte Miete nicht das Problem war, machte die Suche Fortschritte. Danach dauerte es drei Tage, dann hatte Thiel eine kleine Wohnung in der Nähe des alten Hafens. Sie war möbliert und er hatte den Verdacht, dass sich der Vormieter für ein Fünftel des Preises am Stadtrand niedergelassen hatte. Das Zweizimmerapartment war im Gegensatz zum Äußeren des Hauses mit allem Komfort ausgestattet. Das bezog sich auch auf seine Sicherheit. Vor dem Küchenfenster führte eine Feuerleiter nach unten, und vor dem Badezimmerfenster war erst kürzlich eine Stahlleiter zum Dach angebracht worden. Zwei Fluchtwege und ein Haupteingang.

Die Gegend um den Vieux Port war eine Mischung aus Touristenattraktion und einem Slum für eingewanderte Marokkaner und Algerier. Aus jedem zweiten Laden war afrikanische Musik vernehmbar. Offiziell lebten in Marseille bereits 160 000 Nordafrikaner. Durch die Massaker der vergangenen Jahre in Algerien waren es täglich mehr geworden. Die unter ihnen herrschende Arbeitslosigkeit war enorm.

In der Zwischenzeit hatte Thiel auch die Gebäude der beiden anderen Telefonnummern besichtigt. Das Wohnhaus der Familie Garenne lag am Südrand der Stadt in einem ländlichen Gebiet. In solchen Straßen fällt jeder Fremde auf, der öfter als einmal gesehen wird. Der Wohnkomplex der Familie Garenne war ein verbautes Gebäude mit mehreren Innenhöfen und vielen leeren Fenstern. Dennoch wusste Thiel nicht, ob er aus einem beobachtet wurde. Mit einer Polaroidkamera machte er Aufnahmen und beschloss, auf weitere Besuche zu verzichten.

Bei der dritten Telefonnummer, die zu einem kleinen Schlachthof gehörte, war es mit der Beobachtung einfacher. Der Bau lag in der Nähe des Gare Maritime. Es handelte sich um ein altes graues Gebäude mit hochgezogenen Industriefenstern. Der Architekt musste ein Freund der Neoklassizistik gewesen sein. Die Fenster waren vergittert und seit Jahren nur noch vom Regen gereinigt worden. Das Gebäude hatte ein Haupt- und ein Nebentor. Das Haupttor wurde gelegentlich aufgeschoben, um Kleinlastwagen passieren zu lassen. Für die Durchfahrt großer Lkws war es zu niedrig. Das Personaltor hatte eine Klingel, aber nichts wies auf einen Eigentümer hin. Bei näherer Betrachtung entdeckte Thiel, dass sich unter dem Dach des Gebäudes eine versteckt angebrachte Videokamera bewegte. Seinen Parkplatz wählte er außerhalb ihres Sichtfelds.

Günstig für eine Überwachung des Schlachthofs war die starke Besucherfrequenz der Gegend. Auf der anderen Seite der Straße befand sich eine petrochemische Anlage mit hohem Verkehrsaufkommen. Zudem pendelten trotz des kalten Herbstmonats Massen von Touristen zwischen dem Hafen und der nahegelegenen Kathedrale La Major. Hier konnte man sich ohne Sorge auf Entdeckung aufhalten. Es gab Parkplätze, die den ganzen Tag verfügbar waren, sofern man sie sich vor sieben Uhr morgens ergatterte. Thiel machte seine Beobachtungen bei Regenwetter – der November ging dem Ende entgegen – meistens aus dem kleinen Honda heraus. Näherte man sich dem Hafen, wurde der Wind schneidend. Thiel konzentrierte seine Beobachtungen auf das Büro von Pierre und den Schlachthof von Hervé. Aus dem geparkten Auto machte er Aufnahmen von allen ein- und ausgehenden Personen.

Eine Zeit lang befürchtete er, dass das Büro von Pierre Garenne in der Rue Salier gänzlich unbenutzt sei. Doch er hatte ein Haar zwischen Tür und Rahmen geklebt, und als er es zweimal zerrissen vorfand, wusste er, dass der Raum betreten wurde. Schließlich erblickte er auch einen Benutzer und machte ein Foto von ihm. Es zeigte einen unauffälligen Herren zwischen vierzig und fünfzig mit dünnem, mausgrauem Haar und Schnurrbart. Er war breitschultrig und trug einen dezenten, gut geschnittenen Anzug. Sein offenes Hemd zeigte einen auf der Brust wachsenden, stattlichen grauen Pelz. Betont wurde seine Erscheinung durch eine grobgliedrige Silberkette mit einem keltischen Kreuz. Am bemerkenswertesten in der Erscheinung des Herren, den Thiel aus dem Gefühl heraus für Pierre Garenne hielt, waren jedoch die eleganten, aus Schlangenleder gefertigten Stiefel mit hohen Absätzen. Beiläufig konstatierte Thiel, dass bei seinen Beobachtungen die Fähigkeit, auf Details zu achten, gewachsen war.

Sein kleines Auto stand zum x-ten Mal vor der dunklen Fassade des Schlachthofs geparkt. Der Motor lief aufgrund der Kälte. Aus Sicherheitsgründen zog Thiel es vor, wenn die Scheiben von innen beschlagen waren. Gerade als er sich einen Schluck Kaffee aus seiner Thermosflasche eingoss, bemerkte er, dass zwei der vergitterten Fenster erleuchtet wurden, die seinem Parkplatz genau gegenüber lagen. Aus nächster Nähe konnte er Pierre und einen anderen Mann sehen. Es konnte sich um den Vetter Hervé handeln. Die beiden blickten nach unten, wahrscheinlich auf ein auf dem Tisch liegendes Schriftstück. Dieser Raum schien groß und relativ gut eingerichtet. Die Tischlampen ließen die Gesichter der beiden klar erkennen. Sie sprachen miteinander, aber natürlich konnte Thiel nichts davon verstehen. Er überlegte, ob er es wagen könne, in diesen Raum eine Wanze zu platzieren, verwarf den Plan aber schnell wieder, weil er ihm zu riskant erschien.

Während der kommenden Tage durchstöberte er Fachgeschäfte für elektronische Kleingeräte und war schließlich erfolgreich. In einem Regal neben Radar-Warngeräten für Pkw fand er mehrere Richtfunkantennen. Eine kleine mit einem Stabmikrofon war erstaunlich leistungsfähig. Im Prospekt wurde ihr die Fähigkeit zugeschrieben, Gespräche bis zu einer Entfernung von mehr als hundert Metern abzuhören, Glasscheiben sollten dabei kein Hindernis sein. Thiel kaufte die Antenne und installierte sie kurzerhand auf dem Dach seines japanischen Autos. Das Ganze kaschierte er durch einen altmodischen Dachgepäckträger, der fortan als Tarnung ein paar leere Körbe und Angelruten mitschleppte.

Was die Arbeiter im Schlachthof genau verrichteten, war anfangs nicht ersichtlich. Tierschlachtungen schieden aus, da Thiel noch keine Lebendtransporte gesehen hatte. Nur Lkws mit flachen Kühlaufbauten, sie hatten die Aufschrift ›Viande de Luange‹, das Logo einer Marseiller Fleischverarbeitung, waren in der Lage, durch die altmodische Einfahrt in den Schlachthof zu gelangen. Es waren täglich an die neun Lkws, die lieferten und abholten. Die Arbeiter erschienen morgens gegen sieben Uhr und verließen den Schlachthof um sechzehn Uhr. Er hatte Fotos von vierunddreißig Männern. Frauen waren anscheinend nicht angestellt. Er erinnerte sich an den ersten Bericht von Jacques Dupeu mit der trockenen Feststellung ›zu viel Personal‹.

Durch seine Erfahrung in Frankfurt hatte Thiel gelernt, wie wichtig bei einer so schwierigen Aufgabe Geduld ist. Innerlich hatte er sich auf eine lange Beobachtungszeit eingestellt. Mit seinem Richtmikrofon konnte er fast alles verstehen, was in dem Raum gesprochen wurde. Ein jüngerer blonder Mann, der meist im grauen Anzug aufkreuzte und morgens eine halbe Stunde später als die anderen eintraf, schien der Buchhalter zu sein. Ein älterer großer Mann, der bei den Besprechungen oft noch seine weiße Schürze trug, schien Vorarbeiter zu sein. Er hatte einen Glatzkopf, der durch einen überdimensionalen Ring im rechten Ohr und einen schwarzen Schnurrbart auffiel, war aber in seiner Funktion nicht einzuordnen. Mal war er anwesend, mal nicht. Zu den Besprechungen trug er wenig bei.

Mit der Zeit begriff Thiel, dass im Gebäude Rinder und Schweinehälften filetiert und verkaufsfertig gemacht wurden. Aber Zeichen, die auf den Transport oder Handel von Drogen deuteten, tauchten nicht auf. Er nahm die Gespräche auf ein Bandgerät auf und machte über alle Beobachtungen und Unterhaltungen Notizen. Selbst die Nummernschilder der Fahrzeuge notierte er. Aber es tat sich nichts Verdächtiges.

Inzwischen lebte er schon sieben Wochen zwischen den Autobahnlabyrinthen, Megatanks und Stahlschloten der Provence-Metropole. Natürlich fand man auch unvermutete Oasen, wie die Wasserflächen des Etang de Berre und idyllische Malerwinkel. Aber seine Welt bestand aus ständiger

Absicherung und der Sorge, bemerkt zu werden. Manchmal dachte er, von einer Paranoia nicht mehr weit entfernt zu sein. Von den schönen Bildern der Stadt nahm er daher kaum Notiz. Trotz des Appells an die eigene Geduld kam jetzt in Marseille, wie einige Monate zuvor in Frankfurt, die Phase, in der er am Erfolg der Mission zweifelte und sich fragte, ob er abbrechen sollte. Da war es auch nicht hilfreich, wenn er sich erinnerte, dass er sich zu Beginn der Aktion eine Mindestzeit von vier bis fünf Monaten für seine Beobachtungen verordnet hatte. Die Gefahr, während solcher Phasen des Zweifels bestand bei ihm weniger darin, die Aktion abzubrechen, als dem Verlust von Augenmaß und dem Wunsch, den Lauf der Dinge zu forcieren. Plötzlich ertappte er sich beim Grübeln, wie es wäre, nachts in den Schlachthof einzubrechen und sich umzusehen. Glücklicherweise setzte er diese Überlegungen nicht in die Tat um, denn kurze Zeit später wusste er, dass er eine solche Aktion kaum überlebt hätte.

Thiel versuchte festzustellen, ob er bei den Kühltransportern, die den Hof verließen, Unterschiede beim Personal oder andere besondere Anzeichen feststellen konnte. Es gab sie. Nach einiger Zeit fiel ihm auf, dass immer ein, zwei Minuten nach Eintreffen eines bestimmten Transports ein dunkler Citroën mit dem glatzköpfigen Vorarbeiter und zwei oder drei anderen Typen in den Hof des Schlachthauses fuhren. Man konnte sie ganz gut beobachten, da der Eingang einigermaßen beleuchtet war und sie warten mussten, bis das Tor wieder geöffnet wurde. An den anderen Tagen kam der Vorarbeiter eine ganze Stunde früher. Nach wiederholter Durchsicht seiner Notizen bemerkte er, dass freitags, kurz vor Dienstende, manchmal auch am Samstagmorgen ein Kühltransporter den Hof verließ, der stets das gleiche Nummernschild hatte und vom selben Personal gefahren wurde. Als der Citroën mit dem Vorarbeiter allerdings auch am dritten Samstag den Hof direkt nach dem Kühltransporter verließ, machte es Thiel nachdenklich. Es konnte durchaus sein, dass die Burschen im Citroën eine Sonderaufgabe hatten und Geleitschutz für eine wichtige Fuhre leisteten. Er wusste auch, dass der Laster die Fracht in einem bestimmten Industriegelände deponierte. Es lag im Norden neben der N 8 und wurde von mehr als vierzig Firmen genutzt, war jedoch durch strikte Zugangskontrollen bewacht. Privatleute hatten keine Chance.

Parallel zu seinen Beobachtungen am Schlachthaus, ließ Thiel auch das in der Innenstadt gelegene Büro von Pierre kaum aus den Augen. Er stellte fest, dass es fast täglich aufgesucht wurde. Thiel bemühte sich, einen Weg zu finden, auch hier mitzuhören. Es war zu schwierig, denn vor dem Eingang des Büros konnte man sich nicht lange aufhalten, ohne Verdacht zu erregen. Zweimal waren Hervé und ein anderer Mann in dem Raum, aber Thiel hatte keine Gelegenheit, etwas von ihrem Gespräch abzuhören. Je mehr er von der Familie Garenne und ihrer Kundschaft sah, desto vorsichtiger wurde er. Mittlerweile fühlte er eine permanente vage Bedrohung. Er war fast sicher, dass eine Entdeckung seiner Beobachtungen mit seinem Tod enden würde und beschloss, sich wieder besser mit dem Gebrauch seiner Pistole vertraut zu machen.

21

An einem kalten, klaren Sonntag im Dezember charterte er bei klarem Wetter und bei absolut ruhiger See ein nach Fisch stinkendes Motorboot, das normalerweise an Anglergruppen vermietet wurde. Es war gedrungen, hatte ein breites Heck und einen robusten, lauten Dieselmotor. An dem schönen Wintertag liefen mehrere Boote aus. Fast gleichzeitig mit ihm verließ eine weiße Doppelrumpfyacht den Kai. Sie war ihm bereits im Yachthafen wegen der etwas eigenartigen Bauweise aufgefallen. Auf beiden Seiten war die Silhouette eines Haifischs aufgemalt. In dem Fisch prangte in Goldbuchstaben der Name der Yacht, REQUIN. Die Bezeichnung des Typs kannte er nicht, wusste aber, dass es eine französische Konstruktion war, die von der Jeantot-Werft hergestellt wurde. Sie war auf schnelle Motorkatamarane spezialisiert. Es war kein Rennboot, aber sein Fahrverhalten – fast geräuschlos, ohne größere Wellen zu hinterlassen – war beeindruckend. Die drei Mann im Cockpit beachteten ihn denn auch nicht. Er schipperte am Château d'Iff, der früheren Gefängnisinsel und ihren großen Schwestern Ratonneau und Pomègues vorbei. Mitgenommen hatte er einige Angeln und einen kleinen Seesack, wollte aber nicht fischen.

Der Zweck seiner Fahrt war nicht ein Sonntagsausflug auf dem Wasser, sondern die Überprüfung seiner .22-Pistole. Er stellte den Motor ab. Ohne Fahrtwind war es fast warm. Kleine Pappkartons, die er ins Wasser warf, dümpelten neben dem Boot. Der geplatzte Lauf war ausgewechselt. Auf seine im Wasser schwimmenden Ziele schoss er mit normaler Munition. Der trockene Knall war nicht allzu laut. Trotzdem hätte er nicht gewagt, diese Übungen irgendwo am Rande der Stadt durchzuführen. Seine Kartons schwammen in nächster Nähe des Bootes. Durch die Einschläge entfernten sie sich, und schon bei einer Distanz von 15 Metern musste er feststellen, dass viele seiner Schüsse nur noch ins Wasser trafen. Doch er hatte sich mit genügend Munition versorgt und übte unverdrossen weiter.

Nach einer Weile warf er den Motor an und tuckerte gemütlich um das

Cap Caveaux. Zwischen den drei Inseln ließ er das Boot im stillen Wasser treiben. Er war hungrig geworden und wollte in Ruhe essen. Im Heck seines Fischdampfers hatte er einen bequemen Stuhl entdeckt. Um nicht aufzufallen, legte er zwei Angeln ohne Köder aus. Mittlerweile war es Nachmittag geworden, in einer Stunde würde die Sonne untergehen. Gelegentlich passierten ihn andere Boote, die auf dem Heimweg waren. In einiger Entfernung nahm er zwei Bojen mit einem langen, antennenartigen Stab wahr.

Es war der erste beschauliche Tag seit langem. Thiel dachte zurück an seine Tage in dem alten Haus seiner Eltern an der Schlei. Als privilegiertes Einzelkind war er mit Booten aufgewachsen. Wenn er sich je im Sport hervorgetan hatte, war es im Wasser. Im Schwimmen hatte er gar einige Schulrekorde errungen. Gott, war das alles lange her! Thiel genoss die innerliche wie äußerliche Ruhe in vollen Zügen. Als er den Motor schließlich wieder anließ, hatte es bereits angefangen zu dämmern. Wieder bemerkte er die Bojen, diesmal weil an der Spitze des Stabes von Zeit zu Zeit ein winziges Licht aufblitzte. Außerdem war da jetzt ein Schiff, das sich in der Nähe der Bojen befand. Neugierig geworden, holte er das Fernglas aus dem Seesack. Es war ein alter Wegbegleiter und hatte Nachtglasqualitäten. Thiel erkannte die unverwechselbaren Formen der Doppelrumpfyacht, die morgens zusammen mit ihm ausgelaufen war. Zwei Männer an der Reling zerrten mit langen Haken eine der Bojen an Bord. Unter ihr waren dunkle Pakete angebracht. Sogar das Blinklicht konnte er noch erkennen. Er war sicher, dass es sich um eine Schmuggelaktion handelte.

Thiel ließ den Diesel lauter röhren und begab sich auf direktem Weg zu seinem Anleger. Er kannte den Liegeplatz des Motorkatamarans und wollte dabei sein, wenn er einlief. Nach dem Festmachen drückte er dem alten Besorger der Bootsvermietung einige Scheine in die Hand, überließ ihm das Auftanken und fuhr zum Yachthafen – gerade rechtzeitig. In der Zwischenzeit war es dunkel geworden. Der Motorkat tastete sich mit eingeschaltetem Buglicht fast lautlos am Anlegesteg entlang zu seinem Liegeplatz. Eigentlich müsste er die beiden Bojen, oder besser die Packen, die daran angehängt waren, noch an Bord haben. Das war auch so. Zu Fuß hatte sich Thiel den letzten Metern der Anlegestelle genähert und sah nun durch sein Fernglas, wie ein Mann einen Slipwagen über die Holzplanken des Stegs schob. Zwei mittelgroße Pakete wurden von Bord gebracht und auf dem Wagen verstaut. Dann wurde er von zwei Gestalten an den Kai geschoben. Thiel stand im Dunkeln und ließ sie passieren. An der Ringstraße, die zu den Stegen führte, warteten sie. Ein dritter Mann, größer und dicker, kletterte unbeholfen von der Yacht auf den Steg und folgte ihnen langsam. Thiel war sicher, dass sie ihn wegen der Dunkelheit nicht sehen konnten.

Als der Große fast direkt an ihm vorbeikam, passierte etwas Unvorhergesehenes. Das Flutlicht der Hafenbeleuchtung wurde eingeschaltet. Die Umgebung war plötzlich hell, und es war deutlich zu erkennen, dass der Große erschrak, als er Thiel neben sich erblickte. Der war froh, dass er das Fernglas bereits eingesteckt und die Hände in den Taschen hatte. So sah er einigermaßen unverfänglich aus. Der Mann fuhr mit der rechten Hand in die Brusttasche, als ob er einen Revolver ziehen wollte. Aber er ließ sie dort. Er war kahlköpfig. In seinem Mantel wirkte er massig. Thiel war klar, dass der Dicke ihn jederzeit wiedererkennen würde. Er schien etwas fragen zu wollen, dann aber zu überrascht zu sein, um es herauszubringen. Da Thiel nichts zu sagen hatte, zuckte er demonstrativ mit den Schultern, wandte sich ab und schlenderte auf die Betonfläche des Kais zu. Zu seinem Erstaunen blieb er unbehelligt. Der Gedanke, dass der Dicke eine Waffe in der Tasche hatte und er ihm den Rücken zukehrte, war unangenehm. Er musste sich zwingen, nicht zurückzublicken. Thiels Weg führte an den beiden anderen Typen vorbei, die neben dem Slipwagen warteten. Um nicht aufzufallen, schaute er sie kaum an. Sie waren entschieden jünger. Die Pakete auf dem Slipwagen waren in graue Kunststofffolien eingeschweißt. Der Dicke hätte nur ein Wort sagen müssen, und sie hätten sich ihm in den Weg gestellt. Er sagte nichts. So ging Thiel ruhig weiter, bis er außer Sichtweite war.

Als Thiel sicher war, dass er nicht verfolgt wurde, schlich er wieder ein paar Schritte zurück, bis er den beleuchteten Kai einsehen konnte. Zu seiner Erleichterung sah er die drei Männer neben den Paketen; daneben stand ein grauer Kombi. Es wäre interessant gewesen, das Nummernschild zu notieren, aber er wollte sein Glück nicht herausfordern. Der Dicke musste ihn für einen Besucher der Anlage gehalten haben, der zufällig in den Abtransport der Pakete geplatzt war. Die Schnelligkeit, mit der seine Rechte im Ausschnitt seines Mantels verschwunden war, war mehr als befremdlich.

In derselben Nacht hatte Thiel einen Alptraum, in dem er auf den Anlegesteg schlenderte und nicht imstande war, sich umzudrehen. Etwas Drohendes geschah hinter seinem Rücken. Ein dicker Mann mit verschwommenen Zügen winkte ihm zu. Thiel wusste nicht, was er in der Hand hatte. Der Steg, auf dem er sich befand, führte nicht an Land, sondern endete am Wasser, und dann saß er wieder im Rollstuhl. Der Traum endete abrupt. Immerhin, es wurde nicht auf ihn geschossen.

Die Observierung war riskant, doch er ließ das kleine Büro von Pierre Garenne in der Innenstadt nicht aus den Augen. Und dann passierte, was er vermeiden wollte. Er befand sich auf dem Treppenflur vor dem Büro, dem kein Laut zu vernehmen war. Während er prüfte, ob im Hausflur zu den anderen Wohnungen alles ruhig war, um sich dann der schäbigen Agentur mit dem neuen Messingschild an der Tür zu widmen, wurde diese plötzlich geöffnet. Sie erkannten sich auf Anhieb. Diesmal lag das Erschrecken nicht nur auf der Seite des Dicken: Es war der ältere Schmuggler von dem Motorkatamaran. Er hatte ein Blatt Papier mit einigen Notizen in der Hand. Unter Umständen hätte Thiel noch über die Treppe verschwinden können, aber die Überraschung war so groß, dass sie seine Kopfschmerzen auslöste. Wieder lähmten die plötzlich einsetzenden Beschwerden seinen Fluchtinstinkt und verleiteten ihn zu irrationalem Selbstvertrauen. Wie bei ihrer ersten Begegnung fuhr der fette Mann mit der rechten Hand in die Brusttasche seines Jacketts. Mit dem Kopf gab er ein Zeichen, einzutreten. Thiel war verrückt genug, es zu befolgen. Im Raum sah er Pierre Garenne. Thiel erkannte ihn zuerst an der Silberkette. Garenne hatte Thiel noch nie bewusst wahrgenommen und starrte ihn daher irritiert an.

»Kann ich Ihnen helfen, Monsieur?«

Thiel antwortete nicht, sondern wies achselzuckend auf den Dicken, der direkt hinter ihm stand.

»Was soll denn der hier?«, kam es von Garenne. Die Frage war an den Dicken gerichtet. Der aber ignorierte seinen Partner, schloss seelenruhig die Tür und verriegelte sie. Ein Untergebener von Pierre schien er nicht zu sein.

»Setzen Sie sich«, sagte er dann zu Thiel und wies auf einen leeren Stuhl. Das schrille Summen in seinem Kopf schwoll an und wurde so laut, dass es die Stimmen der anderen übertönte. Der Dicke musste seine Aufforderung wiederholen. Schließlich setzte Thiel sich auf den angebotenen Stuhl und wartete ab. Auf dem Schreibtisch lagen einige Papiere. Aus den Augenwinkeln sah er, dass der altmodische Safe halb geöffnet war. Der Dicke platzierte sich vor den Schreibtisch, legte das Blatt weg und nahm vom Aschenbecher eine noch brennende Zigarre. Vorsichtig streifte er die Asche ab.

»Ich habe den Kerl am Sonntag am Liegeplatz der REQUIN gesehen.«
»Na und?«, fragte Pierre.
»Er hat sich dort im Dunklen versteckt und spioniert.«
»Bist du dir da sicher?«
»Sicher? Na klar bin ich sicher. Und jetzt macht er das Gleiche vor deinem Büro. Das ist bestimmt kein Zufall!«
»Du hast ihn hier reingeholt. Ich kenne ihn nicht. Kennst du ihn denn?«
Der Dicke blickte Thiel prüfend an und schüttelte den Kopf. »Ich habe ihn nur das eine Mal an dem Steg gesehen.«
»Woher willst du dann wissen, dass du dich nicht irrst?«
Der erste Schub von Thiels Kopfschmerzen war vorüber, seine Hände hatte er in die Ärmel seines Anoraks geschoben. In völliger Verkennung seiner Lage beschloss er, sich in das Gespräch einzuschalten. Er vertraute darauf, dass ihm in einem bewohnten Gebäude nicht viel passieren konnte. Sein Verstand musste völlig abgeschaltet haben. Frustriert durch die lang-

wierigen Beobachtungen glaubte er, endlich Gelegenheit gefunden zu haben, an Informationen zu gelangen. Über Konsequenzen machte er sich keine Gedanken.

»Natürlich irrt er sich nicht«, sagte Thiel. »Ich war an dem Steg.«

Verblüfft über das Geständnis starrten die beiden ihn an. Draußen hörte man die Geräusche von Schritten und Stimmen.

»Was wollten Sie denn dort?«, fragte ihn der erstaunte Pierre. Thiel entschied sich, die beiden noch einmal zu schockieren und ging einen Schritt weiter.

»Wissen, was unter den Bojen gehangen hat«, erklärte er ruhig.

Jetzt waren sie beide wie elektrisiert. Der Kopf des Dicken schnellte herum. Seine großen Augen blickten Thiel fassungslos an, dann fing er sich und begann erst leise dann immer lauter zu lachen. Sein Doppelkinn zitterte. Er fing sich wieder und zwinkerte verbindlich mit den Augen. »Sie sind nicht dumm, kommen Sie vom Drogendezernat?«

»Nein«, erwiderte Thiel.

»Hab ich mir gedacht«, sagte er, »die Brüder kenne ich doch alle.« Dann schüttelte er leicht mit dem Kopf. »Sind sie dann von der Polizei?«

»Auch nicht.«

Der Dicke betrachtete ihn kritisch. «Arbeiten Sie irgendwie mit der Polizei zusammen?«

Thiel verneinte erneut.

»Dachte ich mir«, sagte der Dicke fast abwesend und blickte ihn so prüfend an, als wolle er ihn durchleuchten. »Was wollten Sie dann am Steg?«

»Hab ich doch gesagt.«

Wieder bekam das Gesicht des Dicken einen freundlichen Ausdruck. Er zuckte mit den Schultern. »Wenn Sie es partout wissen wollen, es waren zwei Ladungen mit je vierzig Kilo Rohopium. Sie haben wohl einen unserer Umschlagplätze gefunden, stimmt's? Macht nichts. Sie werden es doch niemandem erzählen, oder?«

Seinem heiteren Gesicht war zu entnehmen, dass er die Möglichkeit für unwahrscheinlich hielt.

Wieder waren vor der Tür Geräusche zu hören. Trotzdem zog der Dicke mit einer flotten Bewegung eine Pistole aus der Brusttasche seiner Jacke. Sie hatte ein beachtliches Kaliber. So viel zu Thiels Glauben, dass ihm in einem Gebäude voller Menschen nichts passieren konnte. Das Verhalten des Dicken hatte nichts Drohendes. Es war, als ob er eine Tabakpfeife aus der Tasche gezaubert hätte. Jetzt griff er erneut in eine Innentasche und holte einen Schalldämpfer heraus. Im ersten Moment haperte es mit dem Gewinde, doch dann schraubte er ihn ohne Hast auf die Pistole. Auch das tat er so nachdenklich, als ob er sich eine Pfeife stopfen wollte.

Schalldämpfer sind ein Zeichen, dass die Sache ernst wird. Pierre, der Besitzer des Büros, ließ etwas Nervosität erkennen.

»Du willst doch nicht hier ...« Er beendete den Satz nicht.

»Natürlich. Wie willst du den Kerl lebend aus dem Haus bringen? Er lässt uns doch gar keine Wahl, oder?«

In der Zwischenzeit hatte Thiel die Hände aus den Ärmeln seines Anoraks genommen. Niemand im Raum beachtete das. In seiner Rechten ruhte nun die kleine .22, die er am Unterarm versteckt hatte.

»Wollen Sie mich wirklich hier erschießen?«, fragte er den Dicken.

Wieder lachte der und zuckte mit den Schultern. Noch hielt er seine Pistole in beiden Händen. Sie war nicht auf Thiel gerichtet. Er grinste. »Ich hab's doch schon gesagt, Sie lassen uns keine Wahl.«

Thiel konzentrierte sich und schoss ihm zweimal in den Kopf. Der Dicke sank zu Boden, ohne die Waffe in Anschlag gebracht zu haben. Thiel dachte schon, Herr der Lage zu sein, aber Pierre überraschte ihn. Er hatte ihn nicht für so schnell gehalten. Ohne Schrecksekunde warf er sich nach rechts hinter den Schreibtisch und angelte nach der Pistole des Dicken, die in seiner Reichweite war. Thiel stand auf und feuerte auf seinen rechten Arm. Pierre zuckte wie von einem elektrischen Schlag getroffen zurück. Er war ein schwerer, athletischer Mann. Mit einem lauten Krach wurde sein Bürosessel nach hinten katapultiert. Er gab jedoch beileibe nicht auf. Er nutzte die Bewegung, mit der er sich von dem Toten entfernt hatte, und rollte vor den Safe. Irgendetwas wollte er aus dem Safe holen. Thiel wartete nicht, bis auch er eine Waffe in Händen hatte. Er schoss, bis der Verschluss seiner Pistole blockierte, weil er keine Patrone mehr im Magazin hatte. Pierre streckte sich etwas und rührte sich nicht mehr. Thiel steckte die Pistole ein und betrachtete, was er angerichtet hatte. Er schätzte, dass beide tot waren. Ein Fuß von Pierre schaute unter dem Schreibtisch hervor. Auch er gab Thiel Gewissheit über die Identität seines Besitzers. Das feine Schlangenleder seines Stiefels glänzte selbst im trüben Licht, das durch das kleine Fenster drang.

Der Raum stank nach der Pulvermischung, mit der seine Patronen geladen waren. Die Kopfschmerzen steigerten sich in kurzen Intervallen. In dem kleinen Büro hatte die kleine Waffe recht hörbar geknallt. Aber entweder hatte niemand etwas gehört, oder es war hier nicht üblich, nach einer Schießerei aufzutauchen und Fragen zu stellen. Auf jeden Fall klopfte niemand an die Tür. Darauf bedacht, keine Fingerabdrücke zu hinterlassen, drückte Thiel die Safetür weiter auf, indem er sie mit seinem Taschentuch anfasste. Er hatte richtig vermutet: Auf dicken Paketen von Banknoten lag griffbereit eine italienische Beretta. Er schob sie mit dem Taschentuch zur Seite und legte die Geldpakete auf den Schreibtisch. Es lagen keine weiteren Dokumente in dem Safe, nur einige detaillierte Seekarten. Er holte aus seinem

Anorak eine Plastiktüte und überlegte einen Moment. Dann verstaute er sowohl die Geldbündel als auch die Seekarten und die kleine Akte, die noch auf dem Tisch lag. Das Geld musste er verschwinden lassen. Nur so konnte die Polizei und, was wichtiger war, die Mafia, zu dem Eindruck gelangen, dass hier ein Raubmord geschehen war. Auch das Stück Papier, das der Dicke in der Hand gehalten hatte, wanderte in den Plastikbeutel. Trotz der Blockade durch die vehementen Kopfschmerzen wurde ihm klar, dass er aus dem Büro schleunigst verschwinden musste. Die Polizei konnte gerufen worden sein. Thiel sperrte die Tür auf, die der dicke Mann eine halbe Stunde vorher verschlossen hatte, und schaute vorsichtig zum Treppenhaus. Eine Alarmanlage wurde nicht ausgelöst. Niemand war zu sehen. Er trat aus dem Büro, zog den Schlüssel von innen ab und verschloss die Tür sorgfältig. Dann verließ er das Gebäude. Niemand beachtete ihn. Er begab sich zu seinem Auto, setzte sich hinein und konnte sich erst nach einer halben Stunde aufraffen, in die Nähe seiner Wohnung zu fahren. Aus Mangel an Konzentration fuhr er mehrmals in die falsche Richtung. Für einen Weg von fünfzehn Minuten war er eineinhalb Stunden unterwegs. Später konnte sich Thiel an nichts mehr erinnern. Er parkte den Wagen in einer Tiefgarage und fand ihn dort erst nach fünf Tagen und nur zufällig wieder, weil er den Parkschein in seiner Tasche entdeckte.

Die sich steigernden Kopfschmerzen verursachten eine Art von Filmriss. Mit letzten Kräften erreichte er seine Wohnung.

22

Als Thiel klar wurde, was sich ereignet hatte, fühlte er sich elend. Die Männer, die er erschossen hatte, waren zweifellos Mitglieder der Drogenmafia, aber nicht seine persönlichen Feinde gewesen. Auch wenn ihm letztendlich keine andere Möglichkeit geblieben war, als sie zu töten, war ihm bewusst, dass er die Situation herbeigeführt hatte, nicht sie. Er hatte sie geradezu provoziert.

Zum ersten Mal wurde ihm klar, dass er zeitweise nicht zurechnungsfähig war, und er erwog, mit seiner Aktion aufzuhören. Er ging los, sein Auto zu suchen. Er misstraute dem Parkbeleg und war erstaunt, es schließlich doch in den Tiefgaragen des Centre Bourse wiederzufinden. Dort hatte er noch nie geparkt. Auf dem Beifahrersitz sah er die Plastiktüte. Den nächsten Schlag erhielt er, als er in die Tüte blickte und die gebündelten Banknoten sah. Seine Selbstachtung sank weiter. War er zum Raubmörder geworden? Thiel sah aber auch die anderen Papiere und die Seekarten und beschloss, die Tüte in der Wohnung in Sicherheit zu bringen, um dort zu überlegen, was weiter geschehen solle. Noch etwas wurde ihm jetzt klar: Zwischen der Schmuggelaktion der REQUIN und den Aktivitäten der Familie Garenne bestand ein direkter Zusammenhang.

In den Schlagzeilen einiger Lokalzeitungen las er den Namen Garenne. Thiel kaufte sie. Er fühlte, dass seine Kräfte wieder zurückkehrten und dass er völlig ausgehungert war. Er ließ die Plastiktüte mit ihrem wertvollen Inhalt in seiner Wohnung und ging in ein Restaurant im Rücken des Quai de Rive, das er schon kannte. Die Zeitungen hatte er dabei.

Für die örtliche Presse gab das Verbrechen Anlass zu Spekulationen. Thiel begriff, dass es in den letzten Tagen unterschiedliche Meinungen über den Doppelmord an Pierre Garenne und einem gewissen Michel Creuse gegeben hatte. Die Ansichten klafften auseinander, ob es ein Bandenmord oder einfacher Raubmord gewesen war. Bewohner des Wohnblocks hatten bereits vor Tagen die Polizei verständigt. Die hatte die Toten gefunden, war jedoch noch nicht zu einem Ergebnis über die Hintergründe der Tat gekommen. Während die Familie Garenne bekannt gab, dass aus dem geöffneten Safe eine größere Summe entwendet worden sei, deren Höhe sie aber nicht beziffern könne, hatte die Polizei größere Summen in den Brieftaschen der Opfer entdeckt. Nicht jeder Räuber hätte dieses Geld zurückgelassen. Hatten beide Männer Beziehungen zum organisierten Verbrechen? Thiel erfuhr zudem, dass Monsieur Creuse ein vor einem Jahr frühpensionierter Drogenfahnder im Rang eines Kommissars gewesen war. In einer Zeitung war ein schmeichelhaftes Foto, das ihn in jüngeren Jahren zeigte. Er schien ein gutaussehender Mann gewesen zu ein. Die Zeitungen fanden seinen Tod seltsam, ergingen sich in vagen Andeutungen, aber keines der Blätter wagte die Vermutung zu äußern, dass eine Verbindung des ehemaligen Polizisten zur Rauschgiftmafia bestehen könne.

Auf Seite fünf der letzten Zeitung fand sich schließlich eine kurze, etwas sarkastische Notiz, die sich mit den Gründen der vorzeitigen Pensionierung des Polizisten Michel Creuse auseinandersetzte. Er war in drei verschiedene Anklagen der Bestechung und Begünstigung im Zusammenhang mit dem Drogenhandel verwickelt gewesen, die insofern hinfällig wurden, als zwei Zeugen, darunter ein Journalist, plötzlich verstarben, und eine weitere Zeugin verschwunden war, angeblich ohne Adresse verzogen. Das Bedauerliche an ihrem Umzug sei gewesen, dass sie zwei Kinder, einen achtjährigen Buben und ein neunjähriges Mädchen, zu Hause vergessen habe. Da die beiden keinen Vater hatten und in miesen Verhältnissen lebten, sei anzunehmen, dass die Kinder Marseille gerne zusammen mit der Mutter verlassen hätten. Danach, so das Blatt, waren keine weiteren Zeugen mehr bereit, gegen den Polizeioffizier aufzutreten. Selbst ein Großteil der Presse hätte nach dem Tode eines Kollegen weniger empört als vorsichtig reagiert. Doch der Ruf des Polizisten Michel Creuse sei danach diskreditiert gewesen. Auch wenn ihm nichts mehr nachzuweisen war, hatte ihm der Polizeipräsident vor zwei Jahren nahegelegt, sich vorzeitig pensionieren zu lassen.

Bisher hatte Thiel den Fernsehapparat in der Wohnung kaum eingeschaltet. Jetzt sah er sich laufend die Nachrichten des Lokalsenders an. Das öffentliche Interesse an dem Geschehen war bereits gesunken. Es blieb bei zwei Versionen; eine Seite vermutete einen Bandenkrieg, die andere einen gewöhnlichen Raubüberfall durch Gelegenheitstäter. Da die zwei Opfer als bewaffnet und sehr wehrhaft beschrieben wurden, gingen alle Vermutungen von mehreren Tätern aus. Sollte die Polizei noch andere Hypothesen verfolgen, dann sagte sie es den Reportern nicht. Auf alle Fälle fiel kein Verdacht auf einen einzelnen älteren Herrn.

23

Wenn man sich mit dem organisierten Verbrechen anlegte, war die Polizei in der Verfolgung der Angelegenheit immer nur die eine Seite der Medaille. Die andere, meist genauso ernste, war die Verfolgung durch die Mafia selbst. Soweit Thiel wusste, hatte er keine Spuren hinterlassen. Aber die Mafia verfolgt keine Spuren, sie nutzt ihre Verbindungen. In diesem Punkt gab es durchaus Möglichkeiten. Zwei Männer kannten die Familie, die er überwachte. Wenn dort ungeklärte Todesfälle auftraten, brauchte man nur zwei und zwei zusammenzuzählen. Die zwei Männer waren Geiger und Jacques Dupeu. Solange sie dichthielten, war alles gut. Wenn nicht, war er erledigt.

Thiel saß in seiner Wohnung und hatte die Utensilien aus Pierres Büro noch in der Plastiktüte auf dem Tisch. Er bemühte sich, in seine bisherigen Beobachtungen einen roten Faden zu bringen. Nach allem, was er bisher beobachtet hatte, war die Familie Garenne tief in den Drogenhandel verstrickt. Wenn man das Puzzle richtig zusammensetzte, wurde der Stoff einmal pro Woche mit dem Lieferwagen in den Schlachthof gebracht und meist am selben Tag mit einem Kühltransporter wieder abgeholt. Da sich der Betrieb auf die Verpackung von Fleisch spezialisiert hatte, war anzunehmen, dass der Stoff bestimmten Ladungen beigegeben wurde und so nach draußen gelangte. Durch die Verbindung von Michel Creuse mit Pierre Garenne wurde auch klar, wo der Stoff herkam: Er wurde in Küstennähe aus dem Golfe de Marseille gefischt. Wie er dort hinkam, war eine andere Geschichte.

Auch wenn Michel Creuse Thiel Minuten, bevor er ihn beseitigen wollte, darüber informiert hatte, dass die Pakete unter den Bojen Rohopium enthielten, blieb dennoch vieles weiterhin offen. So stellte sich die Frage, wo in Marseille das Rohopium verarbeitet wurde.

Rohopium entsteht aus den walnussgroßen Kapseln des Schlafmohns, die entsaftet werden. Die Opiumbauern benötigen für ein Kilo Rohopium 20 000 dieser Kapseln. Heroin wiederum ist ein halbsynthetisches Morphinderivat. Es bedarf profunder chemischer Kenntnisse, um aus Rohopium hochwertiges Heroin zu produzieren. Zumindest ein gut ausgestattetes Labor war erforderlich. Wie der weitere Weg nach Deutschland funktionierte, war gleichfalls noch unklar. War der alte Schlachthof auch das Versandzentrum? Wurde das Heroin als versteckte Einlage beim französischen Fleischexport in andere Länder der EU geschafft? Sicherlich war der ehemalige Schlachthof nicht der Mittelpunkt des Marseiller Drogenhandels. Wahrscheinlich gab es mehrere Unternehmen, die sich das Geschäft teilten. Doch in dieser Richtung weiterzusuchen, war sinnlos. Ein Einzelgänger würde das nicht klären.

Thiel war sich darüber im Klaren, dass er bei den Ereignissen der letzten Woche sehr viel Glück gehabt hatte und beschloss schweren Herzens, die Überwachung des Schlachthofs sowie des Büros abzubrechen. Es wurde einfach zu riskant.

Es kam noch ein anderer Grund dazu. Als er sich einem Touristenschwarm anschloss, der zur La Major pilgerte und am Schlachthof vorbeikam, erblickte er auf seinem ehemals bevorzugten Parkplatz einen breiten schwarz verglasten Lieferwagen mit dem Logo einer Gardinenfirma. Nachdenklich blickte er von den Fenstern des Büros zu dem Lieferwagen und wandte sich dann ab. Für seinen Geschmack roch das Fahrzeug stark nach Polizei. In dieser Gegend war endgültig doppelte Vorsicht geboten.

Am sechsten Tag nach der Auseinandersetzung in Pierres Büro hatte Thiel die Nachwirkungen seines Anfalls endgültig überwunden. Erst an diesem Abend begann er Geld und Papiere zu sichten, die er aus dem Büro mitgenommen hatte.

Der dünnen Akte, die er auf dem Schreibtisch gefunden hatte, entnahm er die Kopien von vier Briefen, zwei davon waren nach Deutschland gerichtet, einer nach Düsseldorf, ein kürzerer nach Köln. Er konnte mit keinem von ihnen etwas anfangen und packte sie weg. Dann breitete er die Seekarten auf dem Boden aus und legte sie aneinander. Für den Normalverbraucher sind Seekarten langweilig. Das Land wird nur in seinen geographischen Umrissen gezeigt. Das Meer ist weiß und an der Küste mit einer Masse von Zahlen und Symbolen versehen, die Tiefe, Strömungen, Hindernisse und anderes zeigen. Sie stammten von BEC-Marine. Die Blätter waren von 417 bis 427 durchgehend nummeriert. Eines hatten sie gemein; sie hatten schwerlich auf dem Navigationstisch eines Schiffes gelegen.

Es handelte sich um elf Karten. Lückenlos umspannten sie die französische Mittelmeerküste von Barcelona bis Genua. Daneben lag der Bogen, den Creuse in der Hand gehalten hatte. Er enthielt Eintragungen von Daten, mit denen Thiel nichts anfangen konnte. Nun holte er das Geld aus der Tüte und begann es zu zählen. Es handelte sich um gebrauchte Scheine. Es gab Euro, Dollars und britische Pfund. Die Pakete mit den Euroscheinen waren am ergiebigsten, da sie ausschließlich aus hohen Notenwerten bestanden. Die drei Währungen zusammengerechnet, lag ein Gesamtbetrag von acht Millionen Euro auf seinem Tisch. Für einen Amateur war das nicht schlecht. Professionelle Räuber erbeuteten oft weit geringere Beträge.

Thiel überlegte, was er mit dem Geld anfangen sollte, gab aber den Gedanken einstweilen auf. Es war ihm klar, dass dieser Betrag im Geschäftsetat der Familie Garenne fehlen würde. Er war zu hoch, als dass er einfach abgebucht werden konnte. Der Clan der Garennes wusste im Gegensatz zu den Medien mit einiger Sicherheit, dass er sich in keinem Bandenkrieg befand. Es war zu vermuten, dass er sich nicht auf die Ermittlungen der Polizei verlassen, sondern mit den eigenen Methoden der Mafia nach den Tätern suchen würde. Sollten sie ruhig. Das bedeutete noch lange nicht, dass sie ihm auf die Spur kommen würden. Da Thiel den Ablauf des Geschehens weder gewollt noch vorbereitet hatte, seines Wissens auch von niemandem gesehen worden war, bestanden nicht viele Möglichkeiten einer Entdeckung; weder durch die Polizei noch durch die Familie Garenne. Gerade weil das Geld verschwunden war, konnten sie den Raubüberfall eines Insiders, der gewusst hatte, was in dem Safe war, nicht ausschließen. Die Sache konnte nur gefährlich werden, wenn er sich weiterhin in der Umgebung sehen ließ.

Während des Abendessens in der nahegelegenen Kneipe erinnerte ihn das alte Papiertischtuch mit seinen Rotweinflecken an die Inselgruppe mit dem Château d'Iff und an die Bucht, in der sich die Bojen befunden hatten. Er beschloss, sich später die Seekarten noch einmal genauer vorzunehmen.

Von seinem kleinen Pkw hatte er die verräterischen Aufbauten abgenommen und rief Jacques Dupeu an. Er bat ihn, den Japaner einzutauschen. Anderes Modell und andere Nummernschilder. Das Risiko, erkannt zu werden, war einfach zu hoch. Sollte wider Erwarten eine der Videokameras am Schlachthof die Nummer registriert haben, wäre der Wagen die einzige Möglichkeit, eine lose Verbindung zu ihm herzustellen.

Am nächsten Morgen nahm er die Seekarten ein zweites Mal unter die Lupe. Auf der Küstenkarte von Marseille betrachtete er die Gruppe der drei Inseln genauer. Neben der Stelle, wo er auf dem Charterboot das Baguette gegessen hatte, war etwas eingezeichnet. Kaum sichtbar waren in das Papier zwei Kreuze eingeritzt. Daneben stand mit Bleistift, mehr gehaucht als geschrieben, eine Zwei. Thiel schloss die Augen und überdachte seinen damaligen eigenen Standort und den der Bojen. Erneut betrachtete er die Karte und war sicher, dass die Kreuze am Platz der Bojen eingeritzt waren. Wenn er jetzt nicht an der richtigen Stelle gesucht hätte, wäre ihm die Eintragung entgangen. Er konzentrierte alles Licht auf die Karten und begann minutiös die Küstengewässer der elf Blätter zu untersuchen. Es war mühsam und langwierig. Schließlich fand er auf dem westlichen Anschlussblatt eine zart aufgetragene Eins. Daneben konnte er ein Kreuz entdecken. Das Ganze lag vor der Mündung der Petit Rhône in der Nähe des Städtchens Sainte Maries-de-la-Mer. Auch eine dünne Drei entdeckte er nach langem Suchen. Sie lag versteckt an einer winzigen Insel, Île de Planier, ebenfalls nicht weit von Marseille, mit drei hauchfein eingeritzten Kreuzen. Thiel lehnte sich zurück. Mehr konnte er zur Zeit nicht finden, zweifelte aber, ob nicht irgendwo noch weitere Kreuze eingezeichnet waren, die er übersehen hatte. Zumindest besagten die Einzeichnungen auf den Seekarten, dass es eine Stelle geben musste, die über Zeit und Ort der Anlieferung orientiert war und Michel Creuse informiert hatte. Die Frage war, ob die Aktionen nach dem Verlust der Seekarten in andere Gewässer verlegt würden. Der nächste Punkt war, ob auch zukünftige Sendungen wieder mit der REQUIN aus dem Wasser gefischt werden würden oder ob man eine ganze Flotte von Booten für diese Aufgaben hatte. Thiel überlegte, ob er nicht seinen Aktionsbereich grundsätzlich ändern und sich auf die maritime Überwachung der drei Übergabegebiete verlegen sollte.

Auf dem Wasser durfte er nicht auffallen. Am geeignetsten für diese Art der Beobachtung wäre ein U-Boot mit Periskop. Die waren für Normalverbraucher jedoch nicht zu bekommen. Schnelle Schiffe hätten den Nachteil, viel zu auffällig zu sein. Männer, deren Job sie für Jahre hinter Gitter bringen konnte, würden ihre Umgebung genau betrachten. Ein schnelles Speedboat würde erkannt und aus dem Verkehr gezogen werden. Blieben die Segelboote. Sie wären unverfänglich. Niemand würde im Ernst annehmen, dass eine Fahrtenyacht nicht rein zufällig in der Nähe sei. Der Nachteil dieser Schiffe war, dass sie zu langsam waren. Gab es Ausnahmen? Thiel verbiss sich förmlich in diese Idee, zog sich eine Weile zurück und besorgte sich Stapel von Fachzeitschriften.

24

Als er eine Broschüre mit gebrauchten Yachten durchsah, erblickte er plötzlich ein Foto der AQUADRAT. Sie war der größere Nachbau des berühmten Katamarans JET SERVICES und lag zur Zeit in einem kleinen Hafen in der Bretagne. Sie hatte an Rennen teilgenommen und war mit kleiner Crew um die Welt gesegelt. Bei all dem hatte sie noch keinen Unfall gehabt. Auf dem Foto der Annonce sah sie fast zierlich aus. Zur Zeit war sie wahrscheinlich eines der schnellsten Segelschiffe und hatte das Flair von exaltiertem Sportfanatismus. Niemand käme auf die Idee, dass die enorme Geschwindigkeit der Segelyacht für die Überwachung des Drogenhandels genutzt werden konnte.

Die Begeisterung in den Medien für diese Multis war schon Mitte der Neunzigerjahre abgeflaut, und offensichtlich war es nicht mehr leicht, sie zu verkaufen – schlecht für den Preis, gut für ihn. Er machte einen Abstecher zu ihrem Liegeplatz. Trotz seiner eigenen Erfahrung – als junger Mann war Thiel zweimal in den Endausscheidungen der deutschen Meisterschaft der Tornadoklasse gescheitert und bildete sich ein, etwas vom Katamaransegeln zu verstehen – heuerte Thiel zur Überprüfung des angebotenen Zweirumpfbootes einen Spezialisten aus Saint-Malo an, einen Bootsbauer mit dem Vornamen Eric. Vor Jahren hatte dieser einen ähnlichen Giganten gebaut. Gemeinsam überprüften sie den Kat.

Als sie den Riesen zum ersten Mal sahen, lag er trocken auf einer Schlickbank, die Ebbe hatte begonnen, und das Wasser war abgelaufen. Es regnete leicht, und der Katamaran sah so einschüchternd riesig aus, dass Thiel sich sofort entschloss, umzukehren. Der Mast des Ungeheuers schien in den Wolken zu verschwinden. Thiel wusste, dass er, um dieses Schiff alleine zu segeln, völlig neu anfangen musste. Eric widersprach. Er hatte seinen eigenen Multi viermal einhand über den Atlantik gesegelt und war von der professionellen Bauweise des angebotenen Riesen so begeistert, dass er Thiels Bedenken zerstreute. Es gab keine anderen Kaufinteressenten. Verglichen mit seinen einstigen Baukosten und angesichts des jetzigen guten Zustands war der Preis einfach lächerlich. Also griff Thiel zu und gab ihm den Namen AQUADRAT. Nach und nach wanderte ein Gutteil des Geldes aus dem Safe von Pierre Garenne in Änderungen des Riesen. Das Großsegel mit 330 Quadratmetern Fläche erhielt eine moderne Reffanlage, die dank hydraulischer Unterstützung von einem Einzelnen bedient werden konnte. In jedem Heck wurde ein leichter, leistungsfähiger Dieselmotor installiert.

Die am meisten eingreifenden Änderungen erfolgten zur Verbesserung der Sicherheit von Mensch und Material. Für den Skipper brachte Eric an vielen Stellen Haltegriffe aus Nirosta und eine massive Seereling an. Nach einer Inspektion des Bugbereichs wurde dieser verstärkt und mit einem zusätzlichen Schott abgesichert. Eric hatte Thiel geschildert, wie er bei einer Atlantiküberquerung in einen verloren gegangenen Container gerauscht war, der ihm einen Bug schwer beschädigte. Die elektronische Anlage von einer kleinen Firma aus Flensburg, mit der die AQUADRAT ausgerüstet wurde, war die modernste, die der Markt zu bieten hatte. Den minimalen Komfort der Rennziege für den Skipper zu verbessern, war allerdings weder Eric noch Thiel in den Sinn gekommen.

In diesen Wochen wurde der Kat von den beiden jeden dritten Tag gesegelt. Von Eric lernte er eine Unmenge. Als Eric mit Thiel und dem Kat zufrieden war, sagte Thiel Adieu und segelte durch die Biscaya und die Straße von Gibraltar in das Revier von Toulon. In einem Touristenhafen fand er einen abgelegenen, wenn auch sündhaft teuren Liegeplatz und kehrte nach Marseille zurück. Nun machte er sich an die Realisierung des zweiten Teils seines Vorhabens, die Vernichtung aufgespürter Drogen. Außer ein paar recht vagen Vorstellungen, was er erreichen wollte, hatte er noch keine klare Idee über das Wie.

Thiel traf sich mit dem praktischen Jacques Dupeu und besprach das Problem. Er erklärte ihm, dass er mittelgroße Pakete, die sich im Wasser befänden, schnell und nachhaltig zerstören müsse, schwieg jedoch über die AQUADRAT und andere Details seines Plans.

Jacques Dupeu erwies sich als Freund unkomplizierter Rezepte. Als sie sich zwei Tage später trafen, eröffnete er Thiel, er könne ein Dutzend wasserdichter Land- und Panzerminen in die Hand bekommen. Man könne ihnen verlässliche Zünder mit einer Verzögerung von zwei bis zehn Minuten einbauen. Sie seien sicher, kundenfreundlich und zuverlässig. Zwei Wochen später hatte Thiel im Backbordrumpf zwei Kisten mit je fünf dieser Sprengkörper stehen. In jeder Kiste lag als Zugabe eine Neun-Millimeter-FN-Parabellum mit hundert Schuss Munition. Thiel wusste nicht, ob er die beiden Pistolen wirklich benötigte, hängte sie aber vorsichtshalber in eine Nische neben die beiden Eingangstüren, damit sie im Fall eines unerbetenen Besuchs griffbereit waren.

Jacques Dupeu überraschte ihn auch mit einer Einweisung. Für die Anwendung der ausgehändigten Sprengkörper erhielt Thiel von ihm nicht nur ein militärisches Handbuch, sondern einen einstündigen Vortrag. Der Schwarze hatte eine anschauliche Art zu erklären, und Thiel war verwundert, wie ungeheuer leicht es war, mit diesen runden, harmlos aussehenden Scheiben vernichtende Explosionen herbeizuführen. Dupeus Kurzseminar endete mit den Worten: »Wer mit Sprengstoff umgeht, lässt sich Zeit und geht kein Risiko ein.«

Nachts musste er die Gelegenheit haben, sich geräuschlos auf dem Wasser zu bewegen. Das Wiking-Schlauchboot mit seinem robusten Außenborder, das auf dem Kat als Beiboot festgezurrt war, wurde auf einen lautlosen Elektro-Außenborder umgerüstet. Von nun an kontrollierte Thiel die drei Stellen, an denen seine Seekarten mit den ominösen Kreuzen versehen waren. Obgleich die Informationen aus den Karten bereits Monate alt waren, lohnte es sich bereits bei seiner neunten Patrouille.

An der Île de Planier, die in der Karte mit der Nummer drei vermerkt war, hatte er an einem Märzabend die AQUADRAT vor Anker gelegt und beobachtete die ruhige See. Als es dunkel wurde, sah er plötzlich das rote Leuchtzeichen einer Boje. In der Karte waren zwar drei Kreuze vermerkt, aber da war nur eine Boje. Von seinem Boot aus konnte er die Umrisse eines Gegenstands unter Wasser erkennen. Thiel hatte beschlossen, ihn zu präparieren und hievte die Boje und das darunter hängende Paket an Bord. Es war mit einer Plastikfolie gegen die Nässe isoliert. Sein Gewicht mochte um die 30 Kilo betragen. Auch er hatte einen robusten Plastiksack dabei, in den er das ganze Paket samt einer Mine und einem anderen Gerät mit einer Antenne steckte und sorgfältig mit Tape verklebte, bis es wasserdicht war. Das Gewicht des Paketes war um einige Kilo angestiegen. Thiel ließ alles zurück ins Wasser gleiten und machte, dass er von der Boje weg und zu seinem Katamaran kam. Unter Motor lief er in Richtung Festland, bis die Lichter des Leuchtturms der Île Tiboulen am Cap Croisette in Sichtweite waren. Dort legte er die AQUADRAT erneut vor Anker und wartete.

In den vergangenen Wochen hatte Thiel über ein Verfahren gegrübelt, mit dem er das Schmuggelgut ausschalten konnte, ohne selbst allzu große Risiken einzugehen. Neben dem Sprengstoff hatte er ein kleines Sprechfunkgerät, das im UKW-Bereich arbeitete, eingepackt und war dadurch in der Lage, Geräusche, die bei der Bergung entstehen würden, abzuhören. Mehrere Stunden passierte nichts, Thiel döste vor sich hin und dachte bereits, die Übertragung funktioniere nicht. Dann plötzlich, um ein Uhr morgens, hörte er Kratzen und das Plätschern von Wasser. Nach zwei Minuten hörten die Schleifgeräusche auf, und man vernahm halblaute Stimmen. Das Paket unter der Boje war anscheinend auf dem Bergungsschiff angelangt. Jetzt musste er in Aktion treten. Thiel schaltete sein eigenes Funkgerät ein und sprach mit den Schmugglern. Sie hörten seine Stimme aus dem Plastiksack mit dem Opium, den sie gerade an Bord gezogen hatten.

»Attention, attention, können Sie mich verstehen.«

Die Stimmen hörten zwar abrupt auf, beantworteten jedoch nicht seine Frage.

»Attention, ich habe eine wichtige Nachricht für Sie.« Erneut keine Antwort.
»Attention, verlassen Sie sofort Ihr Schiff, es ist eine Bombe an Bord.«
»Was soll der Unsinn?«, hörte Thiel eine fragende Stimme. Sie war an jemand an Bord, aber nicht an ihn gerichtet.
»Das ist kein Unsinn, verlassen Sie sofort das Schiff. Die Explosion erfolgt in zwei Minuten.«
»Wer sind Sie, hören Sie auf mit dem Mist, oder wollen Sie uns einschüchtern?«
»Attention, das ist keine Debatte, Sie haben noch neunzig Sekunden.«
Eine andere Stimme schaltete sich ein: »Was wollen Sie von uns. Sagen Sie doch, was Sie von uns wollen.«
»Ihr Leben retten«, antwortete Thiel, »verlassen Sie Ihr Schiff. Die Bombe wird in fünfzig Sekunden explodieren.«
»Wo ist die Bombe?«
»Das hier ist keine Verhandlung. Verlassen sie Ihr Schiff. Das ist die letzte Aufforderung. Au revoir.«
Die Stimmen wurden leiser, offenbar fing man an, die Warnung ernst zu nehmen.
Thiel wartete noch eine Minute; von der Besatzung der REQUIN hörte er nichts mehr, dann sendete er einen Impuls auf einer niedrigeren Frequenz. Gespannt blickte er nach Westen. Am Horizont sah er einen kleinen Lichtblitz und hörte wenige Sekunden später eine schwache Detonation. Thiel hoffte, dass die Männer da drüben ihr Boot tatsächlich verlassen hatten.
Am nächsten Tag begab er sich in den Yachthafen zum Liegeplatz der REQUIN. Er war leer. Zeitungen berichteten von einem Unglück auf einer Yacht, das die drei Mann der Crew heil überstanden hatten. Das Motorboot mit dem Doppelrumpf war untergegangen. Er hatte sie gewarnt. Wären die Drogengangster dabei verletzt oder getötet worden, hätte er es in Kauf genommen. Den Verlust ihrer Yacht bedauerte er nicht.
Eine Woche nach der Havarie der REQUIN war ihr Liegeplatz wieder besetzt. Thiel betrachtete das neue Boot in aller Ruhe. Es war ein flacher Offshore-Racer, marinegrau und mit dem ebenso vielsagenden wie fantasielosen Namen REQUIN II. Bei ruhiger See musste sein Potential an Geschwindigkeit enorm sein. Es schien, als ob die Bergungsaktionen der Drogenpakete unverändert weitergehen sollten.
Thiel ließ sich den geglückten Anschlag durch den Kopf gehen. Er würde sich auf Nachteinsätze vorbereiten. Sollte das Schlauchboot angegriffen werden, musste es einen anderen Fluchtweg für ihn geben. Er verstaute eine Skuba-Ausrüstung, um notfalls unter Wasser fliehen zu können.
Darüber hinaus überlegte er, wie er die Minen an einem Schiff anbrin-

gen könnte, falls die Opiumladung direkt verladen würde. In einem Marseiller Geschäft fand er handtellergroße Saugnäpfe aus Gummi, die ihren ersten Test bestanden, als er sie an der Außenwand der AQUADRAT befestigte. An nassen Bordwänden saßen sie eisern. Bei der Überlegung von Verbesserungspunkten fiel ihm auch seine eigene Sicherheit ein. Der riesige Katamaran bildete über dem Wasser eine Fläche von 600 Quadratmetern. In der Nacht war es unmöglich, einen versteckten Eindringling ausfindig zu machen.

In einem Fachgeschäft beriet ihn ein junger Mann und schlug vor, die große Fläche in acht Zonen aufzuteilen und elektronisch zu überwachen. So würde angezeigt, ob und wo jemand auf das Schiff gelangt war. Thiel kaufte die Anlage, der Verkäufer installierte sie. Die elektronische Anzeige hatte die Größe einer normalen Fernbedienung.

Mittlerweile hatte Thiel auch seinen Hauptwohnsitz auf den Katamaran verlegt. Das lag zum einen daran, dass er durch die andauernden Kontrollen der drei Übergabestellen mehr an Bord als in einer Wohnung war. Es gab aber noch einen weiteren, recht unangenehmen Grund: In den letzten Wochen hatte er an Land das Gefühl, selbst beobachtet zu werden, besonders in den Abendstunden. Thiel wusste, dass er einem unbegründeten Anfall von Verfolgungswahn erliegen konnte, aber das änderte nichts. Durch seine zurückgezogene Lebensweise war er vereinsamt. Thiel sprach fast mit niemandem, besuchte keinerlei Veranstaltungen und konzentrierte sich einzig auf seine Aufgabe. Paradoxerweise hatte er die Einsamkeit, als er später Monate allein auf seinem Schiff verbrachte und wochenlang mit keinem Menschen sprechen konnte, viel weniger empfunden als in den Städten Marseille und Frankfurt. Seine Sinne schärften sich wie bei einem Tier. Manchmal wandte er plötzlich den Kopf, nur um festzustellen, dass ihm irgendein Unbekannter nachgesehen hatte. Als er sich jetzt verfolgt fühlte, nahm er diese Ahnungen sehr ernst. Doch obwohl er sich fragte, wem er aufgefallen war, fand er keine Antwort.

Es dauerte einen ganzen Monat, bis er wieder eingreifen konnte. Thiel hatte sich angewöhnt, zwischen den Übergabestellen eins, zwei und drei zu pendeln. Den Katamaran verankerte er im Allgemeinen außer Sichtweite und passierte die auf den Seekarten angekreuzten Stellen mit dem Beiboot. Über vier Wochen lang hatte er keine Bojen im Wasser gesehen. Doch dann lag eine Boje im Mündungsbereich der Petit Rhône. Dieses Mal sah er sie bereits vom Katamaran aus.

Er segelte außer Sichtweite und wartete auf die Dunkelheit. Die Ufergebiete der Petit Rhône sind die Sandstrände der Camargue. Sie sind nicht gerade geeignet, um ein Schiff mit einem über vierzig Meter hohen Mast zu verbergen. Es herrschte Neumond, und die Nacht war schwarz wie die beiden Male zuvor. Schließlich ankerte er einen Kilometer entfernt, in unmittelbarer Nähe des Strandes. Als er sich mit dem Schlauchboot der Boje näherte, konnte er bereits in einiger Entfernung das Blinklicht sehen. Er stellte fest, dass die Boje zusätzlich ein elektronisches Peilsignal aussendete. Die Schmuggler konnten sie offensichtlich auch auf diesem Weg ausfindig machen. Er notierte die Frequenz. Thiel fand das plastikverschweißte Paket und präparierte es wie beim letzten Mal. Alles lief reibungslos, und so kehrte er zufrieden zur AQUADRAT zurück. Die elektronische Überwachungsanlage zeigte an, dass der Katamaran unberührt geblieben war. Thiel kochte eine Kanne starken Kaffee und konzentrierte sich auf den Lautsprecher. Gegen Mitternacht, fast zur gleichen Zeit wie beim letzten Mal, hörte er, dass an der Boje und dem plastikverpackten Paket manipuliert wurde. Wieder hörte er Stimmen, und wieder gab er über Mikrofon die Anordnung, das Schiff zu verlassen. Offensichtlich hatte die andere Seite in der Zwischenzeit nachgedacht und war zu dem Schluss gekommen, wo der Lautsprecher wäre, müsse sich auch die Bombe befinden. Thiel hörte ein kurzes Kommando und dann Kratzgeräusche, als ob das Paket bewegt würde. Thiel drückte die Sprechtaste des Funkgeräts.

»Fassen sie den Plastiksack nicht an«, bellte er, »er wird explodieren!«

Es nützte jedoch nichts. Er hörte deutlich das Aufklatschen im Wasser und gab den Impuls zur Detonation. Die Mine musste hochgegangen sein, als sich das Paket noch unmittelbar neben der Bordwand der REQUIN II befand. Obwohl die AQUADRAT dieses Mal sehr viel näher am Ort des Geschehens war, konnte Thiel keinen Lichtschein erkennen und hörte nur die schwache Explosion.

Er hatte das Schlauchboot bereits verzurrt und zog mittels Fernsteuerung den gesetzten Anker ein. Die beiden Motoren sprangen an, um den Kat im weiten Bogen zurück an seinen Liegeplatz zu manövrieren. Wind war etwas aufgekommen. In der Tasche seines Anoraks steckte noch das Alarmgerät, mit dem der junge Mann die Sicherheit seines Bootes garantiert hatte. Thiel stellte fest, dass seine Elektronik funktionierte. Überall, wo er sich auf dem Schiff bewegt hatte, waren die Felder gestört. Doch dann stand fast sein Herz still. Das vorderste Feld des Steuerbordschwimmers war ebenfalls gestört! Vor einigen Stunden bei der Rückkehr auf den Katamaran war das Feld noch unberührt. Thiel holte aus dem Niedergang eine der Pistolen, entsicherte sie und schaltete zwei Halogenlampen ein, die speziell auf das Vorschiff gerichtet waren. Auf dem Trampolinnetz und den Rümpfen konnte er nichts Ungewöhnliches erblicken. Aber ein genauerer Blick zeigte ein Boot, das am Steuerbordschwimmer befestigt war und von dem Katamaran mitgezogen wurde. Jemand musste also an Bord sein.

25

»Legen Sie Ihre Pistole vor sich auf den Boden und rühren Sie sich nicht.«

Die Anweisung kam ruhig und bestimmt. Der Mann stand hinter ihm. Thiel konnte nur seine Silhouette sehen und sich ausrechnen, dass er eine Pistole auf ihn gerichtet hatte. Er legte die eigene Pistole ab und wandte sich um.

»Was haben Sie auf meinem Schiff zu suchen?«, fauchte er.

Die Gestalt griff in die Brusttasche und zeigte einen Ausweis, den er natürlich nicht lesen konnte.

»Polizei«, sagte die Gestalt. »Setzen Sie sich. Ich möchte mit Ihnen reden.«

Thiel setzte sich auf den drehbaren Sessel des Steuermanns. »Lassen Sie mich bitte Ihren Ausweis sehen.«

Wortlos überreichte der ungebetene Gast einen Ausweis. Gleichzeitig ließ er seine Waffe in der Windjacke verschwinden. Thiel warf einen Blick auf die Ledermappe und schaltete das Licht für den Steuerstand ein. Mit dem Fuß schob er einen Plastikstuhl in Richtung seines Gastes. Das Foto des Dienstausweises zeigte einen jungen Mann mit kurzen blonden Haaren und abstehenden Ohren. Er hieß François Marchais. Dem Ausweis nach war er einundvierzig. Das Original sah älter aus, vielleicht, weil es ein Gutteil seiner Haare verloren hatte. Der Mann trug einen olivfarbenen Anorak mit hochgekrempelten Ärmeln. Unterarme und Hände wirkten sehnig und muskulös, das magere Gesicht mit dichten Augenbrauen und scharfen Falten um den breiten Mund war nicht unsympathisch. Er ließ Thiel Zeit. Da sie mittlerweile drei Seemeilen vom Ufer entfernt waren, stoppte der Segler die Motoren und sagte: »Wenn wir schon miteinander sprechen müssen, können wir es auch hier tun.«

»Gute Idee, ich möchte mit meinem Kahn ja nicht von Ciotat zurückrudern. Außerdem würde ich mich in der Nacht sowieso nicht zurechtfinden.«

Die Figur kannte also seinen Liegeplatz. Thiel fand, sein Tonfall war für einen Polizeikommissar auf einem fremden Schiff zur Nachtzeit ziemlich lässig.

»Was zum Teufel wollen Sie um Mitternacht von mir wissen?«

»Was ich um Mitternacht wissen will? Zum Beispiel, was Sie um diese Zeit an der Petit Camargue treiben.«

»Ich bin Tourist und wollte mein Schiff, wie Sie ja schon zu wissen scheinen, nach La Ciotat zurückbringen.«

»Das wollten Sie, Monsieur Thiel, kein Zweifel. Ich kann Sie aber zwingen, mir in die Polizeizentrale zu folgen. Wer ich bin, wissen Sie nun. Ich bin Leiter eines Dezernats der Rauschgiftabteilung. Im Präsidium werden wir uns nicht über Segeltourismus unterhalten.«

»Müssten wir die Unterhaltung auf dem Schiff nicht sowieso in Ihrer Zentrale wiederholen?«

»Wenn sie meine Fragen offen beantworten, unter Umständen nicht.«

»Was sind das für Umstände?«

»Tja, was sind das für Umstände. Ich verlange völlige Offenheit. Ich muss wissen, woran ich mit Ihnen bin.«

»Dann muss ich eine Frage stellen und Ihrerseits um Offenheit bei der Antwort bitten.«

»Okay, quid pro quo.«

»Was werfen Sie mir vor?«

Der Polizist schwieg einen Moment und blickte auf seine im Schoß verschränkten Hände. Er schien eine Angewohnheit zu haben, an seinen Fingern zu ziehen, bis seine Gelenke wie Pistolenschüsse krachten. Dann zuckten seine Mundwinkel. »Ich nehme an, Sie haben gerade das zweite Powerboot der Familie Garenne zerlegt.«

Thiel wollte diesen Punkt nicht diskutieren und zuckte die Achseln.

»Da gab es im Januar in Marseille einen Überfall auf ein Büro in der Innenstadt. Zwei Männer wurden getötet. Was war Ihre Rolle bei der Geschichte?«

Trotz der kühlen Nachtluft wurde Thiel heiß. Wäre er jetzt an einen Lügendetektor angeschlossen gewesen, seine Reaktion hätte jede Antwort erübrigt. Nach einer Weile sagte Thiel: »Das sind merkwürdige Fragen. Sind Sie sicher, dass wir sie hier abhandeln können und nicht in jedem Fall in Ihrer Dienststelle enden?«

»Warum fragen Sie?«

»Sie könnten annehmen, dass ich auf eigenem Terrain bereitwilliger antworte, um auf der Basis des hier Erreichten in ihrem Hauptquartier fortzufahren.«

»Das käme doch darauf an, was Sie mir zu sagen hätten.«

»Bei so gravierenden Anschuldigungen sollten Sie mich über meine Rechte belehren und mir erlauben, einen Anwalt zu benachrichtigen. Sind Sie anderer Meinung?«

»Ich verstehe, dass Sie überrascht sind.«

»Überrascht? Könnte man sagen. Normalerweise schleicht ein Kommissar mit solchen Anklagen nicht mitten in der Nacht auf eine fremde Yacht. Fast könnte ich meinen, dass Sie nicht für die Polizei arbeiten, sondern für die Gegenseite.«

Ob es klug war, den Kommissar so unter Druck zu setzen, wusste Thiel nicht, aber er wusste auch nicht, was der von ihm erwartete.

»Arbeit von Polizisten für die Gegenseite. Das soll hin und wieder vorkommen.« Der breite, schmallippige Mund verzog sich zu einem humorlosen Lächeln. »Ihr Fall ist kompliziert. Sind ein harter Brocken, was? Hatte gehofft, dass wir hier miteinander reden könnten. Wenn ich mich nicht sehr irre, habe ich Sie gerade dabei ertappt, wie Sie die REQUIN II in die Luft gesprengt haben.«

»Meinen Sie?«

»Ja, und da ich schon mal hier bin, kann ich Sie auch sofort verhaften und morgen im Präsidium verhören lassen. Meinetwegen mit Anwalt. Wie Sie sich herausreden können, wird dann von dem Beweismaterial abhängen, das wir auf diesem Katamaran oder in Ihrer Wohnung am Hafen finden werden. Verstehen wir uns?«

»Wenn wir jetzt miteinander sprechen«, fragte ihn Thiel, »was würde Sie daran hindern, morgen die Prozedur trotzdem auf dem Präsidium durchzuziehen?«

»Sie trauen mir nicht, das kann ich verstehen. Aber fragen Sie sich doch selbst. Fragen Sie sich, warum ein Kommissar einen Verdächtigen nachts auf seinem Boot besucht. Und warum er gerade dort mit ihm reden will.«

Er blickte Thiel fragend an. Ja, warum hatte er das getan. Eine gute Frage, die er sich die ganze Zeit stellte. Arbeitete der Herr Kommissar nebenher für die Mafia?

»Ich weiß es nicht«, antwortete Thiel schließlich.

»Kann ich verstehen. Ich kenne Sie etwas besser als Sie mich. Dachte zuerst, Sie seien von Interpol. Konnte aber nicht glauben, das ein einzelner Interpolbeamter einen ganzen Krieg in unserem Land anzetteln würde. Hinter unserem Rücken. Mittlerweile weiß ich, dass Sie kein Polizist sind. Sie sollten mir eine Erklärung geben, in Ihrem eigenen Interesse. Ich muss Bescheid wissen.«

Mehrere Minuten überdachte Thiel seine Lage. Schlechter konnte sie nicht werden. Wenn der Katamaran offiziell von der Polizei untersucht würde, hätte er den letzten Spielraum verloren. Da konnte ihm auch kein Anwalt helfen.

»Also gut, kommen Sie mit nach unten, hier ist es zu kühl.«

Thiel wies auf den Niedergang des Steuerbordschwimmers und begann von der Antidrogenbewegung zu erzählen, deren zweiter Vorsitzender er gewesen war, von der Tagung in Hannover und vom Tode seines Freundes Peter durch die Drogenmafia. Der Kommissar blickte ihn lange an und sagte: »Ich kenne die Westeuropäische Antidrogenbewegung. Die haben in Deutschland vor ein paar Monaten einen Nachfolger für Sie als Stellvertreter gewählt. In diesem Zusammenhang wurde der Anschlag auf Sie und ihren Freund erwähnt. Haben Sie ihren Namen geändert? Sie waren einmal Justizminister Ihres Landes, nicht wahr? Ihr Name lautete nicht Thiel.«

Thiel sagte nichts. Der Kommissar schnippte nach einiger Zeit mit den Fingern.

»Lassen wir das für den Moment. Erklären Sie mir lieber, warum sich ein hoher Politiker einer solchen Bewegung anschließt.«

Thiel gab ihm eine kurze Zusammenfassung der Tragödie, die sich in seiner Familie abgespielt hatte. »Haben Sie Kinder?«, fragte er abschließend den Kommissar.

Verneinend schüttelte Marchais den Kopf. »Ich bin auch nicht verheiratet. Nicht mehr. Aber glauben Sie mir, ich kann Sie verstehen.«

»Wieso kommen Sie darauf, dass ich etwas mit einem Überfall auf ein Büro in der Innenstadt zu tun habe?«, fragte Thiel.

»Weil die beiden Toten dort nicht die Ersten aus der Szene sind, die mit einem so kleinen Kaliber erschossen wurden.«

Das genügte. Zumindest im Augenblick wollte Thiel in dieser Sache seinen Wissensstand nicht weiter aufbessern. So stellte er eine andere Frage:

»Was haben Sie weiterhin vor? Warum haben Sie mich nicht zum Verhör geholt und den Katamaran durchsucht, wie Sie angedeutet haben?«

Marchais ging auf seine Frage nicht ein.

»Warum haben Sie in Hamburg und Hannover die Verfolgung der Täter nicht der Polizei überlassen?«

»Habe ich Ihnen doch gesagt, weil die Polizei nichts mehr unternehmen wollte.«

»Verstehe; als Sie feststellten, dass man Ihr Problem mit der normalen Polizeiarbeit nicht lösen konnte, haben Sie die Dinge in die eigenen Hände genommen. Ich muss Ihnen ein kleines Geständnis machen. Quid pro quo. Und so komisch es für Sie klingen mag, so wie Sie mache ich es hier auch. Nur habe ich dafür andere Gründe.«

»Das ist doch nicht vergleichbar.«

»Ich glaube doch. Ich weiß nicht, wie das in Deutschland ist. Bei unserer Drogenabteilung befinden sich einige Beamte, die werden geschmiert. Die Summen, die geboten werden, sind exorbitant. Unser fetter Ex-Kollege Creuse, den Sie ins Jenseits geschickt haben, war einer davon.«

Da Thiel sich nicht äußerte, fuhr er fort:

»Im Drogenapparat unserer Polizei befinden sich Maulwürfe, die jede wirklich wichtige Information der anderen Seite verkaufen. Auf diese Weise wurden in den letzten Jahren alle größeren Aktionen ein Fehlschlag.«

»Ist das der Grund, warum Sie nicht offiziell gegen mich vorgehen?«

»So ist es. Als ich eine Vermutung hatte, wer Sie sind, habe ich versucht,

Ihre Vergangenheit zu durchforsten und herausgefunden, welche Gründe Sie für diesen Alleingang haben könnten. Sie haben sie mir bestätigt. Die Frage, die ich dabei nicht verstehe und die mir Sorgen macht, ist, wie weit Sie dabei zu gehen gewillt sind.«

»Was meinen Sie?«

»Sind die Toten, die Sie bei Ihren Unternehmungen zurücklassen, Absicht oder Betriebsunfälle?«

»Nichts für ungut. Wer solche Fragen beantwortet, kann für den Rest seines Lebens ins Zuchthaus kommen. Ich möchte mit meinen Antworten nicht Russisches Roulett spielen.«

»Ich will Sie nicht ins Kittchen bringen, aber haben Sie bei Ihren Aktionen nie an Folgen gedacht?«

»Das wäre idiotisch. Ich muss eine Gefängnisstrafe in Betracht ziehen, aber ich möchte sie nicht herausfordern. Entschuldigen Sie, aber es gibt Dinge, die man mit einem fremden Polizeikommissar nicht bespricht. Auch nicht in späten Abendstunden.«

»Okay, gehen wir von einer fiktiven Situation aus: Waren die toten Mafiosi in Frankfurt und Marseille situationsbedingte Unfälle?«

Wieder schien Thiel einen kalten Elektroschock zu erleiden. Was konnte dieser Kommissar über die Geschehnisse in Frankfurt wissen? Wer hatte da nicht dichtgehalten?

»Was wissen Sie über tote Dealer in Frankfurt?«

»Sie fragen sich jetzt, wer nicht dichtgehalten hat, was? Bei solchen Sachen gibt es immer Mitwisser. Aber ich möchte Sie beruhigen. Niemand hat mich informiert. Sonst könnte ich das hier gar nicht durchziehen. Ich passe immer auf, was Interpol so über den Bildschirm jagt. Vor einem halben Jahr las ich, dass in Frankfurt einschlägig bekannte Dealer an .22er-Geschossen verstorben sind. Die Projektile hätten eine ungewöhnliche Durchschlagskraft gehabt. Als Ursache wurde ein Bandenkrieg angegeben. Vor vier Monaten das Gleiche in Marseille, kleines Kaliber, .22er-Munition, rasante Wirkung der Patronen. Da kam ich ins Grübeln. Ich sagte mir, wer es in Frankfurt gemacht hat, könnte es in Marseille wiederholt haben. Als ich auf den älteren Herren aus Deutschland stieß, der das Eigentum der Dealerfamilie Garenne misshandelt, fiel bei mir der Groschen. Wissen Sie, wann Sie mir zum ersten Mal aufgefallen sind?«

»Die Frage wollte ich schon stellen.«

»Als wir die Toten in dem Büro von Pierre Garenne gefunden hatten, begannen wir eine andere Wirkungsstätte der Familie zu beschatten. Wir stellten einen unserer so unglaublich intelligent getarnten Lieferwagen vor den Schlachthof.«

Thiel konnte sich erinnern und nickte.

»Persönlich war ich nur kurze Zeit in der Kutsche, aber ich sah einen älteren Herren, der unser Auto musterte, als ob er verärgert sei. Sein Blick ging dann zu den beiden Fenstern des wichtigsten Büros. Dann blickte er wieder auf unser Fahrzeug und ging weiter. Für mich war klar, dass dieser Mann die Observierung des Schlachthofs durchschaut hatte. Dieser Mann waren Sie. Ihr Pech, dass Sie so markant aussehen. Als ich Sie zweimal in der Marina sah, wie Sie die Rennboote der Familie Garenne, die REQUIN und später die REQUIN II musterten, erkannte ich Sie wieder. Bereits bei dem merkwürdigen Unfall der ersten REQUIN begann ich misstrauisch zu werden. Kurz danach habe ich eins und eins zusammengezählt.«

Thiel war wie vor den Kopf geschlagen. Sein Respekt vor der Kombinationsgabe des unscheinbaren Kommissars wuchs.

Thiel überprüfte den Standort der treibenden AQUADRAT, wärmte den Kaffee wieder auf und bot dem Inspektor eine Tasse an. Wie üblich hatte er weder Zucker noch Milch. Marchais nahm einen Schluck und schüttelte sich.

»Hätten Sie nicht etwas anderes?«

Thiel holte eine Ginflasche und füllte einen Daumen breit in zwei Wassergläser. Marchais probierte, schüttelte sich wieder, und sie tranken.

»Sie stehen also vor dem Problem«, sagte Thiel, »dass der moderne Rauschgifthandel in Marseille zu gut organisiert ist.«

»Nein«, erwiderte der Kommissar barsch, »ich stehe vor dem Problem, dass er von Teilen unserer Behörden akzeptiert wird.«

Thiel schenkte nach und beobachtete den Kommissar, wie er die den Navigationstisch umgebende Elektronik musterte. Es war eine eindrucksvolle Ballung von Hightech-Instrumenten. Leicht zu bedienen, schwach beleuchtet und gut lesbar. Thiel war zufrieden. Nicht aus Stolz am Besitz, sondern weil er sie mittlerweile im Griff hatte.

»Geben Sie mir doch die Nummer Ihres Handys und des Satellitentelefons«, bat Marchais. Thiel schrieb sie auf einen Zettel und gab sie ihm. Der Kommissar trank aus und sagte: »Wir bleiben in Verbindung. Würde mich freuen, Sie in den nächsten Tagen nochmals zu sehen.«

Er gab Thiel eine Visitenkarte mit seinen dienstlichen und privaten Anschlüssen. »Wenn Sie mich erreichen wollen, rufen Sie so wenig wie möglich in meinem Büro an und sprechen Sie nichts auf meinen Anrufbeantworter, nicht einmal zu Hause.«

Thiel nickte und ließ die beiden Motoren an.

Trotz der späten Stunde fuhr er noch in der Nacht von La Ciotat zurück in seine Wohnung. Am nächsten Morgen kaufte er eine Zeitung und musste feststellen, dass die Familie Garenne erneut ein schnelles Schiff verloren hatte und nicht nur das. Zwei Mann der Crew waren verletzt. Einzelheiten wurden nicht berichtet.

Thiel fuhr zurück nach La Ciotat. Die kleine Hafenstadt liegt im Südosten und in bequemer Entfernung von Marseille. In der Vergangenheit lebte der Hafen recht gut von seinen Werften, aber seit die Stahlindustrie europaweit in die roten Zahlen geriet, kränkelte auch der Schiffbau. Thiel hatte einen Kontrakt mit einem Ausrüster, um die Stage für den mächtigen Mast zu verstärken, noch eine Anregung von Eric, dem Bootsbauer aus der Normandie. Der Betrieb in La Ciotat verfügte aus besseren Tagen über Flächen am Industriekai. Jetzt waren sie leer. Bis zum Eintreffen des Edelstahlmaterials konnte Thiel sie kostenlos als Liegeplatz für die AQUADRAT benutzen.

Da er von Kommissar Marchais nichts hörte, nahm er an, dass der über sein nächtliches Abenteuer geschwiegen hatte. Dennoch war Thiel am nächsten Morgen nach der denkwürdigen Unterredung nicht müßig geblieben. Alles, was ihm verhängnisvoll werden konnte, hatte er vom Katamaran ins Auto gepackt und nach Aubagne in eine Garage geschafft, die er schon seit längerer Zeit unter einem anderen Namen gemietet hatte. Würde der Katamaran jetzt von der Polizei untersucht, wäre er sauber. Thiel fuhr Umwege und passte gut auf, dass er nicht verfolgt wurde. Dann, fünf Tage, nachdem sie sich verabschiedet hatten, erhielt er den ersten Anruf des Kommissars. Er fragte, ob sie sich sehen könnten und schlug eine Kneipe in Cassis vor.

Cassis liegt auf dem Weg nach Marseille, und als sie sich trafen, führte der Kommissar ihn in ein Kellerlokal, in dem sie die einzigen Gäste waren. Er war eine Spur besser gekleidet als bei ihrem nächtlichen Gespräch. Im Licht des Tages bestätigte sich, dass er mittelgroß und drahtig war. Da er seine restlichen Haare etwas länger trug, wirkten seine Ohren weniger abstehend als auf dem Foto des Dienstausweises. Ein Gesellschaftsmensch war er nicht. Sein Auftreten, die Art, wie er Thiel begrüßte, wirkte unbeholfen. Hinter dieser Ungewandtheit verbarg sich ein Mann, den man leicht unterschätzen konnte. In den letzten Tagen hatte Thiel über ihn nachgedacht. Dieser Marchais schien ein exzellentes Gedächtnis und eine genauso gute Kombinationsgabe zu haben. Die Frage war für Thiel, ob er ehrlich war oder nicht doch für die andere Seite, also als Maulwurf, arbeitete. Dass er Thiels Existenz seiner Dienststelle verschwieg, war ihm trotz allem, was er an Bord der AQUADRAT vorgebracht hatte, nicht ganz erklärlich. Dennoch hatte Thiel nicht den Eindruck, dass der Kommissar mit gezinkten Karten spielte.

Während ihm Marchais bei Tisch die Vorzüge des Weißweins schilderte, der auf den sonnenbeheizten Kalkböden von Cassis wuchs, überraschte er ihn mit der trockenen Frage, ob er das Beweismaterial bereits von dem Katamaran geschafft hätte. Thiel verzog keine Miene und fragte nur, ob es aus

Sicht der Polizei Gründe für diesen Schritt gäbe. Kommissar Marchais winkte ab.

»Habe Ihre Geschichte abgeklopft. Scheint wahr zu sein. Sehe keinen Grund, Ihnen das Leben zu erschweren. Frage mich nur, ob Sie weiterhin direkt in Marseille operieren müssen.«

Thiel antwortete nicht.

»Wie zum Teufel kommen Sie der Übernahme der Drogen nur auf die Spur?«

Erneut schwieg Thiel. Diese Frage würde nicht nur die Polizei, sondern auch die Familie Garenne brennend interessieren. Wenn der Kommissar nicht ehrlich war, säße er böse in der Klemme. Wieder bewies Marchais seine Intuition. »Da stellt sich für Sie gerade die Frage, ob der Kommissar für beide Seiten arbeitet, stimmt's?«

»In der Tat, so was ist mir gerade durch den Kopf gegangen«, nickte Thiel.

»Wir sollten uns gegenseitig vertrauen. Betrachten Sie einmal mein Risiko. Was meinen Sie, was mit mir passiert, wenn Sie zuerst das besagte Beweismaterial im Meer versenkt und sich anschließend als unschuldiger Tourist beim Polizeipräsidenten über die Belästigungen von Kommissar Marchais beschwert hätten. Einige in der Abteilung warten nur darauf, mich abzuschießen.«

Thiel musste ihm recht geben. An diese Möglichkeit hatte er noch nicht gedacht. Wieder nickte er und beschloss, die Zusammenarbeit mit Kommissar Marchais zu wagen.

»Ich meine, Sie haben recht«, sagte er gedehnt. »Vielleicht sollten wir es miteinander probieren.«

Thiel blickte sich in dem schlecht beleuchteten Lokal um.

»Wie sicher ist das hier? Kann ich Ihnen auch Dokumente zeigen?«

Marchais nickte. »Der Laden wurde nur meinetwegen geöffnet. Andere Gäste kommen nicht.«

Thiel erhob sich. »Dann muss ich etwas aus meinem Wagen holen.«

Als er zurückkehrte, hatte er die Plastiktüte mit den Seekarten und Papieren bei sich, die aus Pierre Garennes Büro stammten. Nur das Geld fehlte. Thiel erklärte, wie er in den Besitz gelangt war und dass er bis jetzt nicht viel damit anfangen konnte. Marchais lauschte Thiels Schilderung des Kampfes in dem Büro, und als er geendet hatte, glaubte Thiel so etwas wie Befriedigung im Gesicht des Kommissars zu sehen. Nach einer Weile sagte er: »Ich glaube Ihrem Bericht. Wort für Wort. Dieser Creuse war aus meiner Abteilung. Ein korruptes Schwein. Er hat nur bekommen, was er verdient hat. Auch nach seinem Ausscheiden war er ziemlich einflussreich in Marseille. Ich hatte etliche Beweise gegen ihn zusammengetragen. Er wusste das und ließ durchblicken, dass er es nicht vergessen würde. Ich musste immer auf der Hut sein. In seiner Dienstzeit hat er sechs Menschen erschossen. Dass er mit den Garennes zusammengearbeitet hat, war mir nicht bekannt. Ich merkte es erst, als wir seine Leiche in Pierres Büro fanden.«

»Creuse hatte ich schon mal kurz vor seinem Tod in der Marina gesehen«, sagte Thiel, »das war, als er und zwei andere Typen die Pakete, die an den Bojen hingen, von dem Motorkat, der REQUIN, holten.«

»Hat er Sie damals bemerkt?«

»Klar, nur deshalb erkannte er mich vor Garennes Büro, und nur darum ist es zu der Schießerei gekommen.«

Thiel erzählte ein paar zusätzliche Einzelheiten aus dem Verlauf ihrer Begegnung. Marchais schüttelte den Kopf.

»Sie haben in der Sache viel Glück gehabt. In der Abteilung wussten alle, dass Creuse ein Killer war.«

»Das mag sein, aber war er geistig noch ganz normal?«

»Warum, kam er Ihnen verrückt vor?«

»Vielleicht, er lachte zu viel, und er war zu überheblich.«

»Wieso?«

»Ein Mann, der einen Schalldämpfer auf seine Pistole schraubt, während er dem Delinquenten erklärt, dass er ihn nun erschießen müsste, geht ein unnötiges Risiko ein. Er hatte mich ohne Not gewarnt. Sonst hätten meine Chancen schlechter gestanden.«

»Kann gut sein, dass er einen Defekt hatte«, brummte Kommissar Marchais und fuhr fort, »völlig andere Frage, okay?«

Thiel nickte.

»Wie ist die Schießerei in Frankfurt eigentlich abgelaufen?«

Widerstrebend fasste Thiel den damaligen Ablauf des Geschehens zusammen.

»Notwehr, Schwein gehabt«, war der lakonische Kommentar von Marchais.

»Kein Richter würde mir mittlerweile vier Fälle von Notwehr abkaufen«, seufzte Thiel, »niemand würde mir glauben, dass ich nicht schon vorher die Absicht zum Töten gehabt habe.«

Marchais schüttelte den Kopf. »Das glaube ich nicht. Jeder, der die organisierten Strukturen des Drogenhandels kennt, weiß Bescheid. Die hätten mit Ihnen keine halben Sachen gemacht.«

»Mag sein«, gab Thiel zu, »aber beide Male wurde mir kein Haar gekrümmt. Ich denke nicht, dass man mir vor Gericht glauben würde.«

»Ich möchte es so sagen. Sie haben ein seltenes Talent, das Kartell zur Weißglut zu reizen. So, wie Sie den Kessel der Herren unter Dampf gesetzt haben, musste es Tote geben.«

Marchais wechselte das Thema. »Warum sind Sie nach dem Schlamassel in Frankfurt überhaupt nach Marseille gekommen?«

»Weil ich in dem persönlichen Adressbuch eines Frankfurter Dealers die Telefonnummern der Garennes gefunden habe.«

»Daraufhin haben Sie sich dann im Hafenviertel von Marseille niedergelassen und der guten Familie eingeheizt.«

»Gegenfrage. Herr Kommissar, wie sind Sie mir eigentlich auf die Spur gekommen? Haben Sie mich beschatten lassen?«

»Kein Stück. Ich habe Sie nicht beschatten lassen. Bin Ihnen nur sporadisch gefolgt. Von meiner Seite weiß niemand etwas von Ihrer Existenz.«

»Beruhigend. Ich hatte ein bisschen Sorge, dass auch andere in Ihrem Departement über mich Bescheid wüssten.«

»Das könnte sehr gefährlich für Sie werden. Sie haben etwas absolut Einmaliges geschafft. Wenn man die beiden Boote rechnet und den Wert von zwei Ladungen, haben Sie die Garennes etwa fünf Millionen Euro gekostet. Mindestens. Dazu die Unannehmlichkeiten, dass sie derzeit ihren Markt nicht bedienen können. Die haben keine Ahnung, wer sie da aufs Kreuz gelegt hat. In den Kreisen unserer organisierten Freunde herrscht Verwirrung und Misstrauen. Wüssten die Herren, dass es sich nur um einen Einzelnen handelt, wäre auf Ihren Kopf ein hoher Preis ausgesetzt. Dead or alive, wie man im Wilden Westen so schön gesagt hat.«

»Wer steht denn in Verdacht?«, fragte Thiel und beschloss, ihm vorerst nichts von dem Geld zu erzählen, das im Safe gelegen hatte.

»Sie haben ein Hornissennest angestochen. Die haben keinen Dunst, wer ihnen da ihre Beute stiehlt. Zur Zeit verdächtigen sie sogar die Polizei. Selbst unsere Maulwürfe kommen in Misskredit, weil sie keine Tipps haben. Wenn auch nur ein einziger Mann meiner Abteilung von Ihnen Notiz nimmt, würde die Information über kurz oder lang an die Gegenseite verkauft.«

»Davor hätte ich Angst. Normalerweise bin ich vorsichtig genug, um meine Aktionen geheim zu halten. Keine Seite hat mich bemerkt. Aber wenn sich Polizei und Mafia gegen mich verbünden, bin ich chancenlos.«

»Das ist richtig. Haben Sie früher schon mal polizeiliche Hilfe bei einer Ihrer Aktionen gehabt?«

»Man hat mir einmal in Frankfurt geholfen, damit ich heil aus der Sache herauskam. Danach wollten sie aber nichts mehr mit mir zu tun haben. Ich habe auch um nichts gebeten.«

Marchais wies auf die Tüte, die Thiel mitgebracht hatte. »Sie wollten mir etwas zeigen. Woher stammt es?«

»Aus dem Büro von Pierre Garenne.«

»Wo war es da?«

»Teils auf dem Schreibtisch, die Karten im Safe, und ein einzelnes Blatt hatte Creuse in der Hand.«

»Ist alles in dieser Tüte?«

»Ja, da ist alles drin, aber versprechen Sie sich nicht zu viel davon.«

Während Thiel seinen Weißwein austrank und sich ein Bier bestellte, blätterte der Kommissar langsam die Dokumente und Karten durch. Dann hob er den Kopf.

»Haben Sie in den Papieren irgendeinen Hinweis gefunden?«

»Einen einzigen Namen, den ich kenne.«

Marchais wirkte unzufrieden und fuhr fort. »Was konnten Sie denn damit anfangen?«

Thiel deutete auf die Seekarten, die der Inspektor nur kurz auseinander gefaltet und gemustert hatte.

»Öffnen Sie noch mal die dritte.« Thiel wies auf den Golfe de Marseille. »Sehen Sie hier die Zahlen und die Kreuze?« Thiel wies mit dem Finger auf die zwei vor der Île Pomègues und die drei vor der Île de Planier. Marchais hatte scharfe Augen und fand die fast unsichtbaren Eintragungen. Erstaunt blickte er auf.

»Sie müssen sie mit der Lupe durchgesehen haben.«

»Vor der Mündung der Petit Rhône ist eine kleine Eins mit einem Kreuz, das war ungefähr die Position, wo wir uns getroffen haben.«

»Sie sind sehr gründlich.«

»Bei der ersten Durchsicht habe ich auch nichts gefunden, sondern erst als ich mir klar machte, wo ich suchen musste.«

Der Kommissar musterte die Einzeichnungen und nickte anerkennend.

»Außerdem habe ich nur drei Plätze gefunden. Es sind elf Seekarten. Ich vermute, ich habe nicht alle Markierungen gefunden. Da könnte noch mehr eingezeichnet sein.«

Das Essen wurde serviert. Es war eine große Terrine mit Lièvre Provençale. Ein köstlicher Gruch nach Knoblauch zog durch den Raum. Marchais schob die Dokumente und Karten zusammen und steckte sie in die Tüte. Er trank den Landwein und fragte: »Wie wollen Sie eigentlich in der Sache fortfahren?«

Thiel brachte seinen Kopf in Schräglage und blickte ihn an. »Solange ich an der französischen Küste operiere, bräuchte ich dafür zumindest Ihre Deckung.«

»Vorausgesetzt, ich hätte nichts dagegen, würden Sie weitermachen?«

»Würde das bedeuten, ich hätte in der Angelegenheit sozusagen Polizeischutz?«

Kommissar Marchais hob die dichten Brauen so hoch, dass seine Stirn faltig wurde.

»Auf gar keinen Fall, mein Freund. Außer mir darf niemand etwas davon wissen. Selbst wenn die Polizei Ihnen helfen wollte, was undenkbar ist, wäre es Ihr Todesurteil. Wir haben zu viele Löcher im Apparat.«
»Ihre Frage präzisiert lautet also, würden Sie weitermachen, wenn Kommissar Marchais nichts dagegen unternähme?«
Der Kommissar nickte.
»Warum würden Sie als Polizist nichts gegen mich unternehmen?«
Marchais spielte mit dem Stiel seines Weinglases und suchte offensichtlich nach Worten. »Ich bin Leiter eines Dezernates mit elf Mitarbeitern. Einer, möglicherweise zwei davon sind nicht sauber.«
»Ist das eine spezielle Krankheit von Marseille?«
»Ich glaube nicht, dass wir Polizisten in Marseille einen höheren Grad von Korruption als andere Städte in Europa haben. Aber wenn Drogen im Spiel sind, ist es für den kleinen Polizisten immer besonders schwer, unbestechlich zu bleiben, weil von der anderen Seite unverhältnismäßig viel Geld geboten wird.«
»Ist Marseille ein Sonderfall?«
»Marseille ist und bleibt die Hauptstadt des Heroins. Nicht einmal unsere eigenen Behörden bestreiten die besondere Rolle, die unsere Stadt im Drogenhandel spielt.
Die Bosse der Marseiller Unterwelt sind nicht allein auf diesen Wirtschaftszweig gekommen. Schon in den Dreißigerjahren wurden von den amerikanischen Kartellen französische Chemiker für die Heroinherstellung angeworben. Damals lag der Schwerpunkt in Paris. In den Fünfzigerjahren wanderte das Zentrum nach Marseille. Seither steht viel Geld auf dem Spiel, und manchen Polizisten in der richtigen Position wird einfach zu viel angeboten.«
»Wie wirkt sich das auf Ihre Arbeit aus?«
»Katastrophal, seit einigen Jahren laufe ich mit allen wichtigen Aktionen ins Leere. Meine Vorgesetzten fangen an, mich für unfähig zu halten. Wenn ich neuerdings eine Razzia durchführe, gebe ich das Ziel erst eine halbe Stunde vor Beginn bekannt. Trotzdem wird es der anderen Seite rechtzeitig übermittelt.«
»Also Verrat.«
»Ja, Verrat. Aktiv kann ich nicht viel dagegen unternehmen. So bin ich dazu übergegangen, nicht mehr alle ermittelten Resultate bei meinen Mitarbeitern bekannt zu geben. So ist das in Ihrem Fall auch gelaufen. Manchmal habe ich mir gewünscht, im einen oder anderen Fall so frei wie Sie durchgreifen zu können.«
Er trank von seinem Wein, Thiel sagte nichts. »Wenn ich keine Alleingänge mache, dann nicht, weil ich zu viele Skrupel hätte, sondern weil sol-

che Kampagnen für einen einzelnen Polizisten nicht durchführbar sind. Spätestens die zweite würde einem Kollegen auffallen und dann bekannt werden. Nach drei Monaten hätte ich einen tödlichen Verkehrsunfall.«

»Ist das immer so?«

»Arbeitet man nicht gegen, sondern mit der Mafia, ist das anders. Wenn die Leitung Wind von den fraglichen Aktivitäten eines Polizisten bekommt, aber nichts beweisen kann, wird der versetzt oder wie Creuse früher pensioniert.«

Beide schwiegen. Was er da hörte, war harter Tobak. Thiel war fast sicher, dass Marchais selten so offen war. Nach seiner Einschätzung war der Kommissar ein befähigter Beamter, der stagnierte, weil er anständig war und sich nicht mit dem organisierten Verbrechen arrangierte. Der Mann war frustriert und musste unter großem beruflichen Druck stehen. Eher vertraute er einem, den er kaum kannte, als seinen eigenen Kollegen, die er zu gut kannte.

»Um auf Ihren Fall zu kommen«, fuhr Marchais fort, »wenn Sie wirklich weitermachen wollen, tun Sie es. Sie haben in sechs Monaten mehr erreicht als mein ganzes Dezernat in drei Jahren. Ich rate Ihnen allerdings dringend, mit mir Kontakt zu halten und von Zeit zu Zeit einen Rat anzunehmen. Ich weiß, dass durch unsere Stadt ein altgedienter Drogenweg aus Afrika nach Europa führt. Das war schon immer so. Jetzt haben auch andere Organisationen diesen Weg genutzt. Kartelle aus dem Fernen Osten, aus Laos und Thailand. Deren Anteil wächst und wächst. Wenn Sie hier weitermachen, mein Freund, werden Sie auf einem sehr fruchtbaren Acker pflügen.«

Er beendete seinen Vortrag und widmete sich seinem Hasenragout.

Das Mahl war rustikal und köstlich. Da Thiel sonst allein aß, genoss er die Gesellschaft des Kommissars, auch wenn es ein Arbeitsessen und keine gesellschaftliche Zusammenkunft war. Er ließ sich den Vorschlag zur Zusammenarbeit durch den Kopf gehen. Für Thiel war es eine schwierige Entscheidung, doch schließlich beschloss er, Marchais zu vertrauen. Nach allem, was er ihm gesagt und wie er sich verhalten hatte, würde er ihn nicht seinen Kollegen oder der Gegenseite zum Abschuss freigeben. Thiel hatte sich in den letzten Jahren intensiv mit dem Rauschgifthandel befasst – was Marchais ihm über den Zusammenhang zwischen Marseille und der Drogenkriminalität erzählt hatte, stimmte. Wenn er weiter in der Umgebung dieser Metropole arbeiten wollte, musste er sich mit dem Kommissar arrangieren. Wenn nicht, musste Thiel aus dem Bereich der Provence verschwinden. Er sah keinen Grund, ein so vielversprechendes Jagdgebiet zu verlassen.

Marchais, der zu spüren schien, was andere dachten, blickte von seinem Teller auf und fragte: »Na, haben Sie sich entschlossen?«

»Ich werde Ihr Angebot annehmen.«

Thiel hob sein Glas. »Auf gute Zusammenarbeit.«
Thiel stieß mit dem Kommissar an und sagte schmunzelnd: »Im Moment fühle ich mich wie Humphrey Bogart in seiner letzten Szene von ›Casablanca‹.«
»Da hast du Glück, mein Freund«, erwiderte Marchais, »ich nehme kein Geld.«
Für einen Franzosen ist der Übergang vom Sie zum Du nicht unwesentlich. Thiel, der Skeptiker, hielt es durchaus für möglich, einen zuverlässigen Gefährten gewonnen zu haben. Er fragte Marchais, ob er die Unterlagen in der Tüte zur genaueren Durchsicht mitnehmen wolle. Er wollte.

In der kleinen Werft in La Ciotat waren die Nirostawanten und ein Bugstag für den Mast der AQUADRAT eingetroffen. In den folgenden Tagen wurde der Mast neu verstagt. Das bisherige Material war aus Gründen der Gewichtsersparnis und somit letztendlich der Schnelligkeit wegen unterdimensioniert. Das war zumindest die Ansicht von Eric gewesen, als sie die AQUADRAT an der Bretagneküste getestet hatten. In Puncto Sicherheit war damit eine der letzten Schwachstellen beseitigt. Thiel lebte wieder in seiner Wohnung am alten Hafen und hatte zum ersten Mal etwas Zeit, sich in der Stadt umzusehen. Marchais hatte zweimal mit ihm telefoniert und dringend gebeten, ihm für die Auswertung der ihm überlassenen Papiere genügend Zeit zu lassen. Bis dahin bat er ihn, nichts mehr auf eigene Faust zu unternehmen. Und Thiel stellte fest, dass Marseille im Frühling durchaus mehr als eine triste Industriestadt war. Das Völkergemisch aus Nordafrika rund um den Vieux Port, die Slums und Museen fingen an, ihn zu interessieren.
Die Kameradschaft mit einem Mann, der das gleiche Ziel verfolgte und mit dem er offen reden konnte, brachte ihm ein Stück Normalität zurück. Bei einem Treffen erwähnte Thiel, dass die letzte Boje einen eigenen Peilsender gehabt hatte und gab Marchais die Frequenz. Der fragte Thiel, ob er auf dem Wasser solche Frequenzen anpeilen könne. Natürlich konnte Thiel das, wenn auch nur bis zu einer gewissen Entfernung. Einen Tag später gab der Kommissar ihm nicht weniger als sechs Frequenzen, die er den Papieren entnommen hatte. Die Aussicht, ohne Mitwisser in seiner Abteilung gegen die Drogenkriminalität arbeiten zu können, schien den frustrierten Beamten zu beflügeln. Thiel brachte Proviant und Sprit für einen mehrwöchigen Aufenthalt auf See an Bord. Auch das brisante Material war aus der Garage in Aubagne in die Rümpfe zurückgekehrt. Thiel gewöhnte sich langsam an den Daueraufenthalt auf See und patrouillierte zwischen Barcelona und Monaco die Küste entlang. Die Tour war kein Vergnügen. Besonders nachts musste er an allen Inseln und Seegebieten, die für eine Drogenübergabe in Frage kamen, mit dem Peilgerät die sechs Frequenzen überprüfen,

wenngleich ohne Erfolg. Erst nach einiger Zeit begriff er einen wesentlichen Faktor bei der Einsatzplanung: Wegen der größeren Sicherheit bei den nächtlichen Übergaben richtete sie sich nach den Phasen des Neumonds. Dennoch war sich Thiel sicher, dass sie ohne zusätzliche Informationen nicht viel erreichen würden. So nutzte er die Zeit, um mit den Tücken der riesigen Segelmaschine fertig zu werden. Den Giganten allein zu segeln, war ungeheuer anstrengend. Bereits nach zwei Wochen befand er sich in einem Stadium ständiger Übermüdung.

Aber dann erhielt Marchais plötzlich aus dem Sumpf seiner Informanten einen hochkarätigen Hinweis. Jetzt dirigierte der Kommissar den Katamaran wie ein Admiral seine Flotte achtzig Seemeilen nach Osten mit dem Auftrag, sich in Cannes aufzuhalten. Dort war es bereits ein Problem, für einen Flugzeugträger wie die AQUADRAT nur einen Bojenplatz zu erhalten. Kaum hatte Thiel das gelöst, entschuldigte sich Marchais, sein Mann habe nun gesagt, der Übergabeort sei nach Pianosa, einer Insel in der Nähe von Elba, verlegt worden. Als Thiel in Porto Azzurro auf Elba Informationen über die ihm unbekannte Insel Pianosa einholte, musste er feststellen, dass sie eine Strafgefangeneninsel und daher für Anleger gesperrt war. Er rief Marchais an und bat um Rat, nur um zu erfahren, dass der Übergabeort erneut verlegt worden sei, diesmal an die südlicher gelegene Insel Montecristo, und das ergab durchaus einen Sinn.

Die Insel Montecristo wurde durch den Roman »Der Graf von Monte Christo« von Alexandre Dumas bekannt. Heute ist sie ein Naturreservat und darf nur mit Sondergenehmigung betreten werden. Hier würde eine Übergabe auf dem Meer kaum beachtet werden. Mittlerweile hatte Marchais erstaunlich detaillierte Angaben über das Boot erhalten, das die Lieferung an Bord hatte. Es handele sich um eine luxuriös ausgebaute 43-Fuß-Yacht der französischen Werft Le Guen Hemidy. Der Name des Tourenkreuzers sei OCEAN BLUES, die Besatzung zwei junge Ehepaare. Der Transfer der Drogen solle noch in dieser Nacht stattfinden, die Übernahme durch eine französische Motoryacht mit dem Namen SCORPIO erfolgen, über die keine weiteren Einzelheiten bekannt seien. Marchais bat ihn, die SCORPIO und die OCEAN BLUES lediglich auf einer Videoaufnahme festzuhalten und keinerlei Risiken einzugehen.

Da es bereits später Vormittag war, beeilte sich Thiel, Porto Azzurro zu verlassen. Die gesuchte Insel lag 30 Seemeilen entfernt, und bei stetem Westwind rauschte er nach zwei Stunden an der Ostküste vorbei. Der Himmel war bedeckt, noch regnete es nicht. Die elektronische Seekarte des Bordcomputers zeigte ihm Montecristo. Thiel zoomte die Insel auf maximale Größe. Sie war fast rund mit einem Durchmesser von weniger als zwei Kilometern. Ein paar der Buchten sahen vielversprechend aus, aber er traute sich nicht anzulegen. Da er nicht wusste, ob die Insel bewacht war, hätte es sein können, dass unvermutet eine Abordnung von Naturschützern aufgetaucht wäre. Die Leeseite im Osten der Insel wies zwei Untiefen auf, die 150 Meter vom Ufer entfernt waren. Für den Kat bildeten sie keine Gefahr. An einer der beiden würde er später ankern. Er umrundete die Insel, konnte jedoch nirgendwo eine Motoryacht erkennen. Auch nach den Frequenzen von eventuell ausgesetzten Bojen suchte sein Peilsender vergeblich. Thiel hatte ursprünglich angenommen, dass die Drogen zur Übergabe wieder unter eine Boje gepackt würden. Er rief Machais an, aber dessen Verbindungsmann hatte keine erneuten Änderungen gemeldet.

»Bist du dir sicher, dass der Stoff mit der OCEAN BLUES verschoben wird?«, fragte Thiel.

»Mein Informant steckt wahrscheinlich im Zentrum ihres Apparates. Daher scheint er auch über Änderungen ihres Fahrplans orientiert zu sein. Sagen wir, ich bin ziemlich sicher.«

»Was soll es denn sein?«

»Das Schiff kommt auf direktem Weg von Tunis und soll eine große Ladung Kokain an Bord haben. Warum fragst du?«

»Vergiss es«, meinte Thiel, »ich erkläre es später. Ich muss zurück ans Ruder.«

Er hatte Kataloge über Segel- und Motorboote an Bord und informierte sich über die Details einer Marie Jeanne 43. Demnach war sie ein solider Tourenkreuzer mit großer Segelfläche, einem Aluminiumrumpf und einer Verdrängung von elf Tonnen. Eine Mine an der Wasserlinie würde sie zweifellos versenken. Thiel überdachte sein Vorgehen. Ihm war vor allem daran gelegen, die Besatzung vor der Explosion von Bord zu treiben. Er wollte das Kokain vernichten.

Es war bereits Abend, und er hatte die Insel dreimal umrundet, als er neben einer der beiden Untiefen die OCEAN BLUES sah. Die Mannschaft holte das Großsegel ein und ging vor Anker. Am Heck war ein Beiboot vertäut. Das richtige Schiff am richtigen Platz. Thiel fuhr weiter und umrundete die Insel ein viertes Mal. Er segelte die zweite Untiefe an und setzte zwei Anker.

Da diesmal keine Bojen für die Übergabe eingesetzt wurden, musste er sein Verfahren ändern. Er hatte sich einen völlig anderen Plan zurechtgelegt. Eine Videoaufnahme der ankernden OCEAN BLUES hatte er bereits gemacht, war aber entschlossen, sie nicht ungeschoren davonkommen zu lassen. Weil Marchais sein Vorgehen für zu riskant halten würde, hatte er ihn erst gar nicht informiert. Er packte zwei der Minen und einen Lautsprecher in das Schlauchboot und setzte sich in Bewegung. Das leise sirrende Geräusch der elektrischen Außenborder war kaum zu hören. Die OCEAN BLUES hatte ein Ankerlicht gesetzt und war leicht auszumachen. Wieder war es eine mondlose Nacht. Da Thiel mit einer Deckwache rechnete, näherte er sich sehr vorsichtig. Der Wind war an der Leeseite der Insel kaum zu spüren, dafür regnete es leicht. Für seinen Zweck nicht schlecht, denn man konnte die Hand nicht vor den Augen sehen. Das einzige Licht kam von der Spitze des Mastes und aus den Luken des Salons. Thiel steuerte zum Bug der OCEAN BLUES und befestigte sein Schlauchboot mit einer langen Leine am Ankertau. Der Regen war kalt, und Thiel war froh, dass er sich in seinen Neoprenanzug gezwängt hatte.

Im Cockpit der OCEAN BLUES schien die Tür zum Niedergang geöffnet zu sein, denn es war halblaute Musik zu hören. Wenn es eine Deckwache gab, musste sie sich dort irgendwo aufhalten. Leise befestigte er die kleinere der beiden Minen am Ankerkasten. Eine Marie Jeanne 43 ist ein stabiles Boot von einer guten Werft. Eine Explosion an dieser Stelle würde den Ankerkasten zerreißen, aber nicht notwendigerweise die Passagiere verletzen. Die zweite, eine Sieben-Kilo-Panzermine befestigte Thiel mittschiffs unterhalb der Wasserfläche. Zeitaufwendig musste er fast einen halben Quadratmeter des Unterwasserschiffs reinigen, weil die Saugnäpfe an der von Algen überwachsenen Oberfläche der Bordwand nicht halten wollten. Er verzichtete auf die Verwendung seines Messers und arbeitete vorsichtig. Im Geiste hörte er die Stimme von Jacques Dupeu: ›Wer mit Sprengstoff umgeht, lässt sich Zeit und geht auf Nummer sicher‹.

Während er einen geeigneten Platz zur Anbringung des Lautsprechers und des Mikrofons suchte, hörte er fast neben sich eine Stimme. Sie sprach französisch. Thiel konnte den Mann im Cockpit, der zu der Stimme gehörte, nur kurz sehen. Er war so eingemummt, dass er kaum in der Lage war, den Kopf zu drehen und etwas um sich her wahrzunehmen.

»Ja, mir auch einen Schluck. Bei dem Sauwetter …«, mehr konnte Thiel nicht verstehen.

»Höchstens noch eine Stunde«, sagte eine andere Stimme aus dem Inneren der Yacht. Thiel war fertig, löste sein Boot und legte ab. In hundert Meter Entfernung konnte er nur noch die zwei Salonfenster und das Mastlicht sehen. Er schaltete sein Mikrofon ein und sprach über den Lautsprecher, den er an Bord des Schlauchboots zurückgelassen hatte.

»Attention, attention, an alle, verlassen Sie sofort Ihr Schiff. An Bord Ihres Schiffes sind zwei Sprengkörper.«

Schwach konnte Thiel seine Stimme auf der OCEAN BLUES über das Wasser hinweg hören. Einer an Bord musste über enorme Geistesgegenwart verfügen, denn eine Sekunde später hatte er offensichtlich den Hauptstromschalter ausgeschaltet, und alle Lichter gingen aus. In der Dunkelheit hörte Thiel wieder seine eigene Stimme: »Machen Sie, dass Sie sofort von Bord kommen, in ein paar Sekunden geht die erste Mine hoch.«

Da er nichts hörte, gab er den Impuls zur ersten Sprengung. Es gab einen trockenen Knall, kleine Trümmer flogen bis in die Nähe seines Schlauchboots und platschten ins Wasser. Dann folgte ein Ächzen und ein angstvoller Aufschrei an Bord, danach ein dumpfes Gepolter. Offenbar war das Bugstag gerissen und hatte den Mast nach hinten kippen lassen. Sekunden später wurden alle vorhandenen Lampen wieder eingeschaltet. Sie erhellten einen aus seinem Fuß gesprungenen Mast und ein Wirrwarr von losen Wanten und Stagen. Auch die Ankerleine war gekappt; die OCEAN BLUES trieb sanft nach Osten und entfernte sich von der Insel. Sie schaukelte etwas, war aber ansonsten noch in Ordnung. Thiel schaltete sein Mikrofon wieder ein und war erstaunt, dass die Übertragung noch klappte. Obwohl er keinesfalls sicher war, dass sich die zweite Mine nach der Erschütterung des Bootes durch die erste noch an ihrem Platz an der Bordwand befand, rief er: »Machen Sie, dass Sie von Bord kommen. Die nächste Explosion wird sofort erfolgen.«

Die Besatzung der Segelyacht hatte offensichtlich genug. Sie kletterten und sprangen von Bord und hangelten sich am Mast vorbei in das Beiboot. Sie legten ab und verschwanden in der Dunkelheit in Richtung Montecristo. Thiel ließ die Yacht noch eine Minute treiben, bis sie in tieferem Wasser war. Er sendete das Funksignal, um die schwere Mine zur Explosion zu bringen. Ohne Erfolg. Wieder sandte er das Signal. Erst nach dem dritten Mal gab es einen matten Lichtblitz, der alle Lichter an Bord verlöschen ließ. Thiel peilte das Funksignal der AQUADRAT an und steuerte das Schlauchboot zurück. An Bord angekommen, legte er unter Motor von der Insel ab und rief Marchais an. Der Kommissar wollte alle, auch die kleinsten Details wissen und riet ihm dann, schleunigst aus der Gegend zu verschwinden. Damit kam er Thiels Wünschen entgegen. Der Wind hatte aufgefrischt, seine Richtung geändert und kam von Norden. Thiel setzte Segel und mit einem großen Kreuzschlag nach Westen schaffte er es, vierundzwanzig Stunden später wieder in La Ciotat zu sein. Es war das erste Mal, dass er das Potential des Katamarans voll ausgetestet hatte. Nach der Ankunft war er total erschöpft. Er hatte gerade noch die Energie, von Ciotat zurück in seine Wohnung zu fahren, dann war er für sechzehn Stunden abgemeldet.

Als er erwachte, sah er in seinem Briefkasten eine Ausgabe der Zeitung vom Vortag. Sie war bereits so gefaltet, dass man auf die dritte Seite blickte. Dort wurde die Fortsetzung im Bandenkrieg um den Drogenmarkt geschildert. Zwei junge Paare deutscher und französischer Nationalität und zudem aus der besten Gesellschaft hätten am Tage vorher ihre Yacht, OCEAN BLUES, mit der sie aus Nordafrika gekommen seien, in einem Bandenkrieg der Drogenmafia verloren. Die italienische Polizei von Livorno sei gestern anonym benachrichtigt worden, dass im Osten des Inselchens Montecristo eine Yacht gesunken und die Besatzung auf die unbewohnte Insel geflohen wäre. Die Polizei sei mit Tauchern gekommen, die an Bord der gesunkenen Aluminiumyacht einiges von der persönlichen Habe der jungen Leute, aber auch eine große Ladung von Kokain sicherstellen konnten. Die Paare gaben an, sie hätten keine Ahnung von dieser Ladung gehabt. An Bord habe es zwei starke Explosionen gegeben. Einzelheiten seien noch nicht bekannt. Die vier jungen Leute seien zu schockiert, um der Presse eine Erklärung zu geben. Die Versicherung der Segelyacht rechne damit, dass das Schiff geborgen werden könne. Der Reporter versprach, die Story nicht aus den Augen zu verlieren. Es war dieselbe Zeitung, die nach dem Tod des Ex-Polizisten Michel Creuse den Mut gehabt hatte, seine zweifelhafte Vergangenheit zu lüften.

Thiel konnte sich vorstellen, wer die Polizei von Livorno anonym informiert und veranlasst hatte, sofort mit Tauchern an der Unglücksstelle zu erscheinen, um das Kokain sicherzustellen. Nur so war verhindert worden, dass Taucher der Mafia schneller waren. Wieso allerdings eine Marseiller Zeitung über einen Drogenverlust an der italienischen Küste so detailliert berichtet hatte, wunderte ihn. Thiel war nicht so sicher, ob das ihrer Sache dienlich war. Am gleichen Abend besuchte er ein Restaurant am Stadtrand und besprach die Weitergabe der Informationen mit Marchais. Der Kommissar gab unumwunden zu, die Information von dem Untergang der OCEAN BLUES anonym an die Drogenabteilung des italienischen Polizeipräsidiums in Genua weitergeleitet zu haben. Von dort sei Livorno angewiesen worden, die Ladung sicherzustellen. Gleichzeitig hätte man die Besatzung auf der Insel gefunden. Sie habe das Schiff Hals über Kopf verlassen. Angeblich war es nur einem der vier gelungen, seine persönlichen Papiere mitzunehmen. Die anderen wollten ihre Identität nicht preisgeben. Die Geheimhaltung sei jedoch nicht gelungen. Einer der jungen Herren entspringe dem deutschen Adel, der andere sei ein französischer Showstar. Die jungen Damen seien die Ehefrauen.

»War es schwierig, die italienische Polizei von der Drogenfracht des Wracks zu überzeugen?«

»Natürlich. Ich hatte vorher Livorno, Portoferraio und La Spezia informiert. In Genua nahm man Rücksprache mit diesen Küstenstationen und entschloss sich erst dann zu dem Einsatz. Letztlich hat es nur geklappt, weil du mir über den Standort des Wracks so genaue Koordinaten gegeben hast. Die Angelegenheit ist mittlerweile auf Seite eins aller italienischen Zeitungen.«

»Hast du mir den französischen Bericht in den Briefkasten geschoben?«

Marchais nickte und widmete sich dem Abendessen. Nach einer Weile legte er sein Besteck beiseite.

»Du bist ein wahnsinniges Risiko eingegangen. Hatten wir nicht abgemacht, dass du die OCEAN BLUES nur auf dem Videorecorder festhalten solltest?«

»Ach ja, fast hätte ich's vergessen; du kannst die Aufnahme haben. Ich habe gefilmt, wie sie die OCEAN BLUES vor Anker gehen ließen.« Thiel grinste. »Der Streifen ist für dein Privatarchiv.«

Marchais schüttelte den Kopf, und Thiel erzählte ihm den Hergang.

»Ich werde lernen müssen, deinen Arbeitsstil – wenn man das so bezeichnen kann – zu begreifen. Er ist so frech, dass dir erst mal keiner auf die Spur kommt. Aber du musst begreifen, dass die Mafia eine riesige Organisation ist.«

»Stimmt, und du musst endlich begreifen, dass das auch ihre Schwäche ist.«

»Ihre Schwäche?«

»Natürlich. Sie sind riesig, und ich bin klein. Die Mafia ist schwerfällig, ich bin beweglich. Ich greife sie nur an, wenn ich sicher bin, zu gewinnen.«

»Mag sein, aber glaube mir, die auf der anderen Seite, das sind keine Idioten, die lernen schnell.«

»Ich bin vorsichtiger, als du denkst. Der wesentliche Faktor an unserem Erfolg war dein Tipp. Von mir kam nur die Ausführung. Dein Informant ist eine Perle. Er hat uns nicht nur eine gute Beschreibung des Bootes gegeben, sondern sogar den Namen. Seine Angaben von Ort und Zeit stimmten, und beim wesentlichsten Faktor hat er sich auch nicht geirrt, denn da waren Drogen an Bord.«

»Stimmt. Er ist zuverlässig und ansonsten eine Ausnahme.«

»Wieso eine Ausnahme? Wenn du Geld für ihn brauchst, damit das so bleibt, sage es.«

»Das ist es nicht, er ist ein Überzeugungstäter, ich habe ihn noch nie zu Gesicht bekommen. Ich brauche nicht Geld, sondern dein Versprechen, in der Zukunft meine Warnungen ernst zu nehmen. Die Gegenseite besteht aus Profis. Die glauben nicht an Zufälle. Drei Ladungen und die Schiffe durch Sprengstoffanschläge verloren. Mein Informant meint, sie würden jetzt eine Falle für dich vorbereiten.«

»Das könnte durchaus sein. Kann dein geheimnisvoller Mann Genaueres herausfinden?«

»Kann ich nicht sagen.«

»Wäre natürlich wichtig, zu wissen.«

»Wir sollten die nächste Tour einfach ausfallen lassen.«

»Ausfallen lassen, im Gegenteil, das könnte für deinen Informanten gefährlich werden! Wenn wir jetzt wegbleiben, dann wüssten sie zu genau, dass ein Insider nicht dichthält.«

»Nicht falsch, aber was willst du denn dann machen?«
»Das würde von der Situation und den Informationen abhängen. Wenn sie wieder so exakt sind, kann gar nichts passieren.«
»Du bist total verrückt.«
»Nicht ganz. Die Schwierigkeit war bisher, die Besatzung zu warnen, um sie von Bord zu jagen. Das war der komplizierteste Teil. Auf ihn müsste ich in dem Fall verzichten. Wen es jetzt erwischt, den erwischt es.«
Marchais schüttelte den Kopf und wiederholte: »Ich bleibe dabei, du bist total verrückt.«
»Nein, mein Freund. Ich gehe so weit, wie es mir die Situation erlaubt. Ich bin kein Selbstmörder.«
»Du bewegst dich auf einem schmalen Weg.«
»Verschaffe du mir die Informationen, und überlasse mir den Weg, dann wird's schon klappen.«

26

Es dauerte Wochen, bis die andere Seite mit einem neuen Konzept für die Drogenübergabe aufwartete. In der Vergangenheit mussten sie mit ihrer nächtlichen Zustellung großen Erfolg gehabt haben. Ihre Drogenkuriere aus Übersee hatten offensichtlich die Auflage, die Aushändigung nur während der Nacht durchzuführen. Normalerweise werden erfolgreiche Verfahren beibehalten. Erst in den letzten Monaten war diese Erfolgsserie abgerissen. Hatte die Mafia erkannt, dass der Neumond auch für die Angriffe ihres unbekannten Gegners vorteilhaft war?

Zwei Wochen später kündigte Marchais an, sein Informant hätte ihm einen neuen Übergabetermin avisiert. Direkte Auslieferung von Boot zu Boot. Keine Bojen. Der Ort sei voraussichtlich ein Platz an der Levantinischen Insel, die östlich von Toulon Le Lavandou vorgelagert ist. Vorläufig hatte er keine genaueren Ortsangaben. Das würde nicht einfach werden. Der Termin war vage, und die Insel hatte mehr als 20 Kilometer Küstenlänge. Offenbar hatte man die Übergabe mit Bojen aus dem Verfahren genommen. Thiel segelte den Katamaran nach Giens, einer nicht weit entfernten Halbinsel.

Wenn die andere Seite beschlossen hatte, eine Falle zu stellen, wollte Thiel den Kat nicht in der Nähe des Übergabeorts präsentieren. Die Marina des Port du Niel war zu dieser Jahreszeit noch leer. Die Unterbringung der AQUADRAT verursachte lediglich Kosten, sonst aber keine Schwierigkeiten.

Er packte alles Erforderliche in das Schlauchboot und machte sich damit auf den Weg zur Levantinischen Insel. Thiel war der einzige Gast in einer Pension im Westen der Insel und besorgte sich einen Mietwagen. Er beschloss, die Küste erst einmal von Land aus zu erkunden, da er mit der Möglichkeit rechnete, dass seine Bewegungen auf dem Wasser registriert würden. Mit Marchais stand er in telefonischer Verbindung. Er erhielt Mahnungen, vorsichtig zu sein, aber keine neue Erkenntnis durch den geheimnisvollen Informanten. Die Erkundung der Uferregionen vom Land aus war, wie sich herausstellte, im Ostteil der Insel nicht möglich, da die französische Marine keinen Zugang gestattete. Auf viele Kilometer gesperrter Küstenregionen entfielen jedoch nur eine Hand voll von Marinesoldaten. Eine konsequente militärische Überwachung des Gebietes war weder erforderlich noch möglich. Nicht der schlechteste Ort für zwei Boote, um im Schutz der französischen Marine eine verbotene Ladung zu übernehmen.

Thiel konnte sich zwar vage vorstellen, wo eine Übergabe stattfinden würde, aber an Land keine Erkundung durchführen. Mit einem Strohhut, zwei Angeln und einem lahmen Motorboot für Urlauber umrundete er die ›Zone militaire‹ am Ostteil der Insel. Er fand drei geeignete Stellen für eine Übergabe, darunter eine abgelegene halbkreisförmige Bucht, die durch hohe Felsen gegen jede zufällige Einsicht von Land aus geschützt war, sie wäre ideal. Thiel ließ es bei einer Rundfahrt bewenden. Die Insel verfügte nur über einen einzigen Hafen für größere Yachten. Neuankömmlinge waren gut zu überwachen. Die meisten Schiffe strich er von der Liste der Verdächtigen. Sie waren entweder nicht schnell genug oder mit Familien besetzt.

Marchais' Insider hatte bislang keine weiteren Informationen geliefert. Manchmal erkennt man seinen Gegner jedoch auch durch kleine Auffälligkeiten, beispielsweise in Form einer italienischen Ferretti 150 Fly, eine elegante, schnelle Yacht. Ihr Name war COLUMBINE. Einiges an ihr machte Thiel misstrauisch. Am überzeugendsten für seine Annahme war die Crew. Es handelte sich um fünf kompakt gebaute Herren mit Strohhüten und Sonnenbrillen und zwei afghanischen Windhunden. Stutzig machte Thiel, dass er an Bord keine einzige Frau ausmachen konnte. Es war durchaus möglich, dass die großen Hunde mit ihren hochmütig erhobenen Nasen und den wehenden Ohren der Yacht den Eindruck eines Urlaubstörns vermitteln sollten. Die Männer waren nicht einheitlich gekleidet, alberten ein bisschen mit den Hunden herum und traten ansonsten diszipliniert und unauffällig auf. Die 150 Fly ist eine luxuriöse Familienyacht, 14 Meter lang und mit 1200 PS mehr als ausreichend motorisiert. Dieses Exemplar zeigte eine wahre Ausstellung neuer Elektronik. Ein ganzer Wald von Antennen zierte die Flybridge, dazu kam die überdimensionierte Radareinrichtung eines Zerstörers. Letztere schien neuesten Datums zu sein, weil sie dem Anstrich der COLUMBINE noch nicht angepasst worden war. Thiel schob seinen eigenen Strohhut ins Gesicht, versenkte sich in die Zeitung, trank sein Bier und beobachtete das Schiff.

Es sah aus, als ob die Herren des Kartells dieses Mal jeden Angriff verhindern oder kompromisslos niederkämpfen wollten. Er war überzeugt, dass an Bord der COLUMBINE ganze Arsenale von Feuerwaffen mit der entsprechenden Munition lagerten. Thiel beobachtete das Boot den Nachmittag über, um herauszufinden, ob es noch mehr als die fünf Mann Besatzung an Bord gab. Es schien nicht so zu sein. Als die fünf sich anschickten, samt Hunden ihr Abendessen ausgerechnet in dem Restaurant einzunehmen, in dem er sein Bier trank, verschwand Thiel unauffällig. Er legte den Neoprenanzug und die Skuba-Ausrüstung an und näherte sich der Ferretti unter Wasser. Die Yacht hatte eine Verdrängung von 18 Tonnen und mittleren Tiefgang. Er hatte gehört, dass die Kriegsmarine mittlerweile über Sensoren verfügt, die jede Berührung am Unterwasserschiff anzeigen, doch er bezweifelte, dass sie hier installiert waren. Außerdem sind sie selbst in den Spezialmärkten für Schiffszubehör nicht so ohne Weiteres erhältlich. Am Bug sah Thiel, dass im Schiffsboden ein merkwürdig aussehendes, schwenkbares Echolot eingebaut war. Es war also gefährlich, sich dem Schiff zu nähern; man wurde durch die Elektronik erfasst. Mit dem Griff seines Tauchermessers klopfte er einige Male erst leicht, dann fest an den Boden der Yacht. Es passierte nichts. Thiel entfernte sich vorsichtig, wie er gekommen war, rief Marchais an und sagte, dass er das Schiff der Gegenpartei wahrscheinlich erkannt hätte. Marchais war besorgt und wusste nicht recht, ob er sich über diese Neuigkeit freuen sollte.

»Mein Informant sagt mir, die Übernahme soll sich in der übernächsten Nacht abspielen. Der Transport habe sich verspätet, weil sich der Skipper zwischen den Häfen Ceuta und Melilla, wo die Ladung aufgenommen wurde, auch noch in Al Hocima aufgehalten hat.«

»Na und?«

»Dort soll es Probleme mit dem marokkanischen Zoll gegeben haben. Er ist erst heute ausgelaufen.«

»Das spielt doch keine Rolle.«

»Mein Mann sagt, die Organisation sei unzufrieden, da sie für den Transport einen großen Motorkreuzer ausgewählt haben, der von äußeren Bedingungen fast unabhängig sei und daher auf die Stunde genau eintreffen sollte. Aus diesem Grund weiß mein Mann weder die genaue Zeit, noch wo an der Levantinischen Insel die Übernahme stattfinden wird.«

Thiel versuchte Marchais mit dem Hinweis zu beruhigen, er hätte die Sache im Griff, aber das trug nicht zum inneren Frieden des Kommissars bei. Er schien Arges zu fürchten und beschwor Thiel, es dieses Mal unbe-

dingt bei Videoaufnahmen der COLUMBINE und ihrer Mannschaft bewenden zu lassen.
»Die Besatzung besteht aus Spezialisten der Mafia. Hörst du? Ein einzelner Amateur hat keine Chance.«

Bis zu einem gewissen Grad teilte Thiel seine Meinung. Zweifellos würde es schwierig werden, aber völlig unmöglich war es seiner Meinung nach nicht. Außerdem stufte er sich in dem Geschäft nicht mehr als Amateur ein. Er hatte seine Kampagne nie als Selbstmordkommando verstanden. Er beschloss, das Risiko noch genauer abzuschätzen und erst vor Ort festzulegen, ob der entscheidende Schlag gegen die COLUMBINE wirklich durchführbar war. Zur Not konnte er es bei Marchais' Wunsch nach Videoaufnahmen der beiden Schiffe bewenden lassen. Das war sein entscheidender Vorteil. Polizisten oder Soldaten haben diesen Spielraum nicht. Sie werden von Vorgesetzten aus dem Hintergrund geführt. Ab einem bestimmten Zeitpunkt müssen sie handeln, auch wenn die Sache undurchführbar geworden ist. Thiel dagegen war bis zum letzten Moment Herr seiner Entscheidungen. Er konnte einen Einsatz jederzeit abbrechen.

Nach allem, was Thiel von der Ferretti gesehen und von Marchais gehört hatte, waren die Herren dieses Mal äußerst gut vorbereitet. Hoffentlich fühlten sie sich mit ihrer Elektronik so unbesiegbar, dass sie ein bisschen nachlässig wurden. Er wusste nun den ungefähren Zeitpunkt der Übernahme. Würde er versuchen, der Ferretti in seinem Schlauchboot zu ihrem Treffpunkt zu folgen, wäre er nicht schnell genug, und die Gefahr, entdeckt zu werden, wäre groß. Auf einen Verfolger warteten sie und hatten alle Mittel an Bord, ihn zu entdecken. Eigentlich gab es für Thiel nur eine Möglichkeit: Er musste vor ihnen im Gebiet der Übergabe sein. Da noch zwei Tage bis zum Eintreffen des Lieferbootes blieben, beschloss er, die Aktivitäten der COLUMBINE zu überwachen und, wenn möglich, den Platz der Ladungsübernahme zu erraten. Sie würden sicherlich einige Ausflüge unternehmen und tagsüber wären zu viele Boote aller Art auf dem Wasser, um sie alle zu verdächtigen. Da die Ferretti seinem Schlauchboot an Geschwindigkeit weit überlegen war, mietete er am nächsten Morgen ein schnelleres Motorboot für Touristen und angelte am Ausgang des Hafens. Die fünf Herren ließen sich Zeit. Gegen Mittag tauchten sie auf und umrundeten die Insel. Thiel hielt sich vorsichtig in ihrem Schlepp. Sollten sie ihn orten, machte das nichts. Es war ein schöner Tag, und es gab viele Motor- und Segelboote, die um die Insel kreuzten. Dreimal verlangsamte die Ferretti die Fahrt. Jedes Mal geschah es an Orten, die für die geheime Übernahme einer so gefährlichen Ladung in Frage kamen. Einmal legten sie kurz an einer geborstenen Betonpier an, die wohl noch aus dem Zweiten Weltkrieg datierte. Sie lag in der Marinezone im Ostteil der Insel. Die COLUMBINE rauschte danach in einem Tempo ab, dem Thiel nicht folgen konnte. Trotzdem war er zufrieden. Er glaubte, genug gesehen zu haben. Er gab das Boot und den Mietwagen, den er noch hatte, an die Verleiher zurück und verhielt sich ruhig. Am Hafen ließ er sich nicht mehr sehen.

Am darauffolgenden Abend bezahlte Thiel seine Rechnung und verließ mit dem voll betankten Schlauchboot den Hafen. Er tuckerte gemütlich zur anderen Seite der Insel, die im Besitz der Marine war. Dort befand sich die halbkreisförmige kleine Bucht, die ihm bei seiner ersten Rundfahrt bereits als geeigneter Platz für die Übernahme erschienen war. In dieser Bucht lag die geborstene Pier, an der die COLUMBINE kurz angelegt hatte. Außerhalb der Bucht hatte Thiel bereits bei seiner ersten Tour einen winzigen Einschnitt zwischen den Felsen gesehen. Den steuerte er nun an und versteckte das Schlauchboot. Er würde nachts tauchen müssen und durfte aus Sicherheitsgründen nicht einmal eine Taschenlampe benutzen. Die Orientierung würde ein Problem sein. Daher nahm er eine Rolle Angelschnur und ließ sie von dem Versteck unter Wasser bis zu der Pier laufen und befestigte sie dort. Zweimal schwamm er die Strecke zwischen der Pier und dem Platz, wo sein Schlauchboot versteckt war, um sich den Weg einzuprägen. Da es später Abend war, befürchtete er nicht, von einem der wenigen Posten der Marine gesehen zu werden, die den Ostteil der Insel überwachten. Er zwängte sich wieder in den Neoprenanzug, überprüfte die Pressluftflaschen und versuchte, sich zu entspannen. Dennoch drehten sich seine Gedanken im Kreis. Wenn der Tipp von Marchais korrekt war, würde die Übernahme der Drogen in dieser Nacht stattfinden. Da Marchais über den genauen Ort nicht unterrichtet worden war, hatte Thiel den wahrscheinlichsten ausgewählt. Sollte er den falschen Ort gewählt haben, war das sein Pech. Verfolgen durfte er die COLUMBINE auf keinen Fall. Ihre Elektronik wäre in der Lage, ein Stück Treibholz auf dem Wasser zu orten.

Hinter der Bucht stieg das Gelände etwas an. Es war felsig, in der Dämmerung verschwammen bereits die Konturen. Vorsichtig, um nicht gesehen zu werden, kletterte er etwas höher, um Einblick in die Bucht zu erlangen. Noch war keines der beiden Boote eingetroffen. Da sich die Küste der Insel über viele Kilometer hinzog, konnte die Übergabe auch anderswo und nicht gerade innerhalb dieser Bucht erfolgen. Noch war Thiel überzeugt, dass sie eintreffen würden. Zwei Stunden später hatte er Zweifel, und als die erste Yacht schließlich doch noch weit nach Mitternacht eintraf, hatte er eigentlich schon nicht mehr damit gerechnet. Es war die Ferretti. Das zweite Schiff folgte kurze Zeit später. In seinem Nachtglas wirkte es doppelt so lang und breit wie die COLUMBINE. Das schmatzende Geräusch der Wellen an den Felsen war plötzlich lauter, seine Hände fühlten sich kalt an.

Thiel glitt ins Wasser. Bei sich hatte er ein Netz mit zwei Minen, die mit primitiven, mechanischen Abreißzündern versehen waren. Beide hatten eine Verzögerung von zehn Minuten und den Vorteil, von den elektronischen Sensoren der Ferretti nicht erfasst oder beeinflusst werden zu können. Die Schiffe machten neben der Pier fest. Das hatte er erwartet. Während der letzten Stunden hatte er seinen Unterwasserweg gedanklich wieder und wieder geprobt. Er musste schnell vorgehen, denn es war nicht zu erwarten, dass die Schiffe nach der Drogenübernahme in der Bucht verweilen würden. Der Schnur, die er zu der Betonpier gespannt hatte, im schwarzen Wasser folgend, fühlte er sich unsichtbar und sicher, aber er wusste genau, dass jeder auf den zwei Schiffen nichts sehnlicher wünschte, als seinem Leben ein Ende zu setzen.

Noch lagen die beiden Yachten an der geborstenen Betonpier. Sein Weg war trotz Dunkelheit mittels der Schnur nicht allzu schwer zu finden. Die Orientierung wurde ihm durch das sonore Geräusch der laufenden Maschinen der beiden Schiffe erleichtert. An Deck brannte eine Art Notbeleuchtung. Sie ließ Thiel in dem schwarzen Wasser etwas von den Konturen der Rümpfe erkennen.

Er hatte vorgehabt, beide Sprengkörper der COLUMBINE anzuhängen. Als jedoch der erste etwas mühevoll an dem von Algen verschmutzten Schiffsbauch angebracht und geschärft war, merkte er, dass er ihn aus Versehen an die große, aus Marokko kommende Yacht gehängt hatte. Der Tiefgang des anderen Schiffs war geringer, es war also die COLUMBINE, und er hatte nicht viel Zeit, bevor die Mine an der großen Yacht explodieren würde.

Das Unterwasserschiff der COLUMBINE war glatt und gepflegt wie bei einem Regattaboot. Thiel machte die zweite Mine scharf, bevor er sie mit den Saugnäpfen am seitlichen Unterboden der COLUMBINE anbrachte. An der sauberen Schiffswand gab es mit der Befestigung keine Schwierigkeiten. Noch liefen die Maschinen nur im Leerlauf, aber er hatte eine Höllenangst, dass die COLUMBINE plötzlich mit Vollgas ablegen würde und er in ihre Schrauben geriete. Während er bei der großen Yacht nicht wusste, an welcher Stelle er die Mine angesetzt hatte, war er bei der COLUMBINE sicher, an der Außenseite des Maschinenraums gelandet zu sein. Doch dann musste er feststellen, dass man an Bord erheblich besser vorbereitet war, als er erwartet hatte. Überlegungen über die Lage der angebrachten Minen wurden abrupt unterbrochen, als die Tauchflaschen auf seinem Rücken anfingen zu vibrieren. Er zeigte an, dass sie sich im Bereich eines sehr starken Suchstrahls befanden. Er fühlte geradezu, wie sich die Energie des seltsamen Echolots der COLUMBINE auf die beiden Pressluftflaschen richtete, die er auf dem Rücken trug, und er meinte zu spüren, wie die schweren Metallflaschen ins Schwingen gerieten.

Die COLUMBINE verfügte außerdem über etwas, das seiner Untersuchung im Hafen entgangen war: Sie hatte starke Unterwasserscheinwerfer. Plötzlich war seine Umgebung taghell erleuchtet. Jetzt war ihm klar, dass er sich zum ersten Mal bei seinen Unterwasseraktivitäten in großer Gefahr befand. Als sich das Geräusch der Motoren der COLUMBINE zudem veränderte und neue mahlende Laute hörbar wurden, schoss Thiel panikartig nach unten, weg von den Booten, ihren Propellern und dem Licht. Ruckartig streifte er die schweren Sauerstoffflaschen von den Schultern und ließ sie achtlos zwischen die Felsen des Meeresbodens sinken. Auch seine Gesichtsmaske hatte er bei dem plötzlichen Manöver verloren. Nur die Metallflaschen waren das Ziel des Detektors. Wegen der fehlenden Unterwasserbrille verlor er trotz der Helligkeit die Orientierung und stieß mit dem Kopf gegen die Betonpier. In seiner Bestürzung spürte er keinen Schmerz, war aber sicher, dass er im Gesicht verletzt war. Er tastete sich zu der Angelschnur und hatte sich bereits ein Stück von dem Schauplatz entfernt, als die erste Wasserbombe explodierte. Zuerst dachte er, eine seiner Minen sei hochgegangen. Doch zwei weitere Explosionen folgten. In dem Chaos, das im Wasser um die Ferretti herrschte, hatte er Glück. Die Druckwelle wurde durch die tiefer liegende Motoryacht aus Marokko abgelenkt. Mit der Hüfte wurde er an einen Felsen geschleudert. Der Schlag lähmte fast die Funktionen des linken Beins, doch der Schock ließ ihn weiterschwimmen und der Angelschnur folgen. Er hatte ungeheueres Glück gehabt und war nicht ernsthaft verletzt worden. Aus dem Bereich der Lichter war er heraus. Er tauchte kurz auf, um Luft zu holen und arbeitete sich dann unter Wasser weiter an der Schnur entlang bis zum Versteck des Schlauchbootes. Der Weg kam ihm endlos vor. Dennoch musste er schnell gewesen sein, da er schon halb aus dem Wasser heraus war, als er die erste seiner Minen detonieren hörte. Das Geräusch war merkwürdig gedämpft – offensichtlich funktionierte sein Gehör nicht mehr richtig. Thiel streifte die Flossen ab und ließ sie ins Schlauchboot fallen. Das linke Bein versagte ihm fast den Dienst. Er schmeckte Blut, das von der Verletzung seines Nasenrückens und der gespaltenen Lippe herrührte. Dann hinkte er bis zur Kante des Felsens und warf einen Blick in die Bucht. Die Kopfschmerzen, die bereits nach der ersten Explosion unter Wasser begonnen hatten, steigerten sich. Da war ein schriller Ton in seinem Kopf, der immer lauter und höher wurde.

Thiel konnte die große Yacht sehen, die noch neben der Pier lag. Nur hundert Meter entfernt tuckerte die COLUMBINE. Ihre Scheinwerfer waren noch in Betrieb. Natürlich hatte sie die Bucht nicht mit Vollgas verlassen. Trotz aller Elektronik würde kein normaler Skipper mitten in der Nacht ein solches Risiko eingehen. Thiel rechnete damit, dass die nur mit Saugnäpfen befestigte Mine durch den Druck der Wasserbomben vom Rumpf der COLUMBINE weggerissen worden war. Aber dann hörte er die zweite Detonation und ahnte, dass auch die COLUMBINE in Schwierigkeiten war, da alle Lichter an Bord erloschen. Sehen konnte er nicht viel, da die Wasserlinie nicht mehr beleuchtet war. Er wusste, dass die Marineposten nun jeden Moment eintreffen konnten. Trotz der Schmerzen in der linken Hüfte humpelte er zum Wasser und suchte die Videokamera aus dem Schlauchboot. Er machte eine schnelle Aufnahme der beiden Schiffe. Die große Yacht hatte volle Beleuchtung und leichte Schlagseite. Drei Männer waren zu sehen, wie sie das Beiboot aussetzten. Die COLUMBINE hatte es schwerer erwischt. Die Stromversorgung war ausgefallen, und soweit er feststellen konnte, schien sie mit dem Heck deutlich im Wasser zu hängen. Er sah die Lichter einiger Handlampen über Deck huschen und glaubte aufgeregtes Hundebellen zu hören. Selbst das Ausbringen des Beiboots schien Schwierigkeiten zu machen. Thiel blickte auf die schwarzen Steinhügel, die in der Dunkelheit der Insel verborgen waren. Er fürchtete, dass Soldaten des Marinepostens eintreffen würden und brach seine Arbeit mit der Kamera ab. Er hinkte zum Ufer und machte sich mit seinem Schlauchboot aus der Bucht.

    Auf dem Meer verursachte ein unangenehmer kalter Wind aus Südwest eine Kabbelwelle, gegen die das Schlauchboot schwerfällig anbolzte. Thiel untersuchte die schmerzende Hüfte und stellte fest, dass der Tauchanzug von dem Felsen, auf den er geschleudert worden war, mehrere Risse hatte. Unterhalb seines Hüftknochens waren die Muskeln angeschwollen und es zeichnete sich der Beginn eines größeren Blutergusses ab. Der hohe Ton in seinem Kopf schrillte unverändert laut. Er musste seine ganze Energie aufwenden, um nicht ohnmächtig zu werden. Beim Morgengrauen erreichte er die AQUADRAT. Thiel fühlte sich zerschlagen. Fünf Stunden lang ein winziges Boot gegen Wind auf Kurs zu halten, hatten ihn mehr ausgelaugt als das gesamte Tauchmanöver. Auf dem Rückweg waren ihm ein grauer Kutter der Marine und zwei Zollboote entgegengekommen. Er war ihnen in weitem Bogen ausgewichen. Sie fuhren Höchsttempo. Thiel glaubte nicht, dass sie ihn bemerkt hatten. Ihm war völlig klar, dass er aus der Gegend verschwinden sollte, aber in diesem Zustand den Katamaran zu navigieren, war ihm unmöglich.

    Als er sein Gesicht im Spiegel sah, erschrak er. Die Nase schien zerschmettert zu sein, Oberlippe und eine Augenbraue hatten tiefe Risse. Er wusste, dass die Wunden schleunigst genäht werden mussten, war jedoch unfähig, sich in ein Krankenhaus zu begeben. Die Schmerzen in seinem Kopf steigerten sich, und das Pfeifen überlagerte jedes andere Geräusch. Er verlor das Bewusstsein und erwachte fast 24 Stunden später liegend am Boden des Niedergangs.

    Acht Stunden später lag der Katamaran wieder an seinem Platz in La Ciotat. Thiel war unendlich erleichtert, dass sich seine Kopfschmerzen dieses

Mal nicht bereits auf der Rückfahrt in dem kleinen Schlauchboot bis zur Bewusstlosigkeit gesteigert hatten. Die Schmerzen in seiner Hüfte waren geblieben, das Gewebe war dunkel verfärbt, aber er konnte das Bein bewegen. Anscheinend war nichts gebrochen. Achtundvierzig Stunden nach den Ereignissen in der kleinen Bucht auf der Levantinischen Insel rief er den Kommissar an. Marchais war zu Hause und hatte auf den Anruf gewartet. Er wollte am Telefon nichts besprechen und schlug als Treffpunkt ihr Lokal in Cassis vor.

Thiel hatte seit langem nichts Vernünftiges gegessen und willigte ein. Als sie sich trafen, musterte Marchais erschrocken Thiels Gesicht, das mit Leukoplaststreifen überzogen war. Nachdem die Getränke bestellt waren und Thiel seinem Freund versichert hatte, dass seine Verletzungen nicht schwerwiegend seien, wollte Marchais wissen, was auf der Insel geschehen war. Er sah, dass Thiel stark hinkte und wirkte nervös.

»Wie geht es dir?«, fragte er besorgt, »hast du dir was gebrochen?«

»Nur eine Prellung an der Hüfte.«

»Und was ist mit deinem Gesicht?«

»Nur die Nase und Oberlippe. Mach dir keine Sorgen.«

»Und über einem Auge, wenn dir das entgangen sein sollte.«

»Mach dir keine Sorgen.«

»Warum hast du die Wunden nicht nähen lassen?«

»War nicht möglich.«

»Ich werde dich in ein Krankenhaus bringen.«

»Lieber nicht, was sollen wir Ihnen dort erklären? Das verheilt.«

»Mag sein. Chancen bei den Frauen kannst du mit dem Gesicht in Zukunft abschreiben.«

Beide lachten.

»Mir ist absolut rätselhaft, was da los war. Wir konnten dir diesmal doch so gut wie keine Informationen geben. Waren da deine Finger im Spiel?«

»Natürlich waren das meine Finger. Und was heißt, keine Informationen? Sie waren gar nicht so schlecht. Mit einer Portion Glück hat es gereicht, den Namen der Insel zu wissen. Deine Zeitbestimmung war vage, aber korrekt. Du sagtest, Zeitpunkt irgendwann in der Nacht, und so war es.«

»Das Wichtigste zuerst, hat man dich bemerkt?«

»Stopp, zuerst möchte ich mal wissen, was aus den Leuten auf den zwei Schiffen geworden ist. Weiß man Genaueres?«

»Noch nichts Genaues. Es gab drei Verletzte auf der COLUMBINE. Den Dreien auf dem anderen Boot ist nichts passiert, ärgerlich, was?«

»Lass den Quatsch. Ich habe dir erklärt, wie es früher zu den Toten gekommen ist.«

Thiels Ton war schärfer geworden.

»Ruhig Blut«, beschwichtigte Marchais, »du bist schwer einzuordnen«, und nach einem Moment, »wie ist das nun, bist du bemerkt worden?«

»Glaube nicht. Ich weiß, dass ich bei der Aktion nicht gesehen wurde. Ob man sich sonst irgendetwas zusammenreimen kann, weiß ich nicht. Ich halte es für äußerst unwahrscheinlich.«

»Hast du Spuren hinterlassen, die ausreichen würden, um den Anschlag aufzudecken?«

»An wen denkst du dabei, an die Polizei oder die Mafia?«

»An beide. Die Polizei hat die besseren Möglichkeiten, die Mafia das größere Interesse.«

Thiel zuckte die Achseln. »Hat die Polizei überhaupt Interesse?«

»Weiß ich nicht. Ich bin nicht für den Fall zuständig. Die Marine wird etwas Druck machen, weil das Ganze in ihrem Bereich passiert ist. Was meinst du, gibt es Spuren?«

»Bei einer normalen Untersuchung haben sie keine Chance. Das gilt für beide Seiten. Ich habe allerdings meine Scuba-Flaschen zurücklassen müssen.«

»Wo?«

»Am Meeresgrund in der kleinen Bucht.«

»Kann man sie mit dir in Zusammenhang bringen?«

»Kaum. Wenn die dort jemand haben, der sich in den Fall verbeißt und über deine Kombinationsgabe verfügt, könnte es eine Spur enger werden.«

»Wie meinst du das?«

»Nachweisen kann man mir nichts. Allenfalls ein Verdacht könnte aufkommen.«

Marchais blickte ihn zweifelnd an.

»Im Grunde ist es sehr unwahrscheinlich«, wurde er beruhigt, »auf der Insel kennen sie nicht einmal meinen falschen Namen.«

»Hat jemand dein Schiff gesehen?«

»Der Kat lag in Port du Niel, von dem haben sie nichts gesehen.«

Thiel fand eine Position, in der sein Bein nicht schmerzte. Sie begannen zu essen. Er war kein Gourmet und wusste nicht, was Marchais bestellt hatte, aber es schmeckte wieder vorzüglich. Seine Antworten schienen den Kommissar beruhigt zu haben, und er begann über das Echo zu sprechen, das die Aktion hervorgerufen hatte.

»Du wirst verstehen«, sagte Marchais feixend, »dass ich mich bei den polizeiinternen Analysen deiner Fälle zurückhalte.«

Er wurde ernst.

»Meine Kollegen sind nicht dumm. Man verrät sich leicht. Ich bin bei meiner Beurteilung stur bei einem Bandenkrieg geblieben.«

»Glaubt die Polizei nicht mehr an einen Bandenkrieg?«

»Heute kamen zum ersten Mal Stimmen auf, die von einem Saboteur aus den eigenen Reihen sprachen. Aus der Mitte der Organisation, der die internen Fahrpläne durcheinanderbringen will. Wie er es anstellt, ist allen schleierhaft.«

»Und was sagt dein Informant?«

»Vor einer Stunde haben wir noch miteinander telefoniert.«

»Und?«

»Zur Zeit, sagt er, sind die alle wie gelähmt, einfach sprachlos. Mein Informant kann sich auch keinen Reim darauf machen. Er sagt, jeder vom Kartell sei sicher gewesen, dass mit den neuen Vorkehrungen der COLUMBINE und ihrer Besatzung nichts mehr passieren könnte. Am Schluss fragte er mich geradewegs, ob ich wüsste, wer es sein könnte.«

»Und du weißt wirklich nicht, wer der Mann ist?«

»Kaum zu glauben, nicht wahr? Aber bisher habe ich nur per Telefon mit ihm gesprochen. Direkte Treffen hat er abgelehnt.«

»Vertraust du ihm?«

»Irgendwie schon. Seine Informationen waren immer richtig.«

»Und du kennst ihn schon lange?«

»So fünf, sechs Jahre.«

»Ist es nicht wichtig, seine Informanten persönlich zu kennen?«

»Unbedingt, schon für die Sicherheit meiner Männer und für mich selbst.«

»Aber diesen Mann hast du noch nie gesehen?«

»Stimmt. Anfänglich gab er mir kleine Tipps, später dann seinen Namen und die Telefonnummer.«

»Na also!«

»Nichts also. Zuerst dachte ich auch, alles wäre in Ordnung. Aber nur seine Tipps waren korrekt.«

»Und dann hast du seine persönlichen Angaben überprüft?«

»Habe ich und bin prompt ins Leere gelaufen. In den ersten zwei Jahren hat er mich laufend mit neuen Namen und Telefonnummern von sich versorgt.«

»Was ist er denn deiner Meinung nach für ein Typ?«

»Schwer zu sagen, manchmal war er humorvoll, manchmal ernst. Manchmal hatte er viel Zeit am Telefon, manchmal wirkte er gehetzt. Je länger ich ihn kenne, desto weniger weiß ich von ihm.«

»Nur, dass seine Tipps stimmen?«

»Genau das.«

»Hast du nie versucht, ihn über sein Telefon ausfindig zu machen?«

»Was denkst du denn? Natürlich wollte ich, aber es hat nicht geklappt. Er hat mehrere mobile Telefone, sie scheinen alle geklaut zu sein. Wenn ich etwas von ihm will, muss ich ihm mit dem Stichwort ›Nana‹ mein Anliegen auf seine Anrufbox sprechen. Dann ruft er zurück, oft auch nicht. Ich habe keine Möglichkeit, ihn unter Druck zu setzen.«

»Wenn er sich nicht rührt, hat er eben keine Antwort.«

»Oder keine Lust.«

»Hat er einen Verdacht, dass du hinter unserer Aktion steckst?«

»So hat es nicht geklungen. Ich glaube nicht, dass er mich in Zusammenhang mit diesem Anschlag bringt. Nach seiner Version war die COLUMBINE eine schwimmende Abwehrstation, die nicht zu knacken war. Für das, was jetzt passiert ist, haben die Experten der Mafia keine Erklärung.«

»Auch keinen Verdacht gegen die Polizei?«

»Keine Spur. Dafür stecken die mit einigen von uns zu tief unter einer Decke. Die sind sich verdammt sicher, dass diese Aktionen nicht von der Polizei kommen.«

Thiel holte die Videokamera und ließ den Film zurücklaufen.

»Die Aufnahmen habe ich nur deinetwegen gemacht. Am liebsten wäre ich sofort abgehauen.«

Marchais grinste und schüttelte ungläubig den Kopf. Auf dem kleinen Bildschirm der Kamera wies Thiel auf die intakte COLUMBINE, wie sie noch im Hafen lag und dann auf die große Yacht in der Bucht. Die nächtlichen Aufnahmen waren mit unsteter Hand aufgenommen und schwankten. Die spärliche Beleuchtung auf dem Schiff reichte aus, um die Dramatik an Bord zu erkennen. Die Yacht hatte schon etwas Schlagseite. Auf der COLUMBINE, deren Strom ausgefallen war, konnte man nur gelegentliches Aufblitzen der Taschenlampen erkennen. Marchais betrachtete die Aufnahme mehrere Male und sagte schließlich: »Und du wolltest beide Boote versenken?«

Thiel gestand ihm, dass die zwei Ladungen für die COLUMBINE vorgesehen waren, und er sich in der Dunkelheit versehen hatte. Marchais grinste, sagte aber nichts.

»Was ist mit den Schiffen passiert, wie groß ist der Schaden?«, fragte Thiel.

»Die COLUMBINE scheint 30 Meter unter Wasser zu liegen, und von dem anderen Schiff soll man noch das Heck sehen. Es schaut aus dem Wasser.«

»Hat man die Drogen sicherstellen können?«

»Bisher nur ein Paket Rohopium von zweieinhalb Kilo.«

»Ich habe unter der Hand dafür gesorgt, dass die ganze Umgebung unter polizeilicher Kontrolle bleibt. Wir werden alles finden.«

»Das wäre schon wichtig. Der große Kasten kommt nicht aus Marokko wegen zweieinhalb Kilo Rohopium.«

»Glaube ich auch nicht. Risiko und Aufwand waren zu groß.«

27

Es war das Ende seiner Aktivitäten in Marseille. In der COLUMBINE waren nicht nur weitere 100 Kilo Rohopium gefunden worden, im Bauch der großen Yacht befanden sich zudem fast zwei Tonnen Haschisch im Wert von circa acht Millionen Euro. Sie sollten offensichtlich an einen anderen Platz ausgeliefert werden. Marchais besorgte Thiel einen Arzt, der ihn in seiner Wohnung im Alten Hafen besuchte und die Verletzungen in seinem Gesicht behandelte. Der Kommissar überzeugte ihn, dass die Suche nach dem Täter, der hinter den Anschlägen steckte, von Seiten der Polizei und der Mafia zu intensiv wurde. Thiel wusste am besten, dass er bei dem letzten Unternehmen nur knapp mit dem Leben davongekommen war. Auch als der Bluterguss an der linken Hüfte verschwand, konnte er sich längere Zeit nicht beschwerdefrei bewegen.

Da niemand etwas von der Rolle Marchais' bei den diversen Coups ahnte, wurde er seitens der Polizei nicht befördert und von der Mafia nicht bestraft. Das Gespann Thiel-Marchais war entschlossen, das Geschäft erst dann wieder aufzunehmen, wenn sich eine wirklich lohnende Beute abzeichnete.

Die AQUADRAT wollte Thiel unauffällig parken. Sein Freund Jacques, der Vater rascher Lösungen, wusste ein Asyl für den Kat. Einer seiner Vettern war Fischer in der Bucht von Mostaganem in Algerien, der in einem Ort an der Küste nahe Oran lebte. Er war ein hagerer Mann in Thiels Alter mit schwieligen Händen und genauso schwarzer Haut wie Jacques. Sein Name war Abdelatif Dupeu, und er lebte in dem Hafenstädtchen Arzew. Als Thiel die AQUADRAT neben den Booten von Jacques' Vetter an die Boje gehängt hatte, war sie an einem sicheren Platz. Es war ein warmer Tag im Februar, als er den Bus nach Oran bestieg und sich fragte, ob er den riesigen Katamaran je wiedersehen würde.

Von Oran aus flog er nach Hamburg. Er war zwei Jahre nicht mehr zu Hause gewesen. Mit Marchais hielt er Kontakt, obwohl er eigentlich keinen Anstoß zu weiteren Aufträgen erwartete. Er sollte sich täuschen. Es wurde ein kurzer Urlaub. Schon nach wenigen Wochen teilte ihm der Kommissar am Telefon mit, der große Fisch, ihrer Aufmerksamkeit würdig, würde in vier Wochen den Suezkanal durchqueren. Die von Indien nach Frankreich reisende CONSUELA war Marchais wegen der ungewöhnlich großen Drogenladung, die sie mitführen sollte, aufgefallen. In Ägypten würde sie unter der

Hand einen Container mit Rohopium aufnehmen, der in Marseille abgeholt würde. Für die Polizei von Marseille wäre es ihr größter Fang in der Drogenszene. Der Einsatz des Katamarans würde nur zur Beobachtung benötigt.

Thiel spürte Sehnsucht nach der AQUADRAT und sagte zu.

Mit Marchais traf er sich in der Kellerkneipe in Cassis. Der Kommissar erläuterte das neue Unternehmen. Es ging darum, den Frachter am Ausgang des Suezkanals abzupassen und im Auge zu behalten. Nicht mehr als das, wie er eindringlich erklärte. 21 Tonnen kompaktiertes Rohmaterial, um daraus Heroin herzustellen, waren eine gewaltige Lieferung.

Thiel fragte ihn, ob er wüsste, wie viele Angehörige der Crew in den Transport verwickelt seien, doch sein französischer Freund schüttelte den Kopf. Ein Mann aus der Leitung des Schiffes wäre dabei. Ob der Kapitän oder einer der Offiziere, wusste er nicht. In seiner knappen Art fasste er zusammen, was sich während Thiels Abwesenheit ereignet hatte.

Sein anonymer Gewährsmann war immer noch auf dem Posten und hatte ihm verraten, dass in der Zwischenzeit eine groß angelegte Drogenübergabe als Falle angelegt worden war. Ein leerer Behälter ohne ein einziges Kilo Rauschgift sei übergeben worden. Die Enttäuschung, dass niemand auf den Köder angebissen hatte, war groß. Die Sache war so geheim, dass sogar der Informant nicht wusste, dass es sich um eine Finte gehandelt hatte. Thiel wusste, dass der Abbruch ihres Feldzugs die richtige Entscheidung gewesen war. Hätte er weitergemacht, wäre er in Teufels Küche gelandet. Nun befürchtete Marchais, er würde sich auch bei der Beobachtung der CONSUELA wieder in eine prekäre Position manövrieren. Thiel versprach mit einem Augenzwinkern, ganz gleich was geschähe, die CONSUELA nicht zu versenken.

Er flog nach Oran und begab sich in die Bucht von Mostaganem. Den Katamaran fand er so vor, wie er ihn an die Boje gehängt hatte. Möwenkolonien hatten angefangen, die Rümpfe weiß zu sprenkeln, Algen und Muscheln hatten ihr Werk im Wasser begonnen. Während eine Schar brauner Kinder ein kleines Vermögen verdienten, indem sie das Deck und das Unterwasserschiff des Kats schrubbten, sorgte Thiel für frisches Wasser und Proviant. Zwei schwarze Mechaniker kümmerten sich um die teuren AGM-Batterien und die Dieselmotoren.

Um Verhandlungen mit den algerischen Zollbehörden zu vermeiden, stach er in derselben Nacht in See. Nach zwei Wochen passierte er das Nildelta und steuerte Port Said an. Er verankerte die AQUADRAT in dem ägyptischen Hafen und wartete auf die CONSUELA. Er folgte ihr, und einige Tage später fischte er Wenke Jensen aus dem Wasser.

»Damit haben wir die Zeitreise in meine Vergangenheit beendet und sind wieder in der Gegenwart angelangt«, schloss Thiel seinen Bericht, »Sie waren eine geduldige Zuhörerin.«

Wenke nickte und betrachtete das ablaufende Kielwasser. Was für eine Story. Alles, was sie jetzt wünschte, waren ihr Laptop und einen ruhigen Platz zum Schreiben.

Dritter Teil

28

Seit dem Überfall auf den Katamaran waren vier Tage vergangen. Thiel war über den Berg. Wenke Jensen hatte ihrem Patienten Mengen von Antibiotika gespritzt. Seine Wunden verheilten. Wie selbstverständlich führte er wieder seine gewohnten Tätigkeiten an Bord aus. Es war, als fürchte er einzurosten. Sie näherten sich unaufhaltsam der nordafrikanischen Küste, und unausweichlich stellte sich die Frage, wo man die AQUADRAT reparieren lassen konnte. Sie beschlossen, dort unterzutauchen, wo er die AQUADRAT vor zwei Monaten abgeholt hatte, im Fischerhafen des Städtchens Arzew im Golfe du Mostaganem.

Als er einige Tage später den Kat an der Boje Abdelatifs festmachte, war er erleichtert, den schwarzen Fischer am Ufer zu sehen. Der Segler erklärte den Notfall und zeigte ihm den Schaden am Traveller. Er fragte, ob handwerkliche Hilfe in Arzew möglich sei. Der Schwarze bat ihn, bis zum Abend zu warten. Als er wieder auftauchte, hatte er zwei Männer bei sich. Es waren Jalal, ein jüngerer Hüne, dessen Kompetenz nicht weiter erklärt wurde, und Rashid, ein hagerer kleiner Mann mit schütteren grauen Haaren und einer Brille mit sehr starken Gläsern, der sich als grundlegender Fachmann erwies. Rashid übernahm die Leitung des Inspektionsteams. Nachdem er sich die Halse, mit der der Segler auch seine Verletzungen erklärte, bis ins Detail hatte beschreiben lassen, begann er wortlos, die Verankerung von Stagen und Wanten an beiden Schwimmern zu überprüfen. Nach einer Stunde an und unter Deck winkte er den Skipper heran und zeigte weitere Schäden auf. Auch die Verankerung der Stage am Steuerbordschwimmer bedurften unbedingt der Reparatur. Insgesamt hatte er zwölf Schadstellen gefunden.

Fast eine Woche lag die AQUADRAT an dem Steg, und die beiden Männer schweißten, schraubten und klebten. Besonders Letzteres war wegen der Polyesterverarbeitung mit einem stechenden Geruch nach Styrol und Verdünner verbunden, der den Aufenthalt unter Deck, besonders im Steuerbordschwimmer, unmöglich machte. Als Rashid das Ende der Arbeiten anzeigte, war der Katamaran an vierzehn verschiedenen Punkten verstärkt worden, und der Traveller lief auf einer neuen, schweren Nirostaschiene. Es war gleichfalls Rashid, der mit dem Hafenkapitän ein Abkommen aushandelte, das den Kat und seine Besatzung berechtigte, während der Reparaturen des Schiffes ohne weitere Zollformalitäten in dem algerischen Hafen zu bleiben. So lebten Wenke und Thiel hauptsächlich im Backbordschwimmer der AQUADRAT, dessen Innenraum sich in der afrikanischen Sonne gewaltig aufheizte. Thiel zauberte schließlich aus den Asservaten des Katamarans zwei Moskitonetze hervor, und so konnten sie in den heißen Nächten auf dem Trampolin schlafen.

Wenke kaufte unter der Aufsicht von Rashids jüngster Tochter, einer pummeligen Elfjährigen, auf dem Markt in Arzew die Lebensmittel. Thiel hielt die ständige Begleitung für erforderlich, da sie über keinerlei Personalpapiere verfügte. Ihre Sorge über den hygienischen Zustand der verstaubten Lebensmittel, die sie vom örtlichen Bazar in die Pantry der AQUADRAT schleppte, beschwichtigte er mit dem englischen Grundsatz für exotische Lebensmittel: ›boil it, peel it, or forget it‹.

Westliche Textilien waren Mangelware, dennoch kehrte sie mit gelegentlichen Trophäen wie gut sitzenden Jeans, einem T-Shirt oder Sandalen zurück. Aber auch Einmachgläser, gefüllt mit Curry und Kreuzkümmel und anderen fremdartigen Gewürzen, wanderten in die Kombüse des Kats. Ein anderes Mitglied der Crew traf nach einer Abwesenheit von fünf Tagen aus eigenen Stücken wieder auf dem Kat ein: Kater Kohl. Er saß vor dem Steuerbordschwimmer, den er immer favorisiert hatte, und rümpfte die Nase. Dabei hatte der Herr selbst einen eigenartigen Geruch angenommen. Wenke begrüßte ihn stürmisch.

Von Marchais kamen endlich gute Nachrichten. Er hatte es geschafft, Wenkes Ausweispapiere in die Hände zu bekommen, die auf der CONSUELA gefunden worden waren. Er fragte Thiel nach einem Platz für die Übergabe. Gedanklich zog der Segler eine Gerade über das Mittelmeer nach Marseille. Sie kreuzte die Balearen. Nach einer kurzen Denkpause sagte Thiel: »Grundsätzlich können wir uns überall treffen, geht es bei dir auch auf halber Distanz?«

Marchais zögerte einen Moment. »Kein Problem. Das heißt, sofern du Algerien ausnimmst. Mach einen Vorschlag.«

Wenn es um Treffpunkte für seinen Flugzeugträger ging, dachte der Skipper meist nur an bequeme Ankerplätze für den Katamaran. »Dann schlage ich den Hafen von Mahon vor. Der liegt auf Menorca und ist bequem. Wenn wir dort ankern können, haben wir mit dem Kat keine Schwierigkeiten.«

Marchais schien nachzudenken. »Okay, das wird klappen. Ich bringe die Papiere selbst. Wann werdet ihr denn da sein?«

Der Segler hatte sich diese Frage auch gestellt und antwortete ohne zu zögern: »Bald, ich möchte hier weg. Der Kat ist auffällig wie eine bunte Kuh. Der Wind steht nicht gerade günstig, aber wir sollten in fünf Tagen eintreffen.«

»Gut, ich werde meinen Onkel bitten, eine Unterkunft für euch zu besorgen.«
»Du hast einen Onkel auf der Insel?«
»Ja, einen alten Herren, der da schon seit ewigen Zeiten lebt. Braucht ihr sonst noch etwas?«
»Einen zweiten Ausweis mit anderem Namen für meine Begleiterin.«
»Da muss ich passen.«
»Aber ich hätte da vielleicht eine Möglichkeit.«
»In Marseille?«
»Ja, in Marseille.«
»Zuverlässig?«
»Unbedingt. Aber ich weiß auch nicht, ob er das deichseln kann. Ich habe ihn nicht gefragt.«
»Brauchst du mich dann noch?«
»Ja, du könntest ihr Passfoto kopieren und es dem Mann zuschicken.«
»Du meinst, von ihrem echten Pass?«
»Das ginge doch.«
»Kein Problem. Gib mir seine Adresse.«
»Ich muss erst mit ihm sprechen und auch mit der Frau.«
»Verstehe, sie lebt ja mit dir auf dem Segelboot.«
»Ja, aber über einen falschen Ausweis habe ich mit ihr noch nicht gesprochen.«
»Was ist sie für ein Typ? Ist sie nett? Das Passbild ist gar nicht übel. Dem Gesicht nach müsste sie gute Beine haben.«
Der Segler grinste. »Darf ich fragen, was dich das angeht?«
»Warum? Ist sie fett geworden?«
»Was sind denn das für Fragen?«
»Man macht sich so seine Gedanken.«
»Über was denn, wenn ich fragen darf?«
»Warum mein Freund sich plötzlich ein hübsches Mädchen aus dem Mittelmeer gefischt hat.«
»Das klären wir später. Jetzt muss ich erst mal mit ihr über einen zweiten Pass reden. Ich ruf dich wieder an. Salut.«
Als er auflegte, war der belustigte Ausdruck aus seinem Gesicht verschwunden.

Wenke, wie immer in einer dezenten Aura von Babyöl, testete an dem Sodiff Screen den Wechsel zu einem größeren Kartenmaßstab. Bei dem Gespräch hatte sie ihn beobachtet. Sie nahm seine Lesebrille ab und stand auf.
»Haben Sie mit Ihrem Polizisten aus Marseille gesprochen?« Er nickte.

»Was sollte das freche Grinsen auf Ihrem Gesicht, hat es zur Abwechslung einmal etwas Erfreuliches gegeben?«

Er taxierte ihre von den neuen Jeans verdeckten Beine und sagte barsch, »wir müssen mal besprechen, wie Sie am sichersten zurück nach Dänemark gelangen. In ein paar Stunden legen wir ab. Unser nächstes Ziel ist Menorca.«

»Schön und gut, aber über was zum Teufel haben Sie beide so gelacht?«

»Frauen an Bord können eine Pest sein.«

»Ist das so?«

»Weiß Gott«, seufzte er, »das ist so.« Nach einer Weile fuhr er fort, »ich möchte Ihnen zu Ihrer größeren Sicherheit einen zweiten Pass auf einen anderen Namen ausstellen lassen. Es wäre der einfachste Weg, dass man Ihnen nicht auf die Spur kommt, bis Sie wieder sicher in Dänemark sind.«

»Haben Sie dabei über mich gelacht?«

»Wir müssen schon ernsthaft darüber sprechen, denn Sie müssen mir sagen, ob Sie einverstanden sind.«

»Wo ist der Haken?«

»Die Sache ist illegal. Passvergehen ist ein ernsthaftes Delikt.«

»Klar bin ich einverstanden. Wenn mir der Polizist einen Pass verschafft, ist es doch sowieso amtlich, oder nicht?«

»Weit entfernt, Marchais kann das nicht. Er würde nur das Foto liefern.«

Sie wippte auf den Zehenspitzen. Er bemerkte, dass sie zu den Jeans ein neues Sweatshirt trug und flache Sandalen.

»Haben sie über das Foto gelacht?«

»Ich habe es ja noch nicht einmal gesehen.«

»Fand er es komisch?«

»Im Gegenteil, ich entdecke an ihm ganz neue Züge. Er betreibt Ferndiagnosen und glaubt, aufgrund ihres Gesichtes ihre Figur beurteilen zu können. Positiv. Es ist das erste Mal, dass er zur Kenntnis genommen hat, dass ich hier eine junge Frau an Bord habe.«

»Was haben Sie ihm denn gesagt?«

»Über was?«

»Über die Figur?«

»Nichts.«

»Nichts?«

Thiel grinste frech. »Ich wollte ihn doch nicht enttäuschen.«

»Wissen Sie, was ich glaube?«

Er schüttelte den Kopf.

»Ich glaube, dass es Ihnen schon wieder recht gut geht.«

Das stimmte natürlich. Die Verletzungen waren fast verheilt. Gemeinsam begannen sie den Kat für die Tour auszurüsten.

29

Auf dem offenen Meer war der Nordost stark und stetig. Für einen Kurs zu den Balearen schien die Richtung nicht gerade optimal. Wenke studierte den Navigationsplotter. Schließlich schlug sie einen Nordwestkurs in Richtung Cartagena vor. Thiel nickte kommentarlos. Die AQUADRAT war wieder die alte Sprinterin. Die befremdlich stöhnenden Geräusche waren verschwunden. Beide trugen Overalls und Schutzbrillen. Offensichtlich hatte Wenke auf dem armseligen Markt von Arzew eine spezielle Abteilung für Schutzbekleidung gefunden. Er stellte fest, dass sie einen gelben enganliegenden Overall mit breiten schwarzen Reißverschlüssen trug, der maßgeschneidert saß und nicht aufgekrempelt werden musste. Sie bemerkte seinen prüfenden Blick und schmunzelte.

»Auf dem Markt hatten sie einen Schneider«, erklärte sie, »es war die Kleine von Abdelatif, die mich darauf aufmerksam machte. Wir konnten dort die Overalls etwas ändern lassen.«

Es war nicht zu übersehen, dass sie bei ihrer etwas zur Fülle neigenden Figur eine erstaunlich schmale Taille besaß.

»Es liegt doch an Ihrer Art zu segeln«, sagte sie, »dass die Klamotten immer nass werden. Man braucht an Bord mehr als einen.«

Thiel begann zu lachen. »Overalls stehen Ihnen gut.«

Sie wandte sich ab und holte mit der hydraulischen Winsch das Großsegel dichter. Mit dem Ellenbogen gab sie ihm einen Wink. »Und nun schauen Sie mal am Speedlog, ob wir noch Fahrt machen.«

Sie verschwand im Schwimmer. Ihre Initiative gefiel ihm. Das sah fast so aus, als wolle sie langsam das Kommando übernehmen.

Bisher hatte er verdrängt, dass das neue Crewmitglied weiblichen Geschlechts war. Und jetzt, ein fast unangenehmer Gedanke, nistete sie sich in seinem Kopf ein, nur weil Marchais ihn am Telefon mit der Nase darauf stieß, dass sie ein nettes Gesicht hatte. Dazu brauchte er den Kommissar nicht. Irgendwie hatte er das auch selbst bemerkt. Was war eigentlich los? Vor vier Wochen hatte er sie noch als unerwünschte Person betrachtet, durch deren Rettung aus Seenot die Anonymität des Katamarans aufgeflogen war. Anfänglich hatte er sich über ihren Verbrauch an Hautöl amüsiert. Plötzlich fand er diesen Geruch angenehm und auch, dass sie nicht übel aussah. Es kam ihm fast so vor, als habe er sich in sie verschaut. Unsinn, nahm er sich selbst an die Kandare. So was passiert dir nicht mehr. Nicht, wenn man 62 Jahre alt ist.

Nach fünf Stunden auf See näherten sie sich der spanischen Küste. Es war, als ob der Katamaran unter Beweis stellen wollte, dass man wieder alles von ihm fordern konnte. Groß und Genua waren ungerefft. Ihre weißen Flächen waren bis zum Äußersten angespannt und produzierten die Kraft für den Vortrieb des Kats faltenlos und starr wie Metallfolien. Thiel öffnete ein anderes Fenster des elektronischen Plotters. Die beiden Segel leisteten zur Zeit kontinuierlich 483 PS.

Auf dem Rücken der höheren Wellen kam der Kat ins Surfen. Zum Schub der Welle kam dann der verstärkte Zug der Segel – die AQUADRAT beschleunigte quasi mit Turboantrieb. Kaskaden von spritzendem Wasser rauschten von den eleganten Bugspitzen und ergossen sich über Deck bis ins Kielwasser. Das Segeln machte wieder Spaß. Was auf einem normalen Segelboot ein Husarenritt gewesen wäre, bewältigte der Riese mit gleitender Eleganz. Der Lärm in den beiden Schwimmern allerdings war ohrenbetäubend. An ein Telefongespräch mit Jacques Dupeu war unter diesen Verhältnissen nicht zu denken. Durch die Freude an der schnellen Fahrt waren sie etwas nach Westen geraten, und der Skipper beschloss, den Katamaran hinter eine bequeme Landzunge in der Nähe des Städtchens Aguilas zu legen. Es war Abend, und sie befanden sich in einer größeren Bucht. Noch schien die Sonne, doch von dem Wind auf See merkte man hier kaum etwas. Nach dem Lärm war die Stille auf dem Schiff fast körperlich zu spüren. Ein immer gleich starker Kontrast.

Selbst Kater Kohl kam von seinem Stammplatz auf ihrer Koje an Deck und räkelte sich zufrieden in der Wärme. Noch verströmte er einen recht intensiven Geruch. Die Liegezeit in Arzew hatte er für ein ausgiebiges Studium der einheimischen Katzenwelt genutzt und sich offenbar nur von den übelsten Fischresten ernährt.

Da Thiels schwarzer Freund Dupeu telefonisch nicht erreichbar war, brachte er einen zweiten Anker aus und beschloss zu übernachten. Grund zur Eile bestand nicht. Sollte Dupeu in der Lage sein, einen Pass für die Dänin aufzutreiben, bräuchte das seine Zeit. Konnte er keinen anderen Pass besorgen, musste sie mit dem Original nach Dänemark reisen.

Spät am Abend hatte er ihn am Apparat. Fast erwartungsgemäß sah er in der Beschaffung eines gefälschten Dokuments keine größeren Schwierigkeiten. Zufällig habe ein Freund seit einem Jahr den Pass einer Amerikanerin in Händen. Sie besprachen ein paar Details und beschlossen, nochmals zu telefonieren. Zufrieden begab sich Thiel an Deck. Die junge Frau trug jetzt einen grünen Overall mit roten Reißverschlüssen. Durch die geschickten Änderungen des Marktschneiders von Arzew war fast nicht mehr ersichtlich, dass das Ding ursprünglich ein Arbeitsanzug gewesen war.

»Haben Sie etwas dagegen, für eine Zeit als Amerikanerin zu gelten?«

»Warum sollte ich?«
»Mein Kontaktmann hat den Pass einer Amerikanerin aufgetrieben.«
»Halten Sie das für sicherer als die dänische Nationalität?«
»Sie würden auch den Namen übernehmen. Es wäre erheblich sicherer.«
»Den Namen, vielleicht auch das Alter?«
»Das auch. Alles, was im Pass steht. Niemand wird beachten, dass Sie bedeutend jünger aussehen.«
»Halten Sie das für wichtig?«
»Unbedingt.«

Sie betrachtete ihn und sah, dass er in diesem Punkt nicht nachgeben würde. Sie hatte das Attribut »bedeutend jünger« gehört. Thiel entwickelte sich ihrer Meinung nach zu einem gerissenen Burschen. Für eine Änderung ihrer Identität war er plötzlich sogar zu Komplimenten bereit.

Er rief Dupeu in Marseille an, gab ihm das Okay für den Pass und die Telefonnummer von Marchais für das Foto. Da sich die Windrichtung am nächsten Tag kaum geändert hatte, mussten sie einen langen Kreuzschlag nach Osten machen, der sie wieder an der algerischen Küste vorbeiführte. Der Himmel war wolkig, die Stärke des Windes war gleich geblieben. Wie am Tag vorher bolzte sich die AQUADRAT ihren Weg durch die Wellen. Selbst während sonniger Etappen war es ein feuchtkaltes Vergnügen. Beide Segler trugen die wasserdichten Überanzüge und Schutzbrillen. Alles an Deck schien zu schwimmen und unter Deck feucht zu werden. Auch dieses Mal wurde nachts gerefft. Sie wechselten sich am Ruder ab. Am zweiten Tag um die Mittagszeit näherten sie sich dem siebten östlichen Längengrad bei Skikda und beschlossen, für ein paar Stunden hinter dem windgeschützten Vorsprung des Ras el Hadid zu rasten. Seine felsigen Buchten schienen völlig verlassen zu sein. Trotz der unwirtlichen Felsnasen, die aus dem Wasser ragten, hatte die von Nordost geschützte Bucht wieder paradiesischen Charakter. Es gab keine Wellen und keine Spritzwasserfontänen, aber solide nordafrikanische Hitze.

Da sie inzwischen schon eine ganze Zeit auf dem Boot zusammenlebten, konnte Wenke aus Kleinigkeiten den weiteren Verlauf von Thiels Planung erkennen. An der Art, wie er den Kat befestigte, bemerkte sie sofort, dass die AQUADRAT über Nacht in der Bucht bleiben würde. Overalls und Bettzeug wurden von ihr zum Trocknen ausgelegt, während er seinen üblichen Inspektionsrundgang über den Katamaran vornahm. Alles war in Ordnung. In Arzew war gute Arbeit geleistet worden.

Als es kühler wurde, führte sie ihm den dritten Overall vor, ein schwarzes Exemplar mit Messingreißverschlüssen. Wie die vorhergehenden Modelle war er den Linien des schnellsten Seglers im Mittelmeer angepasst worden.

»Was ist eigentlich in dem großen Segelsack im Backbordschwimmer?«, fragte sie.
»Unser Spinnaker.«
»Hab ich mir gedacht«, meinte sie, »warum haben wir den noch nie gesetzt?«
Er lachte. »Wissen Sie, wie viel Quadratmeter der hat?«
»Nein.«
»Ich auch nicht. Über tausend mit Sicherheit.«
»Na und?«
Er lachte wieder, »solche Flächen können nicht mehr einhand gesegelt werden.«
»Wir sind zu zweit«, bemerkte sie und blickte ihn herausfordernd an.
»An einem Segel von solchen Dimensionen wirken Kräfte, gegen die wir auch zu zweit chancenlos sind.«

Sie war mit seiner Antwort nicht zufrieden und wollte eine weitere Frage stellen, als er abwinkte, weil ihn das Geräusch eines tuckernden Außenborders alarmierte. Um die Felsen mühte sich ein flaches Boot, das mit einem tiefbraunen Mann am Steuer auf die AQUADRAT zukam. Sein Steuermann bewies Geschäftsgeist und hatte nicht nur Fische, sondern auch frisches Fladenbrot, Obst und verschiedene Gemüse anzubieten. Es war sein großer Tag. Der Segler kaufte alles, was er an Bord hatte. Er feilschte nicht um den Preis, aber machte dem Fischer klar, dass er keinen weiteren Besuch seiner Vettern mit den Erzeugnissen der örtlichen Basare wünschte. In der Tat bekamen sie keinen weiteren Besuch an diesem Abend und konnten die neuen Vorräte ungestört in eine köstliche Mahlzeit umwandeln. Thiel putzte Fische und Gemüse und überließ die Zubereitung großzügigerweise Wenke. Bei Morgengrauen legten sie ab – vor dem Besuch eines Vertreters der Zollbehörde oder weiterer Geschäftsleute.

Auf Backbordbug verließen sie die gemütliche Bucht. Der Wind hatte weder gedreht noch nachgelassen. Die Bedingungen waren so ruppig wie in den vorangegangenen Tagen. Wenke unternahm keinen Versuch, ihn zum Setzen des Spinnakers zu überreden. Gegen Abend sahen sie zweimal größere Gegenstände im Wasser, es mochten über Bord gegangene Container sein. Auf dem Radar waren sie nicht auszumachen. In der Nacht refften sie beide Segel, kontrollierten den Kurs am Bildschirm des Radargeräts und wechselten sich am Ruder ab. Gegen Mittag trafen sie im großen Naturhafen von Mahon ein. Der Hafenkapitän wies ihnen einen entlegenen Platz zu. Die AQUADRAT schaukelte minimal in der Brise und trocknete ihre Segel. Während er noch über Funk mit dem Hafenamt sprach, benutzte sie das Beiboot und kaufte menorkinischen Käse, Rotwein und frisches Brot ein. Thiel wollte wegen Telefonaten mit Dupeu und Marchais an Bord der AQUA-

DRAT bleiben, weil er noch nicht wusste, ob die Pässe wirklich unterwegs waren. Aber die Angerufenen waren nicht erreichbar.

Für den Kater hatte sie einen großen Papiersack mit Trockenfutter mitgebracht. Zwei Stückchen benagte er lustlos und stellte dann klar, dass er als Mahlzeit Besseres erwarte. Aber es gab nichts. Thiel zeigte ihm das Futter und eine große Schale mit Wasser und erklärte dem alten Raufbold, dass er einige Tage alleine auf dem Kat verbringen müsse. Kater Kohl hielt nichts von der Regelung.

Eine E-Mail von Marchais besagte, dass er mit beiden Pässen unterwegs sei. Er verwies auf den Onkel und Unterkunft, die er besorgt hatte. Der Onkel aus Ciutadella, kurz angebunden, hatte die fehlenden Haare am Kopf durch eine tiefbraune Farbe ersetzt. Er mochte siebzig Jahre alt sein. Sein Spanisch hatte den Dialekt der Insel angenommen. In der Stadt lebte er nicht als Tourist, sondern in enger Gemeinschaft mit den einheimischen Pensionären. Er hatte sie im Ferienhaus einer örtlichen Familie untergebracht, das zweckmäßig aussah und sich in einer öden Reihe gleichartiger Bauwerke befand. In dem kleinen Garten kämpften zwei Palmen ums Überleben.

Wenke runzelte die Stirn. »Sie haben gesagt, dass Menorca so hübsch wäre.«

»Meiner Meinung nach ist sie die schönste der Baleareninseln.«

»Sehen alle Wohnanlagen hier so monoton aus?«, fragte sie erstaunt. Sie waren mit leichtem Gepäck gekommen und stellten die Tasche und mehrere Tüten auf einen verschlissenen Korbsessel. Die meisten der Wohnstätten neben ihnen waren noch unbehaust. Nur in dem ausgetrockneten Garten des Nachbargrundstücks bellte ein Pudel. Das Tier war dick und alt. Es hatte sich mit seiner Leine verwickelt. Wenke hatte nicht nur eine Schwäche für missgelaunte Kater. Sie überstieg den Zaun, um ihn zu befreien, als sich die Türe öffnete und die Besitzerin in den Garten kam. Sie war betagt und umständlich, hieß Lorene, war Britin und offensichtlich einsam. Es kostete Wenke einige Zeit, wieder loszukommen.

Kommissar Marchais hatte weitergedacht, und daher waren sie mobil. Sein Onkel hatte ein Auto für sie gemietet. Auf die Frage nach ihren Ausweisen schüttelte er den kahlen Kopf. Er wusste, dass sie dringend erwartet wurden. Sein Neffe, der Kommissar, sei noch nicht eingetroffen. Wenke kaufte sich einen bebilderten Führer für die Insel und war sofort bereit, sie zu erforschen.

Es war Mai, und der große Boom der Touristen hatte noch nicht eingesetzt. Dennoch waren die Straßen der kleinen Hafenstadt bereits mit rotgebrannten Familien in abenteuerlicher Kleidung gefüllt. Im Zentrum von Ciutadella machte Wenke einen ernsthaften Versuch, den Rest der auf der

CONSUELA verloren gegangenen Ausstattung zu ergänzen. Als Thiel die eleganten Plastiktüten sah, mit denen sie wieder auftauchte, verdrehte er die Augen und seufzte theatralisch.

Dann saßen sie auf winzigen Stühlen einer Espressobar unter alten Arkaden. Zu ihrem Kaffee servierte ein junges Mädchen vorzügliches Knoblauchgebäck. Die schmale Straße war von Touristen verstopft, über die Köpfe hinweg hatte man einen freien Blick bis auf den Marktplatz.

Plötzlich erhob sich Thiel ruckartig. In einiger Entfernung glaubte er das asketische Gesicht seines Freundes Surfelder zu sehen. Zehn Jahre lang hatten er und Thiel in der WEAD beharrlich für die Liberalisierung des Gebrauchs von Drogen gekämpft. Auch im Urlaub konnte der Freund nicht auf die Krawatte verzichten. Er schien sich in Begleitung zu befinden. Sie verschwanden in einer Seitengasse. Zu weit, um nach ihm zu rufen.

Es war jedoch ein Lichtblick. Thiel fühlte sich auf der Insel alles andere als sicher. Die Verantwortung für Wenke und die Tatsache, dass Marchais noch nicht mit ihren Ausweisen eingetroffen war, bedrückte ihn. Der Präsident der WEAD hingegen hatte eine Position, die er notfalls auch über die deutsche Botschaft einbringen könnte. Ihm war klar, dass Franz Surfelder, falls sie auf der Insel in Schwierigkeiten geraten sollten, für sie der ideale Mann war. Er war ein zäher Verhandler, der sich energisch einsetzen würde. Gegebenenfalls ließe sich in Deutschland seine Ferienadresse feststellen.

Der frühe Abend war in der Stadt die Hauptgeschäftszeit. Thiel wusste nicht warum, aber es zog ihn zurück in die Anonymität des trostlosen Bungalows. Wenke jedoch war entschieden anderer Ansicht und schob ihn durch die belebten Straßen der Stadt.

Seit er von Marchais wusste, dass der große Katamaran das Interesse bestimmter Kreise erregt hatte und durch Luftaufnahmen identifiziert worden war, fühlte Thiel sich verunsichert. Instinkte, die ihn bereits in Marseille alarmiert hatten, regten sich wieder.

Der Hafen von Ciutadella ist lang, schmal und im Wesentlichen nur für kleinere Schiffe nutzbar. Er ist prädestiniert zum Vorzeigen schöner Yachten, die wie Perlen am Kai aufgereiht waren. Flächen, auf denen noch vor wenigen Jahren die Netze geflickt wurden, sind heute mit den Tischen teurer Restaurants besetzt. Pier und Wasser gehen ineinander über. Seine Gefährtin dachte an den öden Bungalow und ein neues Kleid, das in einer ihrer Tüten ruhte. Sie warf einen sehnsüchtigen Blick auf die Pracht.

»Wäre es nicht möglich, heute Abend hier zu essen und nicht in unseren vier Wänden?«

»Warum hier, könnte es nicht auch woanders auf der Insel sein?«

»Warum?«, sie berührte seinen Arm. »Hier ist es besonders schön.«

Er warf einen Blick auf die bombastischen Yachten. Sein Instinkt, der ihn in Marseille nicht getrogen hatte, regte sich und sagte ihm nein. Instinkte beruhen nicht auf Fakten. Seinem Instinkt zu folgen, ist leicht, wenn man allein ist. Wenn man seiner Gefährtin auf dieser Basis eine Absage erteilen will, hat man ein Problem. In einer Cafeteria im Zentrum versuchte er dennoch, ihr seinen Standpunkt zu erklären.

»Glauben Sie, wir könnten zwischen all diesen Touristen angegriffen werden?«

»Nicht ausgeschlossen. Wir können das nur vermeiden, indem wir nicht in Erscheinung treten.«

»Sind Sie nicht etwas paranoid?«

»Überlegen wir mal. Was war das liebste Spielzeug unserer Verfolger?«

Sie verzog den Mund. »Was weiß ich?«

»Doch, Sie wissen es auch. Es waren schnelle und protzige Motoryachten. Warum sich also gerade dort am Hafen aufhalten.«

»Sie mit Ihrer Paranoia, natürlich, weil es da am schönsten ist.«

Er konnte ein Grinsen nicht unterdrücken. »Ich hab es geahnt.«

»Was haben Sie geahnt?«

»Dass ich diese Debatte nicht gewinnen würde.«

»Also, was machen wir dann?«

Auf der Serviette machte er eine kurze Skizze. »Vorsichtshalber habe ich mir die Anordnung der Tische gemerkt. Wir nehmen diesen in der Ecke. Bitte gehen Sie allein zurück und lassen Sie ihn reservieren.«

»Für welche Zeit?«

»Das können Sie entscheiden.«

Sie beugte sich vor und küsste ihn leicht auf die Wange. An ihrer Freude über ein Abendessen in schöner Umgebung merkte er plötzlich, wie sehr sie ihren normalen Lebensstil in den vergangenen Wochen vermisst haben musste. Gleichzeitig erkannte er, wie weit er sich selbst davon entfernt hatte. Die Abkehr von normaler Geselligkeit hatte allerdings bei ihm nicht erst mit dem Beginn seiner Kampagne in Frankfurt oder Marseille angefangen. Schon in den Jahren seiner Arbeit für die WEAD hatte er wie ein Einsiedler gelebt. Die Monate auf der AQUADRAT waren die logische Fortsetzung. Durch die gute Laune seiner Gefährtin wurde ihm bewusst, wie weit er sich schon auf dem Weg in die Isolation befand. Er beschloss, etwas an diesem Lebensstil zu ändern. An diesem Abend würde er ihr zu Gefallen den ersten Schritt wagen und nicht wie ein altes Weib auf Vorahnungen hören.

Wenke saß an dem vorbestellten Tisch in einem neuen, grünen Kleid und einer eleganten Handtasche. Erwartungsvoll blickte sie ihn an. Sein Gedächtnis hatte nicht getrogen, der von ihm gewählte Platz im Restaurant lag halb verdeckt hinter einer Säule. Sie hatten Sichtschutz zu dem schmalen Jonglierpfad zwischen dem Hafenwasser und den anderen Tischen. Die

Tische des Restaurants, die sich im Freien befanden, waren alle besetzt. Die Gäste waren international und kamen meist von den großen Yachten. Man hörte die verschiedensten Versionen europäischer Dialekte. Die wahren Künstler waren die Kellner, die sich schwer bepackt zwischen Stühlen und Tischen hindurchschlängelten und das Sprachgemisch souverän beherrschten.

Wenke hatte es geschafft, ihn zum Kauf einer blauen Leinenhose und eines gleichfarbigen Polohemds zu bewegen und fand, dass er darin beachtlich aussah. Sie selbst genoss es, wieder gut gekleidet zu sein.

Zur Feier des Abends hatte er auf sein Bier verzichtet und Rotwein bestellt. Er kannte die Weinsorten des Lokals nicht. Aber auf Grund der horrenden Preise würden sie nicht schlecht sein. Er versicherte Wenke, dass er alles essen würde und überließ ihr die Zusammenstellung des Menüs. Sie studierte die in Kalbsleder gebundene Karte durch seine Lesebrille, die sie ihm von der Nase nahm. Er holte sich die Brille umgehend zurück und stieß mit ihr auf einen schönen Abend an.

»Hatten Sie Angst, überredet zu werden?«
»Soll ich ehrlich sein?«
»Natürlich.«
»Eigentlich habe ich Angst, seit wir auf der Insel sind.«
»Wovor?«
»Wenn ich das wüsste.«
»Dummes Zeug. Ich bin überzeugt, Sie haben nie Angst.«
»Stimmt nicht. Glauben Sie mir, ich bin ein sehr vorsichtiger Typ. Und nur darum habe ich so lange überlebt.«
»Sie hätten sich doch nicht mit dem Drogenkartell anlegen müssen.«
»Richtig, das war meine eigene Entscheidung.«
»Okay, ich glaube auch nicht, dass es Menschen gibt, die keinerlei Angst haben.«
»An unserer Stelle hätten sie zumindest nicht lange überlebt.«
»Warum erzählen Sie mir das alles?«
»Weil ich merke, dass Sie die Situation unterschätzen. Sie wissen, wer hinter mir her ist. Sie müssen sich von mir trennen.«
»Von mir wollen die doch gar nichts.«
»Stimmt, aber nur, weil bis jetzt niemand Ihr Gesicht kennt.«
»Meinen Sie?«
»Ja, wenn Sie den neuen Pass haben, müssen Sie weg von hier.«
»Und Sie machen weiter?«
»Nein, zumindest in der nächsten Zeit nicht. Jetzt kennen die nicht nur mich, sondern auch den Katamaran. Es wird zu gefährlich.«

Während er ihr beiläufig das Ende seiner Kampagne ankündigte, wusste

er plötzlich, dass er das nicht nur gesagt hatte, um sie zu beruhigen, sondern, dass es ihm mit dem Ausstieg ernst war. Wann hatte er sich verändert und wie hatte es geschehen können, ohne dass er es bemerkt hatte? Er wusste es nicht. Sie deutete sein Schweigen falsch und sagte:
»Sie meinen, wir hätten nicht zum Hafen kommen sollen, stimmt's?«
»Nicht ganz. Ich denke, ich hätte Sie erst gar nicht aus dem Wasser ziehen dürfen. Sie haben mir einen Nasenring angelegt und ziehen mich Stück um Stück ins normale Leben zurück.«
»Ich glaube, das ist noch ein weiter Weg.«
Er legte einen dicken Umschlag auf den Tisch.
»Was soll das?«, fragte sie.
»Stecken Sie das in Ihre Handtasche.«
»Warum?«
»Das ist Geld, es wird genügen.«
»Wofür soll das sein?«
»Für den Fall, dass wir getrennt werden.«
»Soll ich dann zurück auf die AQUADRAT?«
»Auf keinen Fall. Sie halten unauffällig Kontakt zum Onkel von Marchais, bis Ihre Papiere eintreffen.«
»Wo soll ich danach auf Sie warten?«
»Sie warten überhaupt nicht. Im Gegenteil, Sie müssen nichts wie weg.«
»Okay, ich hab verstanden. Wollen wir trotzdem unseren Abend genießen?«
»Sicher, warum?«
»Dann müssen wir das Thema wechseln.«
»Also gut. Von was wollen wir sprechen?«
»Zum Beispiel, dass wir es geschafft haben, von der AQUADRAT loszukommen. Übrigens, ohne Ihre alten Overalls sehen Sie noch recht passabel aus.«
Das Essen war vorzüglich, er vergaß seine Vorahnungen, und es wurde ein unbeschwerter Abend. Als sie das Restaurant fast verlassen hatten und sich zwischen den Tischen hinausschlängelten, trat ein, worauf sein Unterbewusstsein gewartet hatte. An einem der Tische hörte er eine italienische Unterhaltung und warf einen beiläufigen Blick auf die Personen. Mit dem Rücken zu ihm saß ein massiger Mann. Er trug eine dunkle Jacke und hatte dünnes, schwarzes, leichtgewelltes Haar, durch das die Kopfhaut schimmerte. Er wollte seinen Blick schon abwenden, als der Mann den Kopf drehte und ihn anblickte. Thiel konnte nicht einmal sagen, dass er überrascht war. Die wimpernlosen, schläfrigen Augen erkannte er sofort. Es war der Skipper der Predator 72, der Sunseeker, die er in Mgarr lahmgelegt hatte. Ohne den geringsten Beweis war er sicher, dass dieser Mann ein Pate der Drogenmafia war. Er machte sein Pokergesicht und wollte sich schon

abwenden, als er sah, dass auch der andere ihn erkannt hatte. Der Ausdruck des Gesichts von Mister Sunseeker wechselte von Überraschung zu kaltem Hass. Der Segler nickte mit dem Kopf und sagte in flüssigem Italienisch: »Der Supermarkt in Mgarr – ich wusste doch, wir würden uns wiedersehen.«

Mit einem gemurmelten Fluch machte Mister Sunseeker einen Versuch, sich zu erheben, war aber an seinem Tisch zu sehr eingekeilt, als dass es ihm gelungen wäre. Als er merkte, dass nichts gegen ihn unternommen wurde, entspannte er sich. Thiel nickte ihm nochmals zu und verließ das Lokal, ohne sich um seine Gefährtin zu kümmern. Sie hatte sich ihm angeschlossen und den Vorgang kaum bemerkt. Beide mischten sich in den Strom anderer Touristen. Er wusste, dass sie dort im Moment nicht leicht aufzuspüren wären, aber allzu schwer konnte es auch nicht sein. Thiel war nicht sicher, ob man nicht einen Verfolger auf sie angesetzt hatte. Auf dem Weg zurück wagte er daher nicht, ihr geparktes Auto zu benutzen. Sie nahmen ein Taxi und ließen sich zu einem Hotel in die Nähe ihrer Bungalowsiedlung bringen. Unterwegs erklärte er ihr die neuen Komplikationen durch das unvermutete Zusammentreffen.

Das Hotel in der Nähe ihrer Siedlung war ein Komplex mit dem Charme eines Hauptbahnhofs. Findige Planer hatten es vor Jahren an einer Ecke der Insel erbaut, die über keinerlei Sandstrand verfügte. Das Foyer war riesig und unpersönlich wie der ganze Kasten. An der Rezeption gelang es ihm, ein Doppelzimmer für eine Woche zu buchen. Wenke wartete verloren in einem riesigen Sessel in der Hotelhalle. Er betrat den gemieteten Raum mit der Nummer 444 und brachte die Betten in Unordnung. Er warf die Handtücher ins Waschbecken, verschloss die Tür und suchte das Weite.

Ihr Ferienhaus erreichten sie zu Fuß. Es gibt berühmte Slums in den großen Städten. In der Beleuchtung der Nacht entfalten sie ihren Charme. Nicht so ihre Siedlung. Auch in der Nacht blieb das schwach erhellte Viertel öde. Andererseits – und das war ihm wichtig – strahlte es eine beruhigende Anonymität aus. Durch eine sich öffnende Türe des Nachbarhauses winkte ihnen der Arm der geisterhaften Lorene einen Abendgruß zu. Ihre Rückkehr war also nicht unbemerkt geblieben. Doch Lorene war diskret genug, ihre Tür wieder zu schließen.

Am meisten freute Wenke sich über einen Luxus, den sie lange entbehrt hatte, ein warmes Bad. Thiel beließ es bei einer Dusche. Per Handy informierte er Marchais über das unerwartete Wiedersehen am Hafen. Dann fragte er ihn nach dem letzten Stand der Dinge.

»Die beiden Pässe für die Dame habe ich in der Tasche. Bin schon unterwegs«, versicherte dieser.

»Hast du einen Vorschlag, wie wir uns jetzt verhalten sollen?«

»Zeigt eure Nasen nicht. Haltet euch versteckt.«

Thiel dachte amüsiert über den Unterschied zwischen Theorie und Praxis nach.

»Sollten die uns hier aufspüren, ist das nicht mehr so leicht«, meinte er, »vielleicht sollten wir nach Mallorca abtauchen?«

»Na ja, da gibt es zwar sechsmal mehr Touristen, aber auch eine Menge mehr Hilfskräfte der Gegenseite. Würdet ihr mit dem Katamaran übersetzen?«

»Auf keinen Fall.«

»Wieso?«

»Wenn der Kerl von der Sunseeker einigermaßen auf Draht ist, weiß er mittlerweile, dass der Kat im Hafen von Mahon liegt.«

»Also gut, dann lasst es. Bleibt auf der Insel. Übrigens, ich glaube, ich weiß, warum ihr aufeinander gestoßen seid.«

»Na, das würde mich aber interessieren.«

»Ein echter Knaller. Ich habe heute erfahren, dass bei euch eine Art internationales Meeting laufen soll.«

»Ein Topmeeting der anderen Seite, was es nicht alles gibt.«

»Tja. Dumm gelaufen. Hast du sonst jemanden an seinem Tisch erkannt?«

»Nein, der Tisch war mit mehreren Männern besetzt. Frauen waren nicht dabei. Es ging alles verdammt schnell. Sonst kenne ich auch niemanden.«

»Ihr werdet warten müssen, bis ich mit den Pässen eingetroffen bin.«

Nach dem Gespräch saß Thiel noch einige Zeit auf seinem Bett und dachte darüber nach, was er gerade erfahren hatte. Was für ein Desaster! Ein überregionales Meeting von Drogenbossen ausgerechnet auf der stillsten der Baleareninseln. Für ihr Vorhaben, Wenke sicher nach Dänemark zurückzubringen, war das ein mehr als ungünstiger Zufall. Aus Sicht von Mister Sunseeker und seiner Kollegen musste es so aussehen, als ob Thiel zu einem neuen Sabotagekommando eingetroffen sei. Das konnte zu einer Razzia auf ganz Menorca gegen sie führen. Er wusste nicht, ob die Mafia auf dieser ruhigen Insel eine Basis besaß. Wenn ja, schwebten sie in akuter Gefahr. Aber auch auf sich selbst gestellt, konnten Mister Sunseeker und seine Kollegen eine leidlich genaue Kontrolle aller Hotels und Feriensiedlungen durchführen. Bei einer oberflächlichen Überprüfung der Touristenanlagen mussten sie eigentlich zuerst auf das Hotel stoßen, in dem er das Zimmer gemietet hatte. Es konnte einen ganzen Tag oder länger dauern, bis man merken würde, dass die zwei Gäste dort nicht wirklich wohnten.

Die Ferienwohnung verfügte über ein Schlafzimmer mit einem gemauerten Kleiderschrank, einem breiten Doppelbett und schweren schwarz-rot gemusterten Vorhängen. Die junge Frau entschied sich für den zweiten

Raum. Er prüfte die Matratze des großen Bettes und fand, dass sie nach Monaten auf den beinharten Kojen der AQUADRAT eine Verbesserung darstellte. Den Bungalow hatte er hermetisch abgeschlossen und Wenke gewarnt, ein Fenster zu öffnen. Die kleine .22er lag griffbereit unter dem Kopfkissen.

Vage überlegte er, wie die Gegenseite unter Mister Sunseeker bei einem Angriff zu Werk gehen würde. Von der anderen Seite ihres Gartens, auf der breiten Zufahrtsstraße zu dem Hotel erklang unvermittelt der Lärm von lauten Stimmen und Motoren. Thiel erhob sich und ging ohne Licht einzuschalten ans Fenster. Die hölzernen Fensterläden hatte er geschlossen, aber durch kleine rhombenförmige Sichtfelder konnte er im matten Licht der Straßenbeleuchtung Einzelheiten erkennen. Nichts Gefährliches, lediglich eine Ansammlung von Motorrädern und zwei offenen Geländewagen. Dann hörte er Schüsse, erst zwei und dann noch einen. Sie kamen direkt von der Straße. Unwillkürlich zog er den Kopf vom Fenster zurück. Er hörte ein Geräusch an der Tür seines Zimmers und fuhr herum. Der Eindringling entpuppte sich als die schemenhafte Gestalt von Wenke. Sie machte einen Bogen um das Bett und kam zu ihm ans Fenster. Sie wirkte verstört. Aufgeregt flüsterte sie: »Da draußen schießen sie auf uns.«

»Das glaube ich nicht«, meinte er beschwichtigend.

Und wie um seine Skepsis zu bestätigen, erschien eine weitere Maschine mit einem Fahrer, der mit einer lauten Lachsalve begrüßt wurde. Wie auf Kommando heulten alle Motoren auf und die fröhliche Horde verschwand mit einem Stakkato weiterer Fehlzündungen. Erneut erschrak sie, und in der schwachen Beleuchtung, die im Zimmer herrschte, sah er, dass sie nur mit einem T-Shirt bekleidet war. Der Geruch ihres Babyöls erfüllte den Raum. Ihre Beinahe-Nacktheit machte ihn nervös. Sie schien seinen Blick zu spüren und verschwand mit einem Sprung in seinem Bett.

»Das waren keine Schüsse, sondern Fehlzündungen«, meinte er erleichtert.

»Trotzdem, ich bleibe hier«, meinte Wenke.

»Waren die Betten im anderen Zimmer zu klein?«

»Nein.«

»Möchten Sie, dass ich mir drüben aus den Matratzen ein Bett mache? Sie können hier bleiben, das macht mir nichts aus.«

»Nein, das möchte ich ganz bestimmt nicht. Alleine habe ich in dem anderen Zimmer Angst.«

»Sie meinen, wir zu zweit in einem Bett?«

»Genau!«

»Also, auch wenn Sie neben mir wie ein Murmeltier schlafen können, finde ich das schön und gut, aber ...«

Sein Ton klang zweifelnd. Er stützte sich auf das Fensterbrett und warf einen kritischen Blick auf die leere Straße.

»Was aber?«, kam es von der anderen Seite des Bettes.

Selbst in der schwachen Beleuchtung konnte sie sehen, wie sich seine Gestalt versteifte. Er knurrte, und sie hörte den Ärger in seiner Stimme.

»Was aber? In der Konstellation kann ich nicht schlafen.«

»Das Bett ist doch breit genug für uns beide; und was soll überhaupt das Wort Konstellation?«

»Es ist nicht das Bett, das wissen Sie verdammt genau.« Er setzte sich auf die äußerste Kante und erklärte behutsam:

»Mit Ihnen neben mir kann ich garantiert nicht einschlafen.«

»Unsinn, Sie sind doch zweiundsechzig.«

»Das hat damit überhaupt nichts zu tun. Dafür sehen Sie einfach zu gut aus. Und außerdem waren es Fehlzündungen.«

»Dann waren es eben Fehlzündungen, spielt überhaupt keine Rolle. Mein Aussehen hin oder her. Heute Nacht kann ich nicht allein schlafen. Jedes Geräusch ängstigt mich zu Tod.«

Er schwieg.

»Basta, ich bleibe heute Nacht bei Ihnen. Legen Sie sich ruhig hin. Ich bin sowieso auf der anderen Seite.«

»Wissen Sie auch, was Sie da tun?«

Sie schien einen Moment darüber nachzudenken. »Weiß ich. Seit Sie mich aus dem Wasser gezogen haben, ist es das erste Mal, dass ich es weiß.«

Thiel richtete sich auf und versuchte, im Halbdunkel des Zimmers ihr Gesicht zu erkennen. »Ist das die Einladung, für die ich sie halte?«

Sie lachte lautlos und schob sich näher an ihn heran. »Wer weiß?«

Er betrachtete sie verlegen.

Sie schüttelte den Kopf.

»Glauben Sie, ich kann das erklären? Sie sind so ein Ekel, und ich musste mich ausgerechnet in Sie verknallen.«

»Wie bitte?«

»Sie haben mir schon nach der ersten Woche gefallen.«

»Obwohl wir dauernd gestritten haben?«

»Respekt, ausgerechnet Sie haben das bemerkt?«

»Natürlich«, er versuchte trotz des Hauchs von Babyöl ernst zu bleiben.

»Und ich muss mir ausgerechnet so etwas wie Sie heraussuchen.« Vorsichtig berührte sie die Narbe an seiner Schulter. »Tut das noch weh?«

»Nein. Wie alt sind Sie eigentlich, Wenke?«

»Spielt das eine Rolle? Alt genug.«

»Na, das weiß ich auch, also wie alt?«

»Zweiundvierzig.«

Behutsam begann sie damit, seine angespannte Schulter zu massieren.
»Tut das weh?«
»Quatsch.«
Sie merkte, wie sich seine Muskeln entspannten. Sie presste sich enger an ihn, und ihre Wärme übertrug sich. Ihre Hand wanderte etwas nach unten. Vorsichtig vermied sie die Narben der gerade verheilten Schusswunden. Mit einem Ruck glitten seine Hände über ihren Rücken und begannen die Initiative zu ergreifen. Sie brachte ihren Mund an sein Ohr und murmelte leise: »Endlich.«

Als er erwachte, war es bereits hell. Er lag allein im Bett. Die Tür des Schlafzimmers war geöffnet. Aus der Wohnküche hörte er Geklapper. Er verschränkte die Arme hinter seinem Kopf und wartete. In der letzten Nacht hatte er sich durchaus nicht alt gefühlt. Aber er wusste beim besten Willen nicht, ob es klug war, worauf sie sich eingelassen hatten. Sie betrat das Zimmer und balancierte ein Servierbrett. Ein Teil seines gespaltenen Ichs beglückwünschte sich zu einer so hübschen, leidenschaftlichen Partnerin. Der andere Teil fragte sich verzweifelt, was zum Teufel da in der Nacht passiert war. Zu was würde sich diese Beziehung in den nächsten Tagen, die bestimmt turbulent würden, entwickeln?

Aus ihren Vorräten war ein Frühstück entstanden. Es duftete nach Kaffee. Er war erleichtert, dass sie Jeans und ein T-Shirt trug. Sie sah wie immer aus, dennoch gab es Details, die er zum ersten Mal bemerkte. Sie hatte sehr schöne graugrüne Augen. Na schön, sie mochte ein bisschen rundlich sein. Aber wer nicht gerade auf die mageren Modepuppen in den Journalen abfuhr, musste zugeben, dass sie recht gut aussah. Auf einen Ellenbogen gestützt, knurrte er »Guten Morgen.«

Sie grinste. »Guten Morgen, wer hat mich denn heute Nacht so schamlos verführt?«

»Dich auch? Merkwürdig, mir ist das Gleiche widerfahren.«

»War es wenigstens schön?«

»Wenn ich darüber nachdenke ... gar nicht übel«, sagte er zögernd und grinste frech.

»Gar nicht übel? Was für ein Kompliment, Sie sollten nicht so übertreiben!«

»Im Moment müssen wir uns darauf konzentrieren, hier heil herauszukommen.«

»Wusste ich's doch. Ein echter Romantiker.«

»Derzeit ist es unser einziger Job, Mister Sunseeker & Co zu überleben.«

»Die sollen sich gefälligst um ihre Konferenz kümmern und uns in Ruhe lassen.«

»Das werden sie bestimmt nicht tun.«

»Aber warum? Auf dieser Insel leben im Jahr eine Million Touristen. Wie wollen die uns finden? Die haben doch keine Chance.«

»Nun, dann lass mich dir das mal erklären.«

»Nanu, er duzt mich ja.«

Er grinste. »Ich bin hier der Ältere und kann mir so etwas herausnehmen.«

»Na schön, du bist der Ältere.«

»Nun hör bitte mal zwei Minuten zu und bleibe ernst.«

»Okay, du Sklaventreiber.«

Sie setzte sich ans Ende des Betts und war offensichtlich nicht willens, die Dinge allzu ernst zu nehmen.

»Die Gruppe um die Sunseeker ist mit Sicherheit über unser plötzliches Auftauchen in Menorca sehr besorgt. Niemand glaubt in diesem Geschäft an Zufälle. Die gehören zu einer mächtigen Organisation.«

»Und jetzt meinst du, ausgerechnet solche Leute fühlen sich von uns bedroht?«

»Mit Sicherheit. Ich würde mich nicht wundern, wenn sie das Meeting abblasen.«

»Du meinst, die haben Angst vor dir?«

»Nicht vor mir. Für die bin ich die Spitze des Eisbergs. Da gibt's noch was.«

»Und das wäre?«

»Die wollen Rache. Bestimmten Gruppen habe ich ungeheuer geschadet. Das buchen die nicht einfach ab. Die wollen mich ausschalten. Möchte wetten, dass über Nacht aus Italien und Marseille schon Verstärkung eingetroffen ist. Wenn wir jetzt am Flughafen von Mahon wären, dann könnten wir ein paar der Herren gerade noch bei der Ankunft beobachten.«

»Also, was machen wir jetzt?« Auch Wenke war der Ernst ihrer Lage bewusst geworden.

»Ich werde den Onkel anrufen und bitten, dass er uns die Pässe hierher bringt, wenn sie bei ihm eingetroffen sind. Ansonsten halten wir uns hier ganz still im Hintergrund.«

Er bestand auf Arbeitsteilung. Wenke schickte er in einen der kleinen Minimärkte. Sie sollte ihre Vorräte so gut wie möglich ergänzen. Er selbst wanderte zu »ihrem« Hotel und durchquerte das Foyer. Er betrat das Doppelzimmer 444, das er am Abend zuvor gebucht hatte, und sah, dass man bereits die Betten gemacht hatte. Er warf die Decken wieder durcheinander und die Handtücher in die Dusche, als ob das Zimmer bewohnt wäre. Vor dem Hotel schnappte er sich ein Taxi und ließ sich nach Ciutadella fahren. Dort bestieg er den Leihwagen, den sie gestern zurückgelassen hatten und fuhr ihn in die Nähe ihrer Ferienvilla. Während der Fahrt hatte er im Rückspiegel die Straße im Auge behalten, konnte aber keinen Verfolger feststellen.

In ihrem Domizil angekommen, stutzte Wenke ihm nicht nur seine verwilderten Haare, sie zeigte ihm auch Anschaffungen aus dem Supermarkt, die über die notwendige Verpflegung hinausgingen. Ein Paar pinkfarbener Bermudashorts, schreckliche Sandalen und eine Schirmmütze, die er umgekehrt aufsetzen musste.

»Was soll denn der Quatsch, der Schirm gehört nach vorne.«

»Du hast den Anschluss verloren«, erwiderte sie streng. »Seit dem Tennisspieler Mark-Kevin Göllner tragen die modebewussten Deutschen den Mützenschirm nach hinten.« Dann reichte sie ihm eine scheußliche, changierende Sonnenbrille.

Missmutig betrachtete er sich im Spiegel und korrigierte den Sitz der Mütze. »Zu was soll das denn gut sein?«

»Auf diese Weise sieht man kein graues Haar und hält dich für ein halbes Jahr jünger.«

Zugegeben, er sah deutlich verändert aus. Für sich selbst hatte sie ein grelles T-Shirt und ein zweites Paar der pinkfarbenen Shorts besorgt. Außerdem hatte auch sie die gleiche auffällige Sonnenbrille und einen Strohhut. Zweifellos würden sie so auf der Straße einen ziemlich veränderten Eindruck machen.

Auch am zweiten Tag funktionierte der Trick mit dem Hotelzimmer 444. Als er jedoch Decken und Handtücher ein weiteres Mal in Unordnung bringen wollte, erhielt er von einem Angestellten an der Rezeption einen Wink. Es war ein hagerer Mann mit müden Augen. Als Thiel an den Schalter kam, wurde er nachdenklich gemustert. »Sind Sie nicht der Herr von 444?«

»Stimmt, warum?«

»Dann ist es ja gut. Entschuldigen Sie, normalerweise muss ich unsere Gäste nicht erst fragen. Vor zehn Minuten haben sich wieder drei Herren nach Ihnen erkundigt. Ich glaube, sie warten in der Halle oder vor Ihrem Zimmer.«

Thiels Gesicht blieb ausdruckslos.

»Könnten Sie mir sagen, ob die Herren Einheimische sind?«

»Die Herren sprechen spanisch, aber sie sind eindeutig Ausländer.«

»Interessant, wie lange sind sie denn schon da?«

»Seit heute Vormittag, so zwei, drei Stunden.«

»Na gut, ich werde sie dann ja treffen. Vielen Dank für den Hinweis.«

Lange würde das Abfangkommando nicht mehr auf dem Flur warten. Er war sicher, dass sein Trick bald aufflog. Er beschloss, die Herren vor Zimmer 444 diese Entdeckung allein machen zu lassen und sah zu, dass er ungesehen aus dem riesigen Kasten herauskam. Es mochte nicht das schönste Hotel Menorcas sein, aber die Rezeption war auf Draht.

Mister Sunseeker schien über eine größere Suchmannschaft zu verfügen. Es war den Kerlen bereits gelungen, das Zimmer 444 zu identifizieren. Bald würden sie die Suche auf die Umgebung ausdehnen. In den Siedlungen würden Männer auftauchen und harmlose Fragen nach Schäden an den elektrischen Leitungen stellen. Mit ähnlichen Vorwänden würden sie überall Zugang erhalten. Bis jetzt hatte Mister Sunseekers Truppe verteufelt schnell gearbeitet. Er kehrte zu dem Ferienhaus zurück und betete, dass Wenke nicht gerade auf einem längeren Einkaufstrip war. Ihm fiel ein Stein vom Herzen, als er sie auf der winzigen Terrasse sah. Sie blickte aus einem Inselführer auf.

»Weißt du, wie viele prähistorische Fundstellen es in Menorca gibt?«
»Keine Ahnung, wir müssen packen«, sagte er.
»Über 4000, hör mir doch mal zu, das ist interessant«, drängte sie.
»Tut mir leid, aber im Moment nicht, wir müssen packen.«
»Sofort?«
»Sofort.«
»Willst du dich umziehen?«
»Ja, wirf doch mal das Zeug her, das du für mich besorgt hast.«
Während des Fahrens legte er ihr die Karte der Insel auf den Schoß und deutete mit seinem Finger auf einen runden Komplex in der Nähe ihrer Siedlung.
»Da müssen wir hin. Von dort fahren wir dann nach Ciutadella.«
»Meinst du, dass die Hauptstraße bereits beobachtet wird?«
»Ich gehe fast davon aus. Darum machen wir den Umweg über das Hippodrom.«
»Auf diesem Sträßchen werden die ja noch nicht auf uns warten. Außerdem komme ich so ja doch zu meiner Inseltour«, scherzte sie.
»Unwahrscheinlich, aber ein geparktes Auto mit Insassen, die plötzlich anfangen zu telefonieren, würde mich schon nachdenklich machen.«
»Würden die auf uns schießen?«
»Nur, wenn sie absolut sicher sind, die Richtigen vor sich zu haben.«
Sie reichte ihm die Schirmmütze und die lächerliche Sonnenbrille.
»Aufsetzen«, befahl sie. Er nickte ihr freundlich zu, begann die Fensterscheibe herunterzukurbeln und legte den Ellenbogen aus dem Fenster. In seinem neuen Outfit sah er aus wie ein Tourist auf dem direkten Weg zum Sonnenstich. Außer den pinkfarbenen Bermudashorts und Sandalen trug er nur seine Armbanduhr und einen dichten grauen Pelz auf der Brust. Sie lächelte über sein Aussehen und stichelte: »Hast du dir diese Muskeln durch die Plackerei auf der AQUADRAT geholt?«

»Eher die Kraft, die Muskeln waren schon vorhanden. Aber zurzeit brauchen wir Köpfchen, und dem fällt nichts ein.«
»Wer könnte uns hier denn helfen? Deine Freunde aus Marseille sind ja nicht erreichbar, wenn man sie braucht.«
»Marchais ist auf dem Weg zu uns. Seinen Onkel möchte ich in eine so gefährliche Sache nicht hineinziehen.«
»Sonst gibt es niemanden?«
»Nein. Ich war ja immer allein bei meinen Unternehmungen. Das war bis jetzt auch meine beste Lebensversicherung.«
»Keine Angst, jetzt hast du ja mich.« Sie grinste ihn an. Unangefochten kamen sie nach Ciutadella und fanden sogar einen Parkplatz.

»Wir sollten uns nicht am Hafen aufhalten, dort könnten sich noch einige auf ihren Yachten herumtreiben.«
»Warum halten wir hier überhaupt?«
»Ich möchte, dass du im Zentrum, wo wir das letzte Mal Kaffee getrunken haben, zwei größere Rucksäcke kaufst.«
»Wollen wir wandern?«
»Vielleicht, ich möchte auf jeden Fall beweglicher sein als mit den Händen voller Plastiktüten.«
»Okay«, Wenke blickte sich um, »dann wartest du am besten hier.«

30

Sein mobiles Telefon gab melodische Zeichen. Am anderen Ende der Verbindung war Marchais. Thiel war erleichtert, seine Stimme zu hören.
»Wo steckst du denn?«
»Auf der Insel, warum?«
»Mittlerweile sind die hinter uns her.«
»Wo kann man euch beide finden?«
»In Ciutadella.«
»Na, dann werde ich euch mal besuchen.«
»Wirklich gut zu hören.«
»Jemand muss der Dame doch die Pässe bringen.«
»Wo bist du denn?«
»Im Haus meines Onkels.«
»Dann komm mal zur Kathedrale. Da ist ein Friseur. Neben seinem Laden trink ich ein Bier.«

Zu seiner Erleichterung erschien Wenke mit zwei Rucksäcken, die umgehend mit dem Inhalt der Tüten gefüllt wurden. Sie merkte, dass er weniger angespannt war. Er unterrichtete sie über die Ankunft von Marchais in der Stadt. Sie verstauten die Rucksäcke und ließen das Auto stehen. Zur Kathedrale waren es nur wenige Schritte. Gerade als sie einen Tisch neben der Bar ergattert hatten und im Begriff waren, die Getränke zu bestellen, tauchte Marchais auf. Thiel stellte ihn vor. Der Kommissar musterte die Unbekannte, die der Skipper aus dem Meer gerettet hatte, interessiert. Als er Thiel in den pinkfarbenen Bermudas sah, zuckten seine Mundwinkel. »Du scheinst dich auf der Insel ja recht gut eingelebt zu haben – als Urlauber.«

Thiel hatte seine pseudo touristische Aufmachung bereits vergessen und blickte lachend an sich herunter. »Nur Tarnung. Oh Mann, es tut verdammt gut, dich hier zu sehen, François.«

Auch die wenig distinguierte Aufmachung von Wenke, Brille und Strohhut zu grässlich pinkfarbenen Shorts, wurde von dem Franzosen mit einem Schmunzeln quittiert. Sie reichte ihm die Hand. »Von dem Kommissar Marchais habe ich schon einiges gehört. Ich glaube, das ist wirklich kein schlechter Zeitpunkt, um sich kennenzulernen. Wir sind etwas im Druck. Martin meint, wir werden verfolgt.«

»Kein Zweifel, die Organisation ist uns auf den Fersen«, unterbrach Thiel.

»Hast du jemanden von ihnen gesehen?«, fragte Marchais.

»Ja, und er hat mich erkannt. Ich weiß nur nicht, wie die anderen aussehen.«

»Die anderen kommen von außerhalb«, meinte Marchais nachdenklich. »Wisst ihr schon, was ihr als Nächstes tun wollt?«

»Noch nicht. Aber halte deinen Onkel da raus. Wenn die eine direkte Verbindung zwischen ihm und uns sehen, wegen der Wohnung oder dem Auto, das er für uns gemietet hat, ist er in Gefahr.«

»Sehen die den Zusammenhang schon?«

»Schwer zu sagen.«

»Gut«, nickte Marchais und erhob sich, »gehen wir. Du hast recht. Ab jetzt werde ich Zimmer und Autos anmieten. Für die bin ich ein unbeschriebenes Blatt.«

Kurze Zeit darauf kehrte der Kommissar mit dem Vertrag für einen großen japanischen Jeep und einen kleinen Seat zurück. Beide hatten das Kennzeichen IB für Islas Baleares. Zusammen entschieden sie, die kleine Westmetropole Ciutadella umgehend zu verlassen, um die Gefahr eines zufälligen Aufeinandertreffens mit Mister Sunseeker zu verringern. Sie fuhren das kurze Stück bis zur Südwestküste und beschlossen, sich der Anonymität eines anderen Großhotels anzuvertrauen, dem Wohnklotz von Zimmer 444 nicht unähnlich.

»Wie viele Zimmer soll ich für uns buchen?«, erkundigte sich Marchais scheinheilig.

»Zwei«, schaltete sich Wenke ein, »allein fühle ich mich nicht sicher.«

»Könnte sein, dass sie nur Doppelbetten haben«, meinte Marchais unschuldig.

»Damit werden wir schon fertig«, lächelte sie.

»Nimm trotzdem drei Zimmer«, warf Thiel ein, »wir können ja eines leer lassen. Ich glaube, man sucht wahrscheinlich nach uns beiden«, wandte er sich an Wenke, »da wirken Einzelzimmer unauffälliger.«

Zwei Stunden später saßen sie in den bequemen Drehsesseln einer Bar, die am Hafen und direkt neben dem Wasser lag. Marchais holte einen Umschlag aus der Tasche und reichte ihn Wenke. Er enthielt zwei Pässe. Sie legte den dänischen beiseite und studierte den amerikanischen. Sie war überrascht über die gute Qualität.

»Wie haben Sie denn das hinbekommen?«

»Ich habe seinem Bekannten«, der Kommissar wies mit dem Kopf auf Thiel, »nur etwas geholfen. Ein durchtriebener Bursche, dieser Dupeu.«

»Weiß er, dass du hier bist?«

»Ja, ich hab es ihm gesagt. Kann sich wohl zusammenreimen, dass es Probleme gibt.«

Von der Theke klang das Gelächter einer Gruppe englischer Touristen herüber. Die drei waren beim zweiten Drink angelangt. Wenke hatte ein hohes Glas mit einer giftgrünen Flüssigkeit vor sich. Sie und Marchais diskutierten, wo und wann man zu Abend essen sollte. Man einigte sich über das Wann und ließ das Wo offen. Marchais wollte den Onkel in Ciutadella besuchen und etwas ausquetschen, weil der über seine Clique einheimischer Pensionäre Verbindungen zum gesamten Verwaltungsapparat der Stadt hatte.

Ein gedämpftes Grollen kündigte die Ankunft einer größeren Motoryacht an, die in den Lago einlief. Sie war weiß, flach geschnitten und mindestens 20 Meter lang. Sie wollte Diesel aufnehmen. Es war eine Sunseeker 72. Am Steuerstand drei Herren mit schwarzen Sonnenbrillen. Zwar war die Sonne schon verschwunden, aber es war noch nicht so dunkel, dass man durch die Brillen nichts mehr hätte sehen können. Das Manöver der Yacht war rücksichtslos, aber nicht unflott. Elegant verdrängte sie zwei kleinere Boote, die vor ihr auf Treibstoff gewartet hatten. Lässig wurde sie von einem der Schwarzbrillenträger mit einem Enterhaken in ihrer Position gehalten. Der Zweite schraubte einen verchromten Deckel ab und übernahm den angebotenen Tankschlauch. Beide waren offensichtlich bemüht, keinen Ölfleck auf die makellos weißen Beinkleider zu bringen. Der dritte am Steuerstand schaltete für den Tankvorgang die Maschinen ab und zeigte, wer Skipper war. Seine Kleidung saß am besten – es war Mister Sunseeker. Thiel langte mit eisernem Griff nach dem Arm von Marchais, der sich bereits erhoben hatte und die Bar verlassen wollte, und drängte ihn zurück auf seinen Sessel.

»Mein französischer Freund«, sagte er in gespreiztem Französisch, »würdest du noch einen Moment warten?«

»Warum?«

»Vielleicht möchtest du Mister Sunseeker live erleben?«

Marchais blickte ihn verständnislos an.

»Mister Sunseeker, ich habe dir von ihm erzählt.«

»Okay, hab schon verstanden. Was ist mit ihm?«

»Dort auf der Yacht kannst du ihn besichtigen. Er ist der Bursche, der hinter uns her ist. Seine Yacht wird gerade betankt.«

»Sunseeker ist doch nicht sein richtiger Name, oder? Ist das nicht die Marke eines Schiffs?«

»Elementar, lieber Watson. Zur Zeit wissen wir weder seinen Namen noch den seiner Yacht. Ich kann zumindest nichts erkennen. Seine Flaggen auf dem Schiff hat er korrekt gesetzt, die Nationale sagt uns, dass er aus Italien und nicht aus Malta kommt. Wäre interessant zu wissen, in welchem Hafen er übernachtet. Dort müssten ein paar Daten über ihn oder das Schiff vorliegen. In solchen Sachen sind diese Typen korrekt.«

Marchais nickte und sagte, er würde zum Abendessen zurück sein. Er schlenderte an der Tankstelle vorbei und warf einen kurzen Blick auf die Besatzung der Yacht. Dann verschwand er. Die Sunseeker tankte zehn Minuten und verließ dann den Hafen. Erleichtert blickte Thiel ihr nach.

Eine Stunde später saß er auf dem Minibalkon des Zimmers in dem großen Hotel. Marchais rief an und teilte ihm mit, seine Rückkehr verzögere sich. Er klang etwas gehetzt, wollte sich aber nicht näher äußern. So warteten die beiden auf ihren Kommissar, und aus einer Stunde wurden zwei. Später suchten sie auf Wunsch von Marchais eine versteckte Pizzeria auf. Das Lokal hatte den Vorzug, dass nur wenige Touristen dort haltmachten. So saßen sie einigermaßen privat auf Plastikstühlen an einem Plastiktisch mit Plastikdecke und tranken Wein, der dem Ambiente des Hauses gerecht wurde. Thiel ging nach dem ersten Schluck zu Bier über. Bevor Wenke noch spitze Kommentare abgeben konnte, meinte Marchais, es wäre jetzt an ihm, sie mit Informationen zu versorgen.

»Mein Onkel ist ein Mann mit guten Beziehungen, ich habe ihn gebeten, sich umzuhören. Dass wir uns in diesem leeren Schuppen aufhalten, hat einen Grund.«

»Sie wollten uns bestrafen«, stichelte Wenke.

»Weniger, ich wollte vermeiden, dass Unangenehmeres passieren könnte.«

» Unangenehmeres?«, fragte Thiel.

»Unter den Bekannten von Albert befinden sich auch ein paar ehemalige Polizisten mit Verbindungen zu ihren Dienststellen. Einer erzählte, dass in einer Feriensiedlung im Nordwesten, gar nicht weit von hier, eine weibliche Leiche gefunden wurde. Es handelt sich um eine ältere Touristin, eine Frau Ogilvy. Sie ist Engländerin.«

»Ist ihr Vorname vielleicht Lorene?«

»Kann sein. Ich habe hier Mrs L. Ogilvy aufgeschrieben.«

»Hatte sie einen Hund?«

»Richtig, der ist ebenfalls tot.«

»Arme Lorene.«

»Ihr habt sie also gekannt?«

»Sie war unsere Nachbarin in der Siedlung. Wie ist sie denn gestorben?«

»Sie wurde ermordet.«

»Ermordet? Sie lebte allein. Wie wurde sie denn entdeckt?«

»Das ist der Punkt. Man hat das Ganze durch einen anonymen Anruf entdeckt, der bei der Polizei in Ciutadella eingegangen ist.«

»Und wann ist das passiert? Weiß man schon, wie sie ermordet wurde?«

»Wie sie gestorben ist? Erstochen. Passiert sein muss der Mord am heutigen Nachmittag. Der Arzt ist sich nach einer ersten Untersuchung ziemlich sicher.«

»Hat die Sache etwas mit uns zu tun? Will die Polizei Zeugenaussagen?«

»Jetzt kommt der unangenehme Teil. Haltet euch fest, der Anrufer hat die angeblichen Täter beschrieben. Die Beschreibung trifft auf euch zu. Auf euch beide.«

»Das heißt, die hiesige Polizei sucht uns nun wegen Mordes? Was will der anonyme Anrufer damit erreichen?«

»Ich glaube, die Mafia hat Angst, du könntest wieder entkommen.«

»Und mich mit einem Mord festnageln? Ist das nicht eher unwahrscheinlich?«

»Keine Ahnung, was sich abgespielt hat, aber den Grund kann ich mir vorstellen. Sie wollen dich enttarnen. Seit Jahren wissen die nicht, wer du bist.«

»Und jetzt wollen sie die Identifizierung der Polizei überlassen«, Thiel nickte nachdenklich, »gar nicht so dumm.«

»Was heißt denn da ›gar nicht so dumm‹?«, fuhr ihn Wenke empört an, »deswegen die alte Lorene und ihren dicken Pudel umzubringen!«

»Wie gut ist die Beschreibung, die die Polizei von uns hat?«

»Nicht übel. Sogar die braunen Haare der jungen Dame sind erwähnt.«

»Kann man uns den Mord anhängen?«
»Das kann ich mir nicht vorstellen. Wenn der Arzt mit seiner Zeitbestimmung recht behält, haben wir uns zum Mordzeitpunkt in Ciutadella getroffen. Ihr hättet einen französischen Touristen als Alibi.«
»... der zudem selbst Polizeibeamter ist«, fügte Wenke hinzu.
Marchais seufzte. »Ja, aber das wird hier kaum eine große Rolle spielen.«
»Wie auch immer, man wird mit uns sprechen wollen«, sagte Thiel.
»Ja, sie werden euch verhören, und damit wäre es mit eurer Anonymität vorbei.«
»Könnten wir Wenke nicht mit ihrem amerikanischen Pass einfach nach Dänemark ausfliegen lassen?«
»Würde ich nicht raten. Wenn die Polizei momentan irgendetwas peinlich genau überwacht, dann sind es die Fähren und der Flughafen.«
»Im Moment stecken wir also fest.«
»Keine Sorge, wir kommen da wieder raus.«
»Wenn ich nur wüsste«, Thiel massierte seine Nase und fuhr fort, »ob ich Franz Surfelder in Ciutadella gesehen habe oder es mir bloß einbilde. Er ist ein Freund, der uns hier heraushauen könnte.«
»Surfelder, Professor Surfelder, der Mann, der in Deutschland für die Westeuropäische Antidrogenbewegung zuständig ist?«
»Genau. Mein Freund Surfelder. Sicherlich könnte er etwas für uns tun.«
»In dieser Klemme mit Sicherheit«, pflichtete ihm Marchais bei.
»Mir kommt da eine Idee«, sagte Thiel. »Dafür bräuchte ich aber den Namen von Mister Sunseeker. Kann dein Onkel ihn in Erfahrung bringen und uns dann informieren?«
»Was hast du denn vor?«
»Das Gleiche wie er mit uns. Ich werde ihn anonym beschuldigen. Das wird ihm etwas von seiner Anonymität und Beweglichkeit auf der Insel nehmen.«
»Genial!« Marchais grinste. »Ich werde Albert bitten, etwas Dampf zu machen, um den Namen zu erfahren.«
Sie waren länger geblieben als irgendeine andere Touristengruppe. Als sie zahlten, standen Kellner und Koch Spalier und baten sie, wiederzukommen.
Im Hotel begaben sie sich direkt auf die Zimmer. Wenke war im Laufe des Abends ungewöhnlich einsilbig geworden. Thiel trat zu ihr auf den dunklen Balkon. Der Seegang an der Südküste war zurückgegangen. Nur gelegentlich krachte eine größere Welle in die zerklüfteten Felsen vor dem Hotel und lief mit einem schmatzenden Geräusch zurück ins Meer. Das kreisende Feuer des nahen Leuchtturms am Cap d'Artrutx warf einen kurzen Lichtschein auf das Weiß der zurückwogenden Gischt und ihr Gesicht.

Wenke starrte in die Nacht und zog nervös an ihrer Zigarette. Er spürte die Angst in ihren Augen. Ohne den Kopf zu wenden, sagte sie leise, »sie sind da draußen und warten auf uns.« Als er schwieg, fuhr sie fort, »und sie scheuen vor nichts zurück.«

Thiel war ein Einzelgänger und gewohnt, Verantwortung allein zu tragen. Jetzt, da Wenke an seiner Seite war, erleichterte ihn das unvermutete Auftauchen des Kommissars. Nach einer Weile sagte er:

»Stimmt so weit, aber wir haben Glück gehabt.«

»Glück?«

»Ja, dass wir von François sofort unterrichtet worden sind. Über den Mord und über die Absicht, uns damit zu belasten.«

»Können wir denn nichts dagegen unternehmen?«

»Erst, wenn wir den wirklichen Namen von Mister Sunseeker erfahren, aber das könnte bald der Fall sein.«

»Was willst du dann tun?«

»Ich werde die Polizei über seine Rolle bei der Ermordung von Lorene unterrichten. Genauso anonym, wie er das bei uns gemacht hat.«

»Meinst du, das hilft uns?«

»Das wird ihn überraschen und unter Druck setzen. Es wird ihm gar nicht gefallen. Er hat keine Ahnung, dass wir über seine Winkelzüge unterrichtet sind. Er konnte der Polizei nur eine recht vage Beschreibung von uns liefern. Wir aber wissen bald mehr über ihn, seinen Namen zum Beispiel, und den seiner Yacht.«

Sie schwieg.

»Wir sollten jetzt schlafen gehen«, sagte er leise und klemmte einen Stuhl unter die Türklinke. Dann legte er sich auf seine Seite des Betts und schaltete das Licht aus. »Bist du sicher, dass du nicht lieber allein sein willst?«, fragte er, als sie aus dem Badezimmer kam.

Sie schlängelte sich in seine Nähe. »Sehr sicher.« Sie hob seine Decke an und kam noch etwas näher. »Ich mag dich nämlich, ob es dir gefällt oder nicht.«

»Wenn du so weitermachst, fange ich noch an, dir das zu glauben«, brummte er und küsste sie. Etwas später meinte sie, »wenn ich ins Bad muss, werde ich sicher über den verflixten Stuhl an der Tür stolpern.«

»Könntest du dich jetzt vielleicht auf das Wesentliche konzentrieren?«

Er fühlte, wie sie in der Dunkelheit lachte.

»In Ordnung«, sagte sie und konzentrierte sich.

Am Morgen erwachten sie und fanden den Stuhl an der gleichen Stelle. Unter der Tür steckte ein Zettel. Marchais bat sie um neun Uhr zu einem Kaffee im Lago. Sie trabten los, sahen ihn im Schatten einer Markise und leisteten ihm Gesellschaft. Er kam sofort zur Sache.

»Ich komme aus Ciutadella. Das Altherrengespann meines Onkels hat funktioniert. Wir kennen jetzt den Namen von Mister Sunseeker: Alexandro DiCaprio. Seine Sunseeeker liegt, wie du schon vermutet hast, an der Pier des Club Nautico de Ciutadella. Er ist ein Multitalent und wohnt in Genua. Ich habe dort heute früh einen Beamten angerufen. Der Bursche war mir noch was schuldig, und so konnte ich um absolute Diskretion bitten. DiCaprio sei als Geschäftsmann ebenso dubios wie erfolgreich, außerdem im Vorstand des Yachtclubs sowie eines Fußballvereins. Offiziell liegt nichts gegen ihn vor. Mein Kontakt allerdings warnte mich und sagte, er gilt als extrem gefährlich und nachtragend. Wenn er wütend ist, geht er jedes Risiko ein. Offen gegen ihn aufzutreten, ist nicht ratsam. Drohungen setzt er um. Handlanger genug hat er. Nach weiteren Details habe ich nicht gefragt.«

Thiel blickte ins Wasser. »Hängt sein Auftauchen mit der Konferenz zusammen, von der du gesprochen hast?«

»Ganz bestimmt. Die Information ist aus sicherer Quelle.«

»Von dem Typ, den du nur unter einem Kennwort erreichst?«

»Genau.«

Thiel hob den Kopf. »Du glaubst immer noch, dass er für die Mafia arbeitet?«

»Seinen Infos nach könnte er ein Buchhalter in der Organisation sein.«

»Und er verwendet das Stichwort ›Nana‹?«

»Ja, die Information über die Konferenz hat er zufällig rausgelassen. Ich habe gefragt, ob er etwas von Mouron gehört hätte. Charles Mouron ist ein kaltschnäuziges und korruptes Schwein, Lokalpolitiker und gleichzeitig im Kartell ziemlich weit oben.«

»Vom gleichen Kaliber wie DiCaprio?«

»Mouron ist anders, sozusagen der Teflontyp.«

»Was heißt das?«

»Kein Hitzkopf, ein aalglatter Politiker. An den ist nicht ranzukommen.«

Marchais schüttelte ärgerlich den Kopf. »Also, mein Informant lachte und sagte dann, der Mouron sei zur Zeit nicht in Marseille. Er treibe sich auf einer Konferenz in Menorca herum. Und als ich dann nachgefragt habe, wer denn an dieser Konferenz noch teilnimmt, sagte er, ein paar Topleute aus Europa wären schon dabei. Und da mag er Recht haben. Mouron ist ein Spitzenmann, dieser DiCaprio wohl auch. Da werden aus den anderen Ländern nicht die Wasserträger kommen.«

»Würde mich schon interessieren, ob die Topleute noch auf der Insel sind oder ob wir es hier nur noch mit Handlangern zu tun haben.«

»Nicht schlecht zu wissen«, stimmte Marchais zu und fuhr fort, »besser, wenn noch ein paar von den Spitzenleuten hier wären. Die wissen, dass sie erkannt werden können. Sie haben was zu verlieren, und viele scheuen unnötige Risiken. Die vom Fußvolk sind anders. Die kennt keiner. Die machen keine Gefangenen, sie hauen einfach drauf. Danach verschwinden sie.«

»Ich werde jetzt das Gleiche tun wie die Gegenseite«, verkündete Thiel, »und ebenfalls eine anonyme Anzeige erstatten.«

Fünfzehn Minuten später kehrte er aus dem Hotel zurück und zeigte Marchais einen Briefumschlag mit der Aufschrift:

An die Polizei von Ciutadella
Leiter des Ermittlungsteams in der Mordsache der Lorene Ogilvy

»Könntest Du den Umschlag über einen Kollegen deines Onkels auf den Schreibtisch des Polizeichefs gelangen lassen?«, fragte Thiel.

»Kein Problem«, antwortete der Kommissar und öffnete den Umschlag.

Sehr geehrte Herren,
dieses Schreiben wurde von dem Mann verfasst, der von Ihnen zur Zeit unter dem Verdacht des Mordes an Mrs Lorene Ogilvy gesucht wird. Mir ist bekannt, dass Sie den Hinweis auf den Mord, sowie auf mich als den Mörder, telefonisch und anonym erhalten haben.

Sie haben diese Information direkt von den Tätern bekommen. Der Name des einen ist Alexandro DiCaprio, seine Yacht, eine Sunseeker vom Typ Predator 72, liegt im Hafen von Ciutadella an der Pier des Yachtclubs. Der Name des anderen Charles Mouron. Mein genauer Aufenthaltsort ist den beiden unbekannt, ebenso mein Name oder mein genaues Aussehen. Seit zwei Jahren versuchen sie, meiner habhaft zu werden. Da sie wissen, dass ich mich auf Ihrer Insel befinde, möchten sie mich durch Ihre Polizei über die Anklage des Mordes an Mrs Lorene Ogilvy aufspüren.

Die Tat wurde von den beiden beziehungsweise von ihren Handlangern begangen. Lassen Sie sich nicht durch das Auftreten und die Verbindungen der Herren irreführen. Holen Sie bei der Polizei von Genua und Marseille genauere Auskünfte über sie ein. Zu gegebener Zeit werde ich Sie weiter informieren.
Hochachtungsvoll

Zwei Stunden später lag das Schreiben auf dem Tisch der Ermittler.

31

Der Leiter des Stabes, der den Mord an der Engländerin verfolgte, war ein hagerer Mann, dessen wenige Haare in zwei grauen Büscheln über den Ohren abstanden. Er war dabei, das Team zu erweitern, das die Ferienzentren absuchen sollte. Es war eine gemischte Truppe aus allen Teilen der Insel. Die neue anonyme Meldung betrachteten sie argwöhnisch.

»Ist die Sache ernst zu nehmen?«, fragte einer der Männer.

Der Leiter setzte eine Lesebrille auf und las den handgeschriebenen Brief ein zweites Mal. »Kein Zweifel, das Schreiben wurde von einem Ausländer verfasst«, sagte er in bestimmtem Ton. Die meisten hatten Kopien vor sich und nickten. »Hört sich verrückt an«, meinte der Leiter.

Wieder nickten alle. Ein grobschlächtiger Beamter hob den Kopf. Er hatte einen Bauernhof in Alayor und betrieb seinen Beruf als Polizist quasi als Nebenbeschäftigung. Im Moment dachte er mehr an seine teildefekte Bewässerungsanlage. »Da draußen geht unter Umständen was vor, von dem wir keine Ahnung haben.«

Der Leiter sah ihn erstaunt an. »Was meinst du damit?«

»Es kam mir so vor, als würde das Paar nicht nur von uns gesucht.«

»Wie kommst du denn da drauf?«

Der Gefragte fuhr mit den Fingern durch dichtes graues Haar und sagte langsam:

»Vielleicht hat es ja nichts zu bedeuten, aber als ich in dem Hotel neben dem Ferienhaus der Toten nach dem Duo fragte, sagte mir der Mann an der Rezeption, dass ich da nicht der Erste sei. Als ich ihn dann fragte, ob die anderen Interessenten Beamte aus Mahon waren, antwortete er, nein. Sie hätten sich als Freunde bezeichnet und mit drei oder vier Mann mehr als fünf Stunden auf die beiden gewartet. Sie wären verschwunden, als Polizei auftauchte.«

Er drückte seine Zigarette aus und fuhr fort:

»In der Bucht von Calan Blanes dasselbe. Weil es mir komisch vorkam, habe ich es im Bericht vermerkt.«

Der Leiter setzte die Brille ab und legte den Brief auf den Tisch.

»Gib mir nachher mal deinen Bericht. Sonst noch jemandem etwas aufgefallen?«

Es kamen keine Kommentare.

»Also machen wir einen Schritt nach dem anderen. Ihr sucht erst mal weiter. Ich werde den Chef bitten, mal in Genua und Marseille anrufen zu lassen. Vielleicht ist an dem Brief ja was dran. Vielleicht liegen dort Dossiers über die beiden vor, wie unser anonymer Schreiber behauptet.«

Die Suche der Polizei nach den Mördern der Engländerin verlief schleppend und wurde von der Gegenseite als Fiasko betrachtet. Die ehrenwerten Herren, die auf eine schnelle Identifizierung des Seglers und seiner Begleiterin gehofft hatten, begannen zu zweifeln, dass die Polizei mit ihren Methoden das Ziel überhaupt erreichen würde. Andererseits hatten sie einen Tipp erhalten und waren fest davon überzeugt, dass die Gesuchten im Bereich des Lago zu finden seien. Wie aber sollten sie den Skipper des Katamarans in die Hände bekommen, ohne ernsthaft mit der spanischen Polizei in Konflikt zu geraten?

DiCaprio ließ einen der einheimischen Verbündeten kommen. Sein Name war Fernando Carlar. Der Italiener machte ihm klar, dass die Polizei aus dem Gebiet des Lago weggelockt und auf eine neue Spur im Osten der Insel gesetzt werden müsse. Carlar begann zu telefonieren.

Ein Polizist stürmte ins Büro des Einsatzteams.
»Jetzt kommt doch Leben in die Fahndung. Es gibt mehrere Anrufe aus Mahon. Man hat die Mörder im Süden von Mahon und in Punta Prima gesehen. Die Anrufer sind sich sicher. Einer hat gesehen, wie die beiden Obst gekauft haben.«

Der Leiter des Einsatzteams warf einen zufriedenen Blick auf die große Karte.

»Könnten die Richtigen sein. Stecken bestimmt da unten. Kommt.«

Er verließ das Gebäude und fuhr die kurze Strecke zum Lago, wo er die Zentrale betrat, die sie im Nebenraum eines Restaurants eingerichtet hatten. Sein Vertreter saß an einem der Tische mit einer unvollständigen geographischen Karte der Insel, wie sie für Touristen hergestellt werden. Der beachtliche Baufortschritt der letzten zehn Jahre war nicht verzeichnet. Der Leiter ließ sich auf einen Stuhl fallen und bestellte ein Glas Wasser.

»Wie weit seid ihr hier gekommen?«

Der Vertreter blickte ihn verärgert an. »Nicht erhebend. Um die zwanzig Prozent befragt. Keinerlei Identifizierung.«

Der Leiter nickte zustimmend. »Die beiden sind wahrscheinlich in der Gegend von Mahon gesehen worden.«

»Ah, wirklich?«

»Ziemlich eindeutig; einmal in der Stadt und zweimal in Punta Prima.«

»Wenn die jetzt in Mahon sind«, nickte der Vertreter, »dann vergeuden wir hier unsere Zeit.«

»Finde ich auch. Sammeln Sie die Männer ein und ab.«

32

Marchais hatte auf einer Halbinsel, die sowohl von der Polizei als auch DiCaprios Truppe abgegrast worden war, ein Ferienhaus gemietet. Zur Freude von Wenke war es dieses Mal ein richtiges Haus. Sie lebten in einer Umgebung blühender Büsche und Palmen, und die Einrichtung im Inneren des Hauses entsprach der attraktiven Umgebung. Außerdem lag das Haus direkt am Wasser. Thiel stellte fest, dass das dazugehörige Ufer felsig war und eine winzige Bucht bildete. Erleichtert verließen sie das Hotel und zogen mit ihren Rucksäcken um. Wenke ließ sich auf der Terrasse nieder und meinte befriedigt: »Das ist also die schöne Seite von Menorca.«

Thiel nickte unbeteiligt.

In derselben Nacht ließ er sich von Marchais nach Mahon fahren und begab sich auf den Katamaran. Ob unter Wasser manipuliert worden war, konnte er nicht feststellen. Die elektronische Überwachung zeigte ihm jedenfalls, dass das Schiff nicht betreten worden war. Das Zodiac, das bei dem Überfall auf die AQUADRAT von dem Verbrechertrio benutzt worden war, lag unangetastet auf dem Trampolindeck, seine Luftkammern prall gefüllt. Thiel zog das Schlauchboot ins Wasser und verließ den Hafen. Noch vor Sonnenaufgang hatte er es in der kleinen Bucht verankert.

Zur Freude von Wenke hatte er in dem Schlauchboot noch einen anderen Passagier mitgebracht. Trotz einer Menge guter Dinge, die in der Küche für ihn bereitstanden, war die Laune von Kater Kohl miserabel. Das gefleckte Scheusal zeigte deutlich, dass die Warterei bei Wasser und Trockenfutter auf dem Katamaran eine unverdiente Strafe gewesen war. Nach kurzer Besichtigung der Rasenflächen des Gartens legte er sich wütend in den Schatten einer Steinsäule. Jeder sich Nähernde wurde angefaucht. Marchais war über den neuen Hausgenossen und seine Vorrechte erstaunt. Er selbst war ein Katzenfreund und wollte den gefleckten Herrn am Hals kraulen, wurde aber schnell belehrt, dass man sie einander noch nicht vorgestellt hatte und Vertraulichkeiten unangebracht waren. Verblüfft starrte er auf die drei Kratzer an seiner Hand. Wenke übernahm es, ihm zu erklären, dass er es mit einer exaltierten Persönlichkeit zu tun hatte.

Am Nachmittag erschien der einheimische Verwalter der Anlage, ein älterer Spanier. Sein Name war Juan Manolosto. Zusammen mit seiner Frau wohnte er wenige Häuser entfernt. Er setzte sich, lehnte aber eine Tasse Kaffee, die ihm angeboten wurde, ab. Vorsichtig näherte er sich seinem Thema.

Ohne jemanden anzublicken, erkundigte er sich, ob auch sie von Ausländern, die alles Mögliche wissen wollten, belästigt worden seien. Sie bestätigten ihm, dass sie einige Männer gesehen hätten.

»Waren die denn nicht von der Polizei?«, fragte Thiel, der das beste Spanisch der drei sprach.

»Nein, von der Polizei nicht. Die waren schon früher da. Sie haben herumgefragt, sind aber wieder abgezogen.«

»Und die danach gekommen sind, könnten die nicht auch von der Polizei gewesen sein, von einer anderen Dienststelle?«

»Glaube ich kaum«, sagte der Verwalter. »Vorgestellt haben die sich nicht, aber die Polizei hat mir noch nie eine Pesete, geschweige einen Euro angeboten.«

»Wie erstaunlich. Man hat Ihnen Geld angeboten?«, fragte Thiel überrascht.

»Nicht zu knapp, ich habe mich gewundert. Natürlich habe ich nichts davon angenommen.«

»Natürlich. Wer könnten die denn sein?«, fragte Thiel neutral.

»Könnte ich auch nicht sagen, jetzt wo Sie mich fragen; ist wirklich komisch.«

»Ich meine«, schaltete sich Marchais ein, »als Verwalter sollten Sie vielleicht die Polizei darüber informieren.«

»Aber die waren doch schon am Morgen da und haben selbst herumgefragt.«

»Gerade deswegen. Wir wissen ja nicht, wer gesucht wird. Vielleicht sind es genau die Kerle, die jetzt alles abklappern.«

»Ja«, sagte der Mann unbehaglich. »Wie gefällt es Ihnen so in dem Haus?«

»Gut«, sagte der Skipper, »ein wunderschönes Haus, es hat eine schöne Lage und ist ruhig.«

»Fein, freut mich. Dann noch einen schönen Aufenthalt!«, wünschte Señor Manolosto und verabschiedete sich schnell.

Nachdem er gegangen war, meinte Thiel nachdenklich: »Der wollte uns nicht informieren, der wollte feststellen, ob er von den Herren ein paar Scheine mehr bekommen könnte.«

»Richtig«, sagte Marchais, »der hatte mit Sicherheit schon einen Vorschuss in der Tasche. Auch hier können wir nicht länger als eine Nacht bleiben.«

Die Sonne war im Begriff unterzugehen. Das Meer wurde dunkler. Der ablandige Wind hatte dafür gesorgt, dass auf dem Wasser keine Welle zu sehen war.

»Meinst du, dass jemand gemerkt hat, dass das Schlauchboot da draußen uns gehört?«, meldete sich Wenke zu Wort. Mit dem Kopf wies sie zu der kleinen Bucht, wo das Schlauchboot exakt in der Mitte bewegungslos im Wasser lag.

»Glaube ich nicht«, sagte Thiel, »ich bin gegen drei Uhr morgens vor Anker gegangen. Wenn sie uns also wirklich finden, werden sie unsere Leihwagen im Auge behalten, aber keinen Gedanken an das Boot verschwenden.«

Die Männer nickten.

»Vielleicht«, spann Wenke den Gedanken weiter, »sollten wir uns dann lieber von dem Seat trennen und ihn in einem anderen Hafen abstellen. Wenn wir von hier mit dem Boot ausreißen müssten, wäre die Richtung klar.«

Überrascht warf Marchais ihr einen kurzen Blick zu. Dann spitzte er die Lippen zu einem Pfiff. »Jetzt verstehe ich! Darum hat der Bursche hier die letzten Wochen überlebt! Na, jetzt weiß ich endlich, wer hier die Planung macht.«

33

Der Leiter des Ermittlungsteams saß mit dem Polizeipräsidenten der Insel in dessen Konferenzraum in Mahon. Die Polizei hatte die anonym benannten Herren DiCaprio und Mouron ohne größere Schwierigkeiten ausfindig gemacht und zu einem Besuch eingeladen. Mit den Polizeipräsidien von Genua und Marseille war vorsorglich Kontakt aufgenommen worden, um ein paar Auskünfte über die Ehrenmänner zu erhalten. Zweifel an der Integrität DiCaprios wurden von der italienischen Seite mit Vorsicht, an Mouron von französischer Seite mit brutaler Offenheit geäußert. Insgesamt ergab sich für den Polizeichef das unscharfe Bild, wie zwei Parteien auf seiner Insel gegeneinander agierten und sich wechselseitig beschuldigten. Der Zusammenhang mit dem Hauptgrund ihrer Ermittlungsarbeit, dem Mord an der alten Engländerin, blieb ungelöst.

Die zwei in höflichster Form geladenen Gäste erschienen mit rasch verpflichteten einheimischen Anwälten aus Mahon. Der Präsident war kein Freund von Umschweifen. Er hatte lange in Barcelona gearbeitet und war ein Mann der leisen Töne. Er bedankte sich für das Erscheinen der beiden Besucher, legte klar, dass er ihre Dossiers aus Genua und Marseille erhalten habe und bei der Aufklärung einer Mordtat von zwei Seiten mit anonymen Anschuldigungen versorgt wurde. Das alles sei sehr ungewöhnlich und würde ihn bedenklich stimmen. Er sei zu dem Eindruck gelangt, zwei Parteien trügen auf seiner Insel eine Sache aus, die er aufs Äußerste bedauere und machte klar, dass er die beiden Herren mit ihrer anwaltlichen Verstärkung der einen Partei zuordnete. Käme einer der beiden vor ihm Sitzenden dabei zu Schaden, würde er alles aufbieten, um die Dinge aufzuklären. Andererseits, und hier wurde seine Stimme noch leiser, würde er auf der Insel einen erneuten obskuren Todesfall feststellen müssen oder das spurlose Verschwinden eines Menschen, der Menorca nachweislich nicht per Flugzeug oder Schiff verlassen habe, dann würde er das ihnen anlasten und mit dem gleichem Nachdruck untersuchen.

Argumente der Herren und ihrer Anwälte blockte er mit erhobenen Händen ab, erhob sich und wünschte seinen Gästen einen friedlichen Aufenthalt.

34

Das mobile Telefon von Thiel lag auf dem schwarzen Holztisch und klingelte. Drei Augenpaare richteten sich auf das Handy. Er war irritiert und sah, dass Marchais ebenfalls die Augenbrauen hob. Es gab nicht viele, die die Nummer kannten, auf der Insel eigentlich nur Albert, der Onkel von François. Thiel drückte die Sprechtaste und brummte eine unverbindliche Floskel.

»Spreche ich mit Monsieur Martin Thiel?« Es war eine französische Stimme, und sie kannte den Namen auf seinem Führerschein.

»Wer ist am Apparat?«

»Alter Freund, eigentlich sollten Sie meine Stimme noch erkennen.«

Erst jetzt bemerkte Thiel den leisen Akzent der Pieds-noirs seines schwarzen Gefährten aus Marseille.

»Jacques! Damit habe ich nicht gerechnet. Wie geht es Ihnen? Was gibt es?«

»Gut. Bin gerade in Mahon angekommen und wollte hier mal Urlaub machen.«

Thiel war erstaunt. »Ausgerechnet hier wollen Sie Urlaub machen?«

»Warum denn nicht, was dagegen, wenn ich ihn in Ihrer Nähe verbringe?«

»Absolut nicht. Sollen wir Sie abholen?«

»Nicht nötig. Bin motorisiert. Geben Sie mir nur Ihre Adresse.«

»Fahren Sie nach Ciutadella. Warten Sie bei dem Pferd am Ortseingang.«

»Wie werde ich das richtige Pferd erkennen?«

»Keine Sorge, es ist ein auffallendes Tier. Wir werden dort auf Sie warten.«

Thiel legte auf, und Marchais nahm es auf sich, Dupeu bei der Einfahrt nach Ciutadella abzuholen.

Bei einbrechender Dunkelheit beschloss Thiel, nach dem in der Bucht liegenden Zodiac zu sehen. Die Uferregion zwischen den Büschen und der Wasserlinie betrug wenige Meter. Sie bestand aus purem Fels. Über die Jahrtausende war sie vom Meer überspült und ausgenagt worden. Große scharfkantige Lavablöcke wechselten mit vom Salz ausgefressenen Trichtern. Bei den abendlichen Lichtverhältnissen erforderte der Weg volle Konzentration.

Zwar lag das Zodiac in der kleinen Bucht vor Anker, aber er hatte es vorsorglich an eine Slipleine gelegt, sodass er es nach Belieben an Land ziehen konnte und nicht gezwungen war zu schwimmen. Das Boot hatte ein starres Unterwasserschiff mit drei Kielen und war mit siebzig PS gut motorisiert. Er überprüfte den Druck in den Kammern, sie waren steinhart. Er hob den Innenboden an, eine schwere Plastikschale, alles war trocken. Der Außenbordmotor, ein alter Mariner, war ein schwerer Klotz. Hatte er Sprit im Tank, wog er über zwei Zentner.

Er bemerkte, dass Wenke ihm nachgeschlendert war. Eben wollte er das Zodiac an der Slipleine wieder in die Mitte der Bucht bugsieren, als er mehrere Schatten wahrnahm. Zögernd kamen sie aus dem Bereich der Nachbarhäuser. Er glaubte nicht an nächtliche Wanderer, war sich aber nicht sicher, ob sie auch die Frau bemerkt hatten. Ohne seine Stellung zu verändern, griff er mit seiner rechten Hand nach Wenke. Er umspannte ihre Schulter mit einem so festen Griff, dass sie sofort merkte, dass etwas Ungewöhnliches vorgefallen sein musste.

»Wir bekommen Besuch«, flüsterte er. »Verschwinde von hier, aber nicht ins Haus. Warne die anderen.«

»Ich habe Angst.«

»Hau ab von hier. Um Gottes Willen, mach schnell.«

Abrupt ließ er sie los und sprang in das Schlauchboot, wo er den Außenborder startete und ihn im Leerlauf aufheulen ließ. Damit hoffte er, die Aufmerksamkeit der Besucher auf sich zu ziehen und Wenke eine Gelegenheit zur Flucht zu geben. Da das Zodiac noch vertäut war, hatte er gar keine Möglichkeit, die Bucht so schnell zu verlassen. Der Außenborder grummelte gedämpft im Leerlauf. Er befreite das Boot von der Slipleine und begann den Anker vom Grund zu lösen. Er wusste nicht, warum er so sicher war, dass es sich bei den sich nähernden Schatten um Handlanger der Mafia handelte. Er hatte nur das Ziel, das Schlauchboot von dem Ufer zu entfernen, an dem sich Wenke versteckt hielt.

Fast hätte er es geschafft, mit dem Boot zu verschwinden, als sich lautlos etwas über ihn hinabsenkte. Es war leicht und kaum hinderlich. Er wollte es abstreifen. Er stellte fest, dass man ein Fischernetz über ihn und das Schlauchboot geworfen hatte. Sekunden später senkte sich ein zweites und dann ein drittes Netz herab. Zwei Mann sprangen vom felsigen Ufer direkt in das Schlauchboot. Alle gingen zu Boden und bildeten ein wirres Knäuel aus Armen und Beinen. Thiel war dabei auf den Rücken gefallen. Unter den Netzen hatte er keinerlei Chance, sich erfolgreich zu wehren. Er wusste nicht, ob es zwei oder drei waren, die sich auf ihm befanden. Hände waren auf seinen Mund und ins Gesicht gepresst. Die Angreifer verhielten sich leise und professionell.

Der Anker wurde über die Luftkammern am Bug sowie über die Greifleine gezerrt und schließlich ins Boot geworfen. Das sonore Motorgeräusch des Außenborders ging in eine höhere Drehzahl über, und das Boot nahm vorsichtig Fahrt auf. Die Männer waren beschäftigt, und Thiel versuchte sich vorsichtig zu befreien. Einer telefonierte über ein Handy. Er konnte nicht verstehen, was gesprochen wurde. Zwei über ihm unterhielten sich halblaut in einem Gemisch von Spanisch und Französisch. Ein Franzose gab die Kommandos. Eine Lampe blitzte kurzzeitig im Boot auf, und er sah, dass die Anweisungen von einem bulligen Kerl gegeben wurden, den er noch nie gesehen hatte.

Als sie bemerkten, dass er seinen linken Arm fast befreit hatte, erhielt er mit dem Anker einen Schlag in den Leib, der ihm fast die Besinnung raubte. Seine Handgelenke wurden am Lattenboden befestigt. Die ruhige Fahrweise zeigte an, dass sich das Boot im Lee der Insel bewegte. Es fuhr weit unter seiner maximalen Geschwindigkeit und trödelte unauffällig die Küste entlang. Soweit er erkennen konnte, verfügte der Mann am Außenborder über einen großen, hell erleuchteten Kompass, der von den Kerlen mit an Bord gebracht worden war. Die Aktion war also nicht so spontan erfolgt, wie er zunächst angenommen hatte. Gesprochen wurde kaum ein Wort. Thiel begann wieder normal zu atmen und verhielt sich ruhig. Im Moment machte er sich keine Gedanken, was sie mit ihm vorhaben mochten.

An Gegenwehr war nicht zu denken. Um ihn zu töten und zu versenken, wäre bereits ausreichend Gelegenheit gewesen. Ein Spanier an Bord gab den Hinweis für eine Kursänderung. Der Franzose gab das Kommando. Das Zodiac änderte seinen Kurs in Richtung Nord. Gleichzeitig verringerte sich die Fahrt. Die Disziplin der Männer war beachtlich. Mit gemischten Gefühlen stellte Thiel fest, dass sich das Schlauchboot anscheinend in eine der größeren verlassenen Buchten bewegte. Sicher sein konnte er sich allerdings nicht, auf den Boden geschnallt, wie er war. Minuten später bemerkte er, dass die Bucht nicht völlig verlassen war. Aus seiner Froschperspektive erblickte er die Positionslichter einer hellen Motoryacht, die vor Anker lag. Sie wurde zielstrebig von dem Zodiac angesteuert und umrundet. Es schien die Sunseeker DiCaprios zu sein. Ein Tau wurde von Bord der Yacht geworfen und das Schlauchboot daran festgemacht.

Thiel knirschte mit den Zähnen. Er wusste beim besten Willen nicht, wie seine Freunde ihm aus dieser Lage helfen konnten. Zwei der Männer turnten über das niedrige Heck an Bord der Yacht. Der Rudergänger blieb auf seinem Posten. Da vom Bereich des großen Schiffes diffuses Licht auf sie herunterstrahlte, bewegte er sich nicht. Der Schlag mit dem Anker war noch spürbar. An seiner Fesselung konnte er nichts ändern. Nach einiger Zeit tauchte an der Reling der Yacht ein Scheinwerfer auf, der direkt auf sein Gesicht gerichtet wurde. Die Männer hinter dem Lichtkegel waren für ihn unsichtbar. Reflexartig blinzelte Thiel, um nicht vollständig geblendet zu werden. An Deck der Sunseeker wurde spanisch gesprochen. Die Beleuchtung war mittlerweile auf die weiße Bordwand der Yacht gerichtet. Drei Männer hatten sich bequem mit den Ellenbogen an der Reling abgestützt und sahen zu ihm hinab. Man diskutierte über ihn und sprach mittlerweile französisch. In einem der Sprecher erkannte er unschwer seinen alten Bekannten DiCaprio. Neben ihm befand sich ein Mann mit einem wegen des Schattens schwer erkennbaren Gesicht. Er war weit weniger massig, hatte eine Stirnglatze und einen Schnurrbart. Offensichtlich war er Franzose, dem Dialekt nach aus der Gegend von Marseille. Thiel war sich sicher, ihn noch nie gesehen zu haben. Der dritte Mann war gleichfalls hager, aber mehr war von ihm nicht zu erkennen, DiCaprios Gestalt verdeckte ihn. Sein Französisch war primitiv. Thiel war der Gegenstand ihrer Überlegungen. Die Offenheit, mit der sie seinen Tod diskutierten, war für ihn alarmierend. Das Gespräch lief fast ausschließlich zwischen DiCaprio und dem Südfranzosen. Der Besitzer der Sunseeker plädierte für eine schnelle und einfache Lösung. Der Franzose hatte Einwände.

»Wir gehen ein verfluchtes Risiko ein«, sagte er.

»Wieso denn das?«, fragte der Skipper der Sunseeker.

»Der Idiot in Mahon sagt, er kennt beide Parteien, also auch den da unten in dem Schlauchboot.«

»Na, und wenn schon?«

»Wenn er jetzt verschwindet, weiß der Typ ganz genau, dass wir zu diesem Zeitpunkt noch auf der Insel waren.«

»Ja und, was kann er uns beweisen?«

»Ich glaube, er braucht uns gar nichts zu beweisen«, fauchte der Franzose. »Nachdem er uns in Mahon vorgeladen hat, sitzen wir hier auf der Insel wie auf dem Präsentierteller«, fuhr er fort, »er braucht nur die Presse auf uns zu hetzen. Das können wir uns nicht leisten. Ich jedenfalls nicht.

Der Mann muss weg«, er wies mit der Hand auf Thiel, »aber auf andere Weise.«

Der Franzose schien die Leitung in dem Trio zu haben, obwohl das bei einem Partner wie DiCaprio nicht ganz leicht sein konnte. Thiel erinnerte sich an das, was Marchais am Nachmittag gesagt hatte, und vermutete, dass der Franzose mit dem Akzent aus Marseille Charles Mouron sein musste, der Pate von ganz oben, der Lokalpolitiker, der nach Meinung des Kommissars nicht zu fassen war. Auch argumentierte der Bursche mit der Vorsicht des erfahrenen Berufspolitikers – wie jemand, der sich den Rücken freihalten will.

»Hauptsache ist erst mal, dass Sie absolut sicher sind, dass wir den Richtigen erwischt haben. Wir haben diesen Burschen nie zu Gesicht bekommen.«

»Ich schon. Beweis ist sein Katamaran, der in Mahon vor Anker liegt. Er steckt voller Tricks. Als ich ihn das erste Mal sah, da wusste ich das noch nicht. Aber eine halbe Stunde später, da hatte ich es begriffen. Unter Wasser hatte er meine Propeller aneinandergekettet, und als ich losfahren wollte, habe ich mir das Getriebe zerlegt. Einen Tag später hat er dann die Ferretti von Freunden zugrunde gerichtet, bis in die Einzelteile. Sie war ein Superschiff.«

»Okay, Sie werden recht haben. Die Zerstörung unserer Schiffe ist eine Spezialität dieses Kerls. Nicht nur bei Ihnen.«

»Na also«, meinte DiCaprio. »Dann ist doch alles klar. Wo ist das Problem?«

»Im Moment sind Sie mein Problem«, sagte der Franzose kalt.

»Mir geht es um das Wie«, fuhr er fort. »Ich habe keine Lust, acht Wochen lang Artikel über das Verschwinden dieses Schwachkopfs in Verbindung mit der Organisation von Marseille und Genua zu lesen.«

»Wen kümmert es, was die Blätter in Menorca schreiben?«

»So eine Story bleibt doch nicht auf der Insel. Da hätten wir viel Glück. Solche Sachen sind für die Medien von größtem Interesse. Wenn so was blöd läuft, können wir uns den Bericht in den TV-Kanälen von ganz Europa ansehen.«

»Alles richtig, aber wir wissen, dass wir den Richtigen haben, und jetzt müssen wir zu einem Entschluss kommen.«

»Schön, wir wissen also, was er gemacht hat, aber noch lange nicht, wer er ist. Kommt er von Interpol oder einem anderen Scheißverein, regen sich die Medien schon auf, wenn er nur verschwunden ist. Das Risiko ist einfach zu groß, das müssen doch selbst Sie verstehen!«

»Er ist nicht von Interpol oder einem anderen Verein. Das haben mir Leute der Drogendezernate von Genua geschworen. Es gibt in Europa keine

Agenten, die ohne Absprache in internationalen Gewässern operieren. Da waren die sich absolut sicher.«

»Haben die ihn je zu Gesicht bekommen?«, fragte der Franzose.

»Nein«, musste DiCaprio zugeben.

»Na also. Dann machen wir es vorsichtig, lassen Sie uns in Gottes Namen etwas Fantasie entwickeln.«

»Fantasie?«, fragte Mister Sunseeker höhnisch.

»So sagte ich«, antwortete der Franzose im gleichen Ton. »Schauen Sie sich doch an, wie er unter diesen Netzen liegt.« Er deutete mit der Hand auf das Schlauchboot. »Mir ist es doch egal, wie er da krepiert.«

»Das wäre auch meine geringste Sorge«, meinte DiCaprio halb versöhnt, »aber worauf wollen Sie hinaus?«

»Jede Insel hat Stellen und Riffe, an die nie jemand gerät, stimmt's?«

»Sicher, die kann man finden, aber was wollen Sie damit?«

»Das Schlauchboot ist sein Eigentum. Ziehen Sie das Boot in einen gottvergessenen Winkel und zurren sie es mit den Netzen fest. Lassen Sie den Kerl da doch unter den Netzen verrecken und verrotten.«

»Und warum das?«, fragte DiCaprio.

»Damit wir ihn nachweislich nicht angerührt haben. Drei Tage in der Sonne ohne Wasser; länger hält es niemand aus. Aber so lange haben wir ihn auf Eis.«

»Die werden ihn garantiert finden.«

»Wenn er danach gefunden wird, umso besser. Unsere Freunde von der Polizei werden feststellen, dass er weder erschossen noch ertränkt wurde. In seinem eigenen Boot gestorben. Der Zeitpunkt seines Todes ist dann nicht mehr exakt feststellbar. Er kratzt auf jeden Fall nicht heute oder morgen ab.«

»Ist das hilfreich?«

»Sicher, in der Zwischenzeit sind wir von der Insel weg. Die ganze Sache war dann ein blöder Unfall.«

DiCaprio blickte in das Schlauchboot. Im reflektierenden Schein der Lampe sah Thiel das weiße Hemd und die Yachtkrawatte, das Gesicht jedoch als dunkle Maske. Der Vorschlag Mourons, ihn verrotten zu lassen, schien ihm zu gefallen.

»Was meinen Sie dazu?«, wandte sich der Franzose an den fast unsichtbaren Dritten. Auch DiCaprio blickte zu dem Mann, um festzustellen, ob er den Vorschlag Mourons verstanden hatte und unterstützte. Für einen kurzen Moment nur fiel Licht auf das Gesicht des Befragten. Dann trat er zurück und befand sich wieder im Schatten. Er sprach langsam und mit starkem Akzent.

»Richtig, wir müssen nur vorsichtig sein. Wenn das Versteck für das Boot nicht gefunden werden kann, ist der Vorschlag exzellent. Ich weiß nicht, in wessen Auftrag der Bursche hier ist, aber ich kenne ihn genau. Er ist garantiert nicht von Interpol. Vor zwölf Jahren war er in Deutschland Justizminister.«

Die beiden Gesprächspartner schwiegen verblüfft und bevorzugten die weiteren Details unter Ausschluss der Öffentlichkeit zu diskutieren. Thiel war über die Aussage des dritten Mannes weniger verwundert. Der kurze Augenblick, in dem er dessen schmalen Kopf gesehen hatte, war wie ein Keulenschlag. Es handelte sich um jemand, der ihn wahrlich gut kannte, den Präsidenten der Westeuropäischen Antidrogenbewegung von Deutschland und – wie Thiel immer angenommen hatte – seinen Freund, Professor Dr. Franz Surfelder.

Wirre Bilder zuckten durch seinen Kopf. Zehn Jahre Vertrauen und Freundschaft. Wie konnte er nur so blöd gewesen sein. Heimlich hatte er gehofft, die stechenden Kopfschmerzen endgültig überwunden zu haben. Doch nun kamen sie wie Explosionen. Das Folgende nahm er nur wie durch einen Filter wahr. Es war eine Folter, die ihn unfähig machte zu begreifen.

Nach einiger Zeit kehrte DiCaprio allein an die Reling zurück und warf einen langen, nachdenklichen Blick auf den Segler. Dann richtete er das Wort in fließendem Spanisch an den Steuermann neben dem Außenborder. Thiel kniff derweilen am Boden des Zodiacs die Augen fest zu, zu hell war das Licht der Lampe.

»Wir brauchen ein Versteck für das Boot, das nicht so schnell gefunden wird.«

»Könnte schon sein, dass ich eins oder zwei wüsste«, war die zögernde Erwiderung. Es klang nicht enthusiastisch. Sein Akzent verriet den Einheimischen.

»Es muss aber am Wasser liegen«, meinte der Italiener.

»Hab ich schon verstanden.« Wieder konnte man keine Begeisterung vernehmen. Möglicherweise dachte er darüber nach, dass er gerade in ein Kapitalverbrechen verwickelt wurde. Für den Italiener war die Zurückhaltung des Spaniers anscheinend genauso spürbar wie für Thiel.

»José«, sagte er eindringlich, »es wird sich für dich lohnen.«

»Ob sich so was für 'nen Polizisten lohnt, ist noch die Frage.«

»Was für uns wichtig ist, wird gut belohnt«, sagte DiCaprio.

»So was war nicht abgemacht.«

»Stimmt, aber manchmal entwickeln sich die Dinge. Diese Geschichte ist für uns sehr wichtig.«

»Habe ich schon verstanden.«

»Also machst du mit?«

Nach einer Weile äußerte sich der Mann. »Meinetwegen. Ich kenne einen

Platz am Cavalleria, den findet keiner. Außerdem kann ich ihn dort im Auge behalten.«

»Wunderbar. Ich schick 'ne Ablösung und du kommst dann hoch und zeigst uns den Platz auf der Karte.«

Der Italiener verschwand von der Reling, und Thiel hatte Zeit, die Zierde der menorkinischen Polizei trotz seiner Schmerzen genauer zu betrachten. José war dunkelhaarig, hatte einen buschigen grauen Schnurrbart und mochte zwischen vierzig und fünfzig Jahre alt sein. Als er sich eine Zigarette anzündete, sah Thiel an seinem rechten Handgelenk ein schmales Goldband aufblitzen. Ein Mann verdeckte kurzzeitig das Licht und turnte dann vom Heck der Sunseeker in das Schlauchboot. Es war der Franzose, der die Aktion gegen ihn geleitet hatte. José verschwand auf die Yacht. Es verging einige Zeit, dann wurden die Motoren der Sunseeker angelassen. Die Yacht schickte sich an, aus der Bucht auszulaufen.

Die Badeplattform wurde hydraulisch abgesenkt. Unter der Sonnenbank öffnete sich ein Garagentor der Luxusyacht, das Zodiac wurde von einer Seilwinde hineingezogen und das Tor geschlossen. Dunkelheit und das Dröhnen der schweren Motoren umfingen Thiel, sein Schlauchboot war unsichtbar geworden. An den Boden gefesselt, konnte Thiel nichts zu seiner Befreiung beitragen. Die weitaus wichtigere Frage war, was konnten seine Freunde unternehmen? Sie würden ihn mit Sicherheit suchen. Wenke war anscheinend nicht gefasst worden. Also konnte sie den anderen erklären, wie er mit dem Schlauchboot entführt worden war. Er hatte die vage Vermutung, dass er den Handlangern DiCaprios mit dem Zodiac den Weg in die Bucht gewiesen hatte.

Was konnten seine Freunde für ihn tun? Ihre erste Annahme würde sein, dass er, bereits mit einer Eisenkette an den Füßen, im Meer ruhte. Trotzdem, er kannte Marchais. Er und Wenke würden nicht so schnell aufgeben. Zusammen mit Dupeu waren sie ein Trio, das nicht zu unterschätzen war.

Dann rätselte er über die Diskussion der drei an der Reling der Sunseeker. Warum hatte Mouron den Italiener gehindert, ihn rasch zu beseitigen? Die Gründe waren ihm schleierhaft. Wer war der Idiot aus Mahon, von dem Mouron gesprochen hatte, der die beiden bedroht hatte?

Nach einer Stunde wurde die Welle gröber, die Sunseeker begann zu stampfen. Thiel hatte gehört, wie der Polizist das Wort Cavalleria genannt hatte. Thiel konnte sich an ein Kap im Norden der Insel erinnern, eine unwirtliche Gegend. Möglich, dass es dort verborgene Winkel gab, die nicht einsehbar waren und nie besucht wurden. Er verlor sein Gefühl für die Zeit. Schließlich stoppte die Yacht, und das Garagentor wurde geöffnet. Das Zodiac wurde auf die Badeplattform gezogen. Mit den Netzen und einem Hanfseil wurde er wie eine Mumie auf den Lattenrost geschnürt und auf dem Boden des Bootes deponiert. Die Sunseeker hatte inzwischen ihr eigenes Beiboot ausgesetzt. Beide Boote jonglierten zu einem Platz zwischen schwarzglänzenden Graten. Das Zodiac wurde rückwärts an Land gezerrt, der Außenbordmotor wie ein Anker in den Felsen verhakt. Mit dem dritten Netz wurde das Ganze unlösbar in den mächtigen Steinbrocken verzurrt. Minuten später setzte sich das Beiboot mit dem Scheinwerfer ab, die Nacht wurde schwarz, und Thiel hörte, wie sich die Motoren der Sunseeker entfernten.

Er lag auf dem Boden des Zodiacs und fror. Beim Weg von der Plattform ins Meer hatte das Boot viel Wasser genommen, es schwappte um ihn herum, und er war völlig durchgeweicht. Die Situation begann sich jedoch zu bessern. Das Boot hatte Schräglage, der Bug hing im Wasser. Sein Oberkörper befand sich im Heck und lag einigermaßen trocken. Er wusste, dass er bis zum Morgen nicht viel unternehmen konnte, wahrscheinlich auch danach nichts. Trotz der widrigen Umstände schlief er ein.

Wieder träumte er, er sei in einen Rollstuhl gefesselt und Surfelder, dessen Gesicht er diesmal genau erkennen konnte, schob ihn auf einem Weg, der auf der hohen Klippe zum offenen Meer führte. Er wollte ihn bitten umzukehren, aber sie konnten nicht miteinander sprechen.

Als er erwachte, war es kurz vor Sonnenaufgang. Seine Kleidung war noch feucht, sein Körper kalt, schmerzte und fühlte sich vollkommen steif an.

Sein erster Gedanke war, dass er mit seiner Befreiung beginnen sollte. Mit aller Kraft begann er, sich unter dem Netz zu winden, um die Fesseln zu lockern. Einige Zeit später war sein zweiter Gedanke, dass er das aus eigener Kraft unmöglich schaffen konnte. Seine Handgelenke und Oberarme waren mit der Bodenschale des Zodiacs verschnürt. Anschließend hatte man zwei Fischernetze darüber gezogen. Selbst sein Hals war durch eine Leine am Boden festgemacht. Die Wut auf Surfelder veranlasste ihn, sich sinnlos hin- und herzuwälzen. Nach kurzer Zeit waren sein Hals und die Stellen, an denen seine Oberarme gefesselt waren, aufgescheuert. Das Salzwasser in seiner Kleidung sorgte dafür, dass ihm die wunden Stellen im Gedächtnis blieben. Schließlich beschloss er frustriert, darüber nachzudenken, wie er den Freunden seine Rettung ermöglichen könnte. An zufällige Ereignisse, wie vorbeikommende Schwimmer oder Fischer, glaubte er nicht. Der Platz, wo er sich befand, war von DiCaprio & Co sorgfältig ausgewählt, gerade damit sich solche Zwischenfälle nicht ereigneten.

Nur eine Partei hatte Interesse, ihn zu finden: seine Freunde. Was ihm jedoch dabei zu schaffen machte, war der Gedanke, dass sie sich in größte Gefahr bringen könnten. Verstärkt wurde diese Sorge durch die Anwesenheit von Jacques Dupeu, den er als Rambo einstufte. Es bestand die Möglichkeit, dass sie versuchen würden, DiCaprio direkt auf den Leib zu rücken. Ein solcher Versuch konnte für die kleine Gruppe nur übel ausgehen. Marchais würde hoffentlich einen anderen Kurs einschlagen, sein Inkognito lüften und Kontakt mit dem Polizeichef von Ciutadella oder anderen amtlichen Stellen aufnehmen. Zu raschen Ergebnissen würde auch das nicht führen.

Blieb noch Wenke. Was konnte sie schon unternehmen? Immerhin, sie war eigenwillig und würde so schnell nicht aufgeben. Schade, er hatte sie doch gerade erst kennengelernt. Je länger er mit ihr auf dem Katamaran zusammengesperrt war, desto mehr hatte er ihre Qualitäten erkannt und ganz nebenbei bemerkt, dass sie eine verdammt gutaussehende und warmherzige Frau war. Warum, fragte er sich, fiel ihm erst jetzt auf, was er da aus dem Wasser gezogen hatte? Wie sagte man so schön, zur falschen Zeit und am falschen Ort. Er rief sich zur Ordnung. Selbstmitleid war fehl am Platz.

Mittlerweile war es hell geworden. Es musste kurz vor Sonnenaufgang sein. Das Zodiac lag in einem so engen Einschnitt, dass es von den umgebenden Felsmassen geschützt wurde. Die Bewegungen des Wassers waren moderater geworden. Vermutlich brachen sich die Wellen an einer vorgelagerten Insel oder Felsbarriere. Die Möglichkeit, durch einen Zufall entdeckt zu werden, war gleich Null.

Nutzlose Gedanken schossen ihm durch den Kopf. Auf dem höchsten Felsen müsste er nur einen Mast setzen und eine Flagge hissen. Oder aber jede Stunde einen Schuss Leuchtmunition in den Himmel jagen, und irgendwann kämen die Befreier. Bei der Vorstellung, Leuchtkugeln nach draußen zu schießen, tauchte ein Gedanke auf, aber Thiel konnte ihn nicht festhalten. Wieder marterten ihn die Kopfschmerzen.

Erneut versuchte er die Fesselung der Arme zu lösen und festzustellen, ob es Schwachstellen gab. Bei seinem ersten Versuch war er davon ausgegangen, sich seiner Fesseln komplett zu entledigen. Jetzt war er bescheidener geworden. Seine Augen überprüften einen kleinen Sektor des Bootes und er stellte fest, dass es bereits ein großer Fortschritt wäre, wenn er den linken Arm besser bewegen könnte. Der linke Arm war ihm beim zweiten Mal mit großer Brutalität an die Bodenplatte gefesselt worden.

Durch seine zwecklosen Versuche, sich zu befreien, hatten sich immerhin die Netze an seinem Oberkörper etwas gelockert. Auch wenn die Knoten der Fesseln noch fest wie Beton saßen, konnte er zum ersten Mal den Kopf unter dem Netz von rechts nach links bewegen. Nach einigen Versuchen wurden seine Kopfschmerzen noch heftiger. Gepeinigt schloss er die Augen und wartete. Sein Kopf war jetzt nach links gedreht, und als er nach einer Weile die Augen öffnete, sah er, dass sein linker Arm zweifach an die Bodenschale gefesselt war. Einmal durch eine Schlinge am Oberarm in der

Nähe der Schulter, die er seiner Meinung nach nicht entfernen konnte, und dann noch einmal direkt am Handgelenk. Das schien nicht unlösbar zu sein. Da bestand die Möglichkeit, mithilfe der Zähne und viel Geduld den Knoten zu lockern. Was er dann mit der freien Hand bei einem gefesselten Arm ausrichten konnte, musste sich zeigen. Dass er seinen Kopf etwas bewegen konnte, hatte ihn ermuntert. Er begann mit den Schultern zu rollen und seinen Körper zentimeterweise auf der Bodenschale hin- und herzuwälzen. Trotz Schmerzen an den wundgescheuerten Stellen machte er weiter.

Die Sonne war aufgegangen. Vor sich konnte er durch einen schmalen Spalt zwischen den Felsen der kleinen Bucht ein winziges Segment des Wassers sehen. Die Wellen trugen Schaumköpfe und wanderten an seiner Bucht vorbei. Er war ziemlich sicher, dass er sich auf der Nordseite der Insel befand. Die eindrucksvollste Erhebung linker Hand hatte aus seiner Froschperspektive die Höhe eines Berges. In Wirklichkeit ragte sie nur etwa zehn Meter über das Wasser und war nicht mehr als dreißig Meter von ihm entfernt.

Was ihn irritierte, waren zwei Vögel, die auf der Kuppe saßen. Sie hatten die Größe ausgewachsener Suppenhühner. Natürlich gehörten sie einer anderen Spezies an. Es waren Silbermöwen. Soweit er das auf dreißig Meter Entfernung erkennen konnte, betrachteten sie ihn mit dem gleichen Interesse wie er sie. Die Tiere erinnerten ihn an einen merkwürdigen Fall: Als er einmal von dem verankerten Katamaran zu einer unbewohnten Insel schwimmen wollte, wurde er von einer Schar Möwen im Wasser angegriffen. Im Sturzflug stürzten sie sich auf den Schwimmer, der sich, ohne es zu wissen, ihrer Brutkolonie genähert hatte. Damals hatte er abgedreht und auf den Besuch der Insel verzichtet. Danach hatte er sich ein Buch über Seevögel gekauft. Seitdem wusste er, dass Silbermöwen 65 Zentimeter lang sind und über eine Spannweite der eleganten Schwingen von eineinhalb Metern verfügen. Ihre Größe war in der Tat beeindruckend. Mit anderen Worten: Es waren hübsche, blaugraue Monster mit langen, gelblichen Schnäbeln. Weil er so wehrlos war, missfiel ihm, wie sie zu ihm herüberblickten. Er hoffte sehr, dass sie ihr Nest anderswo und somit keinen Grund zur Sorge um ihre Brut hatten. Nachdem die beiden Möwen die Situation offenbar ähnlich beurteilten und auf ihrem Felsen verharrten, begann er sich auf den Knoten an seinem linken Handgelenk zu konzentrieren. Er schaffte es, ihn mit seinen Zähnen zu berühren und daran zu ziehen.

Der Knoten am Handgelenk musste von einem Seemann geknüpft worden sein. Aus seiner Sicht war das nicht einmal so schlecht. Diese Schot- und Palsteks halten, wenn sie korrekt gebunden sind, das, was sie halten sollen, eisern fest. Andererseits lassen sie sich, und das ist ihr Zweck, relativ leicht lösen. Wenn man mit den Zähnen arbeiten muss, ist der Abstand zu klein, und man verliert die Übersicht, wo man ziehen und wo schieben muss. Aber er dachte an Surfelder und hätte das Hanfseil lieber durchgebissen als aufgegeben. Irgendwann bewegte sich eine der Schlingen, und er merkte, dass das Handgelenk frei wurde. In der ersten Euphorie dachte er, dies sei vielleicht doch der Schritt zur endgültigen Befreiung. Aber leider musste er schon bald erkennen, dass weitere Schritte unmöglich waren. Der linke Oberarm war so eng an den Boden des Boots gefesselt, dass er mit der linken Hand nicht an einen der anderen Knoten gelangen konnte. Immerhin konnte er den Arm etwas nach oben bewegen und die Pinne des Außenborders berühren. Sie war unbeweglich. Ihm wurde klar, dass das Boot zwischen den Felsen fixiert war. Vorerst konnte er also weder sich selbst noch das Boot befreien. Mit den Fingern seiner freien Hand und seinen Zähnen war er wenigstens in der Lage, einige Maschen des Nylonnetzes über dem Gesicht zu zerreißen. Als er den Kopf frei bewegen konnte, spürte er, wie eng er mit dem Hals an die verfluchte Bodenschale gefesselt war. Mit der linken Hand tastete er umher, um an den Wänden des Boots irgendetwas zu finden, das er als Messer oder Säge einsetzen könnte. Aber da war nichts.

Als er den Kopf einige Zeit ruhig hielt, verflogen die Schmerzen. Wieder erfüllte ihn das Gefühl einer kalten Wut, wie er sie bisher noch nicht kannte. Der Verrat Surfelders war für ihn unfassbar. Was hatte dieser Mann zerstört, und wie lange trieb er schon das doppelte Spiel? Delaitre & Co waren in Hannover gezielt und nicht durch ein Versehen zu der Besprechung geladen worden. Hinter Surfelders Fassade als fanatischer Streiter für die Antidrogenbewegung steckte ein brutaler Topmanager und Großverdiener des organisierten Verbrechens.

Als er seine Einmannkampagne gegen den Drogenhandel begonnen hatte, war er darauf gefasst, dass er darin umkommen konnte. In den letzten Monaten hatte er mehrmals begriffen, dass er diesen Krieg nicht gewinnen würde. Aber er hatte in dem Bewusstsein weitergemacht, einige Ziele erreicht und seinen Gegnern Schaden zugefügt zu haben. Surfelders Verrat hatte den Kampf in eine höhere Dimension verschoben. Nicht das anonyme Kartell hatte diesen Anschlag gegen ihn in Hannover geführt. Es musste auf Weisung Surfelders geschehen sein. Ihn davonkommen zu lassen, bedeutete, den Krieg verloren zu geben. Diese Vorstellung machte Thiel fast wahnsinnig. Jetzt hieß es er oder ich. Immer wieder rasten seine Gedanken um hasserfüllte Bildfetzen der Rache.

Er erinnerte sich an die Zeit, als er im Krankenhaus vom Tod seines Freundes Peter Ganest erfuhr. Auch damals hatte er innerlich getobt. Seine Hilflosigkeit und Wut im Krankenhaus ähnelten der derzeitigen Verfassung. Als er wieder kontrolliert denken konnte, schob er alle Überlegungen beiseite, die nicht aufs Überleben gerichtet waren.

Es war später Vormittag geworden; die Sonne hatte ihren Weg auch in seine Bucht gefunden. Thiel hatte Durst, und gleichzeitig wurde ein gegenteiliges Bedürfnis zum Problem. Seine Blase war zum Bersten gefüllt. Die Kleider fingen an zu trocknen, nur seine Beine lagen bis zu den Unterschenkeln im Salzwasser, das sich im tiefer liegenden Bug des Bootes angesammelt hatte. Er hatte eine Hand frei. Ihr Spielraum war gering. Mit ihr konnte er nach oben greifen. Es gelang ihm nicht, den Reißverschluss seiner Hose zu öffnen, um sich zu erleichtern.

Zu dem Durst kam Hunger. Noch war beides kein Problem. Er wusste, dass man ohne Nahrung Wochen überleben konnte. Volle Leistungsfähigkeit bewahrte man dabei aber nur, wenn der Körper genügend Flüssigkeit bekam. Daran fehlte es. Gegen drei Uhr am Nachmittag würde der Wind wieder auffrischen. Dann musste von den großen Wellen Spritzwasser ankommen. Er würde wieder durchnässt, konnte aber vielleicht einiges davon auffangen. Salzwasser zu trinken, war gefährlich. Wie gefährlich, wusste er nicht.

Verschwommen erinnerte er sich an das Drama von 1989, als ein Dreizehn-Meter-Trimaran von Neuseeland auf dem Weg nach Tonga kenterte. Die Crew wurde erst nach vier Monaten am Großen Barriere-Riff gefunden. Alle hatten überlebt. Er konnte sich nicht mehr erinnern, ob sie Salzwasser getrunken hatten. Er konnte nur hoffen, dass seine Freunde nach dem Schlauchboot suchen würden.

Das Heck seines Bootes bestand aus einer robusten Platte aus Aluminium und Epoxy. Sie war für die Befestigung starker Motoren geeignet. Unter der Pinne des Außenborders befanden sich zwei Taschen mit wasserdichten Klettverschlüssen. Er hatte sie kontrolliert, nachdem er das Zodiac am Morgen nach dem Überfall an Deck der AQUADRAT gehievt hatte. Damals hatte er, und das war das Wesentliche, in eine der beiden Taschen den Sender mit dem Solarkollektor gesteckt, den er vom Heck des Katamarans entfernt hatte. Das dazugehörige Peilgerät musste irgendwo neben dem Navigationstisch im Katamaran liegen. An dem Peilgerät, so erinnerte er sich, leuchtete eine kleine rote Warnlampe auf, sobald der Sender arbeitete. Würde es ihm gelingen, den kleinen Sender zu finden und den Kollektor in die Sonne zu legen, damit er aktiviert würde?

Nur eine der Taschen im Zodiac konnte er mit der linken Hand erreichen. Er wand und drehte den Arm geduldig, bis die Fesselung etwas verrutschte. Er streckte sich, bis er meinte, seine Gelenke würden zerreißen, und es gelang ihm für einen Moment, die wasserdichte Verschlussklappe zu berühren, die mit dem Klettverschluss gesichert war. Er wusste nicht, in welche der beiden Taschen er den Sender gesteckt hatte, aber ihm war klar, dass er nur diese eine Tasche würde erreichen können. Er versuchte es immer wieder. Er begann die Versuche zu zählen. Nach dem zwanzigsten Mal berührte er die Tasche zum ersten Mal. Mit dem Mittelfinger. Der Klettverschluss löste sich zögernd. Es war eine wohldurchdachte, dehnbare Konstruktion. Entfernte er die Hand, um mit dem Arm einen neuen Anlauf zu nehmen, verschloss sie sich wieder. Endlich spürte er, wie mehrere Finger an den Klettverschluss gelangten.

Er setzte seine ganze Kraft ein, um die Tasche vorsichtig ein Stück weit aufzureißen. Endlich gelang es ihm, an den Inhalt heranzukommen. Ein Stein fiel ihm vom Herzen, es war die richtige Tasche. Seine Fingerspitzen berührten eine flache Platte. Sie hatte die Größe einer Computerdiskette. Seine Erregung wuchs, als sich sein ganzer Körper streckte, um den Inhalt der Tasche zu entnehmen. Er arbeitete behutsam und geduldig, damit nichts zerstört wurde und kein Kabel riss. Das Seil, das um seinen Hals geschlungen war, erdrosselte ihn fast bei seinen Bemühungen, sich zu strecken und nach oben zu greifen. Die kleine Platte war der Solarteil der Minianlage und durch ein Kabel mit dem Sender verbunden. Thiel traute sich nicht, auch den Sender an dem Kabel herauszuziehen, weil er Angst hatte, eine Verbindung abzureißen. Man sollte sein Glück nicht zu sehr herausfordern. Er drehte den kleinen Kollektor in die Sonne und hoffte, dass das System funktionierte.

35

Als Marchais mit Dupeu das Ferienhaus erreichte, fanden sie es leer vor, denn Wenke hatte sich in einer Art Schockzustand draußen zwischen die Felsen gekauert. Nachdem sie die verängstigte Frau beruhigt hatten, war es nach kurzer Diskussion Dupeu, der den ersten Entschluss für die Gruppe traf.

»Wir werden von hier so schnell wie möglich abhauen«, sagte der Schwarze trocken. Der entschiedene Ton, mit der die Feststellung vorgebracht wurde, überraschte sie. Seine stumpfen Augen in dem dunklen, breitflächigen Gesicht betrachteten die Umgebung gelangweilt.

»Und wohin?«

»Zurück auf ihr Schiff«, knurrte Dupeu. Wenke lächelte. Der Schwarze war genau so autoritär wie Martin. Auch Marchais grinste. Offenbar hatte die kleine Gruppe einen neuen Anführer gefunden.

»Einverstanden«, meinte er. »Wir haben drei Autos. Ich schlage vor, wir nehmen nur zwei mit nach Mahon und lassen den Seat hier stehen.«

Sie löschten das Licht und verließen das Haus in der Dunkelheit. Wieder war es Dupeu, der in Mahon die nächsten Schritte bestimmte. Mit seinem Wagen übernahm er die Spitze und hielt vor einer der noch geöffneten Bars am endlosen Kai des Naturhafens. Er legte einen Plan von Mahon auf das Tischchen und ließ sich den Liegeplatz des Katamarans beschreiben.

»Mein Zeug«, sagte er, »schmeiße ich in euren Jeep. Fahrt ihn in vierzig Minuten zu dem Anleger rüber.«

Er wies auf einen unbeleuchteten Steg in der Nähe, auf dem einige Container abgestellt waren. »Ich werde euch dort mit einem Boot erwarten.«

»Sie werden zu dieser Uhrzeit nichts mehr bekommen«, meinte Wenke besorgt. Eine Sekunde blickte er sie aus seinen ausdruckslosen Augen an, dann nahm er die Autoschlüssel, die Marchais ihm reichte und holte sein Gepäck. Nachdem er es verstaut und die Heckklappe zugeknallt hatte, legte er die Schlüssel auf den Tisch, sagte: »vierzig Minuten«, und verschwand.

Nach einer halben Stunde bezahlte Marchais den Kaffee und sie fuhren die wenigen Meter zu dem Anlegesteg. Hinter den Containern lag ein kleines offenes Motorboot. Es hatte einen winzigen Aufbau mit einer Radsteuerung. Sein Dieselmotor tuckerte unregelmäßig vor sich hin. Der Schwarze saß am Steuerstand und erhob sich, um das Gepäck zu verstauen.

Nachdem Marchais und Wenke an Bord waren, tuckerten sie hinter die Isla del Rey, von wo sie, trotz schwacher Beleuchtung, den riesigen Mast der AQUADRAT ausmachen konnten. Je näher sie dem Schiff kamen, desto wachsamer wurden sie. Dupeu hatte plötzlich eine Pistole in der Hand. Als er anlegen wollte, gab Wenke ihm ein Zeichen zu warten. Aus dem Gepäck von Thiel holte sie das elektronische Überwachungsinstrument und überprüfte sorgfältig die acht Sektoren.

»Seit Martin das Schlauchboot geholt hat, war niemand an Bord«, sagte sie, »an dem Schiff ist nicht manipuliert worden, zumindest nicht über Wasser.«

Sie steckte das Gerät zurück in die Tasche. In den Schwimmern schaltete sie die Notbeleuchtung ein, die von Land aus nicht zu bemerken war. Sie wollte den Kat von der Boje lösen, als der Schwarze abwinkte.

»Gibt es eine Unterwasserbeleuchtung?«

Wenke schüttelte den Kopf. »Nur wasserdichte Taschenlampen.«

»Genügt. Hat Martin Flossen an Bord?«

»Alles da.« Sie öffnete ein Fach. Dupeu wählte ein Paar Flossen und eine Skuba-Ausrüstung. Nach zwei Minuten verschwand er im Wasser. Zusammen mit Marchais beobachtete sie den gelegentlich aufblitzenden Lichtschein, als er offenbar die Rümpfe unter Wasser untersuchte. Nach einer halben Stunde tauchte er wieder auf und erschien an Deck.

»Alles klar«, meinte er und legte die Ausrüstung ab. »Die hätten ja auch ein paar von Martins eigenen Tricks anwenden können.«

Marchais löste den Kat von der Boje, und Wenke startete die beiden Maschinen. Unter Motor drehte sie einen Kreis und manövrierte die AQUA-DRAT langsam aus dem Hafen.

Sie wählte einen Kurs ins Lee der Insel zur Südküste. Im Navigationscomputer holte sie sich den Ausschnitt der Südküste auf den Bildschirm und fuhr, bis sie eine windstille Bucht erreichten. Sie sah eine andere Yacht und beschloss zu bleiben. Die Männer sahen ihr fasziniert zu, wie sie über die Fernsteuerung zwei Anker setzte. Sie wies ihnen Kojen im Steuerbordschwimmer zu und fragte, ob sie noch auf ein Bier an Deck kommen wollten. Kater Kohl, der im Bungalow zurückgeblieben war, fehlte ihr. Wie das andere Schiff setzte sie ein Toplicht für die Nacht.

Die Besucher hatten die Diskrepanz an Bord des Kats rasch zur Kenntnis genommen, die primitive Unterbringung der Crew und die verschwenderische Ausstattung an Elektronik für die Navigation. Mit Interesse betrachtete Dupeu die matt schimmernde Pracht der Messinstrumente und die Bildschirme für Seekarten sowie die Radarüberwachung. Sein Blick fiel auf einen antiquierten Einsteckkalender, automatisch korrigierte er Datum und Wochentag. Sie lächelte. Thiel hätte das Gleiche gemacht. In einem Raum, wo die Hälfte der Elektronik ungefragt auf das momentane Datum und die Uhrzeit verwies, wirkte es pedantisch.

»Ich weiß nicht, ob Monsieur Thiel von mir gesprochen hat«, stellte sich Dupeu vor. Er hielt ein Bier in der Hand und saß in der Hocke, als befände er sich in einem Schaukelstuhl. Seine Sprechweise war so ausdruckslos wie sein Gesichtsausdruck. Sein Französisch mit dem leichten Magreb-Dialekt der Pieds-noirs war leicht zu verstehen. »Ich habe ihn vor zwei Jahren in Marseille kennengelernt. Ein Freund hatte mich gebeten, ihm behilflich zu sein. Ich wusste, dass er gefährliche Geschäfte betreibt. Und ich habe den amerikanischen Pass für Sie besorgt«, wandte er sich an Wenke. »Als Monsieur Marchais andeutete, was sich hier abspielt, habe ich beschlossen, mit von der Partie zu sein.«

»Wir können die Verstärkung weiß Gott gebrauchen«, seufzte Wenke.

»Sehr gut, Madame, wenn Sie mir dann ein paar Fragen erlauben?« Der Schwarze nahm ihre Zustimmung als gegeben hin. »Kam Ihnen bei dem Überfall einer der Männer irgendwie bekannt vor?«

»Nein, allerdings war es schon ziemlich dunkel.«

»Was war Ihr Eindruck bei dem Überfall, geschah er zufällig oder war er geplant?«

»Darüber habe ich noch nicht nachgedacht«, gab Wenke zu und fuhr nach einer Pause fort, »für mich kam er plötzlich. Martin schubste mich in ein Gestrüpp. Er sagte, ich solle fliehen und Sie warnen. Alles kam überraschend. Aber wenn ich mir die Sache überlege, glaube ich, die Männer waren vorbereitet. Sie kamen nicht zufällig. Martin arbeitete im Schlauchboot. Sie warfen etwas über ihn und das Boot. Es behinderte ihn. Dann sprangen sie vom Felsen zu ihm in das Boot, und alle lagen am Boden. Ein dritter Mann kam dazu und kletterte ins Boot. Einer machte den Anker klar. Der dritte Mann saß dann an der Pinne des Außenborders und fing an zu telefonieren. Und dann waren sie weg.«

»Glauben Sie, man hat bei dem Überfall auf Martin auch versucht, Sie zu fassen?«, fragte Marchais.

»Schwer zu sagen«, meinte sie, »natürlich haben sie sich die ganze Zeit umgesehen, aber das ist bei einem solchen Unternehmen ja wohl normal.«

»Wollten die ihn fangen oder töten, was meinen Sie?« fragte er weiter.

»Nicht töten«, antwortete sie fast erleichtert, »ich glaube, das war eindeutig. Die wollten ihn fangen.«

»Fragt sich, warum«, brummte der Schwarze und zeigte an, dass die Befragung abgeschlossen war.

Während sie begann, die mitgebrachten Vorräte einzuräumen, saßen die zwei Männer an Deck. Marchais akzeptierte Dupeu als neuen Verbündeten. Er wusste, dass Thiel Tatkraft und Intelligenz Dupeus hoch einschätzte, auch, dass er in der Legion gedient und von ihr geprägt war. Für viele Franzosen ist eine solche Vergangenheit entweder eine Empfehlung oder ein Grund zu Vorbehalten. Marchais vertraute dem Schwarzen, auch wenn er sich über die Motive des Mannes nicht ganz im Klaren war. Er setzte ihn detailliert über die Geschehnisse der letzten Woche ins Bild.

Zusammen versuchten sie, aus dem, was sie von Wenke erfahren hatten, sowie den anderen Fakten ein klareres Bild zu gewinnen. Am nächsten Tag wollte Marchais sich durch seinen Onkel über den Stand der polizeilichen Ermittlungen in Sachen der ermordeten Lorene Ogilvy informieren lassen. Er würde dann direkt mit dem Leiter der Ermittlung oder dessen Vorgesetzten sprechen. Dupeu würde sich des dubiosen Spaniers annehmen, der ihnen das Ferienhaus vermietet und sie an die Mafia verraten hatte. Wenke zeigte Marchais ein Geheimfach im Backbordschwimmer, aus dem er sich mit Handfeuerwaffen und Munition versorgte. Sie hatten eine ruhige Nacht und beschlossen, den Kat am nächsten Morgen in eine belebtere Bucht zu verlegen, um dem DiCaprio-Freundeskreis gewaltsame Maßnahmen zu erschweren.

Wenke war durch die Verschleppung von Martin Thiel tief getroffen worden. Das war offensichtlich, auch wenn sie versuchte, ihre Besorgnis vor den anderen nicht zu zeigen. Marchais bat sie, sich so zu kleiden, dass man sie für ein männliches Crewmitglied halten konnte. Mit Befriedigung stellte sie fest, dass ihre Begleiter den nächsten Tag in eine Vielzahl von Aktivitäten aufgeteilt hatten. Alle zielten darauf ab, den Verbleib des Skippers festzustellen. Bei allem würde die AQUADRAT die feste Basis der Gruppe bleiben. An Deck erschien sie wieder mit einem von Thiels unförmigen Overalls und der Mütze.

Als neuer Ausgangspunkt wurde eine größere Bucht im Süden festgelegt, die von mehreren Hotels gesäumt war. Bevor sie mit der AQUADRAT ablegte, brachte sie die beiden Männer mit dem Beiboot an Land. Man würde telefonisch in Verbindung bleiben. Da die Dieseltanks noch fast voll waren, ließ sie den Kat unter Motor laufen. Es war ein schöner Tag, der viele Boote aus den Liegeplätzen lockte, die sie überholte oder ihr begegneten. Sie dankte Gott, keine Sunseeker zu sehen. Beide Männer riefen von Zeit zu Zeit an, um sicher zu sein, dass alles nach Plan verlief. Der brummige Ton Dupeus war bemerkenswert. Er bringt es tatsächlich fertig, noch kürzere Gespräche zu führen als Martin in seinen besten Zeiten, dachte sie.

36

Der Seegang war unverändert. Die kleine Bucht lag halb im Schatten, und der Kollektor erhielt keine direkte Sonne mehr. Anfangs hatte Thiel die kleine Solarfläche gedreht, damit sie direkte Einstrahlung erhielt. Es war ihm gelungen, alle Netzmaschen, die sich im Bereich seines Kopfes befanden, mit der linken Hand an seinen Mund zu zerren und zu zerbeißen. Es war eine Erleichterung, die Netze nicht mehr über dem Gesicht zu haben, aber zu mehr hatte es bei aller Anstrengung nicht gereicht. Stunden vergeblicher Mühen hatten ihn überzeugt, dass er seine Fesseln nicht selbst lösen konnte. Der Durst begann quälend zu werden. Hunger war hingegen noch kein Problem. Etwas anderes bedrückte ihn. Seine Augen fingen an zu brennen. Es mochte an dem Mangel an Flüssigkeit, der Sonneneinstrahlung und dem Salzgehalt der Luft liegen. Er konnte seine Lider nur noch unter Schmerzen bewegen, als sei ihm eine Hand voll Sand in die Augen geraten. Im Laufe des Tages war er von zwei einmotorigen Maschinen und einem Hubschrauber überflogen worden. Er hatte sie nicht gesehen, aber wusste, dass sie nicht nach ihm suchten. Die Möwen hatten sich um vier Exemplare vermehrt. Das Misstrauen war auf beiden Seiten geschwunden.

Das gleichbleibende Geräusch der sich brechenden Wellen verleitete ihn zu Halluzinationen, einige Male bildete er sich ein, Stimmen zu hören. Er antwortete nicht, da er Angst hatte, es könnten Männer von der Sunseeker sein. Dann hörte das Rufen auf, und er merkte, dass er sich selbst genarrt hatte. Die fixierte Haltung seines Körpers machte ihm mehr und mehr zu schaffen. Wenn er anfangs noch die Schultern bewegen konnte, um sich mehr Spielraum unter dem Netz zu verschaffen, so waren ihm jetzt diese Bewegungen kaum mehr möglich. Die Augen hielt er meistens geschlossen und er vergaß immer häufiger, den kleinen Solarkollektor nach dem Stand der Sonne auszurichten. Als die Dämmerung einsetzte, wurde es ohnedies überflüssig.

37

Am Nachmittag kamen Marchais und Dupeu zu dem neuen Liegeplatz der AQUADRAT und parkten die mitgebrachten Autos. Wenke holte sie mit dem Beiboot an Bord. Beide hatten viel unternommen, aber wenig erreicht. Marchais hatte mit einem pensionierten Freund seines Onkels gesprochen, der die Vizeposition in der polizeilichen Hierarchie in Ciutadella inne gehabt hatte. Nur ihm gegenüber hatte er sich als Kollege aus Marseille ausgewiesen. Von ihm hatte er erfahren, dass der Polizeipräsident in Mahon eine Unterhaltung mit den Señores Mouron und DiCaprio geführt hatte, in deren Verlauf er ihnen mit der Presse drohte.

»Das muss sie ins Herz getroffen haben«, meinte der Schwarze sarkastisch.

»Nun gut, ich war auch beeindruckt«, erwiderte Marchais, »immerhin erfolgte die Warnung, bevor Martin gekidnappt wurde. Und der Präsident muss ihnen zu erkennen gegeben haben, dass ihm ihr wahres Tätigkeitsfeld bekannt war.«

»Sie glauben tatsächlich, dass so etwas Eindruck bei diesen Burschen macht?«, knurrte Dupeu verächtlich.

Marchais schüttelte zweifelnd den Kopf. »DiCaprio kenne ich nicht, aber Mouron. Er ist nicht nur Mafioso. An erster Stelle ist er Politiker, ein aalglatter Hund mit einem sechsten Sinn. Fallen scheint er förmlich zu riechen. Sein Ruf in Marseille ist angeschlagen. Möglich, dass er versucht, einen zweiten Mord, den man so offensichtlich der Mafia und ihm zuordnen würde, zu vermeiden.«

»Wie groß ist die Basis der Mafia auf der Insel?«, fragte Wenke.

»Gute Frage«, knurrte Dupeu, »meiner Meinung nach gleich null.«

Marchais nickte: »Die Typen kommen aus Genua und Marseille.«

»Das ist übrigens auch das Ergebnis meiner Unterhaltung mit Juan, Ihrem spanischen Vermieter.«

»Der ehrenwerte Señor Manolosto«, knurrte Marchais, »erstaunlich, dass er sich mit Ihnen überhaupt unterhalten hat.«

»Wir waren angeln«, sagte Dupeu, »das löst die Zunge.«

»Sie waren zusammen angeln?«, fragte Wenke erstaunt.

»Ich wartete, bis seine Frau mit einem Eimer verschwand, um in anderen Bungalows zu putzen. Dann habe ich Juan zum Angeln überredet.«

»Und der ist einfach mitgegangen?«

»Ja, draußen am Felsen hatte er leider einen kleinen Unfall und brach sich den Knöchel. Danach hat er mir einiges erzählt. Zugegeben, es war nicht viel. Er gehört nicht zum Kartell. Er wusste auch sonst nichts von euch, außer, dass er gesehen hat, wie Martin in der Nacht ein Schlauchboot verankert hat. Das hat er der Suchtruppe DiCaprios verraten.«

»Und Sie glauben nicht, dass Juan zum Kartell gehört.«

»Nein.«

»Dann haben wir nichts in der Hand.«

»Eine Kleinigkeit. Juan sagte, dass sich unter den Burschen, die auf Martin warteten, ein Einheimischer befand, und er glaubt, dass er Polizist ist.«

»Könnten wir den ausfindig machen?«

»Ich dachte da an die Hilfe der Polizei. Falls sie Juan in die Zange nehmen würde, brächte das am schnellsten ein Ergebnis.«

Marchais nickte und warf Dupeu einen kritischen Blick zu.

»Da haben Sie ja doch einiges von dem Mann erfahren.«

»Beim Angeln ist das eben so.«

»Die Polizei sollten wir über den Freund meines Onkels einschalten.«

»Stimmt, es ginge erheblich reibungsloser.«

»Am späten Abend ist mein Onkel zu Hause. Dann werde ich die Sache anleiern. Ich glaube, wir sollten Wenke nicht nochmals allein auf dem Schiff lassen«, meinte Dupeu. »Sollte der Kat überwacht werden, könnten wir eine neue Überraschung erleben.«

»Um die Polizei ins Spiel zu bringen, bräuchten Sie am besten etwas Geschriebenes über die Aussage von Señor Manolosto, sehe ich das richtig?«, fragte Wenke.

»In jedem Fall. Für Polizeibehörden gibt es nichts Besseres als eine schriftliche Aussage. Wir sollten unser Spanisch zusammenkratzen und dem Präsidenten der Polizei einen Brief schreiben, der von Ihnen unterzeichnet wird.«

»Kein Problem«, sagte der Schwarze.

Wenke, die fest mit der Rückkehr Thiels rechnete, hatte den Tag in der Bucht genutzt, um die Funktionen der AQUADRAT zu überprüfen. An Bord waren die Männer erneut von der technischen Pracht der navigatorischen Instrumente und Bildschirme um sie herum gefangen.

In einem Regal neben dem Navigationstisch hatte Dupeu ein Instrument mit einer matt blinkenden Lampe gesehen. Als er danach fragte, konnte die verblüffte Wenke keine Auskunft geben. Sie musterte den Firmennamen, Secumat Direction Finder, und musste zugeben, das Instrument noch nie beachtet zu haben. Der Schwarze nahm es achtlos in die Hand und spielte mit den Hebeln, bis sich das Batteriefach öffnete. Die neun Volt Everready lieferte noch Strom, war aber stark oxidiert. Pedantisch kratzte er den Grünspan von den Polen.

»Haben wir eine neue?«, fragte er ohne großes Interesse.

»Natürlich«, antwortete die Bordfrau und öffnete eine Schublade mit dem Reservelager für Batterien aller Art. Dupeu wechselte die Batterie aus und übergab ihr das Instrument, dessen rote Lampe jetzt im Sekundentakt energisch aufblitzte. Das Instrument hatte eine kreisförmige Miniaturantenne und eine Kompassrose mit einem schwarzen Zeiger, der verrückt zu spielen schien.

An Deck war es bereits dunkler geworden. Sie hatten beschlossen, in einem der Hotels zu Abend zu essen, von dessen Terrasse man den Katamaran im Auge behalten konnte. Aber noch waren Wenkes Gedanken bei dem Instrument, dessen Funktion der Skipper nie erklärt hatte. Das Gerät hatte einen Handgriff mit einem Knopf zur Beleuchtung der kleinen Kompassrose. Mit der neuen Batterie blinkte das rote Licht unermüdlich. Plötzlich erinnerte sie sich. Langsam und mit leiser Stimme, sodass beide Männer unwillkürlich den Kopf hoben, sagte sie: »Es könnte sein, dass wir uns in großer Gefahr befinden.«

Wie um das Gesagte zu unterstreichen, schaltete sie den Hauptschalter im Schwimmer aus, sodass alle Lichter des Katamarans erloschen. Die Männer merkten, dass es sich um keine theatralische Geste handelte. »Wie konnte ich das nur vergessen?«

Dupeu und Marchais waren alarmiert. »Was vergessen?«, bellte Dupeu halblaut.

»Das Gerät, dieser Direction Finder, zeigt an, wo ein Sender am Katamaran sitzt, der den Herrschaften um Mister Sunseeker unseren genauen Standort verrät.«

»Woher wollen Sie das wissen?«, fragte Dupeu.

»Weil die uns mit diesem Ding schon einmal geortet haben, und zwar auf hoher See und bei sehr rauem Wetter.«

»Und warum glauben Sie ausgerechnet jetzt, dass wir so eine Wanze an Bord haben?«, fragte Dupeu.

»Weil dieses Gerät plötzlich blinkt. Das hat es noch nie gemacht. Nur einmal und nur so lange, bis Martin den Sender unschädlich gemacht hat, der an der AQUADRAT hing.«

»Interessant, und jetzt meinen Sie, dass man uns wieder so einen Vogel angesetzt hat?« Es war Marchais, der gefragt hatte, und sein Ton klang nicht sehr aufgeregt.

»Natürlich. Hätte mir sofort auffallen müssen, aber das Blinken habe ich damals nicht gesehen. Es ist nur Martin aufgefallen. Als er mir den Direction Finder gezeigt hat, war der Sender am Heck der AQUADRAT schon unschädlich.«

»Ich glaube, sie hat recht, die könnten uns in Mahon in aller Stille einen neuen Sender ans Schiff montiert haben«, meinte Dupeu.

»Glaube ich auch«, stimmte Marchais zu, »also finden wir ihn und schmeißen ihn ins Wasser.«

»Wir beide gehen raus und sondieren mal die Lage«, schlug Dupeu vor und war bereits halb aus dem Niedergang, wobei er über das Heck des Katamarans auf die teilweise erleuchteten Yachten blickte, die neben ihnen in der Bucht festgemacht hatten.

»Ich glaube nicht«, fuhr er fort, »dass sie uns hier ans Leder wollen. Zwischen den anderen hier haben wir eine geschützte Position.«

Marchais nickte: »Machen sie ruhig das Licht wieder an.«

Beide Männer standen am Steuerstand.

»Wo war er das letzte Mal?«, rief Marchais ins Innere des Schwimmers.

»Wer?«

»Na, der Sender, den Martin gefunden hat.«

Wenke verließ den Schwimmer und ging vorsichtig bis ans äußerste Ende des Steuerbordschwimmers. Sie deutete auf die abfallenden Flächen des Hecks.

»Hier etwa war es.«

»Wie hat Martin denn den verdammten Sender gefunden?«, fragte Marchais.

»Na, mit dem Ding hier«, antwortete Wenke und starrte verständnislos auf die sich drehende Anzeige auf der Kompassrose. Alle drei suchten nun die Außenwände des Katamarans ab, aber sie wurden nicht fündig. Nach einer Stunde revoltierten die Männer, weil sie hungrig waren. Sie beschlossen, etwas in dem nahegelegenen Hotel zu essen, dessen Lichter einladend zu ihnen herüberschienen. Marchais würde sie danach zu seinem Onkel nach Ciutadella bringen. Ob er selbst auf den Katamaran zurückkehren oder bei seinem Onkel in Ciutadella übernachten würde, bliebe abzuwarten.

Das Beiboot hatte bereits an dem sandigen Ufer angelegt und Dupeu wollte es aus dem Wasser ziehen, als die Frau den Männern mit einer plötzlichen Geste anzeigte, dass sie sofort zurück auf das Schiff wollte. Beide

Männer blickten alarmiert um sich, sahen aber nichts, was die Frau erschreckt haben konnte.

»Wir müssen an Bord«, sagte sie, »es ist wichtig.« Die Männer verstanden, dass sie nicht ihren Lippenstift vergessen hatte, und ohne weiter zu fragen, wurde das Beiboot gewendet.

»Ich glaube, ich weiß jetzt, warum das Gerät pausenlos rot blinkt. Vielleicht hängt gar kein Sender an der AQUADRAT.«

»Müssen wir deshalb an Bord?«, fragte Marchais skeptisch.

»Ja, wir müssen ablegen.« Ihr Ton war so drängend, dass die Männer in dem Beiboot auf Fragen verzichteten. Als sie an Bord des Katamarans waren, holte sie zuerst das Gerät von dem Navigationstisch ins Freie und legte es neben den Hauptkompass. Sie blickte die Männer an und deutete mit dem Finger auf das Blinklicht.

»Das ist ein Peilgerät. Ich glaube, es zeigt auf etwas, das nicht an unserer Bordwand klebt. Es zeigt genau auf den Sender, den wir vom Schwimmer entfernt haben, aber jetzt befindet er sich bei dem Schlauchboot. Es gehörte ja auch zu dem Zodiac, mit dem sie Martin verschleppt haben. Mir ist eingefallen, dass er den Sender, auf den dieses Gerät anspricht, in dem Schlauchboot verstaut hat.«

»Und Sie meinen«, fragte Dupeu, »dass das Schlauchboot zur Zeit die Signale aussendet?«

»Da bin ich fast sicher, und ich glaube auch nicht, dass es aus Zufall passiert. Deshalb konnten wir an der AQUADRAT nichts finden.«

»Aber wie könnte Martin den Sender wieder in Gang setzen?«

»Der Sender hatte einen Solarkollektor, den hatte er natürlich deaktiviert.«

»Und jetzt ist wieder Sonne an den Kollektor geraten?«

»Genau.«

»Was sollen wir Ihrer Meinung nach machen?«

»Die AQUADRAT aus der Bucht fahren und einen großen Bogen um die Insel schlagen. Irgendwann muss das Peilgerät eine andere Richtung anzeigen.«

»Na gut, und dann?«

»Nichts wie hin und nachsehen.«

»Werden wir machen, aber ist Ihnen klar, dass es auch eine üble Falle sein kann?«

»Wieso?«

»Die anderen könnten auf uns warten und uns mit einigen Überraschungen empfangen, oder wir könnten das Schlauchboot finden und sie hätten es mit Sprengstoff gefüllt«.

»Glauben Sie denn, dass es eine Falle ist?«, fragte die Frau.

»Eigentlich nicht«, gestand Marchais zögerlich, »die können ja nicht wissen, dass dieser Direction Finder hier an Bord ist, aber bei diesen Geschäftspartnern sollte man auf alles gefasst sein.«

Die AQUADRAT hatte mittlerweile abgelegt und ging unter Motor auf Südkurs. Beide Maschinen liefen auf Volllast. Die beiden Männer betrachteten interessiert das Gerät mit dem vieldeutigen Namen. Je weiter sich der Kat von der Küste entfernte, desto mehr stabilisierte sich die Nadel des Ortungsgeräts. Sie wies auf den Nordosten der Insel. Wenke änderte die Richtung. Der riesige Kat passierte die Ostküste. Es war Nacht geworden und der Wind hatte sich abgeschwächt. Die Welle hatte an Wucht verloren, wenngleich einige, wenn sie in die Steilküste liefen, immer noch Geräusche wie Kanonenschüsse erzeugten.

Wenke erzählte den beiden Männern die Geschichte des Peilgeräts, wie der verwundete Skipper es am Heck der AQUADRAT gefunden und mit der Salatschüssel aus Nirosta deaktiviert hatte.

»Ich hätte den Sender ins Wasser geworfen«, meinte Dupeu.

»Ich auch«, antwortete sie, »aber für den Fall, dass sie uns wieder im Genick sitzen würden, wollte Martin das Zodiac irgendwo allein mit dem Sender ins Wasser lassen, um von der AQUADRAT abzulenken.«

»Und woher stammt das Peilgerät zu dem Sender?«, fragte der Schwarze unbeirrt.

»Es war in dem Schlauchboot«, antwortete sie.

»Und wie sind sie zu dem Schlauchboot gekommen?«

»Darüber möchte ich nur über meinen Anwalt mit Ihnen sprechen«, lächelte sie. Die Hoffnung, bei diesem Trip endlich auf Thiel zu stoßen, hatte ihren Optimismus zurückgebracht.

Die Männer blickten sie verständnislos an.

»Es sind schreckliche Dinge passiert«, sagte sie, »Martin wurde viermal angeschossen. Ich möchte nicht darüber sprechen.«

Marchais, der von Thiel in groben Zügen informiert war, gab Dupeu ein Zeichen, das Thema vorübergehend fallen zu lassen.

Langsam hatte die AQUADRAT die Nordseite der Insel erreicht, und die Anzeige des Peilgeräts wurde präziser. Die Frau am Steuer nutzte jetzt alle navigatorischen Hilfsmittel. Selbst die Aktivität fremder Radargeräte wurde angezeigt. Sie hatte den Ausschnitt der Nordküste von Menorca auf dem Bildschirm und zoomte ihn größer. Jacques Dupeu musste bereits Erfahrung auf See gesammelt haben. Unaufgefordert übertrug er die Angaben des Direction Finders auf die Karte des Bildschirms. Das Echolot zeigte noch eine passable Tiefe von 70 Metern. Das Signal des Peilers schien schwächer zu werden.

»Ich weiß bereits, dass es einen Überfall auf das Schiff gegeben hat«, kam

Marchais auf das Thema zurück, »und es dabei ziemlich heiß zugegangen ist.«

»Wer hat Ihnen das gesagt?«

»Martin hat mich eine Woche danach informiert, als ich ihn angerufen habe.«

»Okay, über diese Dinge wollte ich nicht ohne sein Wissen sprechen. Wir hatten keine Wahl. Aber wenn das alles vor Gericht käme, es wäre schrecklich.«

»Das wäre kaum möglich«, sagte Marchais, »erzählen Sie uns ruhig, wie das Zodiac in die Geschichte kommt. Wahrscheinlich passt es zu einigem Anderen, das ich von der Sache weiß.«

»Da ist nicht viel zu sagen. Nachts legten drei Kerle mit diesem Zodiac an der AQUADRAT an. Sehr starker Wind, grobe See, niemand hätte an so was gedacht. Aber letztlich haben sie uns nur gefunden, weil wir einen Sender am Heck hatten, den sie anpeilen konnten. Es muss der sein, auf den das Peilgerät jetzt anspricht«, sagte sie abschließend.

»Na gut«, meinte Dupeu, neugierig geworden, »was ist danach passiert?«

Sie blickte die beiden unsicher an. Marchais grinste.

»Wahrscheinlich unterscheidet sich der Ablauf kaum von seinen anderen Unternehmungen. Erzählen Sie ruhig die ganze Geschichte, von Martin erfährt man doch nur die Hälfte.«

Wenke warf den beiden einen skeptischen Blick zu und fasste den Entschluss, mit einer Kurzfassung herauszurücken.

»Ich wache nachts auf und höre Stimmen an Deck. Ich sehe drei Kerle, die mit Maschinenpistolen auf ihn zielen. Er war unbewaffnet. Sie stehen auf dem Dach des Niedergangs. Martin sagt fast nichts. Er schaltet die Decksbeleuchtung für sie ein. Sie sind natürlich geblendet. Der Wind ist stark und sehr böig. Martin fährt eine Halse, mit der er fast den Mast abgerissen hätte. Plötzlich macht es wisch! und der Großbaum zischt auf die andere Seite. Es gibt einen Knall, als sei der ganze Kat explodiert. Zwei von ihnen werden von dem Baum ins Wasser geschleudert. Der Dritte hat Glück. Er fällt in die Netzbespannung vor dem Niedergang. Er kommt wieder auf die Beine, ist selbst schwer verletzt und schießt auf Martin. Immer und immer wieder. Ich habe ihn dann mit dem Paddel ins Wasser geschmissen.«

Die Männer betrachteten sie einigermaßen fassungslos.

»Ihr zwei passt zueinander«, grinste Marchais schließlich, »Martin hätte uns die Geschichte nicht ausführlicher erzählen können.«

Die AQUADRAT hatte den nördlichsten Teil der Insel passiert. Während der Erzählung hatte Wenke die Nadel des Peilgerätes nicht aus den Augen gelassen. Das rote Auge gab nur noch schwache Zeichen, aber die Nadel fing an, konstant von der südlichen in die östliche Richtung zu wandern.

»Stopp«, befahl Dupeu und zeigte mit der Spitze eines Stiftes auf einen Punkt auf dem Bildschirm. Er lag am Ostrand einer winzigen Insel, die dem Cabo Cavalleria vorgelagert war. »Hier könnte es sein.«

Wenke legte den Kat auf die neue Richtung und folgte der Nadel des Peilers. Mit den Maschinen ging sie auf Halblast. Das einzige Licht kam von der Beleuchtung der Instrumente. Der Untergrund stieg nun rasch auf sechsundzwanzig Meter an. Beide Männer hatten ihre Waffen griffbereit neben sich.

»Wenn einer von uns ›zurück‹ sagt«, flüsterte Dupeu, »sofort drehen und mit Vollgas nichts wie weg.«

Die AQUADRAT kroch jetzt langsam an das Inselchen heran, der Boden des Meeres stieg auf fünfzehn Meter an. Da die Schwerter hochgezogen waren, betrug der Tiefgang des Kats weniger als einen Meter. Vorsichtig ließ Dupeu das Beiboot zu Wasser. Beide Männer hatten starke Taschenlampen.

»Warum ist das rote Licht so schwach?«, fragte die Frau leise.

»Sie sagten, der Sender arbeitet mit Solarstrom«, erklärte Dupeu. »Seine Batterie lässt nach. Wir müssen uns beeilen, bald zeigt der Peiler gar nichts mehr an.«

Der Untergrund zeigte im Echolot sieben Meter Tiefe. Die Seekarte wies auf riskante Untiefen. Man hörte, wie sich die Wellen an den Felsen brachen. Es knirschte, und der Katamaran wurde von einem Hindernis unter Wasser nach backbord gedrückt.

»Ich habe am Bug einen Halogenstrahler. Den muss ich jetzt einschalten«, flüsterte die Frau.

»Nur zu«, flüsterte der Schwarze zurück.

Der Kegel des Scheinwerfers beleuchtete einen schmalen Ausschnitt vor dem Kat. Man konnte das Ufer der Insel, das aus schwarz zerklüfteten Rändern bestand, in einer Entfernung von weniger als hundert Metern sehen. Plötzlich entstehende weiße Schaumköpfe zeigten, dass noch weitere Felsnadeln den Weg verstellten. Noch war die Welle hoch genug, um die Rümpfe anzuheben und auf eine Felsnadel abzusenken. Nicht der Platz, um mit dem großen Schiff leichtsinnig zu werden. Als sie sich bis auf vierzig Meter herangetastet hatte, stoppte sie und drehte die AQUADRAT mit den beiden Maschinen, um das Ufer auszuleuchten.

Jetzt zahlte sich aus, dass Martin ihr von Beginn an so viel Gelegenheit gegeben hatte, den Kat zu führen. Zwischen zwei vorgelagerten schwarz schimmernden Riffen war ein schmaler Spalt. Da war etwas. Sie drehte den Kat zurück. Aber die beiden Männer hatten ihre Lampen bereits eingeschaltet. Kein Zweifel, da lag das Zodiac. Es sah leer aus. Wenke schluckte trocken. Ein leeres Schlauchboot. Da sich nichts regte, kletterte Dupeu in das Beiboot, Marchais folgte ihm. Die Linke des Kommissars war am Drehgriff des Außenborders, in der rechten Hand hielt er die Stablampe. Dupeu kauerte vor ihm, in der Linken gleichfalls eine Lampe, in der Rechten eine Uzi. Vorsichtig näherten sie sich dem Einschnitt. Je weiter sie vordrangen, desto ruhiger wurde das Wasser. Schon bevor sie mit dem Boot anlegten, hatten sie Martin Thiel erkannt. Er lag in dem teilweise mit Seewasser gefüllten Boot und war von Netzen bedeckt. Er rührte sich nicht. Im Schein der Lampen sahen sein Gesicht und eine Hand weiß aus, wie aus Kerzenwachs. Beide Männer waren geschockt. Der Segler im Schlauchboot war offensichtlich tot. Dupeu sprang aus dem Beiboot und stand sofort bis zur Taille im Wasser. Die Waffe hatte er zurückgelassen. Nach seinem Ermessen war das kein Hinterhalt. Zu Marchais gewandt, der noch an der Pinne des Außenborders saß, knurrte er: »Man hat das Zodiac mit Netzen festgemacht. Wir machen ihn frei und schleppen ihn zum Katamaran. Da holen wir Thiel aus dem Boot. Hier hat es keinen Sinn.«

Er wollte die Verknüpfungen lösen und die Netze gewaltsam losreißen, als er krächzende Laute aus dem Boot vernahm.

»Kein Licht ins Gesicht«, stöhnte der vermeintliche Leichnam, und seine linke Hand deckte die Augen ab.

Dupeu, der stoisch ruhige Mann, erhob sich und ruderte wild mit beiden Armen. Laut schrie er: »Wir haben ihn. Er lebt!«

Mit einem gewaltigen Ruck hievte er das Heck des Zodiacs mit dem schweren Außenborder hoch und wollte ihn ins Wasser schieben. »Ganz ruhig bleiben«, sagte er dabei keuchend zu dem Mann im Boot, »wir holen dich gleich raus.«

»Stopp«, krächzte Thiel, »lass das Boot liegen. Ich bleibe hier.« Sein Blick war kalt und alles andere als verwirrt. »Ich möchte hier mit euch reden. Bring Marchais her und Wenke. Sie soll den Kat verankern und mir was zum Trinken mitbringen und Tropfen für die Augen; ich brauche Augentropfen.«

Dupeu musterte ihn verständnislos.

»Glaub mir«, sagte Thiel, »es ist wichtig. Ich hab keinen Sonnenstich oder so. Hilf Wenke, zwei Anker auszubringen.«

Eine halbe Stunde später fand gegen Mitternacht und im Licht von drei Taschenlampen an dem Zodiac eine merkwürdige Konferenz statt. Der Skipper der AQUADRAT lag weiterhin eingewickelt in den Netzen wie eine Mumie in dem Schlauchboot. Wenke hatte mithilfe der Männer die Anker ausgebracht und konnte es nicht glauben. Marchais hatte ihr in einem seltenen Anfall von Humor eröffnet, er habe eine gute und eine schlechte Neuigkeit. Die gute, sie hätten Martin gefesselt, aber unversehrt in dem Schlauchboot vorgefunden, die schlechte, er weigere sich, das Boot zu verlassen.

Jetzt saßen die drei auf den Luftkammern des Zodiacs und zweifelten an seinem Verstand. Er hatte bereits eine Flasche Wasser und eine Dose Bier getrunken. Die Narben an seinem Nasenrücken und auf seiner Oberlippe glühten im Licht der Lampen, als seien sie in der Sonne wieder aufgesprungen. Wenke verteilte die Tropfen großzügig in seinem Gesicht und träufelte mehr auf die Stirn als in die Augen. Vorsichtig wischte sie ihm den Rest von der Nase und sagte: »Mein Lieber, du stinkst ganz abscheulich.«

In einer knappen Zusammenfassung schilderte er, was vorgefallen war. Langsam verlor seine Stimme ihr Krächzen und wurde verständlicher. Er machte ihnen klar, dass Mouron mit seiner Einschätzung richtig lag. Martin Thiel durfte der Polizei in Ciutadella oder Interpol erzählen, was er wollte, er könnte nichts davon beweisen.

Er entwarf einen Plan, wie er mit ihrer Hilfe in der Lage sei, die drei Bosse in die Falle zu locken.

»Ihr müsst eines verstehen«, schloss er seine Ausführung, »DiCaprio oder Charles Mouron würde ich ihrem natürlichen Schicksal überlassen, aber Surfelder, Professor Dr. Franz Surfelder, der einmal im Monat dem Fernsehen ein Interview über die Probleme des Drogenmissbrauchs gibt, den kann ich nicht laufen lassen. Auch ihm könnte ich später absolut nichts beweisen.«

Sein Plan war umfassend und bedurfte der Hilfe seiner Freunde, der Polizei und besonders des Polizisten José, des Mannes mit der Goldkette am rechten Handgelenk und dem grauen Schnurrbart.

»Was willst du ausgerechnet von ihm?«, fragte Marchais.

»Er ist der wichtigste Pfeiler in meinem Plan.«

»Was spielt er für eine Rolle?«, fragte Dupeu.

»Der Mann hat Mouron diesen Winkel gezeigt, um mich hier in dem Boot eingehen zu lassen. Ich habe gemerkt, dass ihm die Idee nicht gefallen hat. Wenn ihr ihn zusammen besucht«, er blickte die zwei Männer durchdringend an, »dann macht ihm klar, dass ich lebe und gegebenenfalls der Polizei gegenüber aussagen werde. Die Art meiner Aussage hängt dann von ihm ab.«

Der Segler drückte Wenkes Hand.

»Wenn er uns bei dem Plan hilft, könnt ihr ihm in meinem Namen versprechen, dass ich seinen Anteil bei der Sache vergesse und sein Name in meiner Darstellung des Geschehens nicht auftaucht. Er hat versprochen, dass er mich in diesem Versteck im Auge behalten würde. Er soll DiCaprio zu einer Zeit anrufen, wenn der sich gerade auf der Sunseeker befindet. Er muss ihm dann erzählen, er habe den Platz mit einem Fernglas kontrolliert und etwas sehr Befremdliches gesehen. Seit Stunden hätte ich mich nicht mehr gerührt. Seiner Meinung nach sei ich gestorben. Aber im Fernglas hätte er gesehen, dass ich ein kleines Gerät wie ein Diktaphon in der Hand hielte.« Thiels krächzende Stimme erklärte den dreien den Verlauf seines Plans. Er machte eine kleine Pause und fuhr fort. »Wenn sie wirklich mit der Sunseeker anrücken, um den Recorder zu holen, ist der Rest eure Sache und die der Polizei.«

»Nicht schlecht ausgedacht, aber sehr gefährlich«, meinte Marchais.

»Zeit zum Nachdenken hatte ich genug. Das Risiko gehe ich ein.«

»Und du verlangst allen Ernstes von uns, dass wir dich in diesem Zustand zurücklassen?«, schimpfte Wenke empört. Er drückte ihre Hand.

»Es muss sein. Glaube mir. Wenn es nicht um Surfelder ginge«, sagte er fast entschuldigend, »würde ich jetzt mit euch abhauen.«

Die drei wirkten unentschlossen, als würden sie sich der Willkür eines Geisteskranken unterwerfen.

»Es ist gefährlich«, warnte Dupeu.

»Er hat zu lange in der Sonne gelegen«, sagte Marchais.

Der gefesselte Mann fasste seinen Plan nochmals zusammen, und die Freunde mussten gestehen, dass ein sichtbares Diktiergerät ein Mittel sein konnte, die Männer der Sunseeker zu seinem Platz zurückzulocken.

»François, schneide mir die Fesseln an meiner rechten Hand auf«, bat Thiel, als sie sich schließlich geeinigt hatten, »möglichst ohne Löcher im Netz. Ansonsten«, beruhigte er die anderen, »habe ich es gut. Ich kann hier in Ruhe das Finale abwarten. Die eigentliche Arbeit müsst ihr leisten.«

Am nächsten Morgen beim Frühstück beschlossen sie, über den Onkel offiziellen Kontakt zum Präsidenten der Polizei in Mahon herzustellen, sowie unauffällig zu versuchen, die Identität des Polizisten José zu lüften, des Mannes mit dem grauen Schnurrbart, der Kette am rechten Handgelenk und einem Posten im Norden der Insel. Nach einigen Telefongesprächen fuhr Marchais nach Ciutadella. Wenke und Dupeu brachten den Kat zurück nach Mahon, wo die Liegegebühr noch bezahlt war und man das Schiff ohne Formalitäten an die Boje legte. Sie verließen den Kat und machten sich in Mahon unsichtbar. Über Telefon waren sie mit Marchais in Kontakt. Dupeu charterte ein offenes Motorboot und machte sie damit von dem Katamaran unabhängig.

Gegen Mittag traf Marchais mit Neuigkeiten aus Ciutadella ein. Am Nachmittag hätte er ein Treffen mit dem Polizeipräsidenten der Insel. Er zerbrach sich den Kopf, wie er den Präsidenten dazu überreden könnte, seine Beamten für einen komplizierten Einsatz am Cabo Cavalleria zur Verfügung zu stellen. Er bedauerte, für diesen Besuch nicht die Verstärkung Thiels zu haben.

Zu seiner Erleichterung erreichte ihn kurz vor dem Treffen ein Anruf seines Onkels, der ihm mitteilte, dass es gelungen sei, den ominösen José zu identifizieren und zwar eindeutig. Er wusste sogar, dass der Mann um fünfzehn Uhr Dienstschluss haben würde. Sein Familienname lautete Pineda, wohnhaft in Mercadal, Calle Ferrerias. Sein Einsatzbereich umfasste auch das Gebiet im Norden. Alles passte ins Bild. Es wäre ihm also ein Leichtes, von Zeit zu Zeit mit dem Fernglas das Cabo Cavalleria zu kontrollieren, sowie das vorgelagerte Inselchen. Mit ihm musste schleunigst Verbindung aufgenommen werden. Das Gespräch konnte nicht leicht werden. Als Dupeu erfuhr, dass die Identität des Polizisten geklärt sei, bot er sich an, mit dem Mann zu verhandeln.

»Wollen Sie mit dem Kerl angeln gehen?«, fragte Marchais sarkastisch.

»Ich habe die Karte studiert.« Der Schwarze ging nicht auf die Stichelei ein. »Es gibt nur einen Weg hinaus zum Cabo Cavalleria. Da fahre ich raus und warte. Ich bin sicher, er wird kommen, und er wird allein sein.«

»Was ist, wenn er nein sagt?«

»Das wird nicht passieren.«

»Warum, wird er sich ein Bein oder einen Arm brechen?«

»Nicht nötig. Er weiß, dass die Sache aufgeflogen ist. Als Mittäter nicht in die Sache hineingezogen zu werden, ist ein einmaliges Angebot.«

»Und wenn er trotzdem nein sagt?«, beharrte der Kommissar stur.

»Dann wird es für Martin gefährlich. In diesem Fall werde ich euch anrufen und Señor José nicht aus den Augen lassen, bis Martin in Sicherheit ist.«

38

»Und Sie sind also einer der Drogenspezialisten der Kripo von Marseile.«

Die Feststellung kam vom Präsidenten der Polizei in Mahon und betraf seinen Besucher Marchais. Der nickte und erläuterte die Hintergründe der Ereignisse um die Ermordung der Engländerin.

»Was Sie mir da erzählen, ist sehr ungewöhnlich.« Der Präsident hob die dunklen Augenbrauen, die zu seinem weißen, sorgfältig gekämmten Haar kontrastierten. Sein Gesicht zeigte wohlwollenden Unglauben, »stimmt aber mit den bisherigen Erkenntnissen unseres Ermittlungsteams überein.«

Marchais schwieg.

»Und Sie befinden sich nicht mit einem dienstlichen Auftrag aus Marseille auf der Insel?«, fuhr der Präsident fragend fort.

»Nein, Ich befinde mich im Urlaub. In die Schwierigkeiten des Mannes wurde ich rein zufällig hineingezogen.«

»Durch reinen Zufall also, aha.« Der Präsident warf einen nachdenklichen Blick auf seinen Gast. »Wer ist dieser Mann, den die Mafia so dringend ausschalten will? Ein Freund, ein Bekannter, ein Kollege?«

Marchais war auf diese Frage vorbereitet. »Er ist einer meiner Informanten aus Marseille. Er ist auf den Drogenhandel auf See spezialisiert. Das Kartell in Marseille sucht ihn. Sie wissen, dass er ihnen immensen Schaden zugefügt hat. Als sie merkten, dass er ihnen hier wieder entkommen würde, haben sie die Touristin umgebracht und ihn bei der Polizei von Ciutadella anonym beschuldigt.«

»Und habe ich Sie recht verstanden, das alles geschah nur mit dem Zweck, damit unsere Polizei auf der Insel den Mann aufspüren und ihn auf diese Weise für die Mafia enttarnen sollte? Ungewöhnlich!«

»Sehr richtig, Herr Präsident, aber genauso war es.«

»Und das ging alles von dieser französisch-italienischen Gruppe aus.« Der Präsident machte eine Pause, um dann fortzufahren. »Dann muss er für sie in der Tat wichtig sein. Sehr ungewöhnlich«.

»In den letzten zwei Jahren hat er ihnen mehr Schaden zugefügt als irgendeine andere Institution, die die Mafia in Marseille bekämpft.«

»Und dieser Mann hat keinen amtlichen Status? Er ist lediglich ein Informant, Ihr Informant?« Der Präsident war ein höflicher Mann und unterließ es, auch diesen Sachverhalt als ungewöhnlich oder gar äußerst ungewöhnlich zu bezeichnen.

»So ist es. Und darum sind sie hinter ihm her.«

»Diese Leute haben den Mann also auch ohne unsere Polizei gefunden?«

»Ja, ich glaube, man hat Ihr Suchteam durch falsche Angaben an einen ganz anderen Teil der Insel gelockt.«

»Erstaunlich, aber so wurde mir berichtet. Warum wurde er nicht sofort ausgeschaltet?«

»Das wissen wir nicht genau, Herr Präsident, aber ich glaube, sein Leben hat er Ihnen zu verdanken.«

»Mir?«

»Ich habe gehört, Sie hätten mit den Verantwortlichen ein klares Wort gesprochen und sie gewarnt, Tote und Vermisste auf der Insel zurückzulassen. Das muss zu dem seltsamen Kompromiss geführt haben, dass sie ihn in seinem Boot verschnürten und da draußen eingehen lassen wollten. Man spekulierte, dass der Fall später als Unglücksfall zu den Akten kame.«

»Ihr Informant muss ein sehr mutiger Mann sein, um nach all dem in dem Boot zu bleiben und ein solches Risiko einzugehen.«

»Das ist er. Er ist absolut fanatisch. Andererseits ist es für die Polizei die einzige Möglichkeit, an diese Spitzenleute heranzukommen.«

»Dann zur Sache. Wie stellen Sie sich eine solche Aktion vor?«

»Ich übernehme seinen Schutz während der Aktion, während Ihre Männer mit neutralen Booten verhindern, dass die Sunseeker, oder wer immer kommt, um ihm den Recorder abzunehmen, entfliehen kann.«

»Meine Männer werden den Schutz das Mannes übernehmen«, verbesserte der Präsident nachdenklich, »Sie selbst können sich an dem Einsatz beteiligen, das andere geht klar.«

»Einverstanden«, sagte Marchais.

»Wie soll das Beweismaterial gesichert werden, genügt die Beobachtung der Wegnahme des Recorders?«

»Wir dachten, dass im Bereich der Bucht jedes Wort, das gesprochen wird, aufgenommen und festgehalten werden soll.«

»Gut. So könnte man es machen. Haben Sie eine Vorstellung, wann die Situation für den Einsatz eintreten wird?«

»Wir glauben, sehr bald. Wir beabsichtigen, die Botschaft an DiCaprio zu lancieren, sobald wir wissen, dass er sich an Bord der Yacht befindet. Wir tippen auf morgen.«

»Dann habe ich nur noch eine Frage an den Inspektor Marchais. Sind Sie gewillt, sich voll dem Kommando meiner Polizei unterzuordnen?«

»Herr Präsident. Das ist keine Frage.«

»Dann werde ich den Einsatzleiter festlegen. In der Tat, das alles ist ausgesprochen ungewöhnlich.«

39

Dupeu hatte ein Ferienhaus in Villa Carlos, einer Gegend südlich von Mahon gemietet. Es hatte kunstvoll verzierte spanische Gitter an den Fenstern und den Charme eines Sicherheitstrakts. Er selbst war zur Zeit verschwunden. Wenke liebte das neu angemietete Haus auf den ersten Blick. In dem uneinsehbaren Innenhof konnten sie den Jeep und den Seat unterstellen. Hier würde sie endlich ohne Sorge vor nächtlichen Überraschungen schlafen können.

Während sie und Marchais hungrig auf Dupeu warteten und sich nicht entscheiden konnten, ob und wo sie zu Abend essen würden, kam sein Anruf. Er bat sie, ihn in einem Lokal in Mercadal aufzusuchen. Der Ton seiner Einladung machte die Bitte zu einer Anordnung. Sie legte auf und gab eine Botschaft im gleichen Ton weiter. Wenke warf einen kurzen Blick auf Marchais, der gleichmütig die Schlüssel des Seats in die Tasche steckte. Er hatte die neue Hackordnung in der Gruppe offensichtlich ohne Schwierigkeiten akzeptiert. Sie grinste. Schon früher hatte sie überrascht bemerkt, dass Männer dazu leichter in der Lage sind als Frauen.

Sie fanden das Lokal in einem romantischen Garten mit steinernen Tischen und Bänken in einem Areal riesiger Kakteen. Sparsame Beleuchtung gab dem Platz Atmosphäre. In einer entlegenen Ecke saß der Schwarze. Er war nicht allein. Ein unauffälliger Mann mit vollem dunklem Haar und einem grauen Schnurrbart saß neben ihm. Er trug einen dunklen Anorak und beobachtete argwöhnisch ihre Ankunft.

»Señor José Pineda«, wurde der Mann von Dupeu vorgestellt. »Señor Pineda ist Polizist und bereit, mit uns zu kooperieren.« Dann stellte er die Freunde vor und fuhr fort, »Señor Pineda hat darauf bestanden, das weitere Vorgehen im Kreis aller Betroffenen zu besprechen.«

Auf dem Tisch standen einige Gläser und eine Flasche Wein. Eine Tonschale war mit schwarzen Oliven gefüllt. Nichts davon war berührt worden.

Der spanische Polizist war knapp mittelgroß und hatte breite Schultern. Der Reißverschluss seiner Windjacke war geschlossen. Sein Gesicht mit dem Kontrast der schwarzen Haare zu dem grauen Schnurrbart hatte einen nachdenklichen Ausdruck. Er wirkte nicht verängstigt. Seine dunklen Augen musterten die Neuankömmlinge reserviert. Es war ersichtlich, dass er die Situation alles andere als erquicklich fand. Marchais betrachtete ihn und fragte nach seinem Befinden. Der Polizist versicherte, es ginge ihm gut, und ihr schwarzer Freund Dupeu versicherte mit seinem ausdruckslosen Gesicht, man hätte eine Unterhaltung über die erforderlichen Schritte gehabt und fuhr fort: »Señor Pineda war interessiert, den Rest unserer Gruppe kennenzulernen.«

»Wir kommen eben von einem Gespräch mit dem Präsidenten in Mahon«, sagte Marchais, »er ist entschlossen, der Mafia auf der Insel keine Basis für ihre Operationen zu geben. Er wird die Gruppe auf der Sunseeker verfolgen und auffliegen lassen. Wir müssen unbedingt wissen, auf welcher Seite sie dabei stehen.«

»Weiß der Präsident etwas von mir?«

Die Stimme des Polizisten war leise, tief und ausdruckslos. Die schwarzen Augen verrieten keine Unruhe und wanderten von einem Gesicht zum anderen.

»Er weiß nicht einmal, dass das Signal an die Yacht von Señor DiCaprio durch einen Polizisten gegeben wird«, sagte Marchais, »und es liegt uns daran, dass es so bleibt.«

»Warum?« Die Frage Pinedas klang aggressiv wie ein Pistolenschuss.

»Weil unser Vorhaben ohnedies kompliziert genug ist.« Es waren die ersten Worte, die von der Frau kamen. Ihr Spanisch war dürftiger als das ihrer Freunde.

»Sind Sie verheiratet?«, wandte sie sich weiter an den Polizisten.
»Ja.«
»Haben Sie Kinder?«
»Ja.«
»Dann werden Sie das Angebot schätzen, das von dem Mann kommt, den Sie an das Schlauchboot gefesselt haben. Es erspart Ihnen allen einen schweren Weg.«
Pineda nickte nachdenklich, ohne sich zu äußern.
»Es ist eine Operation zwischen drei Parteien, die sich kaum kennen«, sagte Marchais. »Es sind die spanische Polizei, unsere kleine Gruppe und Sie. Lassen wir die Polizei von Mahon außer Acht, dann bleiben Sie und wir. Die Sache kann nur funktionieren, wenn wir uns gegenseitig vertrauen können.«
»Wie viele sind Sie in Ihrer Gruppe?«, fragte Pineda.
»Da ist nur noch der Mann, den Sie im Boot gefesselt haben«, sagte Marchais.
Der spanische Polizist blickte die Gruppe an, dann nickte er langsam.
»Haben Sie so einen Recorder?«
»Noch nicht. Ich werde einen besorgen.«
»Nicht nötig«, sagte der Polizist, »ich gebe Ihnen einen von unserer Dienststelle.«
Dann hob er den Kopf und blickte auf die kleine Gruppe.
»Vale! Wir haben ein Abkommen.«

In der gleichen Nacht stattete das Motorboot, das Dupeu gechartert hatte, dem Mann im Schlauchboot am Cabo Cavalleria einen Besuch ab. Der nur noch zum Teil gefesselte Skipper wirkte frischer, auch seine Stimme klang wieder normal. Seine Augen brannten nicht mehr. Unter seinem Körper und den Netzen verborgen, hatte sich ein kleines Arsenal von Gegenständen, darunter ein Minirecorder des Polizeipostens von Alayor, angesammelt. Marchais rümpfte die Nase.
»Der Gestank ist überzeugend«, sagte er dann.
»Wer auch immer den Recorder abholt, wird beeindruckt sein«, stimmte der Verursacher zu.
»Wenn alles nach Plan läuft, kannst du morgen Abend duschen.«

40

»Ich werde heute nach Marseille zurückkehren.«
Der Abgeordnete Mouron warf gerade einen Blick auf das Standbild Admiral Faragutts, als die Sunseeker den Ausgang des Hafens von Ciutadella passierte.

Drei Männer saßen in dem luxuriösen Salon der Yacht. Nur zwei unterhielten sich. Wegen des schweigsamen dritten Mannes, der in der Ecke saß und eine Zigarette rauchte, wurde das Gespräch wieder in spanischer Sprache geführt.

»Wann?« Die Frage des Italieners klatschte wie eine Ohrfeige. Alexandro DiCaprio blickte den Franzosen verächtlich an.

»Mit dem Flug um siebzehn Uhr zwanzig.«

»Ich brauche Sie nicht daran zu erinnern, dass die Konferenzen hier noch nicht beendet sind.« Die Stimme des Italieners klang scharf.

»Überflüssig, das weiß ich selbst.«

Der Franzose blätterte abwesend in einem ledergebundenen Buch mit vergilbten Blättern, die noch einen schwachen Goldrand aufwiesen. Auch er gab sich nicht die Mühe, höflich zu erscheinen.

»Überflüssig? Ich brauche Ihnen nicht aufzuzählen, wie viele unserer Partner morgen nur wegen der Probleme mit Marseille anreisen.«

»Nein, Monsieur DiCaprio, das ist nicht nötig.«

»Was soll ich ihnen also erklären?«

»Was Sie wollen, meinetwegen, dass ich dringende Verpflichtungen in Frankreich habe.«

»Das kann doch nicht Ihr Ernst sein.«

»Mein voller Ernst. Und wenn ich Ihnen raten darf, machen Sie es genauso.«

»Sie können sich darauf verlassen, dass ich die Dinge hier so abschließen werde, wie es geplant war. Ich neige nicht zu hysterischen Anwandlungen.«

»Ich wusste, dass Sie das sagen würden. Was machen wir denn zur Zeit anderes, als uns zu verstecken. Seit dieser Mann aufgetaucht ist, halten wir uns zu Besprechungen nur noch auf diesem verfluchten Schiff auf. Alles aus Angst, von der Polizei belauscht zu werden. Was wissen wir schon von ihm? Haben keine Ahnung, ob er nicht doch eine ganze Organisation hinter sich hat.«

»Nun hören Sie schon auf. Der Kerl ist bald jenseits von gut und böse.«

»Ich mochte verflucht noch mal den Ton nicht, in dem dieser Polizist in Mahon mit uns geredet hat.«

»Mein Gott, ein Inselfürst. Haben Sie nicht gemerkt, dass der keine Ahnung hat, was hier vorgeht? Er hatte keinen Dunst von der Existenz dieses Kerls. Der wollte sich aufblasen, das war alles.«

»Immerhin wusste er unsere Namen.«

Das Bordtelefon klingelte. Der Steuermann brachte den Hörer in den Salon und legte ihn wortlos auf den Tisch. DiCaprio nahm ihn auf und knurrte ein kurzes »pronto«. Auch ohne die andere Seite verstehen zu können, wurde den anderen beiden der Sachverhalt klar.

»Ja, am Apparat. Wer sind Sie?«

»Ah ja, richtig, wir sind auf der Yacht. Warum rufen Sie an?«

»Sie haben das Schlauchboot kontrolliert, und er bewegt sich nicht mehr? Dann ist ja alles in Ordnung. – Was soll er in der Hand halten? Das ist doch völlig unmöglich! – Woher sollte er denn ein solches Gerät haben, sind Sie da sicher? – Da haben Sie recht. Also gut, dann fahren Sie raus und lassen Sie es verschwinden. Ich möchte es dann heute Abend in Ciutadella haben. – Was heißt, das geht nicht. Sie haben eine Menge Geld akzeptiert. Da ist so was inklusive. – Nein, das passt mir überhaupt nicht. Solche Dinge müssen Sie voraussehen. Werden Sie krank oder lassen Sie sich sonst etwas einfallen. – Also gut. Wir werden noch darüber sprechen. In Zukunft muss das anders laufen. – Ob ich den Platz finde? Natürlich weiß ich das noch. Da machen Sie sich mal keine Sorgen. Ja, adios.«

Der Italiener verdrehte die Augen und reichte den Hörer nach draußen. »Ist doch unglaublich. Manche Leute machen einem noch Ärger, wenn sie schon tot sind.«

»Was ist denn los?«, fragte Mouron.

»Das war der Polizist, der das Schlauchboot mit dem abservierten Burschen kontrolliert«, sagte der Italiener nachdenklich.

»Und was soll der Aufstand?«

»Einen Moment bitte.« DiCaprio betrat die Brücke und sprach mit dem Steuermann. Als er zurückkehrte, begann die Yacht mit einem sanften Bogen und änderte die Richtung.

»Also, unser Mann in dem Schlauchboot scheint nicht mehr zu leben. Seit gestern Abend rührt er sich nicht mehr. Lassen Sie mich ausreden. Der Polizist meint, er hat eine Hand frei bekommen und hat sie auf die Luftkammer gelegt.«

»Ist ja toll. Fahren wir jetzt vielleicht an das Cap, um das zu betrachten?«, fragte der Franzose argwöhnisch.

»Ja, so ungefähr. Aber nicht zum Sightseeing. Der Polizist hat ihn mit einem Fernglas etwas genauer betrachtet und meint, er hält in der Hand eines von diesen kleinen Diktiergeräten. Er befürchtet, es könne etwas darauf gesprochen worden sein.«

»Das geht doch nicht mit rechten Dingen zu. Der Mann wurde doch durchsucht.«

»Natürlich wurde er das. Aber schauen wir uns die Sache an. Diese Geräte sind heute sehr klein. So was kann schon mal übersehen werden.«

»Nicht, wenn meine Männer ihn kontrolliert hätten«, konterte Mouron verächtlich.

»In dem Punkt haben Sie recht, so was hätte nicht passieren dürfen.«

»Und jetzt haben Sie eine Kursänderung zum Nordteil der Insel angeordnet?«

»Selbstverständlich. Der blöde Polizist wurde zu einem Einbruch gerufen und meint, da draußen treiben sich inzwischen Touristenboote herum. Es hilft nichts, wir müssen selbst nach dem Rechten sehen.«

»Ohne mich, wenn Sie gestatten.« Der Einwand kam von dem Franzosen, es war keine Bemerkung, sondern eine Anweisung.

»Wenn es Ihnen recht ist, möchte ich mich dieser Meinung anschließen.« Der Zusatz kam unerwartet von dem dritten Mann. Aber DiCaprio stand kurz vor einem Zornausbruch und beachtete ihn gar nicht. Er wandte sich nur an den Franzosen.

»Wer wollte den Mann ausschalten und im Meer verschwinden lassen? Das war ich. Und wer bestand auf einer fantasievollen Lösung? Können Sie sich noch erinnern, wie das war? Monsieur, diese Lösung haben wir jetzt. Überaus fantasievoll. Sie bleiben mit an Bord.«

Mouron erhob sich und warf das alte Buch auf den Mahagonitisch im Salon. Er war hager, fünfundvierzig Jahre alt, hatte ein unschönes Gesicht mit einem vorspringendem Kiefer, zurückweichendem Haaransatz und besaß ein unerschütterliches Selbstvertrauen. Seine Berater hatten ihm zu einem Schnurrbart geraten, um die Wahlplakate etwas anziehender zu gestalten. Er hatte beide Hände in den Taschen und blickte ungerührt auf den italienischen Mafiaboss.

»Sie haben da ein Problem, Alexandro, das ich seit Jahren abgelegt habe.«

»Und das wäre?«

»Sie machen Ihre Drecksarbeit noch selbst. Damit können Sie ganz schön aufs Kreuz fallen.«

»Und Sie können nur klug daherquatschen.«

Mouron gab keine Antwort und schlenderte, die Hände noch in der Taschen, aus dem Salon. Niemand bemerkte, wie er die Tasche mit seiner Ausweisen zuknöpfte, auch Admiral Faragutt am Eingang des Hafens nicht, dessen Bronzehaut grüne Patinaflecken angesetzt hatte. Die Sunseeke machte keine Anstalten, ihr Tempo herabzusetzen und in die Einfahrt ein zubiegen. Sie zog weiter. DiCaprio merkte erst eine Seemeile später, dass sie einen Passagier verloren hatten. Sein Wutanfall dauerte dreißig Sekunden. Selbst der andere Mann im Salon, der bisher geschwiegen hatte, zog den Kopf ein.

Als Mouron, der zu Füßen des Admirals in voller Kleidung dem Meer entstiegen war, den ersten Taxistand erreichte, war er schon einen Kilometer gewandert. Auf den ersten Blick konnte man an seiner Kleidung das Bad im Meer nicht mehr erkennen. Aus seinem Hotel rief er den Flughafen an und erkundigte sich nach der nächsten Maschine. Er war nicht mehr gewillt, bis siebzehn Uhr zwanzig zu warten.

41

Thiel lag in dem Zodiac und traute sich seit Stunden nicht, seinen linken Arm zu bewegen, der auf der Luftkammer lag. In der Nacht war ihm plötzlich eingefallen, dass die Gruppe um DiCaprio durchaus vorab überprüfen konnte, ob das, was der Polizist Pineda ihnen gemeldet hatte, auf Wahrheit beruhte. Sie brauchten ihn dazu nicht auf dem Wasser besuchen. Mit einem guten Fernrohr konnten auch sie vom Cabo Cavalleria einen Blick auf ihn werfen und die Behauptung mit dem Diktaphon überprüfen. Wenn er sich dann in dem Boot hin und her bewegte, wussten sie zumindest, dass ein Teil der Aussage nicht stimmte und dass er noch nicht gestorben sei. Wenn Charles Mouron der Fuchs war, für den ihn Marchais hielt, konnte es sein, dass sie die Falle witterten und gar nicht erst kämen, um das Diktiergerät abzuholen. Also lag er bewegungslos in dem Boot, und seine linke Hand, die das kleine Gerät hielt, verkrampfte sich zeitweilig so sehr, dass er befürchtete, es könne ihm aus der Hand gleiten. Trotz der Tropfen bereiteten ihm seine Augen Sorgen. Er brachte es fertig, unter dem Netz einen kleinen Streifen Stoff von seinem Hemd zu reißen und über die Augen zu decken.

Mittlerweile zählte er siebzehn Silbermöwen. Sie saßen überall. Neben dem Felsen bei den ersten beiden und an anderen Stellen. Manche recht nah. Die, die hinter ihm auf den Felsen saßen, sah er nicht, da er seinen Kopf nicht so weit drehen konnte. Er konnte sie jedoch gut hören. Sie waren näher, als ihm angenehm war. Diejenigen, die er sehen konnte, hatten ausdruckslose gelbe Augen. Meist waren sie aufs Meer gerichtet. Manchmal schauten sie ihn an. Er war froh, dass sie sich kaum bewegten.

Gegen Mittag hörte er in der Ferne den Außenborder eines Bootes. Er zog den Streifen Tuch von seinen Augen und sah, dass auch die Möwen das sich nähernde Boot hörten und unruhig wurden. Als erste flogen die zwei vom Gipfel des Berges ab. Paarweise löste sich der Rest der Versammlung auf. Am Luftdruck, den er in den Haaren und im Gesicht spürte, stellte er fest, dass einige der Biester bereits verdammt nah hinter seinem Kopf gesessen hatten.

Er legte wieder den Streifen über seine Augen und spielte toter Mann. Man konnte nie wissen, ob im ersten Boot wirklich die eigenen Leute waren, wie es in der Nacht abgesprochen war. Seine Linke hielt den Recorder.

Das Boot, das in dem Einschnitt auftauchte, war mit sechs Männern besetzt. Durch einen Spalt unter dem Tuch konnte er zu ihnen hinüberschielen, ohne den Kopf zu bewegen. Zu seiner Erleichterung erkannte er unter ihnen Marchais und Dupeu. Sie kamen an sein Boot, riefen ihm zu, dass alles programmgemäß verlief und waren einen Moment später hinter den Felsen verschwunden. Die anderen waren wohl Polizisten von der Insel. Zwei trugen Taucheranzüge, einer brachte das Boot außer Sichtweite. Es störte Thiel, dass er bei keinem Waffen sehen konnte.

Ein Schwachpunkt seines Plans war, auch das hatte er sich erst in der Nacht überlegt, was passieren würde, falls man bemerkte, dass er noch lebte. In diesem Fall konnte Alexandro DiCaprio durchaus beschließen, die Sache rasch zu beenden und ihn nicht ruhig unter den Netzen sterben zu lassen. Immerhin bestand aus Sicht der Mafiosi die Gefahr, dass er noch entdeckt und befreit würde.

Es war, dachte er, wie bei einem Geburtstag. Obwohl man die Hauptperson war, verriet einem keiner die Überraschung. Trotz Früchten und kaltem Tee, die Wenke in der Nacht mitgebracht hatte, ließ seine Fähigkeit nach, sich zu konzentrieren. Er ermüdete jetzt rasch.

Schon begann er wieder vor sich hin zu dämmern, als er durch das sonore Geräusch eines schweren, gedrosselt fahrenden Motors aufgeschreckt wurde. Dieses Mal konnte es sich nur um die Sunseeker DiCaprios handeln. Wahrscheinlich setzte sie ein Boot aus. Er schielte auf den kleinen Streifen Meer, vor dem Eingang zu seinem Gefängnis. Die See hatte sich beruhigt. Zwar hing das Vorderteil seines Schlauchboots immer noch im Wasser, aber die Wellen waren nicht mehr in der Lage, das Zodiac zu bewegen.

In dem Einschnitt erschien ein weißes Beiboot, ein bequemes Dingi mit drei Männern. Hinter dem Boot tauchten langsam und, aus dieser Perspektive majestätisch, die Konturen der Sunseeker auf. Sie konnte nur wenige Meter von dem Steilufer und seinem Einschnitt entfernt sein. Ein Mann stand an der Reling und starrte zu ihm hinüber. Er kannte ihn nicht. Aber zwei von den dreien in dem kleinen Beiboot kannte er. Der Mann am Ruder des Bootes mochte ein Matrose der Yacht sein. Die Männer links und rechts vor ihm in den gepolsterten Sitzen waren DiCaprio, auch im Beiboot mit seinem dunkelblauen Yachtblazer und, er konnte es fast nicht glauben, sein alter Freund Surfelder, dessen Gesicht von der Sonne gerötet war. Warum kamen die beiden selbst zu ihm, anstatt den Recorder, den er so sichtbar in der Hand hielt, einfach durch einen Matrosen holen zu lassen? Das Beiboot schwoite im Leerlauf vor und zurück. Die beiden Männer im Boot blickten auf ihn, dann blickten sie sich an. Surfelder wies auf den gefesselten Mann und machte dann eine Gebärde der Unsicherheit. Plötzlich ahnte Thiel den Grund, warum sich die beiden selbst in das Beiboot begeben hatten. Es geschah, um noch näher an ihn heranzukommen. Surfelder wollte sich aus nächster Nähe und bei Tageslicht überzeugen, ob da wirklich sein ehemaliger Stellvertreter in dem Zodiac lag oder er sich in der Nacht getäuscht hatte. Mit dem Stoffstreifen über den Augen, der das halbe Gesicht des Opfers verdeckte, war er sich seiner Sache auch dieses Mal nicht sicher.

DiCaprio gab dem Steuermann einen Wink, der Motor wurde lauter und das Dingi schob seinen Bug über den Wulst des Schlauchboots. Surfelder stützte sich auf die Luftkammer des Zodiacs und brachte ein Bein in das Schlauchboot. Die Brühe, die sich im Bug angesammelt hatte, stank erbärmlich. Er rümpfte die Nase und stockte für einen Moment. Dann schob er sich vorsichtig höher neben den vermeintlich Toten. Sein erster Griff galt nicht dem Recorder, sondern, wie Thiel bereits angenommen hatte, dem Fetzen über seinem Gesicht. Er zog ihn weg und durch die halbgeschlossenen Lider sah Thiel, wie der Mann zurückprallte. Er hatte seinen Vertreter im Kampf gegen die Drogen erkannt. Und er hielt ihn für tot. Surfelders Gesicht drückte so etwas wie Bedauern aus. Wie damals bei der Beerdigung seines Freundes Peter, dachte Thiel. Dann griff er nach dem Recorder.

Noch in der letzten Nacht hatten Marchais und Dupeu ihn eindringlich beschworen, sich nicht zu bewegen, wenn ihm der Recorder aus der Hand genommen würde. Er hatte eingewilligt. Das galt für jeden der anderen Seite, aber nicht für Surfelder. Nicht im Traum hätte er sich vorstellen können, dass dieser Fall eintreten würde.

Als Surfelder ihm den Recorder aus der starren Hand winden wollte, war das nicht möglich. Dem Antidrogen-Papst schien es, als ob sein alter Freund Thiel durch eine Art Leichenstarre das Plastikgehäuse umklammerte. Als er mit beiden Händen versuchte, Thiel den Recorder zu entwinden, wurde die linke Hand des vorgeblich Toten lebendig. Sie schnappte zu und schloss sich um eines seiner Handgelenke. Der Recorder fiel auf die Luftkammer. Gleichzeitig öffneten sich Thiels Lider. Surfelder erstarrte, seine Augen weiteten sich. Er versuchte, sich mit einem verzweifelten Ruck aus dem Griff des wieder Lebendigen zu befreien. Er hatte keine Chance.

»Franz, mach mich los«, bat der Gefesselte mit heiserer Stimme.
»Lass mich los.« Surfelders Stimme klang hoch und hysterisch. Sein Handgelenk war wie von einer Klammer umspannt. Er konnte den Arm nicht bewegen. Er sah die Wut und den Hass in den Augen seines gefesselten Widersachers, die Anstrengung und den Willen, den Griff nicht mehr zu lösen.

»Franz, warum willst du mir den Recorder wegnehmen?«, fragte Thiel heiser und fast emotionslos.

»Lass meine Hand los. Und komm mir jetzt nicht mit den alten Zeiten, ich kann dir nicht mehr helfen.«

»Natürlich kannst du. Schneide mich los.«

Durch die große Hornbrille Surfelders traf ihn ein kalter Blick. Das anfängliche Mitleid war der Verachtung gewichen. »Du hast nie gewusst, wann deine Zeit vorbei war. Lass mich los. Für dich ist es zu spät.« Wieder zerrte er an dem Gerät und versuchte seine Hand freizubekommen.

DiCaprio starrte fassungslos auf das Geschehen und musste zur Kenntnis nehmen, dass die telefonischen Informationen des Polizisten Pineda nur teilweise korrekt gewesen waren. Richtig, in der Hand des Toten war ein Recorder, aber der erste Teil der Meldung war eindeutig falsch. Der Tote in dem Schlauchboot lebte. Offensichtlich wollte er sich mit Surfelder noch etwas unterhalten. Das würde er abkürzen. Aus der Brusttasche seines Blazers zog er eine schmale Pistole. Er richtete sie auf das Boot und befahl Surfelder, sich zur Seite zu bewegen.

Neben ihm tauchte aus dem Wasser die Maske eines Tauchers auf. Es gab keinen Knall, nur ein Schwirren. In die rechte Brustseite des dunkelblauen Blazers mit dem Yachtwappen grub sich der Schaft einer Harpune. DiCaprio wurde durch den Impakt nicht getötet, der momentane Schock machte ihn jedoch unfähig, sich zu bewegen und sein Vorhaben zu vollenden.

Surfelder blickte von DiCaprio auf den Taucher, der aus dem Wasser stieg, und nach einem letzten Versuch, sich loszureißen, verharrte er auf der Luftkammer des Zodiacs, als sei er in eine Starre gefallen. Die Touristenboote, deren Besatzungen plötzlich bewaffnet waren, begannen, den Kreis um die Sunseeker enger zu ziehen. Neben dem Zodiac erschienen zwei Angler mit Handfeuerwaffen und verhinderten, dass das Beiboot mit dem schwerverletzten Italiener seinen Platz verließ. Der Besatzung der Sunseeker wurden Handfesseln angelegt. Minuten später erschien Dupeu mit einem Messer und begann den gefesselten Skipper der AQUADRAT, um den sich in dem allgemeinen Geschehen niemand kümmerte, loszuschneiden. Surfelder hatte er losgelassen. Auf der winzigen Insel gab es für ihn keine Gelegenheit, sich abzusetzen.

Marchais war noch nicht aufgetaucht. Er hatte sich sofort auf die Sunseeker bringen lassen und suchte dort vergeblich nach Mouron. Der Steuermann der Yacht, der mit Handschellen an die Reling angekettet war, erklärte ihm schließlich, dass sie einen der Passagiere, den Franzosen, an der Hafeneinfahrt von Ciutadella verloren hatten. Er müsse ins Wasser gefallen oder gesprungen sein. Marchais war ein Mann von Gleichmut und großer Selbstkontrolle. Er überlegte sofort, wie er durch einen Mittelsmann an den prominenten französischen Dealer herankommen könne.

»Hatte Monsieur Mouron irgendeinen Begleiter bei sich, der auch aus Marseille gekommen ist?«, fragte er den Steuermann. Der blickte vom Steuerstand in den Salon, als wolle er die Passagiere zählen und schüttelte mit dem Kopf. Sein Blick fiel auf den alten ledergebundenen Band, der noch auf dem Mahagonitisch des Salons lag.

»Sein Buch hat er liegen lassen«, sagte der Steuermann. Marchais Blick verriet kein Interesse.

»Wer hat das Buch hier vergessen?«, fragte er gleichgültig.

»Na der Franzose, Monsieur Mouron.«

Der Band war nicht groß, alt und leider keine Kladde mit persönlichen Aufzeichnungen. Gleichgültig nahm Marchais das Buch vom Tisch und öffnete es. Es war ein alter Roman, zwar ledergebunden, aber nicht übermäßig alt. Er war 1880 erschienen. Der Autor war Emile Zola. Konsterniert durchblätterte er die Seiten, um eventuell auf persönliche Notizen zu stoßen.

»Von wem, sagten Sie, ist dieses Buch zurückgelassen worden?«, fragte er den Steuermann.

»Sagte ich doch, von dem Mann, der das Schiff verlassen hat, Monsieur Mouron.«

Marchais stand eine Weile wie versteinert, dann schüttelte er nachdenklich den Kopf und legte den Band zurück auf den Tisch.

Überraschend tauchte noch ein anderes Boot auf. Es hatte den Präsidenten an Bord. Er wurde von Surfelder in Beschlag genommen, dem es gelungen war, noch auf freiem Fuß zu bleiben und bis zu ihm zu gelangen. Zur Überraschung von Thiel war er nicht wie die anderen gefesselt. Er hatte sich offensichtlich gefangen und sprach mit dem Präsidenten mit kurzen eindrucksvollen Gesten, als ob sie langjährige Bekannte wären. Vor dem Einschnitt drängte sich mittlerweile alles, was schwimmfähig und motorisiert war. Thiel konnte an der allgemeinen Freude über den Ausgang der Aktion nur bedingt teilnehmen. Nachdem die Netze und Fesseln beseitigt waren, musste er feststellen, dass sein Körper vollkommen steif geworden und seine Beine stark angeschwollen waren.

Dupeu hatte von einem Polizeiboot eine Trage und eine Flasche Wasser für ihn organisiert und sagte ihm, dass er Wenke angerufen und von dem glücklichen Ausgang des Unternehmens unterrichtet habe. Man hatte ihm auf die Füße helfen wollen, aber das erwies sich als unmöglich. Er konnte weder sitzen noch stehen. Nur sein linker Arm und sein Nacken waren beweglich. Man legte ihn auf eine Pritsche, und er erhielt eine zusammengerollte Decke als Nackenstütze. Thiel betrachtete den Auftritt Surfelders mit Befremden und gab dem Schwarzen einen Wink, Marchais aufzustöbern. Noch bevor es dazu kam, erschien der Präsident, rümpfte die Nase, bedauerte den Segler und gratulierte ihm zu seinem Mut, der der Polizei einen großartigen Erfolg gegen das organisierte Verbrechen ermöglicht hatte. Gleichzeitig hätte er auch die Freude gehabt, den – an diesem Punkt setzte er die Brille auf und warf einen Blick auf eine Visitenkarte – Vorsitzenden der Westeuropäischen Antidrogenbewegung, Herrn Professor Doktor Franz Surfelder kennen zu lernen. Der Herr sei irgendwie in die Sache geraten und hätte wohl versucht, Herrn Thiel das Leben zu retten.

Der grauhaarige Segler hatte nicht umsonst den früheren Teil seines Lebens in höchsten Staatsämtern verbracht. Er wusste noch, was die Etikette verlangte. Auf der schmalen Trage liegend, das zernarbte Gesicht von der Sonne gezeichnet, strahlte er die Ruhe eines Regenten beim Staatsempfang aus. Er gratulierte dem Präsidenten und seiner Truppe zu dem hervorragenden Einsatz, der seine Erwartungen weit übertroffen hätte. Die Anstrengungen zur Rettung seines Lebens durch den anwesenden Professor Surfelder kommentierte er fürs Erste nicht.

Der Präsident wusste von dem Segler, dass er darauf bestanden hatte, seine Gegner in gefesseltem Zustand als Köder in die Falle zu locken. Er betrachtete ihn mit einer Mischung aus Neugier und Respekt. Eine bühnenreife Ansprache hatte er nicht erwartet. Überrascht fragte er ihn, wann er glaube, wieder auf den Beinen zu sein. Thiel meinte, er freue sich auf ein heißes Bad und wäre dann hoffentlich etwas beweglicher.

»Darf ich Sie dann morgen im Präsidium zu einem Besuch erwarten.«
»Mit größtem Vergnügen.«
»Rufen Sie mich bitte an, wenn Ihr Befinden den Besuch noch nicht erlauben sollte.«
»Gerne, aber würde es Ihnen möglich sein, auch Herrn Professor Surfelder zu diesem Besuch zu laden?«
»Aber sicher, eine vorzügliche Idee.«
»Wäre es möglich, sicherzustellen, dass Herr Surfelder nicht in der Zwischenzeit nach Deutschland zurückkehrt?«
Das war eine merkwürdige Bitte, und der Präsident sah den auf der Trage liegenden Invaliden erstaunt an.
»Glauben Sie, der Professor hätte Grund zu einer sofortigen Rückreise?«

Der Mann auf der Liege blickte ihn ernst an. »In der Tat, einen sehr guten.« Der Präsident betrachtete ihn nachdenklich. »Dann wird es mir eine Freude sein, das sicherzustellen.«

Der hohe Besuch verabschiedete sich, und Thiel zog seine Truppe zusammen.

»Versucht festzustellen, welche Polizisten den Ablauf zwischen mir und Surfelder gesehen haben könnten.«

»Ich habe es gesehen«, sagte der Schwarze und fuhr fort: »Ich war sicher, dass Sie sich nicht an unsere Abmachung halten würden, den Recorder ohne Gegenwehr abzugeben.«

»Wie konnten Sie da sicher sein, ich wusste es selbst noch nicht.«

»Sagen wir Instinkt. Ich war so sicher, dass ich sogar die spanischen Taucher gebeten habe, aufzupassen, für den Fall, dass einer handgreiflich gegen Sie würde.«

»Wahrscheinlich haben Sie mein Leben gerettet.«

»Warum sollen wir jetzt spanische Polizisten finden, die euch beobachtet haben?«, fragte Marchais.

»Surfelder«, sagte Thiel, »scheint ein Meister des Rückzugs zu sein.«

Am Abend saß er mit Wenke auf der vergitterten Terrasse ihrer gemieteten Festung in einem Liegestuhl und genoss den Schatten. Er hatte Stunden im heißen Wasser und mit gymnastischen Übungen verbracht. Sie hatten ihm zwei Krücken besorgt. Mit ihnen konnte er sich mehr schlecht als recht bewegen. Er war mit den anderen einig, dass die Gefahr noch nicht vorbei war. Noch konnten die Hilfstruppen von DiCaprio auf der Insel sein. Thiel hatte erfahren, dass Mouron nicht gefasst worden war. Er hatte nicht vergessen, was Marchais kürzlich über diese Hilfstruppen gesagt hatte, niemand kennt sie, die hauen einfach drauf und verschwinden. Wie auch Wenke gefiel ihm daher das Haus mit seinem burgartigen Charakter in Villa Carlos.

»Was hast du nun vor?«, fragte sie.

»Ich weiß es nicht. Jedenfalls werde ich diese Kampagne so nicht weiterführen können. Seit es diesem Mouron gelungen ist, zurück nach Marseille zu gelangen, ist das in diesen Gewässern zu gefährlich.«

»Willst du die AQUADRAT verkaufen oder willst du sie weitersegeln?«

Er antwortete erst nach einer Weile. »Es käme auf die Umstände an.«

»Auf was für Umstände?«

»Ich glaube, ob ich allein an Bord wäre.«

»Du meinst, ob Kater Kohl zurückkäme.«

»Genau daran hatte ich gedacht.«

»Okay, dann werde ich meinen Vater davon unterrichten, dass ich noch inige Zeit in Libyen bleiben werde«, lächelte sie.

42

Als Thiel am nächsten Morgen mit Marchais im Polizeipräsidium eintraf, befand sich der Präsident bereits im Sitzungsraum. Neben ihm ein älterer Herr mit kurzen weißen Haaren. Er wurde nicht vorgestellt.
Thiel hatte sich etwas erholt und für den Besuch in einen Anzug gezwängt. Seine Füße waren noch geschwollen und schmerzten selbst in den Sandalen, die er sich am Morgen besorgt hatte. Für den kurzen Weg zum Verhandlungszimmer musste er sich auf den Kommissar stützen. Kein Gelenk seines Körpers schien frei beweglich zu sein. Das Sitzen an dem Konferenztisch bereitete ihm sichtbar Schwierigkeiten. Abgesehen davon war er allerdings wieder, wie Marchais sagen würde, eine markante Erscheinung. Sie hatten eine Version abgesprochen, mit der er dem Präsidenten, falls erforderlich, seine Aktivitäten gegen die Marseiller Drogenmafia erklären würde. Wie er den Präsidenten einschätzte, war der an Details, die sich an der Küste Frankreichs abgespielt hatten, sowieso nicht allzu interessiert. DiCaprio, hatten sie erfahren, war noch in der Nacht mit dem Hubschrauber nach Palma di Mallorca gebracht worden und lag dort auf der Intensivstation des staatlichen Krankenhauses. Als sie den Saal betraten, der für das Gespräch vorgesehen war, sahen sie Surfelder, der bereits vor ihnen eingetroffen war, in der Nähe des Präsidenten. Er blickte seinen früheren Stellvertreter an, erhob sich, grüßte leger und wirkte nicht einmal nervös. Offensichtlich hatten die beiden Herren ein längeres Gespräch gehabt.
Im Hintergrund, abseits des ovalen Verhandlungstisches, saßen zwei distinguierte Herren in blauen Nadelstreifen. Sie sahen unbeteiligt aus und schwiegen. Marchais waren sie beim Eintritt in den Saal aufgefallen, und er stutzte für einen Moment.
»Herr Surfelder«, meinte er halblaut, »geht nicht unbewaffnet in die Schlacht. Wenn ich mich nicht irre, ist der rechte von den beiden Maître Bustia.«
»Na und?«, meinte Thiel und hinkte unbeeindruckt weiter.
»Bustia ist der Staranwalt der Marseiller Szene für Drogenverfahren. Sie müssen ihn über Nacht aus Frankreich eingeflogen haben.«
»Und der andere?«
»Kenn ich nicht. Könnte ein hiesiger Anwalt sein, vielleicht wegen der örtlichen Zulassung.«
Alle nahmen Platz, der Präsident stellte die beiden Anwälte vor, die weiterhin in der zweiten Reihe blieben, und bat den Skipper der AQUADRAT um

eine Erklärung zu den Ereignissen der vergangenen Woche. Er wies auf ein Tonbandgerät, das in der Mitte des Konferenztisches aufgebaut war und den Wortlaut der Besprechung aufnehmen würde.

»Auf der Insel«, begann Thiel, »hatte die organisierte Drogenmafia eine geheime Konferenz, sozusagen im internationalen Rahmen, geplant.«

»Hat diese Konferenz stattgefunden?«

»Wir nehmen an, dass eine Kette von Einzelkonferenzen vorgesehen war, die durch das erfolgreiche Eingreifen Ihrer Polizei unterbunden wurden. Wie viele dieser Zusammenkünfte bereits stattgefunden haben, ist mir nicht bekannt.«

»Wie sind Sie denn selbst in die Geschichte geraten?« Thiel sah, dass sich das Kinn Surfelders und seiner Anwälte etwas hob und nahm an, dass sie dieser Teil der Geschichte auch interessierte.

»In die Details möchte ich etwas später gehen«, ohne die Anwesenheit von Surfelder und Co, dachte er, »und jetzt nur feststellen, dass ich in Ciutadella zufällig auf eine Gruppe dieser Herren gestoßen bin und von DiCaprio erkannt wurde. Es geschah in einem Restaurant, und in aller Öffentlichkeit konnte er nichts gegen mich unternehmen. Ab sofort begann er, intensiv nach mir zu suchen. Kurz bevor er meinen Wohnort auf der Insel entdeckt hatte, verließ ich den Nordwesten und flüchtete in ein Hotel im Süden. Um mich erneut ausfindig zu machen, war dem Kartell jedes Mittel recht. Eine englische Touristin, die im Nachbarbungalow wohnte, wurde ermordet und ich anonym mit der Tat belastet. Das geschah, weil man mich nicht aufspüren konnte und der Polizei die größeren Chancen einräumte, den Aufenthaltsort eines mutmaßlichen Mörders festzustellen. Als ihnen jedoch das amtliche Verfahren zu langsam erschien, möglicherweise hatten sie auch einen Tipp über meinen Aufenthaltsort erhalten, wurde die Polizei mit falschen Hinweisen in die Gegend von Binibeca gelockt, und die Herren des Kartells nahmen die Sache wieder in die eigene Hand. Wie Sie wissen, mit Erfolg.

Dass ich noch am Leben bin, verdanke ich der Besprechung, die Sie mit den beiden Mafiabossen DiCaprio und Mouron geführt hatten.« Thiel nickte dem Präsidenten zu und fuhr fort. »Als ich gefesselt in dem Boot lag, wollte mich Alexandro DiCaprio sofort töten lassen, Charles Mouron jedoch verwies auf die Unterredung mit Ihnen und bestand darauf, dass ich einen Unfall erleiden sollte, bei dem die Polizei den genauen Hergang sowie den Zeitpunkt meines Todes nicht mehr rekonstruieren könnte. Das«, schloss Thiel, »hat mich so lange am Leben gehalten, bis Ihre Polizei eingreifen konnte.«

Der Präsident hob die Hand. »Sie, Herr Marchais«, sagte er, »sind Polizeibeamter aus Marseille, können Sie die Version von Herrn Thiel bestätigen?«

»Jedes Wort.«
»Gut. Möchten Sie dem noch etwas hinzufügen?«
»Später.«
»Wer waren nun die Teilnehmer dieser Konferenzen?«
»Wir kennen nur die obersten Köpfe«, sagte Thiel.
»Und wer sind diese Köpfe?«
»Zwei hatten Sie zu sich ins Präsidium vorgeladen, Mouron und DiCaprio. Der Dritte hat sich etwas im Hintergrund gehalten.«
»Und wer wäre das?«
»Er sitzt neben Ihnen, es handelt sich um Professor Surfelder.«
»Das ist ja völlig absurd.« Auch Surfelder beherrschte die spanische Sprache, seine Stimme klang empört.
»Worauf stützen Sie Ihre Behauptung?«, fragte der Präsident und blickte auf Thiel.
»Auf beweisbare Tatsachen«, antwortete dieser.
»Unbewiesene Behauptungen«, fiel ihm Surfelder ins Wort. »Er wird sich auf die Vergangenheit beziehen, ich könnte einiges dazu sagen.«
»Auch ich möchte«, hob Thiel erneut die Stimme, »die Vergangenheit außer Acht lassen und nur von dem reden, was sich hier zugetragen hat.«
»Da hat sich gar nichts zugetragen. Ich bin auf der Insel als Tourist, wie Millionen Deutsche auf den Balearen«, meinte Surfelder gelangweilt.
»Wo wohnst du denn?«
»Mein Aufenthalt ist der Polizei bekannt«.
»Herr Professor Surfelder hat die gestrige Nacht in einem Hotel in Mahon zugebracht«, erläuterte der Präsident.
»Ich meine die Tage davor.«
»Das geht niemanden etwas an. Ich wohne bei Bekannten, die ich zu allerletzt in die lächerliche Sache hineinziehen möchte.«
»Es wäre interessant, Franz, deine Bekannten näher kennenzulernen. Aber deine Teilnahme an den Ereignissen kann ich auch ohne sie beweisen.«
»Gewäsch.«
»Wir werden sehen. Beantworte uns nur einige Fragen.
Wie erklärst du deine Anwesenheit auf der Yacht DiCaprios?
Warum habt ihr mich auf das Schlauchboot gefesselt, um mich in dieser menschenleeren Ecke verrecken zu lassen?
Warum seid ihr gestern zu mir gekommen?
Warum hast du mich nicht befreit, als ich dich gestern darum gebeten habe?
Warum wollte mich dein Freund DiCaprio erschießen?«
Der französische Anwalt tauschte einen Blick mit Surfelder und nickt

dann zustimmend mit dem Kopf. Surfelder verzog keine Miene, er blickte gelangweilt auf seine rechte Hand und spreizte die Finger.

»Das sind fünf Fragen. Sie sind schnell geklärt. DiCaprio ist ein Bekannter, er hat mich auf seine Yacht eingeladen. Von seinen illegalen Aktivitäten, wenn die Vorwürfe gegen ihn stimmen sollten, hatte ich keine Ahnung. Desgleichen, was er gegen dich unternommen hat, wenn es denn so war. Die Sunseeker hatte gestern kein bestimmtes Ziel. Dich haben wir aus Zufall getroffen. In dem Boot habe ich dich nicht einmal erkannt. Wenn DiCaprio wirklich auf dich schießen wollte, vielleicht, weil er Angst um mich bekam, als du mein Handgelenk nicht losgelassen hast. Meiner Meinung nach kannte er dich überhaupt nicht.«

Surfelders Rechte war zur Faust geballt, die Fragen beantwortet. Theatralisch hatte er bei jeder Erwiderung einen der gespreizten Finger abgewinkelt. Thiel musste zugeben, die schnellen, lockeren Antworten klangen überzeugend.

Der Präsident hatte sich einige Notizen gemacht und blickte nachdenklich von einem zum anderen. Offenbar hatte er den gleichen Eindruck. Er schwieg. Surfelder merkte, dass seine Argumente angekommen waren und war im Begriff nachzustoßen. Er wurde durch einen Blick des französischen Anwalts, der sich zum ersten Mal erhob, zum Schweigen gebracht: »Herr Präsident, ich habe mich heute bei Ihnen als Anwalt von Herrn Professor Surfelder ausgewiesen, Sie können die hohe europäische Funktion meines Mandanten in der Bekämpfung des internationalen Drogenhandels überprüfen. Das Ganze ist grotesk. Gestern haben Sie ihn um seinen Pass gebeten, um ihn bis zur Klärung der Angelegenheit zu Ihrer Verfügung zu haben. Er hatte dafür volles Verständnis, aber mehr kann er nicht dazu beitragen. Ich bitte nun um die Rückgabe seines Passes. Anderenfalls muss ich mich an seine Botschaft in Madrid wenden.«

Wieder blickte der Präsident auf die Widersacher. Wieder sagte er nichts, sein Blick war so freundlich, dass Thiel fast den Eindruck hatte, die Entwicklung bereite ihm Spaß.

»Du behauptest also, in dem Boot hättest du mich nicht erkannt«, wandte sich Thiel an Surfelder. »Was hast du dann mit mir besprochen, als ich dich nicht mehr weggelassen habe?«

»Mit dir hatte ich nichts besprochen, gar nichts.«

»Glaubst du wirklich, du kommst damit durch?«

»Die Wahrheit setzt sich meistens durch.«

»Das hoffe ich eigentlich auch. François«, wandte Thiel sich an seinen französischen Freund, »was meinst du dazu, kannst du uns in diesem Punkt helfen?«

Surfelder blickte irritiert auf Marchais und sagte: »Anscheinend werden jetzt Manipulationen vorbereitet. Dieser Mann kann hier nicht helfen, weil er gar nicht bei uns war. Sonst würde er bestätigen, was ich gerade gesagt habe.«

Marchais ging nicht auf den Einwand ein, sondern wandte sich an den Präsidenten. »Señor Thiel hat recht. Wir waren auf den Besuch der Sunseeker vorbereitet, und wir haben im Bereich des Schlauchboots gewisse Vorbereitungen getroffen. Sie betrafen sowohl die Sicherheit von Señor Thiel, weil wir befürchteten, er solle endgültig ermordet werden, als auch die Sicherstellung alles dessen, was dort gesprochen wurde.«

Hier wandte sich der französische Anwalt Bustia an den Präsidenten und sagte in bestimmtem Ton: »Ich möchte in aller Form Protest einlegen, es scheint mir allerdings auch, dass jetzt manipulierte Beweise vorgelegt werden sollen.«

»Herr Marchais, ist das so?«, fragte der Präsident.

»Keineswegs. Die Überwachungsanlage wurde von mir und einem Ihrer Polizisten aufgebaut. Die Aufnahme der Gespräche wurde durch einen Polizisten des Ermittlungsteams in dem Mordfall Ogilvy durchgeführt. Das Band befand sich nach der Aufnahme im Besitz Ihrer Dienststelle.«

Der Präsident blickte auf Surfelder und seinen Anwalt. Bustia sagte ungerührt: »Es kann sich hier nur um einen Betrug handeln, der von diesen beiden Herren ohne Wissen Ihrer Polizei vorbereitet wurde, und ich möchte gegen die Verwendung des Tonbands aufs Schärfste protestieren.«

Der Präsident sagte freundlich: »Es steht Ihnen selbstverständlich frei zu protestieren, aber wir alle wüssten doch gerne, gegen was. Lassen Sie uns also zusammen dieses Band anhören. Ich kenne den Inhalt nicht, ich nehme doch an, Sie auch nicht.«

Auf ein Zeichen von Marchais betrat ein junger Techniker mit einem Tonbandgerät den Sitzungssaal, der als Pedro Pons vorgestellt wurde.

»Dieser Mann wurde von Ihrer Dienststelle ausgewählt«, sagte er, »weil er die deutsche Sprache beherrscht. Er hat sich das Band heute Morgen mehrere Male angehört und ist der Auffassung, er kann es übersetzen. Weder ich noch Herr Thiel haben es bisher gehört.«

Das Wiedergabegerät wurde in Gang gesetzt, und der junge Mann, der aussah, als habe er die Polizeischule noch nicht verlassen, übersetzte. Es war eine gute Aufnahme. Thiel lauschte mehr auf die Nebengeräusche im Hintergrund, das Schmatzen der kleinen Wellen und den Leerlauf der beiden Schiffsmotoren. Plötzlich fühlte er sich wieder gefesselt und im Zodiac liegend. Er konzentrierte sich erst, als der Präsident mit einem Stift auf den Tisch klopfte und den jungen Polizisten bat, die Aussagen Surfelders zu wiederholen.

»Lass meine Hand los. Komm mir jetzt nicht mit den alten Zeiten. Di kann keiner mehr helfen«, übersetzte der junge Polizist. Der Präsident winkte mit der Hand, weiterzumachen.

»Du hast nie gewusst, wann deine Zeit vorbei war. Lass mich los, für dich ist es endgültig zu spät.«

»Na, Herr Surfelder«, sagte der Präsident, »das haben Sie aber eben anders dargestellt. Jetzt klingt das nicht so, als hätten Sie Herrn Thiel nicht erkannt, oder?«

Surfelder machte Anstalten zu einer Erwiderung, aber sein französischer Anwalt winkte energisch ab. »Mein Mandant hat bis jetzt aus freien Stücken ausgesagt, um die Umstände dieser absurden Anklage einer Klärung zuzuführen. Ich mache darauf aufmerksam, dass sich Professor Surfelder ab jetzt nicht mehr zur Sache äußern wird.«

Maître Bustia verließ seinen Stuhl und trat an den Tisch heran. Er wandte sich an den Präsidenten. Er hatte eine tiefe, volltönende Stimme. »Bereits vor der Aussage Ihres Beamten hat Professor Surfelder von einer Manipulation des Bandes gesprochen, das wir gerade gehört haben. Ich stimme ihm zu. Würden Sie mir erlauben, Herr Präsident, diesbezüglich ein paar Fragen an Ihren Techniker zu stellen?«

»Hier in Mahon arbeiten Sie mit dem hiesigen Anwalt Romero zusammen. Sehe ich das richtig?« Der Präsident warf einen fragenden Blick auf den schweigenden Herrn im blauen Anzug, der hinter Maître Bustia saß. Der Anwalt Romero nickte. Er hatte graue Haare und einen breiten schmallippigen Mund, den er anscheinend selten öffnete.

»Habe ich Sie nicht bereits vor einigen Tagen als anwaltlichen Beistand von Herrn DiCaprio bei mir gesehen?«, fragte der Präsident den schweigenden Mann. Señor Romero nickte.

»Sind Sie einverstanden«, fuhr der Präsident fort, »wenn Ihr berühmter Kollege aus Marseille an Ihrer Stelle die Fragen an unsere Beamten richtet?«

»Das ist so zwischen uns abgesprochen«, sagte der Anwalt Romero knapp.

»Nun, Señor Bustia«, schloss der Präsident, »dann stellen Sie Ihre Fragen.«

Der französische Anwalt verbeugte sich leicht und fixierte dann den Beamten, der das Tonbandgerät bedient hatte. Der Anwalt war mittelgroß und hager, hatte nackenlange, gewellte, weiße Haare und trug sie im Stile eines Dirigenten. In der linken Hand hatte er einen kleinen Block, in dessen Notizen er von Zeit zu Zeit schaute.

»Señor Pons, Sie waren also dabei, als die Abhöranlage neben dem Boot, in dem dieser Mann«, er zeigte auf Thiel, »gefangen war, aufgebaut wurde.«

Unmerklich verlor die Stimme des Anwalts ihre Verbindlichkeit und erhielt etwas Drohendes. Sein Spanisch war einwandfrei.

»Ja, ich war von Beginn an dabei«, antwortete der spanische Polizist.
»Kannten Sie die Anlage?«
»Es handelte sich nicht um eine Abhöranlage unserer Polizei. Hier in Mahon haben wir so etwas nicht. Aber ich kenne den Typ und kann ihn bedienen.«
»Das ist interessant.«
Die Stimme des berühmten Maître Bustia vibrierte vor ungläubigem Erstaunen. »Von wem wurde Ihnen denn die Anlage zur Verfügung gestellt?«
»Señor Marchais brachte das Richtmikrophon und auch dieses Tonbandgerät in einer Tasche zum Tatort.«
»Wer hat dann vor Ort die erforderlichen Manipulationen zum Abhören durchgeführt?«
»Es wurde nichts manipuliert, Señor. Ich habe die Gespräche zusammen mit dem französischen Kollegen Marchais abgehört und sichergestellt, dass sie einwandfrei aufgenommen wurden.«
»Das will ich nicht bezweifeln, Señor Pons, Sie sagen, dass alle Geräte für die Überwachung von Señor Marchais, der schließlich zur Gegenpartei gehört, gestellt wurden, stimmt das?«
»Ja, das habe ich gesagt, und es stimmt.«
»Sicherlich wurde doch das Bandmaterial, auf dem diese angeblichen Unterhaltungen festgehalten sind, die wir vorhin gehört haben, von der spanischen Polizei gestellt?«
»Gestern morgen hatte niemand mehr Zeit, Bänder zu besorgen. Sie kamen gleichfalls aus der Tasche von Señor Marchais, in der die Geräte waren. In das Tonaufnahmegerät wurde von mir ein neues Band eingelegt, noch original verpackt.«
»Aber es war ein Band von Señor Marchais.« Das Gesicht des Anwalts hatte sich verfinstert.
»Das sagte ich bereits.« Der spanische Polizist klang verlegen. Eine solche Befragung hatte er im Beisein des Präsidenten nicht erwartet.
»Ja, das sagten Sie.« Der französische Anwalt strich über seine herrliche silberblaue Krawatte und hielt dann ihr unteres Ende dem verblüfften Beamten entgegen, als enthielte sie ein besonderes Geheimnis.
»Señor Pons, wenn dies ein angeblich neues Tonband wäre, können Sie einem neuen Band, das Sie nicht selbst gekauft haben, ansehen, ob es nicht bereits überspielt wurde?«
»Niemand kann das, Herr Anwalt, aber ich habe sichergestellt, dass die vorliegende Aufnahme ordnungsgemäß erstellt wurde. Ich selbst habe das Band eingelegt und auch wieder entnommen. Es wurde anschließend weder von Señor Marchais noch jemand anderem berührt. Den Inhalt des Bands haben sie ja selbst gehört.«

»Das alles glauben Sie, junger Mann, aber ...«

» Maître Bustia«, unterbrach ihn der Polizeipräsident, »bitte sprechen Sie meine Beamten in unseren Diensträumen mit ihrem Namen und nicht mit junger Mann an.«

Der Franzose warf dem Präsidenten einen Blick zu, der für einen kurzen Moment seine Verbindlichkeit verlor, schrieb eine Bemerkung in seinen Notizblock und verbeugte sich dann. Thiel merkte mit Befriedigung, dass die Drohkulisse, die der französische Schauspieler bei der Befragung des jungen Polizisten aufgebaut hatte, auch dem Präsidenten nicht gefiel.

»Also, Señor Pons, halten wir fest, was Sie eben als Fachmann ausgesagt haben, niemand, ich wiederhole, niemand kann bei einem Tonband, das in ein Gerät eingelegt wird, beurteilen, ob es bereits überspielt war oder nicht.«

»Korrekt.«

»Gut, dann lassen Sie uns zu einem anderen Aspekt dieses Falls kommen.«

Wieder nahm die Stimme des Anwalts einen drohenden Ton an. »Konnten Sie die Unterhaltung, die angeblich geführt wurde, verstehen? Ich muss Sie ermahnen, uns hier die volle Wahrheit zu sagen.«

»Señor Bustia, strapazieren Sie nicht unsere Geduld.« Es war die freundliche Stimme des Präsidenten. »In meinem Gebäude haben Sie niemanden zu ermahnen, zu allerletzt einen meiner Beamten. Sie können ihn befragen und sonst nichts.«

Wieder schrieb der Maître etwas in seinen Block, dann erfolgte die knappe Verbeugung. Thiel ahnte bereits, worauf die Befragung durch den gerissenen Verteidiger hinauslief.

»Nun gut, Señor Pons«, fuhr der Anwalt fort, »konnten Sie verstehen, was da angeblich besprochen wurde?«

»Also, es wurde tatsächlich gesprochen, das konnte ich selbst hören, aber verstehen konnte ich die Unterhaltung natürlich nicht. Sie wurde ja nicht in unserer Sprache geführt. Dafür haben wir ja aber vorhin unseren Übersetzer gehört.«

»Vielen Dank, Señor Pons, Sie haben von den Gesprächen also nichts verstehen können.«

»So ist es.«

»Wenn wir dieses Band nicht hätten, das angeblich die Gespräche aufgezeichnet hat, hätte man gestern an dem Schlauchboot, in dem dieser Herr lag, auch über ganz andere Dinge reden können?«

Maître Bustia erwartete keine Antwort und fuhr fort, »etwa so: um Himmels willen, was ist Ihnen denn zugestoßen? Kann ich Ihnen irgendwie – helfen? Und die andere Seite antwortet, vielen Dank, wenn Sie mich bitte losschneiden könnten und einen Schluck Wasser für mich hätten.«

Der Anwalt wandte sich dem Präsidenten zu, behielt aber seinen Zeugen im Auge. »Ein solches Gespräch wäre doch auch denkbar, oder nicht?«

»Die Aufzeichnung macht klar, dass das Gespräch so nicht stattgefunden hat.«

»Was wir auf dem Tonband gehört haben, hört sich anders an. Da gebe ich Ihnen vollkommen recht. Jetzt kommen wir zum Punkt. Was wäre, wenn der Apparat von Herrn Marchais gar nichts aufgenommen hätte? Wenn das, was uns da eben vorgeführt wurde, bereits auf dem Band vorbereitet war? Sie nehmen anschließend das Band heraus und glauben, was Sie glauben sollen. Mit anderen Worten, Sie wurden hinters Licht geführt.«

»Das halte ich für gänzlich ausgeschlossen.«

»Ich fürchte, Ihr Glaube spielt in diesem Fall keine Rolle. Beantworten Sie bitte die Frage, ob eine solche Manipulation technisch vorstellbar wäre.«

»Theoretisch wäre so etwas möglich«, gab der spanische Beamte zu.

Der Anwalt breitete theatralisch die Arme aus.

»Herr Präsident, meine Herren, lassen Sie mich Ihnen zunächst danken, dass Sie mir die Gelegenheit gegeben haben, hier in Mahon Professor Surfelder zu vertreten. Die Europäische Union entwickelt sich trefflich und ermöglicht einem Franzosen, in Spanien für die Rechte eines unbescholtenen Deutschen einzutreten. Meine Herrschaften, lassen Sie mich nunmehr das Bisherige zusammenfassen.

Aus Sicht meines Mandanten bietet sich ein verwirrendes Bild. Professor Doktor Surfelder, dieser Mann, der in ganz Europa durch seinen selbstlosen Kampf gegen den organisierten Drogenhandel bekannt ist, wird in unwürdiger Weise in ein Abenteuer verwickelt, das sich möglicherweise tatsächlich so zugetragen hat. Vielleicht wird er aber auch in ein Komplott gezogen, das fingiert wurde. Ein Komplott, mit dem er absolut nichts zu tun hat. Wir wissen es nicht. Wie wir von dem sympathischen Beamten Pons allerdings erfahren mussten, ist das als Beweis vorgelegte Tonband wertlos, absolut wertlos. Das Richtmikrofon, das Aufnahmegerät und besonders das verwendete Tonband, also alle Beweismittel, stammen von der Gegenseite in diesem Konflikt, die aus mir unersichtlichen Gründen meinen Mandanten aufs Schwerste belasten will. Ich glaube, meine Herren, kein Gericht würde auf Grund dieses Materials einen unbescholtenen Mann wie Herrn Professor Surfelder belangen und ihm das Recht nehmen, seinen Urlaub auf dieser herrlichen Insel fortzusetzen oder ihn abzubrechen, falls ihn die Ereignisse zu sehr belastet haben. Von dem Verlauf der Sitzung sowie meiner Befragung des Polizeibeamten Pons werde ich ein Protokoll erstellen und es der deutschen Botschaft in Madrid zugänglich machen. Ich gehe davon aus, dass Professor Surfelder seinen Pass, der ihm gestern abgenommen wurde, umgehend zurückerhält.«

Der Polizeipräsident nickte den Anwälten Bustia und Romero kurz zu und verkündete dann eine Pause. Man würde vierzig Minuten Zeit für einen Kaffee und andere Erfrischungen haben. Die Gruppe der Anwälte und Surfelder sprachen angeregt miteinander.

Thiel, der in seinem beruflichen Leben zu viele Überraschungen erlebt hatte, verbarg seinen Ärger hinter einer undurchdringlichen Maske. Er sah, wie sich der Polizeipräsident mit dem weißhaarigen Herrn neben sich unterhielt. Beide schienen Maître Bustia recht zu geben. Um einen international bekannten Kämpfer gegen das Rauschgift wie Surfelder in eine so schwerwiegende Anklage zu verstricken, bedurfte es stärkerer Beweise als diese anfechtbare Aufzeichnung. Marchais schäumte. Nach Mouron wurde jetzt auch Surfelder unangreifbar. Er gab sich selbst die Schuld, weil die Falle nicht umsichtiger vorbereitet und ihre Beweise nicht besser gesichert worden waren. Niemand konnte glauben, dass es gegen den Professor, wenn er schon am Tatort nicht ausreichend belastet werden konnte, noch eine Anklage in Deutschland geben würde.

Der Präsident verließ seinen Sessel und nahm sich einen Stuhl neben Thiel. Er hatte gesehen, wie schwer ihm das Sitzen fiel und erkundigte sich nach seinem Befinden.

»Wenn die Verhandlung anders gelaufen wäre, würde es mir besser gehen.«

»Dann glauben Sie also auch nicht, dass wir mit dem vorhandenen Beweismaterial gegen den Herrn durchkommen würden.«

»In der Eile wurde versäumt, das Beweismaterial juristisch wasserdicht zu machen. Ich hätte daran denken sollen. In dem Boot hatte ich wahrlich genug Zeit dafür. Absolut unverzeihlich.«

»Ich fürchte, Sie haben recht«, stimmte ihm der Präsident zu und fragte dann zögernd, »haben Sie früher selbst auf dem Gebiet des Rechtswesens gearbeitet?«

Thiel nickte. »Die einzige Möglichkeit, Surfelder jetzt noch auf der Insel festzunageln, läge in einem Geständnis DiCaprios. Und das halte ich für ausgeschlossen.«

»Ich habe den Herrn nur einmal kennengelernt und möchte Ihnen recht geben. Der ist ein harter Patron.«

»Entnehme ich unserem Gespräch, dass auch Sie von der Beteiligung Herrn Surfelders an dieser Sache überzeugt sind?«, fragte Thiel.

Der Präsident blickte ihn nachdenklich an. »Anfänglich hatte ich da meine Zweifel. Denn als ich gestern in Deutschland Erkundigungen einzog, erfuhr ich, dass er einen einwandfreien Leumund besitzt und in Deutschland eine hohe Funktion in der Drogenbekämpfung inne hat.«

»Und warum haben Sie jetzt Zweifel?«

»Der Herr Professor hat einen kleinen Fehler begangen«, meinte der Präsident, »er hat den berühmtesten Strafverteidiger in Drogensachen aus dem Hut gezaubert und über Nacht aus Frankreich nach Mahon kommen lassen. Ich habe mit Marseille gesprochen. Mein Kollege dort sagte mir, dass dieser Mann nur für eine bestimmte Klientel so kurzfristig auf Abruf bereit steht. Der Herr Professor hätte sich mit dem hiesigen Anwalt Romero zufrieden geben sollen.«

»Wie soll es nun weitergehen?«

»Wir werden sehen. In diesem Fall werden wir den spanischen Weg gehen, das heißt, wir werden den Verlauf der Dinge nicht beschleunigen. Es wird Maitre Bustia nicht gefallen, aber das werden wir in Kauf nehmen. Versuchen Sie bitte, sich an jedes Detail zu erinnern, das für unsere Polizei beweisbar ist. Kommt Zeit, kommt Rat.«

Der Präsident begab sich wieder an seinen Platz und hinterließ einen nachdenklichen Thiel. Marchais kehrte zurück mit einem Glas Bier, das er seinem Freund reichte. Der erzählte ihm von dem Gespräch mit dem Präsidenten.

»Es ist unglaublich«, schäumte der Kommissar, »Figuren, die wir schon fest im Netz hatten, wie Mouron und Surfelder, gehen uns durch die Lappen. Setzen sich einfach ab oder werden von einem Winkeladvokat herausgepaukt.«

Auf ein Zeichen des Präsidenten wurde die Besprechung fortgesetzt. Der Sessel neben ihm, in dem der ältere Herr gesessen hatte, war leer.

»Maître Bustia hat vor der Pause dargelegt, dass das Beweismaterial gegen Professor Surfelder für eine Verhaftung nicht ausreicht. Bis zu einem gewissen Grad schließe ich mich seiner Meinung an. Trotzdem ist festzustellen, dass der Professor an Bord eines Schiffs war, dessen Besatzung in unseren Gewässern eine schwere Straftat, womöglich einen Mord, begehen wollte. Die Frage für uns ist, hat Herr Surfelder daran mitgewirkt oder wurde er ohne eigenes Verschulden in die Angelegenheit mit hineingezogen. Zur Klärung dieser Frage müssen die Gespräche, die wir auf dem Band gehört haben, genauestens überprüft werden. Das könnte erfolgen, indem die Stimme von Professor Surfelder auf unserer heutigen Bandaufnahme mit dem uns vorgespielten Szenario verglichen und das ganze Band genau untersucht wird. Das wird allerdings nicht in ein paar Stunden erledigt sein, ich befürchte, nicht einmal in ein paar Tagen. Mir ist klar, dass wir Professor Surfelder nicht zwingen können, bis zum Abschluss der Untersuchung in Menorca zu bleiben. Über die Schritte, die wir bei all dem weiterhin unternehmen müssen, werden wir am Nachmittag sprechen. Ich schlage daher vor, dass die Sitzung am Nachmittag wieder aufgenommen wird. Wir treffen uns hier um sechzehn Uhr.«

Der Polizeipräsident wollte den Raum verlassen, aber der französische Anwalt hatte sich erhoben und meldete sich zu Wort. »Herr Präsident, ich freue mich, dass Sie die verfahrene Situation in der gleichen Weise wie ich beurteilen. Professor Surfelder ist das Opfer unglücklicher Umstände. Auf Grund des vorhandenen Beweismaterials kann er unmöglich festgehalten werden.«

Der Präsident blickte ihn unbeteiligt an. »Und?«, fragte er dann.

»In Anerkennung des Sachverhalts beantrage ich daher, Herrn Professor Surfelder umgehend, das heißt, bevor wir jetzt auseinandergehen, in den Besitz seines Reisepasses zu bringen.«

Thiel, der die Szene unauffällig beobachtete, sah den Anflug eines Lächelns auf dem Gesicht des Präsidenten. »Sie meinen, ich solle ihm seinen Pass jetzt sofort aushändigen?«

»Ja, das meine ich.«

»Werden Sie mir dann heute Nachmittag persönlich für das Erscheinen des Professors haften?«

»Wie meinen Sie das?«

»Werden Sie für ihn Handschellen tragen, wenn er zu dem Termin nicht mehr erscheinen und es sich doch herausstellen sollte, dass er schuldig ist?«

»Was für eine absurde Frage.«

»Sehen Sie, Professor Surfelder ist schuldhaft oder nicht in ein schwerwiegendes Verbrechen verwickelt. Er kann sehr froh sein, dass er unter diesen Umständen nicht vorläufig festgenommen wurde. Das ist die Höflichkeit auf unserer Insel. In Marseille oder Barcelona säße er bereits in Untersuchungshaft.«

»Darf ich fragen, worauf Sie hinauswollen?«

»Er hat keine Chance.«

»Keine Chance?« Der Anwalt machte eine schnelle Notiz in seinem Block. »Keine Chance wofür?«

»In diesem Augenblick seinen Reisepass zurückzuerhalten.«

Das Gesicht von Maître Bustia verfinsterte sich, und er drehte seinem Gesprächspartner den Rücken zu. Auch der Präsident schickte sich an zu gehen, als er sich unversehens noch einmal an den Anwalt wandte.

»Señor Bustia, eine letzte Bitte, sorgen Sie doch dafür, dass Herr Surfelder um sechzehn Uhr in diesem Sitzungssaal erscheint, wenn bis dahin nichts Unerwartetes eintritt, kann er dann auch seinen Reisepass zurückerhalten.«

Der Maître nickte mürrisch und verließ den Raum. Marchais war der halblaut geführten Auseinandersetzung gefolgt.

»Nicht übel, der Präsident. Kampflos streckt er vor Bustia nicht die Waffen.«

»Er hat das Heft noch in der Hand«, antwortete Thiel zustimmend, »und er hofft, dass wir ihm helfen, ein zusätzliches Beweismittel aus dem Hut zu zaubern.«

Sie hatten das Gebäude verlassen, Thiel hinkte auf seinen Krücken und musste sich zeitweilig auf die Schulter von Marchais stützen, als der Kommissar erstarrte. »Ich glaube, wir sollten vorsichtig sein«, sagte der Kommissar alarmiert. Ein Mann kam auf sie zugerannt. Er wies sich jedoch als Polizeibeamter aus und bat sie, noch einmal zum Polizeipräsidenten zurückzukehren.

»Sie wollten sicherlich irgendwo zu Mittag essen und ich habe Sie dabei gestört«, begrüßte sie der Präsident am Eingang des Dienstgebäudes.

»In der Tat«, bestätigte Thiel lächelnd.

»Es tut mir leid, Sie hierher zu bitten, aber ich möchte die Zeit bis zum Fortgang der Sitzung dafür nutzen, noch einmal mit Ihnen darüber nachzudenken, was in der Causa Surfelder unternommen werden kann. Machen wir uns nichts vor, wenn sich nichts Neues ergibt, muss ich ihn laufen lassen.«

»Ist das auch die Auffassung des älteren Herrn, der neben Ihnen gesessen hat?«

»Señor Sordo, unser Haftrichter, in diesen Dingen ein sehr erfahrener Mann.«

»Keine Frage«, sagte Thiel, »Surfelder hat Vorrang vor jedem Mittagessen.«

»Außerdem«, fügte der Präsident hinzu, »wenn ich mir vergegenwärtige, was für eine enorme Verstärkung sich DiCaprio und Co auf die Insel geholt haben«, er schüttelte den Kopf, »ich bin mir nicht sicher, ob ich Sie zur Zeit gerne in einem von der Polizei unbewachten Restaurant essen sähe. Zuerst möchte ich den Herrschaften die Chance geben, in die Heimat zurückzufliegen.«

»Stimmt«, meinte Marchais, »wir stehen auch noch unter Strom.«

Zu dritt wirkten sie an dem großen Tisch des Sitzungssaals etwas verloren. Aus einem Restaurant hatte man Bocadillos gebracht, aufgeschnittene Baguettes mit menorkinischem Käse und eine Batterie kalter Bierflaschen.

»Die Qualität der Bandaufnahme mit dem Richtmikrophon ist ausgezeichnet«, begann der Präsident das Gespräch. »Mich überzeugt sie. Ich glaube nicht, dass an ihr etwas geändert wurde.«

»Aber wenn es sich wirklich um eine Fälschung handelte«, sagte Thiel, »dann würden Fachleute genau diesen Eindruck hervorrufen.«

»Das ist wortwörtlich das Argument von Herrn Bustia«, sagte der Präsident, »wir bräuchten eine Aussage, die unsere Version unterstützt.«

»Vielleicht von einem Ihrer Beamten, der den Verlauf verfolgen konnte«, meinte Marchais, »in Frage käme da nur der Polizeibeamte Pons, der bei der Aufnahme geholfen hat. Die beiden anderen Polizisten waren die meiste Zeit unter Wasser und konnten das Geschehen nicht verfolgen.«

»Da gibt es doch noch den Minirecorder, den Sie als Köder für die Herren von der Sunseeker benutzt haben. Wo ist der eigentlich geblieben?«, fragte der Präsident.

»Von dem ist nicht viel zu erwarten«, meinte Thiel, »Ich weiß nicht, was mit dem Ding los war. Zu dem Zeitpunkt hat mir wohl die Sonne schon zu stark zugesetzt. Absolut peinlich. Ich habe mehrmals versucht, es einzuschalten, aber nichts hat sich bewegt. In dem Schlauchboot hatte ich natürlich nicht meine Lesebrille, und so konnte ich nur feststellen, dass sich nichts bewegte, als die Aufnahmetaste meiner Meinung nach eingeschaltet war.«

»Dann handelt es sich also nicht um Ihr eigenes Gerät?«

»Nein, das Gerät kommt de facto von der spanischen Polizei«, mischte sich Marchais nachdenklich ein und fügte ironisch hinzu, »das müsste Maître Bustia eigentlich zufriedenstellen.«

»Vor einem halben Jahr habe ich mehrere dieser Recorder an die Dienststellen verteilen lassen«, sagte der Präsident, »das sind moderne kleine Maschinchen.«

»Inwiefern modern?«

»Das könnten wir feststellen, wenn wir Ihr Gerät in der Hand haben.«

»Ich muss zugeben, dass ich keine Ahnung habe, wo das kleine Ding bei dem ganzen Trubel geblieben ist«, sagte Thiel. »Als Surfelder es sich schnappen wollte und ich ihn festgehalten habe, ist es mir aus der Hand gefallen. Wahrscheinlich ist es zwischen den Felsen gelandet.«

Keiner der befragten Polizeibeamten, die an dem Einsatz beteiligt waren, wusste etwas über den Verbleib des Minirecorders.

»Warum halten sie den Recorder für so wichtig?«, fragte Thiel, »dank meiner Cleverness wurde doch nichts aufgezeichnet.«

»Da bin ich mir nicht so sicher«, sagte der Präsident, »wir sollten es überprüfen.«

Ein Motorboot mit sechs Polizisten und Marchais wurde zum Cabo Cavalleria entsandt, um nach dem Recorder zu forschen. Zwei Stunden später erhielt der Präsident einen Anruf, das Gerät sei neben dem Platz, wo das Schlauchboot gelegen hatte, zwischen den Felsen gefunden worden. Noch etwas hatte der Polizist zu berichten. Der Minirecorder musste einiges von dem, was in der Nähe gesprochen worden war, aufgezeichnet haben. Thiel konnte diesen Vorgang nicht begreifen. Der Präsident versicherte ihm lachend, anfänglich sei er dem gleichen Irrtum erlegen, trotz Lesebrille. Diese neuen Geräte zeichneten nur auf, solange sie durch Geräusche aktiviert würden.

Sehr zum Ärger von Maître Bustia wurde der Beginn der für sechzehn

Uhr angesetzten Sitzung bis zur Rückkehr der Suchmannschaft verschoben. Als Marchais und der Polizist Pons schließlich in dem Sitzungsraum eintrafen, wurde der kleine Recorder mit einer neuen Batterie ausgestattet und eingeschaltet. Wort für Wort, wenn auch mit verminderter Tonqualität, bestätigte er das Gespräch zwischen den Kontrahenten. Wieder war der Stuhl neben dem Präsidenten durch den weißhaarigen Herrn besetzt, von dem Thiel nun wusste, dass es sich um den Haftrichter handelte.

Eine Stunde später war die Konferenz vorbei, und Thiel und Marchais berichteten den anderen über den Ausgang der Untersuchung. Marchais konnte seine Freude über das Ende nicht verbergen.

»Als der Präsident auch auf dem kleinen Tonband DiCaprios Ausruf hörte, ›Zur Seite, jetzt schieße ich den Kerl ab‹, da fragte er Surfelder, warum er darauf nichts geantwortet hätte. Und als dafür weder er noch seine Anwälte eine Erklärung abgeben konnten, ließ er dem feinen Herren Handschellen anlegen, und jetzt sitzt er.«

»Andererseits«, grinste Dupeu, »hat ihm DiCaprio zu dem Zeitpunkt schon nicht mehr zugehört. Sekunden nach dieser Äußerung war er außer Gefecht.«

»Natürlich«, ergänzte Thiel, »machte der französische Rechtsanwalt wieder Manipulation geltend. Aber da der Recorder und das Tonband dieses Mal als Eigentum aus dem Bestand der Polizei von Alayor identifiziert wurden, ließ der Präsident das Argument nicht gelten.«

43

Es herrschte Abendstimmung. Thiel und Marchais saßen vor einer Bar, mit Blick auf den riesigen Hafen. Der Wind war eingeschlafen. An den Liegeplätzen und Bojen Segelboote, die AQUADRAT weit im Hintergrund. Nur ihr Mast war nicht zu übersehen. Beide wussten, dass dies ihr letzter gemeinsamer Kampf gegen das Kartell des Rauschgifthandels gewesen war.

Dupeu hatte bereits den Rückflug nach Marseille angetreten. Für die Abgabe eidesstattlicher Erklärungen, wie man sie von Thiel und Marchais forderte, wurde er nicht gebraucht.

»Es tut mir leid, dass du beim Fall Mouron letztendlich leer ausgegangen bist«, sagte Thiel, »ich weiß, wie viel dir an dem Mann gelegen war.«

»Dieses Mal dachte ich wirklich, die Falle schnappt zu«, knurrte Marchais.

»Du hast oft genug gesagt, dass der Bursche über einen sechsten Sinn verfügt.«

»Stimmt, habe ich gesagt«, meinte der Kommissar, »aber obwohl der Bursche Katz und Maus gespielt hat, weiß ich nicht, ob ich mich darüber ärgern soll. So erhalte ich wenigstens auch in Zukunft ein paar nützliche Tipps.«

»Wie bitte?« Thiel blickte Marchais verblüfft an.

Marchais zog aus der Tasche seines Anoraks das alte Buch, das er aus der Sunseeker mitgenommen hatte und legte es auf den Tisch.

»Dieses Buch hatte Mouron dabei, als er auf der Sunseeker war. Der Steuermann sagt, er habe es auf dem Tisch im Salon der Sunseeker zurückgelassen, als er sein Bad genommen hat und in Ciutadella ans Ufer geschwommen ist. Vielleicht gebe ich es ihm gelegentlich in Marseille zurück.«

Thiel nahm den alten Band in die Hand und öffnete ihn.

»Was ist denn so Besonderes daran?«

»Ich weiß, dass das Buch nicht zufällig in dem Salon der Sunseeker liegen geblieben ist. Mouron hat es nicht vergessen.«

»Wieso, was willst du damit sagen?«

»Es ist eine Botschaft an mich.«

»Eine Botschaft?«

Thiel studierte den Verlag, den Autor und den Titel. Dann verglich er das Jahr der Herausgabe. »Emile Zola, erschienen 1880, könnte eine Erstausgabe sein. Interessant, ein Sammlerstück.«

»Schau es dir mal genauer an. Ich glaube, Mouron wollte mir einen Tipp geben.«

»Dir einen Tipp geben?«

Thiel schlug das Buch erneut auf und blätterte in den Seiten. Er betrachtete noch einmal den schönen Einband und den Titel. Dann hielt er die Luft an und deponierte es vorsichtig neben seiner Kaffeetasse. Der Titel lautete »Nana – Roman einer Dirne«.

»Und du meinst wirklich, dass es sich hier nicht um einen Zufall handelt?«

»Nein«, widersprach Marchais. »Ich bin überzeugt, Mouron hat sich mal wieder abgesichert. So einen trivialen Schinken mit Goldrand trägt man nicht zum Spaß mit sich herum. Die Sache mit dir lief ihm aus dem Ruder. ›Nana‹ war unser Kennwort, und er wollte mich daran erinnern.«

»Dann war Mouron also der Informant, dessen Namen du nicht kanntest.«

»Muss er wohl, und wie du weißt, hat er uns verdammt gute Tipps gegeben. Der Bursche war informiert. Wie konnte er bloß wissen, dass ich auf der Insel bin?«

»Selbst wenn er das auf irgendeinem Weg herausgefunden hat«, meinte Thiel, »warum hat er in Marseille die eigene Sache verraten?«

»Mit seinen Tipps hat er wahrscheinlich einige Konkurrenten in die Pleite getrieben. Der Mann hat schon immer auf zwei Schultern getragen. Jetzt, als die Sache aus dem Ruder gelaufen ist, hat er die Notbremse gezogen und mir signalisiert, lass mich in Ruhe, du kennst mich doch, ich bin einer von den Guten.«

Auf einem breiten Pfosten im Wasser saßen zwei Silbermöwen. Sie erinnerten Thiel unangenehm an die Ansammlung der Biester auf seinem Felsen. War das erst drei Tage her?

»Warum?«, wandte er sich an den Kommissar, »hat Surfelder nur in Hannover versucht, mich auszuschalten? Er wusste, dass ich die WEAD verlassen wollte.«

»Fragst du dich das wirklich?«

»Seit sie mich in das Boot geschnürt haben.«

»Glaubst du im Ernst, dass er in dieser Sache etwas zu sagen hatte?«

»Wie meinst du das?«

»Ich habe in den letzten Tagen auch etwas nachgedacht. Du hast die Auswirkungen deiner Arbeit in der WEAD gründlich unterschätzt. Dein dauerndes Drängen, die Drogen freizugeben, war für den internationalen Rauschgifthandel eine echte Bedrohung. Niemand war sich sicher, ob du nicht doch Erfolg haben würdest. Es wäre ein Schritt gewesen, der mindestens ein Drittel der Mafia auf der ganzen Welt arbeitslos gemacht hätte. Das ist nicht geheim geblieben. Auch Surfelder ist nur ein kleines Rädchen. Meiner Meinung nach ist die Weisung, dich auszuschalten, von ganz oben gekommen.«

44

»Ich hoffe, es war dir ernst«, sagte Wenke, »als du dich entschieden hast, mit der AQUADRAT weiterzusegeln und sie nicht zu verkaufen.«

»Warum?«, fragte Thiel misstrauisch.

»Kannst du dich noch an dein magisches Dreieck erinnern, das da besagte, eine schnelle, komfortable und billige Lösung gibt es bei Segelschiffen nicht?«

»Klar.«

»Seit heute Morgen wird an einer Änderung gearbeitet.«

Leiser Ärger wallte in ihm auf. Wagte sie wirklich, seinen Katamaran zu verändern? »Interessant«, sagte er in verändertem Ton, »denkst du an einen netten Salon zwischen den Rümpfen? Der sähe dann aus wie eine fliegende Untertasse.«

»Ja, daran gedacht schon. Aber dafür reicht das Geld nicht.«
»Welches Geld?«
»Eine ganze Menge. Es war in dem Umschlag, den du mir in dem Restaurant im Hafen gegeben hast.«
»Das war für dein Überleben gedacht.«
»Überlebt haben wir die Angelegenheit ja auch, oder nicht?«
Thiel konnte diesen Punkt nicht widerlegen und fragte: »Was lässt du denn machen, wenn es kein Salon wird?«
»Lass dich überraschen. Wie lange müssen wir noch hierbleiben, bis mit der Polizei alles abgewickelt ist?«
»Etwa zwei Wochen.«
»Na prima. Trifft sich gut.«
»Warum?«
»Weil der Ausbau dann fertig ist.«

Viele Jahre war Thiel von niemandem abhängig gewesen. Entscheidungen hatte er alleine getroffen. Etwas misstrauisch blickte er auf das energische Wesen, das mit harmlosem Gesicht vor ihm saß – ein bisschen zu harmlos.

Die Vergangenheit auf dem Mittelmeer war endgültig vorbei. Die Zukunft hatte noch nicht begonnen. Er spürte, dass die Gegenwart in sein Leben getreten war, ein neuer Abschnitt, der nicht langweilig zu werden versprach.

Er entdeckte aber auch leichte Zweifel. Er war sich nicht mehr so sicher, ob ihm das Neue, das sich abzeichnete, gefiel. Noch weniger jedoch konnte er sich den Katamaran ohne Wenke vorstellen. Er ertappte sich sogar bei der Überlegung, den hässlichen Kater wieder auf die AQUADRAT zu holen. Nur so. Zur Verstärkung.

Hinweis

Personen und Handlung des Romans sind erfunden.
Nicht erfunden ist der große Katamaran. Diese Riesen gibt es. Einer von ihnen hat in zweiundsechzig Tagen bei einem Törn um die Welt 27 400 Seemeilen zurückgelegt und ein Durchschnittstempo von 34 Stundenkilometern erreicht. Und es gibt Fanatiker, die diese Maschinen alleine durch Starkwindzonen segeln. Einige von ihnen sind damit auf den Grund des Meeres gesunken.

Gleichfalls nicht erfunden ist das Problem des internationalen Drogenhandels und der damit verbundenen Kette weltweiter Kriminalität. Die umgesetzten Summen belaufen sich jährlich auf Hunderte von Milliarden Dollar. Es scheint eine der wenigen krisensicheren Branchen zu sein.

Es gab und gibt Bestrebungen von Reformern, die Drogen frei und zu normalen Erzeugerpreisen auf den Markt zu bringen, um so den Sumpf der Drogenmafia und der Beschaffungskriminalität trockenzulegen. Doch das Problem ist nur noch global zu lösen. Kein Staat kann diesen Kraftakt im Alleingang meistern. Zumindest die EU und die USA müssten miteinander kooperieren.

Es zeichnet sich ab, dass sich auch im Westen zu viele Regierungen mit den enormen Geldsummen, die durch ihre Länder fließen, arrangiert haben und es zu Lippenbekenntnissen, aber keinem internationalen Konsens in dieser wichtigen Frage kommen wird.